www.ingramcontent.com/pod-product-compliance
Lightning Source LLC
Chambersburg PA
CBHW060921040426
42445CB00011B/735

The God of Daniel

Hegumen Fr. Abraam D. Sleman

إله دانيال

دراسة كتابية فى سفر دانيال

القمص أبرام داود سليمان

إله دانيال

The God of Daniel – Arabic
Hegumen Fr. Abraam Sleman
© 2008 Coptic Media Productions
For information address Coptic Media Productions,
PO Box 6909, East Brunswick, NJ 08816, USA.

Website: http://www.CopticMedia.org
E-mail: FrSleman@CopticChurch.net
First Edition Published September 2008.
ISBN 0-9709685-1-5

Cover Photo © Mary Doe/Goodsalt.com

قداسة البابا شنودة الثالث

بابا الإسكندرية وبطريرك الكرازة المرقسية

مقدمة

مدخل إلي سفر دانيال

سفر دانيال أحد أسفار الكتاب المقدس، وهو مثل كل أسفار الكتاب المقدس "مُوحىً بِهِ مِنَ اللهِ، وَنَافِعٌ لِلتَّعْلِيمِ وَالتَّوْبِيخِ، لِلتَّقْوِيمِ وَالتَّأْدِيبِ الَّذِي فِي الْبِرِّ، لِكَيْ يَكُونَ إِنْسَانُ اللهِ كَامِلاً، مُتَأَهِّباً لِكُلِّ عَمَلٍ صَالِحٍ" (٢ تيموثاوس ٣ : ١٦-١٧). ومن دانيال والثلاثة فتية نتعلم قوة الإيمان والالتزام بوصايا الله، ونفهم أكثر قصد الرب يسوع في إشارته لهذا السفر (متي ١٥:٢٤، دانيال ٢٧:٩، ١١:١٢).

هاجم بعض نقاد الكتاب المقدس صفات سفردانيال النبوية واللغوية والتاريخية، وادعوا أن السفر حديث، وتم كتابته بواسطة شخص آخر غير دانيال النبي، بعد حدوث الأحداث الواردة فيه، كما أساء البعض للسفر باستخدامهم الرؤى المذكورة فيه خارجا عن معناها المقصود، لتؤيد نظرياتهم الشخصية عن المجيء الثاني للسيد المسيح ونهاية الأيام. وبالرغم من صعوبة الكثير من أجزاء سفر دانيال، إلا أننا نستطيع فهم السفر أكثر بروح الصلاة والاتضاع، والاستعانة بمضمون السفر نفسه، وما يرتبط به في الكتاب المقدس كله، والرجوع إلي أصل نص السفر باللغات الأصلية.

دانيال الرجل والنبي

لا يعرف أحد شيئا عن حياة دانيال الخاصة بخلاف ما هو وارد في سفر دانيال. وليس شيئا معلوما عن حالة دانيال من جهة الزواج أو عدمه. عاش دانيال معظم حياته في بابل (٦٠٦-٥٣٤ ق.م)، فقد كان مع المجموعة الأولي من المسبيين (دانيال ١:١-٤)، وعاش أكثر من السبعين عاما للسبي (دانيال ٢١:١، ١:١٠، ١:٩-٢، أرميا ١١:٢٥، ١٠:٢٩). وهو "مِنْ بَنِي إِسْرَائِيلَ وَمِنْ نَسْلِ الْمُلْكِ وَمِنَ الشُّرَفَاءِ" (دانيال ١ : ٣)، وقد أخذ من أسرته بأمر الملك لرئيس خصيانه "أَشْفَنَزَ" مع آخرين، ليعلموهم "كِتَابَةَ الْكِلْدَانِيِّينَ وَلِسَانَهُمْ [اللغة الكلدانية]"، وليخدموا بعد ذلك في قصر الملك (دانيال ١:٣-٤).

اسم "دانيال" يعني "الله قاضي God is my judge" ، وقد دعاه رئيس الخصيان في بابل باسم "بلطشاصر Belteshazzar " (دانيال ٧:١) أي "عبد البعل"، وذلك تكريما

للوثن "بعل" أو "بال". ولكن هذه التسمية السيئة بالنسبة لدانيال لم تغير من شخصيته وإخلاصه للرب "يهوه" الإله الحقيقي. كان دانيال مع رفقائه الثلاثة " فِتْيَاناً لاَ عَيْبَ فِيهِمْ [بصحة جيدة]، حِسَانَ الْمَنْظَرِ [منظرهم جميل]، حَاذِقِينَ فِي كُلِّ حِكْمَةٍ [حكماء]، وَعَارِفِينَ مَعْرِفَةً [مثقفين]، وَذَوِي فَهْمٍ بِالْعِلْمِ [متعلمين]، وَالَّذِينَ فِيهِمْ قُوَّةٌ عَلَى الْوُقُوفِ فِي قَصْرِ الْمَلِكِ [مؤهلين للعمل في قصر الملك]" (دانيال ١:٤).

كان دانيال رجلا بارا، وشهد السيد الرب لبره في سفر حزقيال (حزقيال ١٤ : ١٣-١٤، ١٤ : ١٩-٢٠). كما شهد له الرب بالحكمة والفهم كما في (حزقيال ٢٨:٣).

كان دانيال قويا في إيمانه، ففي شبابه "جَعَلَ فِي قَلْبِهِ أَنَّهُ لاَ يَتَنَجَّسُ بِأَطَايِبِ الْمَلِكِ وَلاَ بِخَمْرِ مَشْرُوبِهِ فَطَلَبَ مِنْ رَئِيسِ الْخِصْيَانِ أَنْ لاَ يَتَنَجَّسَ"(دانيال ١:٨)، وفي شيخوخته أصر علي الصلاة والعبادة دون جزع من التهديد بقتله في جب الأسود (دانيال ٦:١٠).

بارك الله في حياة دانيال، ورفعه إلي أعلي المراكز في ممالك البابليين والفارسيين (دانيال ٢:٤٨، ٦:١-٣). ففي السنة الثانية من ملك نبوخذنصر "عَظَّمَ الْمَلِكُ دَانِيآلَ وَأَعْطَاهُ عَطَايَا كَثِيرَةً وَسَلَّطَهُ عَلَى كُلِّ وِلاَيَةِ بَابِلَ وَجَعَلَهُ رَئِيسَ الشِّحَنِ عَلَى جَمِيعِ حُكَمَاءِ بَابِلَ" (دانيال ٢:٤٨)، وفي أيام داريوس "فَاقَ دَانِيآلُ هَذَا عَلَى الْوُزَرَاءِ وَالْمَرَازِبَةِ لأَنَّ فِيهِ رُوحاً فَاضِلَةً، وَفَكَّرَ الْمَلِكُ فِي أَنْ يُوَلِّيَهُ عَلَى الْمَمْلَكَةِ كُلِّهَا" (دانيال ٦ : ١-٣).

نال دانيال لقب "الرجل المحبوب" بفم الملاك جبرائيل (دانيال ١٠:١١، ١٠:١٩)، وصار بذلك رمزا للسيد المسيح الذي شهد عنه الآب السماوي بقوله: "هَذَا هُوَ ابْنِي الْحَبِيبُ الَّذِي بِهِ سُرِرْتُ" (متى ٣ : ١٧، متى ١٧ : ٥، مرقس ١ : ١١، مرقس ٩ : ٦، لوقا ٣ : ٢٢، لوقا ٢٠ : ١٣)، وقال عنه بولس الرسول أنه "المحبوب" (أفسس ١:٦)،

كان دانيال معاصرا للأنبياء أرميا وحزقيال، فقد تنبأ أرميا في أورشليم قبل وبعد السبي البابلي (٦٢٦-٥٢٨ ق.م.)، وتنبأ حزقيال في بابل بين المسببين (٥٩٢-٥٧٠ ق.م.)، أما دانيال فقد تنبأ في بابل (٦٠٥-٥٨٦ ق.م.). وجاء سفر دانيال بعد أسفار أشعياء وحزقيال وأرميا، وقبل أسفار الأنبياء الصغار.

أشار السيد المسيح إلي دانيال بلقب "دَانِيآلُ النَّبِيُّ" (متى ٢٤ : ١٥-١٦)، واستشهد السيد المسيح بنبوته الواردة في(دانيال ٩ : ٢٧)، وبذلك صدق السيد المسيح علي نبوات دانيال النبي، وإرساليته كنبي.

موضوع السفر

يبدأ موضوع سفر دانيال بالكشف عن الله إله دانيال أنه "الْعَلِيَّ مُتَسَلِّطٌ فِي مَمْلَكَةِ النَّاسِ" (دانيال ٢:٢١، ٤:١٧، ٢٥، ٣٢، ٣٤-٣٥، ٥:٢١)، وأن " وَالسَّلاَطِينُ الْكَائِنَةُ هِيَ مُرَتَّبَةٌ مِنَ اللهِ" (روميه ١٣:١)، وقد وضح هذا في الأحداث التاريخية المذكورة في السفر عن نبوخذنصر، وبلشاصر ملوك بابل، وداريوس، وكورش ملوك مادي وفارس والنبوات المذكورة في السفر عن ملوك فارس واليونان والرومان.

في كل هذا التاريخ، يتمجد ويتعالي "إله دانيال" وحده، كما قال داريوس في مرسومه: "مِنْ قِبَلِي صَدَرَ أَمْرٌ بِأَنَّهُ فِي كُلِّ سُلْطَانِ مَمْلَكَتِي يَرْتَعِدُونَ وَيَخَافُونَ قُدَّامَ إِلَهِ دَانِيالَ، لأَنَّهُ هُوَ الإِلَهُ الْحَيُّ الْقَيُّومُ إِلَى الأَبَدِ، وَمَلَكُوتُهُ لَنْ يَزُولَ وَسُلْطَانُهُ إِلَى الْمُنْتَهَى" (دانيال ٦:٢٦).

يمتد الحديث في سفر دانيال إلي موضوع "ملكوت الله" أو "مملكة الله"، التي بدأت في الظهور بمسح الرب يسوع يوم المعمودية (أعمال ٢:٣٦). وهي المملكة التي "لَنْ تَنْقَرِضَ أَبَداً، وَمَلِكُهَا لاَ يُتْرَكُ لِشَعْبٍ آخَرَ وَتَسْحَقُ وَتُفْنِي كُلَّ هَذِهِ الْمَمَالِكِ، وَهِيَ تَثْبُتُ إِلَى الأَبَدِ" (دانيال ٢ : ٤٤)، "وَالْمَمْلَكَةُ وَالسُّلْطَانُ وَعَظَمَةُ الْمَمْلَكَةِ تَحْتَ كُلِّ السَّمَاءِ تُعْطَى لِشَعْبِ قِدِّيسِي الْعَلِيِّ" (دانيال ٧ : ٢٧)، وفي النهاية تصير كل ممالك العالم "لربنا ولمسيحه" (رؤيا ١١:١٥)،

وقد كشف الله لدانيال موعد ظهور السيد المسيح وموته المحيي علي الصليب المقدس، وذلك كما جاء في سفر دانيال: "فَاعْلَمْ وَافْهَمْ أَنَّهُ مِنْ خُرُوجِ الأَمْرِ لِتَجْدِيدِ أُورُشَلِيمَ وَبَنَائِهَا إِلَى الْمَسِيحِ الرَّئِيسِ سَبْعَةُ أَسَابِيعَ وَاثْنَانِ وَسِتُّونَ أُسْبُوعاً... وَبَعْدَ اثْنَيْنِ وَسِتِّينَ أُسْبُوعاً يُقْطَعُ الْمَسِيحُ وَلَيْسَ لَهُ..." (دانيال ٩:٢٥-٢٦).

أقسام السفر

لاشك أن الترجمة اليونانية المعروفة بالسبعينية Septuagint (LXX)، أو اليونانية القديمة Old Greek كانت في يد كل آباء الكنيسة الأوائل بلا استثناء عند دراستهم لسفر دانيال. وهذه الترجمة نشأت في الاسكندرية حوالي ٢٧ ق.م، ولكن ظهر بعد ذلك ترجمات أخري. وهذه الترجمة تتضمن ثلاثة أصحاحات كتتمة لسفر دانيال علاوة علي

الأصحاحات الأثني عشر الواردة في الأصل العبري والأرامي، وبهذا يمكن تقسيم السفر لثلاثة أقسام وهي:

١- القسم الأول – تاريخي Historical

يشمل الأصحاحات ١-٦ في الأسفار القانونية المترجمة عن العبرية والآرامية، تتضمن أحداثا تاريخية تعبر عن إيمان دانيال في شبابه وفي شيخوخته، وإيمان رفقائه، وتدبير الله في تاريخ الملوك:

- الأصحاح الأول: أطايب ومشروبات الملك

- الأصحاح الثاني: الحلم الأول نبوخذ نصر

- الأصحاح الثالث: الثلاثة فتية في أتون النار

- الأصحاح الرابع: الحلم الثاني لنبوخذ نصر

- الأصحاح الخامس: بلشاصر والكتابة على الحائط

- الأصحاح السادس: دانيال في جب الأسود.

٢- القسم الثاني – رؤيوي Apocalyptic

يشمل الأصحاحات ٧-١٢ في الأسفار القانونية المترجمة عن العبرية، تتضمن رؤي نبوية صارت مجالا للبحث والجدل بين دارسي الكتاب المقدس على مر العصور.

- الأصحاح السابع: رؤيا الحيوانات الأربعة

- الأصحاح الثامن: رؤيا الكبش والتيس

- الأصحاح التاسع: رؤيا السبعين أسبوعا

- الأصحاح العاشر: الرجل اللابس الكتان

- الأصحاح الحادي عشر: صراع الممالك

- الأصحاح الثاني عشر: رؤيا نهاية الأيام

٣ - القسم الثالث- يوناني Greek Text

يشمل الأصحاحات الثلاثة في الأسفار القانونية المترجمة عن اليونانية. ويتضمن إضافة للأحداث التاريخية المدونة في القسم الأول:

- تتمة الأصحاح الثالث: صلاة عزريا، وتسبحة الثلاثة فتية في أتون النار.

- الأصحاح الثالث عشر: خلاص سوسنة العفيفة

- الأصحاح الرابع عشر: بال والتنين

الأصحاح الأول
أطايب ومشروبات الملك

يذكر الكتاب المقدس قصصا عديدة للفتيان والفتيات تستحق الدراسة، وذلك مثل قصة "يوسف" وتمسكه بالوصية في بيت فوطيفار، و"يشوع" وإيمانه العميق في خدمة الله، و"سوسنة" في تمسكها بطهارتها بالرغم من تهديدها بالموت. وفي سفر دانيال نقرأ عن دانيال في شبابه مع رفقائه الثلاثة وقد تمسك بشريعة الله، ووضع في قلبه ألا يتنجس بأطايب الملك، كما نراه في شيخوخته يفضل الموت عن ترك الصلاة وعبادة الله ولو لمدة شهر فقط.

السبي إلي بابل (دانيال ١:١-٢)

١ فِي السَّنَةِ الثَّالِثَةِ مِنْ مُلْكِ يواقيم مَلِكِ يَهُوذَا ذَهَبَ نَبُوخَذْنَصَّرُ مَلِكُ بَابلَ إِلَى
أُورُشَلِيمَ وَحَاصَرَهَا. ٢ وَسَلَّمَ الرَّبُّ بِيَدِهِ يواقيم مَلِكَ يَهُوذَا مَعَ بَعْضِ آنِيَةِ بَيْتِ
اللَّهِ فَجَاءَ بِهَا إِلَى أَرْضِ شِنْعَارَ إِلَى بَيْتِ إِلَهِهِ وَأَدْخَلَ الآنِيَةَ إِلَى خِزَانَةِ بَيْتِ
إِلَهِهِ.

١:١ كانت هذه هي المرة الأولي من المرات الثلاث التي هاجم فيها نبوخذنصر ملك بابل مملكة يهوذا الجنوبية، وذلك في سنة ٦٠٥ ق.م، بعد سقوط المملكة الشمالية بيد الأشوريين بمائة عام. وفي هذه المرة ذهب دانيال للسبي مع الفتية الثلاثة حننيا وميشائيل وعزريا (دانيال ١:١-٢). وكانت المرة الثانية سنة ٥٩٧ ق.م في أيام ياهوياقيم ابن الملك يواقيم ، أما المرة الثالثة فكانت سنة ٥٨٦ ق.م في أيام ارميا النبي، وفيها هدم الهيكل.

سمح الله بالسبي بسبب شر شعب الله وشر ملوكهم. وقد اعترف دانيال بذلك في صلاته: "أَخْطَأْنَا وَأَثِمْنَا وَعَمِلْنَا الشَّرَّ وَتَمَرَّدْنَا وَحِدْنَا عَنْ وَصَايَاكَ وَعَنْ أَحْكَامِكَ. وَمَا سَمِعْنَا مِنْ عَبِيدِكَ الأَنْبِيَاءِ الَّذِينَ بِاسْمِكَ كَلَّمُوا مُلُوكَنَا وَرُؤَسَاءَنَا وَآبَاءَنَا وَكُلَّ شَعْبِ الأَرْضِ" (دانيال ٩ : ٥-٦)، وأيضا عزرا: "وَلَكِنْ بَعْدَ أَنْ أَسْخَطَ آبَاؤُنَا إِلَهَ السَّمَاءِ دَفَعَهُمْ لِيَدِ نَبُوخَذْنَصَّرَ مَلِكِ بَابِلَ الْكِلْدَانِيِّ، الَّذِي هَدَمَ هَذَا الْبَيْتَ وَسَبَى الشَّعْبَ إِلَى بَابِلَ" (عزرا ٥ : ١٢).

وإجمالي عدد النفوس الذين سباهم نبوخذنصر إلي بابل ٤٦٠٠ نفسا، وذلك كما جاء في سفر أرميا: "هَذَا هُوَ الشَّعْبُ الَّذِي سَبَاهُ نَبُوخَذْنَصَّرُ فِي السَّنَةِ السَّابِعَةِ. مِنَ الْيَهُودِ ثَلاَثَةَ آلاَفٍ وَثَلاَثَةٌ وَعِشْرُونَ. وَفِي السَّنَةِ الثَّامِنَةِ عَشَرَةَ لِنَبُوخَذْنَصَّرَ سُبِيَ مِنْ أُورُشَلِيمَ ثَمَانُ مِئَةٍ وَاثْنَانِ وَثَلاَثُونَ نَفْساً. فِي السَّنَةِ الثَّالِثَةِ وَالْعِشْرِينَ لِنَبُوخَذْنَصَّرَ سَبَى نَبُوزَرَادَانُ رَئِيسُ الشُّرَطِ مِنَ الْيَهُودِ سَبْعَ مِئَةٍ وَخَمْساً وَأَرْبَعِينَ نَفْساً. جُمْلَةُ النُّفُوسِ أَرْبَعَةُ آلاَفٍ وَسِتُّ مِئَةٍ" (ارميا ٥٢ : ٢٨-٣٠).

٢:١ تم تسليم بعض أواني الهيكل لنبوخذنصر بيد الرب نفسه، ولم يكن ذلك بسبب قوة نبوخذنصر بل بحسب تدبير الرب لشعبه، ولهذا قال دانيال النبي : "سَلَّمَ الرَّبُّ بِيَدِهِ يواقيم مَلِكَ يَهُوذَا مَعَ بَعْضِ آنِيَةِ بَيْتِ اللَّهِ" (دانيال ١:٢).

فمرافقة بعض الأواني لشعب الله في السبي علامة علي مرافقة الرب لهم حتي في هوان السبي. إن الله لا يترك شعبه حتي في هوان الموت حسب قول داود النبي "أَيْضاً إِذَا سِرْتُ فِي وَادِي ظِلِّ الْمَوْتِ لاَ أَخَافُ شَرّاً لأَنَّكَ أَنْتَ مَعِي" (مزامير ٢٣: ٤)، فلم يترك الرب شعبه في السبي، بل صار له قوة وخلاصا كما في خلاص الله للثلاثة فتية من أتون النار (دانيال ٣)، وخلاصه لدانيال من جب الأسود (دانيال ٦)، وغير ذلك. "فِي كُلِّ ضِيقِهِمْ [ضيقة شعبه] تَضَايَقَ [الله]، وَمَلاَكُ حَضْرَتِهِ خَلَّصَهُمْ. بِمَحَبَّتِهِ وَرَأْفَتِهِ هُوَ فَكَّهُمْ [فداهم] وَرَفَعَهُمْ وَحَمَلَهُمْ كُلَّ الأَيَّامِ الْقَدِيمَةِ" (أشعياء ٦٣ : ٩).

شهود في قصر بابل (دانيال ١:٣-٤)

٣ وَأَمَرَ الْمَلِكُ أَشْفَنَزَ رَئِيسَ خِصْيَانِهِ بِأَنْ يُحْضِرَ مِنْ بَنِي إِسْرَائِيلَ وَمِنْ نَسْلِ الْمُلْكِ وَمِنَ الشُّرَفَاءِ ٤ فِتْيَاناً لاَ عَيْبَ فِيهِمْ حِسَانَ الْمَنْظَرِ حَاذِقِينَ فِي كُلِّ حِكْمَةٍ وَعَارِفِينَ مَعْرِفَةً وَذَوِي فَهْمٍ بِالْعِلْمِ وَالَّذِينَ فِيهِمْ قُوَّةٌ عَلَى الْوُقُوفِ فِي قَصْرِ الْمَلِكِ فَيُعَلِّمُوهُمْ كِتَابَةَ الْكِلْدَانِيِّينَ وَلِسَانَهُمْ. ٥ وَعَيَّنَ لَهُمُ الْمَلِكُ وَظِيفَةَ كُلَّ يَوْمٍ بِيَوْمِهِ، مِنْ أَطَايِبِ الْمَلِكِ وَمِنْ خَمْرِ مَشْرُوبِهِ، لِتَرْبِيَتِهِمْ ثَلاَثَ سِنِينَ، وَعِنْدَ نِهَايَتِهَا يَقِفُونَ أَمَامَ الْمَلِكِ. ٦ وَكَانَ بَيْنَهُمْ مِنْ بَنِي يَهُوذَا: دانيال وَحَنَنْيَا وَمِيشَائِيلُ

وَعَزَرْيَا. ٧ فَجَعَلَ لَهُمْ رَئِيسُ الْخِصْيَانِ أَسْمَاءً فَسَمَّى دانيال [بَلْطَشَاصَّرَ] وَحَنَنْيَا [شَدْرَخَ] وَمِيشَائِيلَ [مِيشَخَ] وَعَزَرْيَا [عَبْدَنَغُوَ].

١:٣-٤ أمر الملك رئيس الخصيان واسمه "أشفنز Ashpenaz"، أن يختار من بني إسرائيل، من نسل الملك والأمراء مجوعة من الفتيان لتدريبهم ثلاث سنوات وإعدادهم للخدمة في قصر الملك. هؤلاء الفتيان كانوا بلا عيب من جهة الصحة البدنية، وحسان المنظر، وحكماء، ومثقفين، ومؤهلين للتدريب ليقفوا أمام الملك. كان بين الفتية المختارين "دانيال وحننيا وميشائيل وعزريا" (دانيال ١:٦).

يعتقد بعض اليهود أن دانيال وحنانيا وميشائيل وعزريا صاروا خصيانا eunuchs في بابل تتميما لنبوة أشعياء النبي: "وَمِنْ بَنِيكَ الَّذِينَ يَخْرُجُونَ مِنْكَ الَّذِينَ تَلِدُهُمْ يَأْخُذُونَ فَيَكُونُونَ خِصْيَاناً فِي قَصْرِ مَلِكِ بَابِلَ" (اشعياء ٣٩ : ٧).

كان اختيار الملك لدانيال والفتية الثلاثة بتدبير إلهي، ليكونوا شهودا لله في وسط عالم مظلم. ولمثل هؤلاء الشهود قال: "أَنْتُمْ شُهُودِي يَقُولُ الرَّبُّ وَأَنَا اللَّهُ" (أشعياء ٤٣ : ١٢)، "أَنْتُمْ شُهُودِي. هَلْ يُوجَدُ إِلَهٌ غَيْرِي؟" (أشعياء ٤٤ : ٨). وأراد السيد الرب بصلاحه أن يعلن عن مجده الكائن في دانيال وهؤلاء الفتية، فيضع السراج فوق المنارة، ويعلن عن المدينة العالية التي فوق الجبل، لأنه "لاَ يُمْكِنُ أَنْ تُخْفَى مَدِينَةٌ مَوْضُوعَةٌ عَلَى جَبَلٍ، وَلاَ يُوقِدُونَ سِرَاجاً وَيَضَعُونَهُ تَحْتَ الْمِكْيَالِ، بَلْ عَلَى الْمَنَارَةِ فَيُضِيءُ لِجَمِيعِ الَّذِينَ فِي الْبَيْتِ" (متى ٥ : ١٤-١٥).

كما كان اختيار الملك لدانيال علي رأس الثلاثة فتية رمزا لاختيار الآب السماوي للرب يسوع المسيح، ليرد المختارين من إسرائيل، وليكون نورا لجميع الأمم، كما قال السيد الرب: "قَلِيلٌ أَنْ تَكُونَ لِي عَبْداً لإِقَامَةِ أَسْبَاطِ يَعْقُوبَ وَرَدِّ مَحْفُوظِي إِسْرَائِيلَ. فَقَدْ جَعَلْتُكَ نُوراً لِلأُمَمِ لِتَكُونَ خَلاَصِي إِلَى أَقْصَى الأَرْضِ" (أشعياء ٤٩ : ٦).

ومع المجد العظيم، الذي دبر السيد الرب أن يعلنه في حياة دانيال ورفقائه، بدأت التجارب بصعودهم إلي مدرسة التدريب الخاصة بالقصر الملكي. والتجارب التي واجهها دانيال ومن معه في بابل صارت مثالا للتجارب التي واجهها السيد المسيح، حينما "أُصْعِدَ يَسُوعُ إِلَى الْبَرِّيَّةِ مِنَ الرُّوحِ لِيُجَرَّبَ مِنْ إِبْلِيسَ" (متى ٤ : ١).

١:٥-٧ أطلق رئيس الخصيان علي دانيال ورفقائه أسماء كلدانية، "فَسَمَّى دانيال [بَلْطَشَاصَّرَ] وَحَنَنْيَا [شَدْرَخَ] وَمِيشَائِيلَ [مِيشَخَ] وَعَزَرْيَا [عَبْدَنَغُوَ] " (دانيال ١:٧). وبينما كانت الأسماء العبرية لدانيال ورفقائه في معناها تذكارا وتكريما لله، أراد البابليون تغييرها لتكون تذكارا وتكريما لآلهتهم الكاذبة. فقد أطلق علي "دانيال" الذي يعني "الله قاضي" اسم "بيلطشاصر" الذي يعني "عبد البعل"، وأطلق علي "حننيا" الذي يعني "يهوه حنان" اسم "شدرخ" الذي يعني "الملهم بالإله الشمس"، وأطلق علي "ميشائيل" الذي يعني "من كمثل الله" اسم "ميشخ" الذي يعني "من كمثل الإله القمر"، وأطلق علي "عزريا" الذي يعني "يهوه عوني" اسم "عبدنغو" الذي يعني "عبد الإله نبو".

كان تغيير أسماء دانيال والفتية الثلاثة محاولة لطمس هويتهم ليكونوا علي شكل أولاد بابل، وعلي هذا المثال يريد إبليس أن ينسي أولاد الله هويتهم لكي يتشكلوا علي هيئة أولاد العالم. لكن أولاد الله الحقيقيون لا ينسون أبدا هويتهم ومحبة الله لهم بدعوته أولاده. "أُنْظُرُوا أَيَّةَ مَحَبَّةٍ أَعْطَانَا الآبُ حَتَّى نُدْعَى أَوْلاَدَ اللهِ!... أَيُّهَا الأَحِبَّاءُ، الآنَ نَحْنُ أَوْلاَدُ اللهِ..." (١ يوحنا ٣: ١-٢)، والرسول بولس يحذرنا من التشكل بهيئة العالم، فيقول: "لاَ تُشَاكِلُوا هَذَا الدَّهْرَ [لا تتشبهوا بأولاد العالم]، بَلْ تَغَيَّرُوا عَنْ شَكْلِكُمْ بِتَجْدِيدِ أَذْهَانِكُمْ، لِتَخْتَبِرُوا مَا هِيَ إِرَادَةُ اللهِ الصَّالِحَةُ الْمَرْضِيَّةُ الْكَامِلَةُ" (رومية ١٢: ٢). لقد فرضوا علي دانيال الأسماء الجديدة والشكل الكلداني، ولكنهم لم يستطيعوا أن يغيروا قلبهم، بل عاشوا حسب إرادة الله المرضية.

بالمثل حاول إبليس مرارا كثيرة تشكيك الرب يسوع في بنوته لله، وبالتالي تشكيكه في أبوة الله له، فعلي جبل التجربة قال له: "إِنْ كُنْتَ ابْنَ اللَّهِ فَقُلْ أَنْ تَصِيرَ هَذِهِ الْحِجَارَةُ خُبْزاً" (متى ٤ : ٣، لوقا ٤ : ٣)، إِنْ كُنْتَ ابْنَ اللَّهِ فَاطْرَحْ نَفْسَكَ إِلَى أَسْفَلُ..." (متى ٤ : ٦، لوقا ٤ : ٩)، وعلي الصليب قال له بلسان المستهزئين: "إِنْ كُنْتَ ابْنَ اللَّهِ فَانْزِلْ عَنِ الصَّلِيبِ!" (متى ٢٧: ٤٠)، ولكن الرب يسوع كان يعلم جيدا من أين أتي، وقال لليهود: "أَنِّي أَعْلَمُ مِنْ أَيْنَ أَتَيْتُ وَإِلَى أَيْنَ أَذْهَبُ..." (يوحنا ٨: ١٤)، "خَرَجْتُ مِنْ عِنْدِ الآبِ وَقَدْ أَتَيْتُ إِلَى الْعَالَمِ وَأَيْضاً أَتْرُكُ الْعَالَمَ وَأَذْهَبُ إِلَى الآب" (يوحنا ١٦ : ٢٨)، "أَنَا قَدْ أَتَيْتُ بِاسْمِ أَبِي..." (يوحنا ٥: ٤٣).

رفض أطايب الملك (دانيال ١:٨-١٦)

٨ أَمَّا دانيال فَجَعَلَ فِي قَلْبِهِ أَنَّهُ لاَ يَتَنَجَّسُ بِأَطَايِبِ الْمَلِكِ وَلاَ بِخَمْرِ مَشْرُوبِهِ
فَطَلَبَ مِنْ رَئِيسِ الْخِصْيَانِ أَنْ لاَ يَتَنَجَّسَ. ٩ وَأَعْطَى اللَّهُ دانيال نِعْمَةً وَرَحْمَةً
عِنْدَ رَئِيسِ الْخِصْيَانِ. ١٠ فَقَالَ رَئِيسُ الْخِصْيَانِ لِدانيال: إِنِّي أَخَافُ سَيِّدِي
الْمَلِكَ الَّذِي عَيَّنَ طَعَامَكُمْ وَشَرَابَكُمْ. فَلِمَاذَا يَرَى وُجُوهَكُمْ أَهْزَلَ مِنَ الْفِتْيَانِ الَّذِينَ
مِنْ جِيلِكُمْ فَتُدَيِّنُونَ رَأْسِي لِلْمَلِكِ؟ ١١ فَقَالَ دانيال لِرَئِيسِ السُّقَاةِ الَّذِي وَلاَّهُ
رَئِيسُ الْخِصْيَانِ عَلَى دانيال وَحَنَنْيَا وَمِيشَائِيلَ وَعَزَرْيَا: ١٢ جَرِّبْ عَبِيدَكَ
عَشَرَةَ أَيَّامٍ. فَلْيُعْطُونَا الْقَطَانِيَّ لِنَأْكُلَ وَمَاءً لِنَشْرَبَ. ١٣ وَلْيَنْظُرُوا إِلَى مَنَاظِرِنَا
أَمَامَكَ وَإِلَى مَنَاظِرِ الْفِتْيَانِ الَّذِينَ يَأْكُلُونَ مِنْ أَطَايِبِ الْمَلِكِ. ثُمَّ اصْنَعْ بِعَبِيدِكَ كَمَا
تَرَى. ١٤ فَسَمِعَ لَهُمْ هَذَا الْكَلاَمَ وَجَرَّبَهُمْ عَشَرَةَ أَيَّامٍ. ١٥ وَعِنْدَ نِهَايَةِ الْعَشَرَةِ
الأَيَّامِ ظَهَرَتْ مَنَاظِرُهُمْ أَحْسَنَ وَأَسْمَنَ لَحْماً مِنْ كُلِّ الْفِتْيَانِ الآكِلِينَ مِنْ أَطَايِبِ
الْمَلِكِ. ١٦ فَكَانَ رَئِيسُ السُّقَاةِ يَرْفَعُ أَطَايِبَهُمْ وَخَمْرَ مَشْرُوبِهِمْ وَيُعْطِيهِمْ قَطَانِيَّ.

٨:١ عين الملك لدانيال والثلاثة فتية مخصصات يومية من أطايب مأكولات الملك، ومن خمر مشروبه (دانيال ١:٥). ولم تكن "أطايب الملك، وخمر مشروبه" الوثني حسب شريعة الرب الخاصة بالطاهر والنجس من الحيوانات المذكورة في (لاويين ١١:٤١-٤٤، ٢٠:٢٤-٢٦)، ولا حسب شريعة "قداسة الدم" أي عدم أكل لحم حيوان بدمه (لاويين ١٧:١٠-١٤) ، كما كانت هذه الذبائح عثرة للضمير لأنها مقدمة للأوثان (١كو ٨:٧-١٢). وهنا وجد دانيال نفسه أمام أول التحديات له في مدرسة القصر الملكي، ولم يقبل دانيال أن يتنجس بطعام الملك ولا بخمر مشروبه: "أَمَّا دانيال فَجَعَلَ فِي قَلْبِهِ أَنَّهُ لاَ يَتَنَجَّسُ بِأَطَايِبِ الْمَلِكِ وَلاَ بِخَمْرِ مَشْرُوبِهِ، فَطَلَبَ مِنْ رَئِيسِ الْخِصْيَانِ أَنْ لاَ يَتَنَجَّسَ." (دانيال ٨:١).

دانيال في جيله يمثل "البقية" التي لم تجثو لأعمال إبليس (١ملوك ١٩ : ١٨). كانت شريعة الله مخبأة في قلب دانيال، فلم يقبل أن يتعدي علي وصايا الله للتمتع الوقتي بأطايب الملك وخمر مشروبه، حسب كلام المزمور: "خَبَأْتُ كَلاَمَكَ فِي قَلْبِي لِكَيْلاَ أُخْطِئَ إِلَيْكَ"

(مزامير ١١٩: ١١)، وتمسك دانيال في قلبه بشريعة الله، حسب قول الكتاب: "فَوْقَ كُلِّ تَحَفُّظٍ أحفظ قَلْبَكَ لأَنَّ مِنْهُ مَخَارِجَ الْحَيَاةِ" (أمثال ٤: ٢٣).

نري في قصة دانيال مع أطايب الملك مثالا لانتصار السيد المسيح في تجربة الخبز، فكما صنع دانيال مشيئة الله ورفض الطعام النجس من مائدة الملك، هكذا صنع السيد المسيح مشيئة الآب السماوي، ورفض أن يحول الحجارة لتكون له طعاما من يد إبليس. قال الرب يسوع: "لَيْسَ بِالْخُبْزِ وَحْدَهُ يَحْيَا الإِنْسَانُ بَلْ بِكُلِّ كَلِمَةٍ تَخْرُجُ مِنْ فَمِ اللَّهِ" (متى ٤ : ٤، لوقا ٤ : ٤)، "طَعَامِي أَنْ أَعْمَلَ مَشِيئَةَ الَّذِي أَرْسَلَنِي وَأُتَمِّمَ عَمَلَهُ" (يوحنا ٤: ٣٤)، "لأَنِّي قَدْ نَزَلْتُ مِنَ السَّمَاءِ لَيْسَ لأَعْمَلَ مَشِيئَتِي بَلْ مَشِيئَةَ الَّذِي أَرْسَلَنِي" (يوحنا ٦: ٣٨).

حينما رفض دانيال أن يتنجس "بأطايب الملك وخمر مشروبه" كتب فصلا جديدا في قصته كرجل اتبع حياة القداسة، وقاد الذين معه لهذه الحياة، وصار مثلا يحتذي لكل الأجيال. كان يجب أن يكون دانيال مقدسا حسب وصايا السيد الرب: "وَتَكُونُونَ لِي أُنَاسا مُقَدَّسِينَ." (خروج ٢٢: ٣١)، "لِكَيْ تَذْكُرُوا وَتَعْمَلُوا كُل وَصَايَايَ وَتَكُونُوا مُقَدَّسِينَ لإِلهِكُمْ." (عدد ١٥: ٤٠).

الغرض الأساسي الذي لأجله أرسل الله ابنه إلي العالم هو القداسة، فقد مات السيد المسيح علي الصليب لفدائنا من الخطية حتي نكون قديسين، فقد "أَحَبَّ الْمَسِيحُ أَيْضاً الْكَنِيسَةَ وَأَسْلَمَ نَفْسَهُ لأَجْلِهَا، لِكَيْ يُقَدِّسَهَا، مُطَهِّراً إِيَّاهَا بِغَسْلِ الْمَاءِ بِالْكَلِمَةِ، لِكَيْ يُحْضِرَهَا لِنَفْسِهِ كَنِيسَةً مَجِيدَةً، لاَ دَنَسَ فِيهَا وَلاَ غَضْنَ أَوْ شَيْءٌ مِنْ مِثْلِ ذَلِكَ، بَلْ تَكُونُ مُقَدَّسَةً وَبِلاَ عَيْبٍ" (أفسس ٥ : ٢٥-٢٧).

١:٩-١٤ تكلم دانيال مع رئيس الخصيان، ثم مع رئيس السقاة وطلب أن يكون طعامه وشرابه مع رفقائه هو البقول والماء: "فَقَالَ دانيال لِرَئِيسِ السُّقَاةِ الَّذِي وَلاَّهُ رَئِيسُ الْخِصْيَانِ عَلَى دانيال وَحَنَنْيَا وَمِيشَائِيلَ وَعَزَرْيَا: جَرِّبْ عَبِيدَكَ عَشَرَةَ أَيَّامٍ. فَلْيُعْطُونَا الْقَطَانِيَّ لِنَأْكُلَ وَمَاءً لِنَشْرَبَ. وَلْيَنْظُرُوا إِلَى مَنَاظِرِنَا أَمَامَكَ وَإِلَى مَنَاظِرِ الْفِتْيَانِ الَّذِينَ يَأْكُلُونَ مِنْ أَطَايِبِ الْمَلِكِ. ثُمَّ اصْنَعْ بِعَبِيدِكَ كَمَا تَرَى. فَسَمِعَ لَهُمْ هَذَا الْكَلاَمَ وَجَرَّبَهُمْ عَشَرَةَ أَيَّامٍ." (دانيال ١:١٢-١٣).

لم يحتفظ دانيال برغبته في حياة القداسة في قلبه فقط، بل أعلن عنها لرئيس الخصيان ورئيس السقاة، وطلب أن تتاح له الفرصة للحياة بموجب هذا الإيمان، فما الفائدة أن تكون

له المشاعر المقدسة دون أن يحيا بموجبها؟ "لأَنَّهُ كَمَا أَنَّ الْجَسَدَ بِدُونِ رُوحٍ مَيِّتٌ، هَكَذَا الإِيمَانُ أَيْضاً بِدُونِ أَعْمَالٍ مَيِّتٌ" (يعقوب ٢: ٢٦). حياة القداسة هي الدليل على الإيمان الحي، "كَأَوْلاَدِ الطَّاعَةِ لاَ تُشَاكِلُوا شَهَوَاتِكُمُ السَّابِقَةَ فِي جَهَالَتِكُمْ، بَلْ نَظِيرَ الْقُدُّوسِ الَّذِي دَعَاكُمْ، كُونُوا أَنْتُمْ أَيْضاً قِدِّيسِينَ فِي كُلِّ سِيرَةٍ. لأَنَّهُ مَكْتُوبٌ: كُونُوا قِدِّيسِينَ لأَنِّي أَنَا قُدُّوسٌ" (١بطرس ١: ١٤-١٦).

لم يكن دانيال يملك ما يجعل "القطاني والماء" أصلح للصحة أكثر من "أطايب الملك وخمر مشروبه"، ولكن كانت لديه الثقة في صلاح الله ومواعيده، وبهذه الثقة قال دانيال لرئيس السقاة: جَرِّبْ عَبِيدَكَ عَشَرَةَ أَيَّامٍ. فَلْيُعْطُونَا الْقَطَانِيَّ لِنَأْكُلَ وَمَاءً لِنَشْرَبَ" (دانيال ١٢:١)، فقد فهم دانيال الدرس الذي قدمه الرب لآبائه، أنه "لَيْسَ بِالْخُبْزِ وَحْدَهُ يَحْيَا الإِنْسَانُ بَلْ بِكُلِّ مَا يَخْرُجُ مِنْ فَمِ الرَّبِّ يَحْيَا الإِنْسَانُ" (تثنية ٨: ٣)،

كان كلام دانيال مع رئيس الخصيان ورئيس السقاة بنعمة، لأن "اَلْجَوَابُ [الكلام] اللَّيِّنُ يَصْرِفُ الْغَضَبَ وَالْكَلاَمُ الْمُوجِعُ يُهَيِّجُ السَّخَطَ" (أمثال ١٥ : ١). وفي هذا أيضا صار أيضا دانيال مثالا للسيد المسيح الذي "حَلْقُهُ حَلاَوَةٌ وَكُلُّهُ مُشْتَهَيَاتٌ" (نشيد الأناشيد ٥ : ١٦)، وقد انسكبت النعمة على شفتيه (مزمور ٢:٤٥). "لِيَكُنْ كَلاَمُكُمْ كُلَّ حِينٍ بِنِعْمَةٍ، مُصْلَحاً بِمِلْحٍ، لِتَعْلَمُوا كَيْفَ يَجِبُ أَنْ تُجَاوِبُوا كُلَّ وَاحِدٍ" (كولوسي ٤ : ٦).

١٥:١-١٦ أعطى الله نعمة لدانيال في أعين رئيس الخصيان ورئيس السقاة: "وَأَعْطَى اللَّهُ دانيال نِعْمَةً وَرَحْمَةً عِنْدَ رَئِيسِ الْخِصْيَانِ... فَسَمِعَ لَهُمْ هَذَا الْكَلاَمَ وَجَرَّبَهُمْ عَشَرَةَ أَيَّامٍ.... فَكَانَ رَئِيسُ السُّقَاةِ يَرْفَعُ أَطَايِبَهُمْ وَخَمْرَ مَشْرُوبِهِمْ، وَيُعْطِيهِمْ قَطَانِيَّ" (دانيال ١:٩،١٦)، وعلى هذا المثال فعل الرب مع يوسف، و"بَسَطَ إِلَيْهِ لُطْفاً وَجَعَلَ نِعْمَةً لَهُ فِي عَيْنَيْ رَئِيسِ بَيْتِ السِّجْنِ" (تكوين ٣٩: ٢١). وأعطى الله نعمة لدانيال ورفقائه، و"عِنْدَ نِهَايَةِ الْعَشَرَةِ الأَيَّامِ ظَهَرَتْ مَنَاظِرُهُمْ أَحْسَنَ وَأَسْمَنَ لَحْماً مِنْ كُلِّ الْفِتْيَانِ الآكِلِينَ مِنْ أَطَايِبِ الْمَلِكِ" (دانيال ١٥:١).

وعود الله صادقة وأمينة. "طُوبَى لِجَمِيعِ الْمُتَّكِلِينَ عَلَيْهِ" (مزامير ٢: ١٢)، "لأَنَّ عَيْنَيِ الرَّبِّ تَجُولاَنِ فِي كُلِّ الأَرْضِ، لِيَتَشَدَّدَ مَعَ الَّذِينَ قُلُوبُهُمْ كَامِلَةٌ نَحْوَهُ [ليشدد الذين قلوبهم كاملة نحوه]" (٢ أخبار ١٦: ٩).

ثمار طاعة وصايا الله (دانيال ١:١٧-٢١)

١٧ أَمَّا هَؤُلاَءِ الْفِتْيَانُ الأَرْبَعَةُ فَأَعْطَاهُمُ اللَّهُ مَعْرِفَةً وَعَقْلاً فِي كُلِّ كِتَابَةٍ وَحِكْمَةٍ،
وَكَانَ دانيال فَهِيماً بِكُلِّ الرُّؤَى وَالأَحْلاَمِ. ١٨ وَعِنْدَ نِهَايَةِ الأَيَّامِ الَّتِي قَالَ الْمَلِكُ
أَنْ يُدْخِلُوهُمْ بَعْدَهَا أَتَى بِهِمْ رَئِيسُ الْخِصْيَانِ إِلَى أَمَامِ نَبُوخَذْنَصَّرَ ١٩ وَكَلَّمَهُمُ
الْمَلِكُ فَلَمْ يُوجَدْ بَيْنَهُمْ كُلِّهِمْ مِثْلُ دانيال وَحَنَنْيَا وَمِيشَائِيلَ وَعَزَرْيَا. فَوَقَفُوا أَمَامَ
الْمَلِكِ. ٢٠ وَفِي كُلِّ أَمْرِ حِكْمَةِ فَهْمٍ الَّذِي سَأَلَهُمْ عَنْهُ الْمَلِكُ وَجَدَهُمْ عَشَرَةَ
أَضْعَافٍ فَوْقَ كُلِّ الْمَجُوسِ وَالسَّحَرَةِ الَّذِينَ فِي كُلِّ مَمْلَكَتِهِ. ٢١ وَكَانَ دانيال إِلَى
السَّنَةِ الأُولَى لِكُورَشَ الْمَلِكِ.

١:١٧-٢١ بارك الله في دانيال والفتية الثلاثة، "فَأَعْطَاهُمُ اللَّهُ مَعْرِفَةً وَعَقْلاً فِي كُلِّ كِتَابَةٍ وَحِكْمَةٍ، وَكَانَ دانيال فَهِيماً بِكُلِّ الرُّؤَى وَالأَحْلاَمِ" (دانيال ١:١٧)، وصاروا في الحكم والفهم "عَشَرَةَ أَضْعَافٍ فَوْقَ كُلِّ الْمَجُوسِ وَالسَّحَرَةِ" (دانيال ١:٢٠) الذين في مملكة بابل. وخدم دانيال في قصر الملك حوالي سبعين عاما، حتي ملك كورش الفارسي (٥٣٩ ق.م.)، وقد عظم نبوخذنصر الْمَلِكُ دانيال و"أَعْطَاهُ عَطَايَا كَثِيرَةً وَسَلَّطَهُ عَلَى كُلِّ وِلاَيَةِ بَابِلَ، وَجَعَلَهُ رَئِيسَ الشِّحَنِ [الحكماء]، عَلَى جَمِيعِ حُكَمَاءِ بَابِلَ" (دانيال ٢ : ٤٨).

الأصحاح الثاني

الحلم الأول لنبوخذنصر

في الأصحاح الثاني نقرأ عن حلم غريب للملك نبوخذنصر، وبسببه كان الموت سيلحق بكل حكماء بابل، بما فيهم دانيال، ولكن الرب أعلن لدانيال الحلم وتفسيره، ولهذا الحلم أهمية خاصة، لأنه كشف عن ممالك الأمم المتعاقبة بعد مملكة بابل، وبعد المملكة الأرضية الأخيرة تظهر مملكة الله التي تدوم إلي الأبد.

الحلم المزعج – دانيال ٢:١

١ وَفِي السَّنَةِ الثَّانِيَةِ مِنْ مُلْكِ نَبُوخَذْنَصَّرَ حَلَمَ نَبُوخَذْنَصَّرُ أَحْلاَماً فَانْزَعَجَتْ رُوحُهُ وَطَارَ عَنْهُ نَوْمُهُ.

٢:١ "حلم نبوخذنصر أحلاما" في السنة الثانية من ملكه، وكان ذلك حوالي سنة ٦٠٣-٦٠٢ ق.م، لقد ابتدأ الكلام عن "أحلام" في (دانيال ٢:١-٢)، ولكن الأحداث التالية تتكلم عن "حلم" واحد، فهل رأي نبوخذنصر عديدا من الأحلام أم حلم واحد؟

في قصة فرعون ملك مصر، رأي الملك حلمين مختلفين ولكن بنفس المعني (تكوين ٤١:١-٨). قال يوسف لفرعون: "حُلْمُ فِرْعَوْنَ وَاحِدٌ. قَدْ أَخْبَرَ اللهُ فِرْعَوْنَ بِمَا هُوَ صَانِعٌ" (تكوين ٤١: ٢٥). وبالمثل ربما يكون نبوخذنصر رأي أكثر من حلم ولكن بنفس المعني، وربما يكون قد حلم عديد من الأحلام المتكررة ولكن انزعجت روحه بسبب الحلم الأخير، وطار عنه النوم. علي أي حال لقد أدرك نبوخذنصر أن هذا الحلم هام، وخاصة أن البابليون كانوا يعتقدون أن الأحلام من الآلهة وأن المعرفة الصحيحة لها أمر يهم المستقبل، وربما اعتقد نبوخذنصر أن الحلم يتضمن رسالة سيئة له.

فشل حكماء بابل في تفسير الحلم (دانيال ٢:٢-١٣)

٢ فَأَمَرَ الْمَلِكُ بِأَنْ يُسْتَدْعَى الْمَجُوسُ وَالسَّحَرَةُ وَالْعَرَّافُونَ وَالْكِلْدَانِيُّونَ لِيُخْبِرُوا الْمَلِكَ بِأَحْلاَمِهِ. فَأَتُوا وَوَقَفُوا أَمَامَ الْمَلِكِ. ٣ فَقَالَ لَهُمُ الْمَلِكُ: قَدْ حَلُمْتُ حُلْماً

وَانْزَعَجَتْ رُوحِي لِمَعْرِفَةِ الْحُلْمِ. ٤ فَكَلَّمَ الْكِلْدَانِيُّونَ الْمَلِكَ بِالأَرَامِيَّةِ: عِشْ أَيُّهَا الْمَلِكُ إِلَى الأَبَدِ. أَخْبِرْ عَبِيدَكَ بِالْحُلْمِ فَنُبَيِّنَ تَعْبِيرَهُ.

٢:٢-٣ استدعي الملك "الْمَجُوسُ وَالسَّحَرَةُ وَالْعَرَّافونَ وَالْكِلْدَانِيُّونَ لِيُخْبِرُوا الْمَلِكَ بِأَحْلاَمِهِ" (دانيال ٢:٢)، وذلك بسبب انزعاجه الشديد، ولكن طلب الكلدانيون منه أن يخبرهم بالحلم وهم يقومون بتفسيره.

٥ فَقَالَ الْمَلِكُ لِلْكِلْدَانِيِّينَ: قَدْ خَرَجَ مِنِّي الْقَوْلُ: إِنْ لَمْ تُنْبِئُونِي بِالْحُلْمِ وَبِتَعْبِيرِهِ تُصَيَّرُونَ إِرْباً إِرْباً وَتُجْعَلُ بُيُوتُكُمْ مَزْبَلَةً. ٦ وَإِنْ بَيَّنْتُمُ الْحُلْمَ وَتَعْبِيرَهُ تَنَالُونَ مِنْ قِبَلِي هَدَايَا وَحَلاَوِينَ وَإِكْرَاماً عَظِيماً. فَبَيِّنُوا لِي الْحُلْمَ وَتَعْبِيرَهُ. ٧ فَأَجَابُوا ثَانِيَةً: لِيُخْبِرِ الْمَلِكُ عَبِيدَهُ بِالْحُلْمِ فَنُبَيِّنَ تَعْبِيرَهُ. ٨ قَالَ الْمَلِكُ: إِنِّي أَعْلَمُ يَقِيناً أَنَّكُمْ تَكْتَسِبُونَ وَقْتاً إِذْ رَأَيْتُمْ أَنَّ الْقَوْلَ قَدْ خَرَجَ مِنِّي ٩ بِأَنَّهُ إِنْ لَمْ تُنْبِئُونِي بِالْحُلْمِ فَقَضَاؤُكُمْ وَاحِدٌ. لأَنَّكُمْ قَدِ اتَّفَقْتُمْ عَلَى كَلاَمٍ كَذِبٍ وَفَاسِدٍ لِتَتَكَلَّمُوا بِهِ قُدَّامِي إِلَى أَنْ يَتَحَوَّلَ الْوَقْتُ. فَأَخْبِرُونِي بِالْحُلْمِ فَأَعْلَمَ أَنَّكُمْ تُبَيِّنُونَ لِي تَعْبِيرَهُ.

٢:٥-٦ قرر الملك أن يخبره الحكماء بالحلم ويقومون بتفسيره، وإلا يكون مصيرهم الموت: "إِنْ لَمْ تُنْبِئُونِي بِالْحُلْمِ وَبِتَعْبِيرِهِ تُصَيَّرُونَ إِرْباً إِرْباً وَتُجْعَلُ بُيُوتُكُمْ مَزْبَلَةً" (دانيال ٥:٢)، وانه سيكافئهم إن قاموا واخبروه بالحلم وتعبيره: " إِنْ بَيَّنْتُمُ الْحُلْمَ وَتَعْبِيرَهُ تَنَالُونَ مِنْ قِبَلِي هَدَايَا وَحَلاَوِينَ وَإِكْرَاماً عَظِيماً" (دانيال ٢:٦).

كان نبوخذنصر إنسانا غريبا في تصرفاته، وقد اتسم الكثير منها بالوحشية، فهو الذي أمر بقتل بني صدقيا الملك أمام عينيه، و"قَلَعُوا عَيْنَيْ صِدْقِيَّا وَقَيَّدُوهُ بِسِلْسِلَتَيْنِ مِنْ نُحَاسٍ وَجَاءُوا بِهِ إِلَى بَابِلَ" (٢ ملوك ٢٥ : ٧)، وهو الذي أمر بإلقاء الثلاثة فتية في أتون النار (دانيال ٣)، ولهذا لم يكن قراره بقتل حكماء بابل أمرا غريبا.

٧:٢ حاول الكلدانيون مع الملك أن يخبرهم بالحلم ويقومون بتفسيره (دانيال ٢:٧)، ولكن الملك رأي أن هذه هي الطريقة الوحيدة التي بها يتأكد من صحة التفسير: "أَخْبِرُونِي بِالْحُلْمِ فَأَعْلَمَ أَنَّكُمْ تُبَيِّنُونَ لِي تَعْبِيرَهُ" (دانيال ٢:٩).

بغض النظر عما كان وراء قرار الملك وبشاعته، فقد استخدم الله قلب الملك لكي يعلن عن نفسه ويتمجد اسمه القدوس، وعلي هذا المثال قال الرب عن فرعون: "لَكِنِّي اقَسِّي قَلْبَ فِرْعَوْنَ وَأُكَثِّرُ آيَاتِي وَعَجَائِبِي فِي أَرْضِ مِصْرَ" (خروج ٧: ٣)، "وَأُشَدِّدُ قَلْبَ فِرْعَوْنَ حَتَّى يَسْعَى وَرَاءَهُمْ. فأتمجد بِفِرْعَوْنَ وَبِجَمِيعِ جَيْشِهِ وَيَعْرِفُ الْمِصْرِيُّونَ أَنِّي أَنَا الرَّبُّ" (خروج ١٤: ٤).

كان أمر الملك سيؤدي إلي موت دانيال واصدقاءه، ولكنه أدي في النهاية إلي خيرهم ورفعهم إلي أعلي المراكز بسبب غني حكمة الله وصلاحه، و"نَحْنُ نَعْلَمُ أَنَّ كُلَّ الأَشْيَاءِ تَعْمَلُ مَعاً لِلْخَيْرِ، لِلَّذِينَ يُحِبُّونَ الله، الَّذِينَ هُمْ مَدْعُوُّونَ حَسَبَ قَصْدِهِ" (رومية ٨: ٢٨).

١٠ أَجَابَ الْكِلْدَانِيُّونَ قُدَّامَ الْمَلِكِ: لَيْسَ عَلَى الأَرْضِ إِنْسَانٌ يَسْتَطِيعُ أَنْ يُبَيِّنَ أَمْرَ الْمَلِكِ. لِذَلِكَ لَيْسَ مَلِكٌ عَظِيمٌ ذُو سُلْطَانٍ سَأَلَ أَمْراً مِثْلَ هَذَا مِنْ مَجُوسِيٍّ أَوْ سَاحِرٍ أَوْ كِلْدَانِيٍّ. ١١ وَالأَمْرُ الَّذِي يَطْلُبُهُ الْمَلِكُ عَسِرٌ وَلَيْسَ آخَرُ يُبَيِّنُهُ قُدَّامَ الْمَلِكِ غَيْرَ الآلِهَةِ الَّذِينَ لَيْسَتْ سُكْنَاهُمْ مَعَ الْبَشَرِ.

١٠:٢ أجاب الكلدانيون أنه لا يستطيع إنسان أن يعرف الحلم دون أن يخبر به الملك، وهذا لم يحدث من قبل مع أي من الملوك العظماء: "لَيْسَ عَلَى الأَرْضِ إِنْسَانٌ يَسْتَطِيعُ أَنْ يُبَيِّنَ أَمْرَ الْمَلِكِ. لِذَلِكَ لَيْسَ مَلِكٌ عَظِيمٌ ذُو سُلْطَانٍ سَأَلَ أَمْراً مِثْلَ هَذَا..." (دانيال ٢:١٠).

١١:٢ بالرغم من جهل حكماء الملك بالإله الحقيقي لكنهم اعترفوا أن "الآلِهَةِ الَّذِينَ لَيْسَتْ سُكْنَاهُمْ مَعَ الْبَشَرِ"، هم وحدهم الذين لهم المعرفة التي يطلبها الملك، ويقدرون أن يخبروا بالحلم (دانيال ٢:١١)، لقد كانوا صادقين في إعترافهم بعجزهم مقابل القدرة الإلهية. وأكد دانيال هذا للملك وقال: "السِّرُّ الَّذِي طَلَبَهُ الْمَلِكُ لاَ تَقْدِرُ الْحُكَمَاءُ وَلاَ السَّحَرَةُ وَلاَ الْمَجُوسُ وَلاَ الْمُنَجِّمُونَ عَلَى أَنْ يُبَيِّنُوهُ لِلْمَلِكِ. لَكِنْ يُوجَدُ إِلَهٌ فِي السَّمَاوَاتِ كَاشِفُ الأَسْرَارِ" (دانيال٢:٢٧-٢٨).

كان تصور حكماء الملك عن الألوهية خاطئا، فما دعوها آلهة لم تكن سكناهم بين البشر، ولكن في الحقيقة أن الله "عَنْ كُلِّ وَاحِدٍ مِنَّا لَيْسَ بَعِيداً" (أعمال ١٧: ٢٧)، "لأَنَّنَا بِهِ نَحْيَا وَنَتَحَرَّكُ وَنُوجَدُ..لأَنَّنَا أَيْضاً ذُرِّيَّتُهُ" (أعمال ١٧: ٢٨).

كان الكلدانيون يدعون اتصالهم بالعالم الروحي، ولكنهم لم يقدروا معرفة السر. إدعاءهم كان ينقصه الصدق والمعرفة الحقيقية للإله الحقيقي، فهم لم يكونوا عارفي الله الحي، ولم يكونوا علي اتصال حقيقي معه، ولكنهم مع هذا كله كانوا يدعون أنهم متدينين، "لَهُمْ صُورَةُ التَّقْوَى، وَلَكِنَّهُمْ مُنْكِرُونَ قُوَّتَهَا" (٢ تيموثاوس ٣ : ٥). أما دانيال فكان عارفا للإله الحقيقي وفيه روح الله (دانيال ٤:٨، ٩، ١٤،٥:١١).

١٢ لأَجْلِ ذَلِكَ غَضِبَ الْمَلِكُ وَاغْتَاظَ جِدّاً وَأَمَرَ بِإِبَادَةِ كُلِّ حُكَمَاءِ بَابِلَ. ١٣ فَخَرَجَ الأَمْرُ وَكَانَ الْحُكَمَاءُ يُقْتَلُونَ. فَطَلَبُوا دَانِيآلَ وَأَصْحَابَهُ لِيَقْتُلُوهُمْ.

١٢:٢ غضب الملك من إجابة الكلدانيين واغتاظ جدا، وأمر بإبادة كل حكماء بابل ودانيال وأصحابه (دانيال ٢:١٢-١٣). والسؤال الذي يطرح نفسه هل كان دانيال قد أكمل الثلاثة سنين للتدريب المذكور عنهم في دانيال ١:٥؟

لم يكن دانيال واصدقاؤه قد أكملوا المدة، ولذلك لم يستدعيهم الملك مع "الْمَجُوسُ وَالسَّحَرَةُ وَالْعَرَّافُونَ وَالْكِلْدَانِيُّونَ" (دانيال ٢:٢). ومع ذلك طلبوهم ليقتلوا مع حكماء بابل (دانيال ٢:١٣). كان من المفروض أن فترة التدريب ستؤدي بهم للعمل في قصر الملك، ولكنها أدت إلي الالتحاق بقائمة الموت، وذلك بسبب قرار الملك الخاطئ، ولكن تدخل الله وحول كل شئ في النهاية للخير وَنَحْنُ نَعْلَمُ أَنَّ كُلَّ الأَشْيَاءِ تَعْمَلُ مَعاً لِلْخَيْرِ لِلَّذِينَ يُحِبُّونَ اللهَ الَّذِينَ هُمْ مَدْعُوُّونَ حَسَبَ قَصْدِهِ" (رومية ٨ : ٢٨).

إلتماس دانيال - دانيال ٢:١٤-٣٠

١٤ حِينَئِذٍ أَجَابَ دَانِيآلُ بِحِكْمَةٍ وَعَقْلٍ لأَرْيُوخَ رَئِيسِ شُرَطِ الْمَلِكِ الَّذِي خَرَجَ لِيَقْتُلَ حُكَمَاءَ بَابِلَ: ١٥ لِمَاذَا اشْتَدَّ الأَمْرُ مِنْ قِبَلِ الْمَلِكِ؟ حِينَئِذٍ أَخْبَرَ أَرْيُوخُ دَانِيآلَ بِالأَمْرِ. ١٦ فَدَخَلَ دَانِيآلُ وَطَلَبَ مِنَ الْمَلِكِ أَنْ يُعْطِيَهُ وَقْتاً فَيُبَيِّنُ لِلْمَلِكِ التَّعْبِيرَ.

٢:١٤-١٦ بينما كان أريوخ - المسئول عن تنفيذ حكم القتل - مستمرا في قتل حكماء بابل، تقابل مع دانيال الذي كان في قائمة المطلوبين للقتل، وتحاور دانيال مع أريوخ "بحكمة وعقل" بشأن حكم الملك. وأدي الأمر أن ذهب دانيال إلي الملك يطلب منه وقتا

ليخبر الملك بالحلم وتعبيره (دانيال ١٤-١٦). لم يشك الملك أن دانيال يحاول أن يكسب وقتا كما كان الحال مع الكلدانيين كما سبق أن قال لهم: "إِنِّي أَعْلَمُ يَقِيناً أَنَّكُمْ تَكْتَسِبُونَ وَقْتاً إِذْ رَأَيْتُمْ أَنَّ الْقَوْلَ قَدْ خَرَجَ مِنِّي" (دانيال ٢: ٨)، ولكن الرب أعطي لدانيال نعمة في عيني الملك وقبل طلبه.

لم يستند دانيال علي شيء لحل مشكلة سر الحلم، سوى اتكاله علي الله، الذي "يَكْشِفُ الْعَمَائِقَ وَالأَسْرَارَ" (دانيال ٢: ٢٢)، وإيمانه وثقته الأكيدة في الله، لأن " "كُلُّ مَنْ يُؤْمِنُ بِهِ لاَ يُخْزَى" (روميه ١٠: ١١).

١٧ حِينَئِذٍ مَضَى دَانِيآلُ إِلَى بَيْتِهِ وَأَعْلَمَ حَنَنْيَا وَمِيشَائِيلَ وَعَزَرْيَا أَصْحَابَهُ بِالأَمْرِ ١٨ لِيَطْلُبُوا الْمَرَاحِمَ مِنْ قِبَلِ إِلَهِ السَّمَاوَاتِ مِنْ جِهَةِ هَذَا السِّرِّ لِكَيْ لاَ يَهْلِكَ دَانِيآلُ وَأَصْحَابُهُ مَعَ سَائِرِ حُكَمَاءِ بَابِلَ. ١٩ حِينَئِذٍ كُشِفَ السِّرُّ لِدَانِيآلَ فِي رُؤْيَا اللَّيْلِ.

١٧:٢ ذهب دانيال إلي منزله بعد مقابلته للملك، وأعلم أصدقاءه حنانيا وميصائيل وعزريا بالأمر، وطلب منهم أن يشتركوا معه في الصلاة لنوال مراحم الرب (دانيال ١٧:٢).

اشتراك دانيال والثلاثة فتية معا في الصلاة هو مثال رائع للصلاة الجماعية. فقد كان الأمر مسألة حياة أو موت، ولكن دانيال شعر بروحه النقية أن صلاتهم معا سيكون لها فاعلية، وبمثل هذه الثقة أوصانا السيد المسيح: "إِنِ اتَّفَقَ اثْنَانِ مِنْكُمْ عَلَى الأَرْضِ فِي أَيِّ شَيْءٍ يَطْلُبَانِهِ فَإِنَّهُ يَكُونُ لَهُمَا مِنْ قِبَلِ أَبِي الَّذِي فِي السَّمَاوَاتِ" (متى ١٨ : ١٩).

نحتاج في وقت الضيقات والتجارب أن نتكل علي الله، ونؤمن أنه يسمع لنا، كما يقول داود النبي: "لِيَسْتَجِبْ لَكَ الرَّبُّ فِي يَوْمِ الضِّيقِ. لِيَرْفَعْكَ اسْمُ إِلَهِ يَعْقُوبَ. لِيُرْسِلْ لَكَ عَوْناً مِنْ قُدْسِهِ وَمِنْ صِهْيَوْنَ لِيَعْضُدْكَ... لِيُكَمِّلِ الرَّبُّ كُلَّ سُؤْلِكَ. اَلآنَ عَرَفْتُ أَنَّ الرَّبَّ مُخَلِّصُ مَسِيحِهِ. يَسْتَجِيبُهُ مِنْ سَمَاءِ قُدْسِهِ بِجَبَرُوتِ خَلاَصِ يَمِينِهِ" (مزامير ٢٠ : ١-٦)، و"هَذِهِ هِيَ الثِّقَةُ الَّتِي لَنَا عِنْدَهُ [فيه]: أَنَّهُ إِنْ طَلَبْنَا شَيْئاً [من الله] حَسَبَ مَشِيئَتِهِ يَسْمَعُ لَنَا" (١ يوحنا ٥ : ١٤).

١٩:٢ من الصعوبة الاعتقاد أن الفتية الثلاثة ودانيال استطاعوا النوم وهم تحت تهديد الموت. وقد كشف الله لدانيال سر الحلم في الليل في رؤيا، ربما قد يكون الله أرسل له ملاكا وهو مستيقظ يصلي وأخبره بالحلم وتفسيره، مثلما حدث لاحقا: "بَيْنَمَا أَنَا أَتَكَلَّمُ وَأُصَلِّي... وَأَنَا مُتَكَلِّمٌ بَعْدُ بِالصَّلاَةِ، إِذَا بِالرَّجُلِ جِبْرَائِيلَ الَّذِي رَأَيْتُهُ فِي الرُّؤْيَا فِي الابْتِدَاءِ مُطَاراً وَاغِفاً لَمَسَنِي عِنْدَ وَقْتِ تَقْدِمَةِ الْمَسَاءِ. وَفَهَّمَنِي وَتَكَلَّمَ مَعِي..." (دانيال ٩ : ٢٠-٢٢).

استجابة الله العظيمة لصلاة دانيال والثلاثة فتية، تعبر عن أمانة الله نحو محبيه وحافظي وصاياه، فقد كانوا أمناء مع الله في تنفيذ شريعته ورفضوا التنجس بأطايب الملك (دانيال ١)، وهو ظل أمينا معهم وأجاب طلبتهم، لينقذهم من حكم الموت، لأنه "مَهْمَا سَأَلْنَا [الآب السماوي] نَنَالُ مِنْهُ، لأَنَّنَا نَحْفَظُ وَصَايَاهُ، وَنَعْمَلُ الأَعْمَالَ الْمَرْضِيَّةَ أَمَامَهُ..." (١ يوحنا ٣: ٢٢-٢٣).

١٩ ... فَبَارَكَ دَانِيآلُ إِلَهَ السَّمَاوَاتِ. ٢٠ فَقَالَ دَانِيآلُ: لِيَكُنِ اسْمُ اللَّهِ مُبَارَكاً مِنَ الأَزَلِ وَإِلَى الأَبَدِ لأَنَّ لَهُ الْحِكْمَةَ وَالْجَبَرُوتَ. ٢١ وَهُوَ يُغَيِّرُ الأَوْقَاتَ وَالأَزْمِنَةَ. يَعْزِلُ مُلُوكاً وَيُنَصِّبُ مُلُوكاً. يُعْطِي الْحُكَمَاءَ حِكْمَةً وَيُعَلِّمُ الْعَارِفِينَ فَهْماً. ٢٢ هُوَ يَكْشِفُ الْعَمَائِقَ وَالأَسْرَارَ. يَعْلَمُ مَا هُوَ فِي الظُّلْمَةِ وَعِنْدَهُ يَسْكُنُ النُّورُ. ٢٣ إِيَّاكَ يَا إِلَهَ آبَائِي أَحْمَدُ وَأُسَبِّحُ الَّذِي أَعْطَانِي الْحِكْمَةَ وَالْقُوَّةَ وَأَعْلَمَنِي الآنَ مَا طَلَبْنَاهُ مِنْكَ لأَنَّكَ أَعْلَمْتَنَا أَمْرَ الْمَلِكِ.

١٩:٢ "بارَكَ دَانِيآلُ إِلَهَ السَّمَاوَاتِ"، بمعني أنه قدم الشكر والتسبيح لله إله السموات ونسب البركة له، كما يقول المزمور: "يَا خَائِفِي الرَّبِّ بَارِكُوا الرَّبَّ" (مزامير ١٣٥ : ٢٠).

٢٠:٢ بدأ دانيال تسبحته لله بتمجيد اسمه قائلا: "لِيَكُنِ اسْمُ اللَّهِ مُبَارَكاً مِنَ الأَزَلِ وَإِلَى الأَبَدِ." وقد علم الرب يسوع تلاميذه أن يبدأوا صلواتهم بنفس الطريقة، وقال لهم: "مَتَى صَلَّيْتُمْ فَقُولُوا: أَبَانَا الَّذِي فِي السَّمَاوَاتِ، لِيَتَقَدَّسِ اسْمُكَ" (لوقا ١١ : ٢). وقدم دانيال صلاة رائعة لله، يمجده فيها علي صفاته العظيمة. فمجد الله لأن "لَهُ الْحِكْمَةَ وَالْجَبَرُوتَ".

٢١:٢ وفي صلاته أعلن دانيال عن ثقته المطلقة في قدرة الله فوق كل رياسة وسلطان، وقدرته علي تغيير مجري التاريخ، "وَهُوَ يُغَيِّرُ الأَوْقَاتَ وَالأَزْمِنَةَ. يَعْزِلُ مُلُوكاً وَيُنَصِّبُ مُلُوكاً". كما كشف دانيال عن إيمانه بالله أنه مصدر الحكمة: "لأَنَّ لَهُ الْحِكْمَةَ وَالْجَبَرُوتَ"، فهو الذي "يُعْطِي الْحُكَمَاءَ حِكْمَةً وَيُعَلِّمُ الْعَارِفِينَ فَهْماً"، لأن "كُلُّ عَطِيَّةٍ صَالِحَةٍ وَكُلُّ مَوْهِبَةٍ تَامَّةٍ هِيَ مِنْ فَوْقُ، نَازِلَةٌ مِنْ عِنْدِ أَبِي الأَنْوَارِ" (يعقوب ١: ١٧).

٢٢:٢-٢٣ اعترف دانيال بأن الله هو القادر علي كشف الأسرار، فهو " يَكْشِفُ الْعَمَائِقَ وَالأَسْرَارَ". وهو الذي أعطي الحكمة لدانيال: "وَأُسَبِّحُ الَّذِي أَعْطَانِي الْحِكْمَةَ وَالْقُوَّةَ"، وهو الذي كشف السر لدانيال: "أَعْلَمَنِي الآنَ مَا طَلَبْنَاهُ مِنْكَ، لأَنَّكَ أَعْلَمْتَنَا أَمْرَ الْمَلِكِ."

مثل هذه الحياة المقدسة العابدة لله والمملوءة بالشكر والتسبيح لله أثرت في المحيطين لدانيال، حتي جعلت نبوخذنصر يقول في النهاية: "حَقّاً إِنَّ إِلَهَكُمْ إِلَهُ الآلِهَةِ وَرَبُّ الْمُلُوكِ" (دانيال ٢:٤٧).

٢٤ فَمِنْ أَجْلِ ذَلِكَ دَخَلَ دَانِيآلُ إِلَى أَرْيُوخَ الَّذِي عَيَّنَهُ الْمَلِكُ لإِبَادَةِ حُكَمَاءِ بَابِلَ وَقَالَ لَهُ: لاَ تُبِدْ حُكَمَاءَ بَابِلَ. أَدْخِلْنِي إِلَى قُدَّامِ الْمَلِكِ فَأُبَيِّنَ لِلْمَلِكِ التَّعْبِيرَ. ٢٥ حِينَئِذٍ دَخَلَ أَرْيُوخُ بِدَانِيآلَ إِلَى قُدَّامِ الْمَلِكِ مُسْرِعاً وَقَالَ لَهُ: قَدْ وَجَدْتُ رَجُلاً مِنْ بَنِي سَبْيِ يَهُوذَا الَّذِي يُعَرِّفُ الْمَلِكَ بِالتَّعْبِيرِ.

٢٤:٢-٢٥ ذهب دانيال إلي أريوخ المسئول عن عملية القتل، وطلب منه أن يوقف قتل حكماء بابل، وطلب منه مقابلة الملك ليخبره بسر الحلم. وقد طلب دانيال وقف عملية القتل قبل أن يطلب مقابلة الملك، وذلك لحرصه علي حياة أي نفس يمكن أن ينقذها من الموت. ولعل أريوخ قد ظن أن الملك قد نسي دانيال بعد لقائه الأول مع الملك فقدمه له قائلا: "قَدْ وَجَدْتُ رَجُلاً مِنْ بَنِي سَبْيِ يَهُوذَا الَّذِي يُعَرِّفُ الْمَلِكَ بِالتَّعْبِيرِ" (دانيال ٢:٢٥). وفي هذا الأمر، صار دانيال رمزا للسيد المسيح، من نواحي عديدة:

جاء دانيال من اليهودية "الأَرْضِ الْبَهِيَّةِ" (دانيال ١١ : ١٦، ٤١)، و"فَخْرِ الأَرَاضِي" (دانيال ٨ : ٩) إلي السبي في بابل، وعاش حسب وصايا الله، وجاء السيد المسيح من السماء، ليصنع مشيئة الآب السماوي: "لأَنِّي قَدْ نَزَلْتُ مِنَ السَّمَاءِ لَيْسَ لأَعْمَلَ مَشِيئَتِي بَلْ مَشِيئَةَ الَّذِي أَرْسَلَنِي" (يوحنا ٦ : ٣٨).

سمح الله أن يقع دانيال تحت حكم الموت بلا ذنب، وهكذا سمح أن يقع السيد المسيح تحت حكم الموت، فقد أجاب السيد المسيح بيلاطس: "لَمْ يَكُنْ لَكَ عَلَيَّ سُلْطَانٌ الْبَتَّةَ لَوْ لَمْ تَكُنْ قَدْ أُعْطِيتَ مِنْ فَوْقُ. لِذَلِكَ الَّذِي أَسْلَمَنِي إِلَيْكَ لَهُ خَطِيَّةٌ أَعْظَمُ" (يوحنا ١٩ : ١١)، ومات السيد المسيح دون أن يكون هناك علة لموته، وشهد بيلاطس الذي حكم بموته: "قَدْ قَدَّمْتُمْ إِلَيَّ هَذَا الإِنْسَانَ كَمَنْ يُفْسِدُ الشَّعْبَ، وَهَا أَنَا قَدْ فَحَصْتُ قُدَّامَكُمْ وَلَمْ أَجِدْ فِي هَذَا الإِنْسَانِ عِلَّةً مِمَّا تَشْتَكُونَ بِهِ عَلَيْهِ" (لوقا ٢٣ : ١٤).

وكما سمح الله أن يكون دانيال سببا في خلاص رفقائه اليهود الثلاثة التي تمثل البقية المخلصة من شعبه اليهودي، وبقية حكماء بابل الأممين من الموت، هكذا افتدانا الله يهودا وامما بموت ابنه يسوع المسيح، وقال له الآب السماوي: "قَلِيلٌ أَنْ تَكُونَ لِي عَبْداً لإِقَامَةِ أَسْبَاطِ يَعْقُوبَ وَرَدِّ مَحْفُوظِي إِسْرَائِيلَ. فَقَدْ جَعَلْتُكَ نُوراً لِلأُمَمِ لِتَكُونَ خَلاَصِي إِلَى أَقْصَى الأَرْضِ" (أشعياء ٤٩ : ٦).

وكما خلص الله دانيال ورفقائه من حكم الموت، ونالوا مجدا في حضرة الملك الأرضي، وهكذا "فَيَسُوعُ هَذَا أَقَامَهُ اللهُ وَنَحْنُ جَمِيعاً شُهُودٌ لِذَلِكَ" (أعمال ٢ : ٣٢)، و"رُفِعَ فِي الْمَجْدِ" (١ تيموثاوس ٣ : ١٦)، و"أَقَامَنَا مَعَهُ، وَأَجْلَسَنَا مَعَهُ فِي السَّمَاوِيَّاتِ فِي الْمَسِيحِ يَسُوعَ" (أفسس ٢ : ٦).

٢٦ فَقَالَ الْمَلِكُ لِدَانِيآلَ (الَّذِي اسْمُهُ بَلْطَشَاصَّرُ): هَلْ تَسْتَطِيعُ أَنْتَ عَلَى أَنْ تُعَرِّفَنِي بِالْحُلْمِ الَّذِي رَأَيْتُ وَبِتَعْبِيرِهِ؟ ٢٧ أَجَابَ دَانِيآلُ قُدَّامَ الْمَلِكِ: السِّرُّ الَّذِي طَلَبَهُ الْمَلِكُ لاَ تَقْدِرُ الْحُكَمَاءُ وَلاَ السَّحَرَةُ وَلاَ الْمَجُوسُ وَلاَ الْمُنَجِّمُونَ عَلَى أَنْ يُبَيِّنُوهُ لِلْمَلِكِ. ٢٨ لَكِنْ يُوجَدُ إِلَهٌ فِي السَّمَاوَاتِ كَاشِفُ الأَسْرَارِ، وَقَدْ عَرَّفَ الْمَلِكَ نَبُوخَذْنَصَّرَ مَا يَكُونُ فِي الأَيَّامِ الأَخِيرَةِ.

٢:٢٦-٢٧ سأل الملك دانيال عما إذا كان يعرف أن يخبره بالحلم وتفسيره، فأجاب دانيال مؤكدا علي عجز البشر عن القيام بذلك. بدأ دانيال بوضع الموضوع في النور ليعطي المجد لله وحده، فبحكمة عالية يوضح دانيال للملك أن آلهة بابل التي يعبدها ويخدمها الحكماء والسحرة والمجوس والمنجمون بلا فائدة، "لأَنَّ كُلَّ آلِهَةِ الأُمَمِ أَصْنَامٌ، وَأَمَّا الرَّبُّ فَقَدْ صَنَعَ السَّمَاوَاتِ" (١اخبار ١٦ : ٢٦).

٢٨:٢ بعد أن أعلن دانيال عن عجز آلهة بابل، شهد بجرأة عن قدرة إلهة الذي في السماء كاشف الأسرار: "يُوجَدُ إِلَهٌ فِي السَّمَاوَاتِ كَاشِفُ الأَسْرَارِ" (دانيال ١:٢٨). وشهادة دانيال هذه هي رسالة معزية لأولاد الله أنه. "يُوجَدُ إِلَهٌ فِي السَّمَاوَاتِ"، فمهما حدث لنا يوجد إله في السماء يقدر أن ينجينا ويعطينا النعمة والقدرة والعون في حينه، "السَّيِّدُ الرَّبُّ يُعِينُنِي لِذَلِكَ لاَ أَخْجَلُ" (أشعياء ٥٠ : ٧).

وأعلن دانيال للملك أن الحلم من الله، وقد أراد أن يعرف نبوخذنصر ما سيحدث في الأيام الأخيرة. والمقصود بتعبير "الأيام الأخيرة" في الكتاب المقدس، هو "ملء الزمان" الذي جاء فيه الرب يسوع مولودا من الروح القدس والعذراء القديسة مريم، والخلاص الإلهي الذي تم بموته وقيامته وصعوده، وحلول الروح القدس. هذه الأيام هي "الأسبوع السبعين" في دانيال الأصحاح التاسع، كما سيأتي ذكره. "[الله] كَلَّمَنَا فِي هَذِهِ الأَيَّامِ الأَخِيرَةِ فِي ابْنِهِ..." (عبرانيين ١: ٢)، ففي "مِلْءُ الزَّمَانِ، أَرْسَلَ اللهُ ابْنَهُ مَوْلُوداً مِنِ امْرَأَةٍ، مَوْلُوداً تَحْتَ النَّامُوسِ" (غلاطية ٤ : ٤)، "وَيَكُونُ فِي الأَيَّامِ الأَخِيرَةِ أَنِّي أَسْكُبُ مِنْ رُوحِي عَلَى كُلِّ بَشَرٍ فَيَتَنَبَّأُ بَنُوكُمْ وَبَنَاتُكُمْ وَيَرَى شَبَابُكُمْ رُؤىً وَيَحْلُمُ شُيُوخُكُمْ أَحْلاَماً" (أعمال ٢ : ١٧).

٢٨...حُلْمُكَ وَرُؤْيَا رَأْسِكَ عَلَى فِرَاشِكَ هُوَ هَذَا: ٢٩ أَنْتَ يَا أَيُّهَا الْمَلِكُ أَفْكَارُكَ عَلَى فِرَاشِكَ صَعِدَتْ إِلَى مَا يَكُونُ مِنْ بَعْدِ هَذَا، وَكَاشِفُ الأَسْرَارِ يُعَرِّفُكَ بِمَا يَكُونُ. ٣٠ أَمَّا أَنَا فَلَمْ يُكْشَفْ لِي هَذَا السِّرُّ لِحِكْمَةٍ فِيَّ أَكْثَرَ مِنْ كُلِّ الأَحْيَاءِ. وَلَكِنْ لِيُعَرَّفَ الْمَلِكُ بِالتَّعْبِيرِ وَلِتَعْلَمَ أَفْكَارَ قَلْبِكَ.

٢٩:٢ قبل أن يخبر دانيال الملك بالحلم وتفسيره، تحدث دانيال عن أفكار الملك قبل نومه في ليلة حلمه، فبينما كان الملك مضجعا إنتابته الأفكار عن أيام المستقبل، وماذا يمكن أن يحدث للعالم ولمملكته: "أَفْكَارُكَ عَلَى فِرَاشِكَ صَعِدَتْ إِلَى مَا يَكُونُ مِنْ بَعْدِ هَذَا"، وعلم الله أفكار الملك، وأراد الله أن يعرفه ما سيكون: "وَكَاشِفُ الأَسْرَارِ يُعَرِّفُكَ بِمَا يَكُونُ".

الله يعرف حتي الأفكار، ولهذا قال المزمور: "يَا رَبُّ قَدِ اخْتَبَرْتَنِي وَعَرَفْتَنِي. أَنْتَ عَرَفْتَ جُلُوسِي وَقِيَامِي. فَهِمْتَ فِكْرِي مِنْ بَعِيدٍ. مَسْلَكِي وَمَرْبَضِي ذَرَّيْتَ وَكُلَّ طُرُقِي عَرَفْتَ. لأَنَّهُ لَيْسَ كَلِمَةٌ فِي لِسَانِي إِلاَّ وَأَنْتَ يَا رَبُّ عَرَفْتَهَا كُلَّهَا. مِنْ خَلْفٍ وَمِنْ قُدَّامٍ حَاصَرْتَنِي، وَجَعَلْتَ عَلَيَّ يَدَكَ. عَجِيبَةٌ هَذِهِ الْمَعْرِفَةُ فَوْقِي. ارْتَفَعَتْ لاَ أَسْتَطِيعُهَا" (مزامير ١٣٩: ١-٦).

دانيال عرف أفكار الملك وليس الحلم فقط، فقد كشف له الرب أسرار الملك حتي أفكاره، وفي هذا صار رمزا للسيد المسيح الذي علم أفكار الناس، فقد قيل عنه أنه عرف أفكار الناس في أكثر من موضع في الكتاب المقدس (متى ٩ : ٤، متى ١٢ : ٢٥، لوقا ١١ : ١٧، لوقا ٦ : ٨).

٢: ٣٠ لم ينسب دانيال لنفسه حكمة أكثر من كل الناس إنما أعلن أن الرب هو الذي كشف السر لأجل الملك، وليس لأجل حكمته، وكأنه يقول للملك: "ليس لأنني أحكم من الناس علمت السر، ولكن لأن الله يحبك". ما أعجب هذا الإنسان الذي لا يمجد نفسه، بل يجذب أنظار الآخرين إلي محبة الآب السمائي. قال الرب يسوع: "الآبَ نَفْسَهُ يُحِبُّكُمْ لأَنَّكُمْ قَدْ أَحْبَبْتُمُونِي وَآمَنْتُمْ أَنِّي مِنْ عِنْدِ اللَّهِ خَرَجْتُ" (يوحنا ١٦ : ٢٧)، "إِنْ كُنْتُ أُمَجِّدُ نَفْسِي فَلَيْسَ مَجْدِي شَيْئاً. أَبِي هُوَ الَّذِي يُمَجِّدُنِي الَّذِي تَقُولُونَ أَنْتُمْ إِنَّهُ إِلَهُكُمْ" (يوحنا ٨: ٥٤).

الحلم - دانيال ٢:٣١-٣٥

٣١ أَنْتَ أَيُّهَا الْمَلِكُ كُنْتَ تَنْظُرُ وَإِذَا بِتِمْثَالٍ عَظِيمٍ. هَذَا التِّمْثَالُ الْعَظِيمُ الْبَهِيُّ جِدّاً وَقَفَ قُبَالَتَكَ وَمَنْظَرُهُ هَائِلٌ. ٣٢ رَأْسُ هَذَا التِّمْثَالِ مِنْ ذَهَبٍ جَيِّدٍ. صَدْرُهُ وَذِرَاعَاهُ مِنْ فِضَّةٍ. بَطْنُهُ وَفَخْذَاهُ مِنْ نُحَاسٍ. ٣٣ سَاقَاهُ مِنْ حَدِيدٍ. قَدَمَاهُ بَعْضُهُمَا مِنْ حَدِيدٍ وَالْبَعْضُ مِنْ خَزَفٍ.

٢: ٣١-٣٣ روي دانيال الحلم للملك وهو أن نبوخذنصر رأي في نومه تمثالا ضخما بهيا. حجم التمثال غير مذكور، ولكن ربما يكون بنفس حجم التمثال الذي صنعه نبوخذنصر فيما بعد وهو ٩٠ قدم (دانيال ٣:١)، معظم التمثال كان مصنوعا من المعادن، وكان رأس التمثال من ذهب نقي، وبطنه وفخذه من نحاس، وصدره وذراعاه من فضة، وساقاه من حديد، وقدماه خليط من حديد وخزف.

٣٤ كُنْتَ تَنْظُرُ إِلَى أَنْ قُطِعَ حَجَرٌ بِغَيْرِ يَدَيْنِ فَضَرَبَ التِّمْثَالَ عَلَى قَدَمَيْهِ اللَّتَيْنِ مِنْ حَدِيدٍ وَخَزَفٍ فَسَحَقَهُمَا. ٣٥ فَانْسَحَقَ حِينَئِذٍ الْحَدِيدُ وَالْخَزَفُ وَالنُّحَاسُ وَالْفِضَّةُ وَالذَّهَبُ مَعاً وَصَارَتْ كَعُصَافَةِ الْبَيْدَرِ فِي الصَّيْفِ فَحَمَلَتْهَا الرِّيحُ فَلَمْ

يُوجَدْ لَهَا مَكَانٌ. أَمَّا الْحَجَرُ الَّذِي ضَرَبَ التِّمْثَالَ فَصَارَ جَبَلاً كَبِيراً وَمَلأَ الأَرْضَ كُلَّهَا.

٢:٣٤-٣٥ وبينما كان نبوخذنصر متأملا في التمثال، انقض حجر لم يقطع بيد إنسان، وضرب التمثال علي قدميه المصنوعتين من خليط الحديد والخزف، فسحقهما. فتحطم التمثال كله بما فيه الحديد والخزف والنحاس والفضة والذهب معا، وصارت كقشة الحقل في الصيف، وحملتها الريح حتي لم يبق لها أثر، أما الحجر الذي ضرب التمثال فصار جبلا كبيرا، وملأ الأرض كلها.

وربما اندهش نبوخذنصر من الحجر أكثر من التمثال، فقد كان مصدر الحجر فوق الطبيعة، ولم تكن يد إنسان وراءه، وكانت قوته عجيبة حتي تحطم التمثال كله، وصار جبلا يملأ الأرض كلها.

ممالك العالم - دانيال ٢:٣٦-٤٠

٣٦ هَذَا هُوَ الْحُلْمُ. فَنُخْبِرُ بِتَعْبِيرِهِ قُدَّامَ الْمَلِكِ: ٣٧ أَنْتَ أَيُّهَا الْمَلِكُ مَلِكُ مُلُوكٍ لأَنَّ إِلَهَ السَّمَاوَاتِ أَعْطَاكَ مَمْلَكَةً وَاقْتِدَاراً وَسُلْطَاناً وَفَخْراً. ٣٨ وَحَيْثُمَا يَسْكُنُ بَنُو الْبَشَرِ وَوُحُوشُ الْبَرِّ وَطُيُورُ السَّمَاءِ دَفَعَهَا لِيَدِكَ وَسَلَّطَكَ عَلَيْهَا جَمِيعِهَا. فَأَنْتَ هَذَا الرَّأْسُ مِنْ ذَهَبٍ. ٣٩ وَبَعْدَكَ تَقُومُ مَمْلَكَةٌ أُخْرَى أَصْغَرُ مِنْكَ وَمَمْلَكَةٌ ثَالِثَةٌ أُخْرَى مِنْ نُحَاسٍ فَتَتَسَلَّطُ عَلَى كُلِّ الأَرْضِ. ٤٠ وَتَكُونُ مَمْلَكَةٌ رَابِعَةٌ صَلِبَةٌ كَالْحَدِيدِ لأَنَّ الْحَدِيدَ يَدُقُّ وَيَسْحَقُ كُلَّ شَيْءٍ. وَكَالْحَدِيدِ الَّذِي يُكَسِّرُ تَسْحَقُ وَتُكَسِّرُ كُلَّ هَؤُلاَءِ.

٢:٣٦ بعد أن روي دانيال الحلم للملك قام بتفسيره، وربما أشار دانيال باستخدامه أسلوب الجمع في قوله "نخبر" إلي أصدقائه الثلاثة الذين شاركوه في الصلاة لله لمعرفة السر. ويتفق كثير من المفسرين أن دانيال فسر الحلم باعتباره يمثل تاريخ أربعة ممالك أممية متعاقبة، ولكن المفسرون يختلفون علي أسمائها.

مملكة بابل (٦٠٥-٥٣٩ ق.م)

٣٧:٢-٣٨ قال دانيال للملك أنه رأس التمثال الذهب: "أَنْتَ هَذَا الرَّأْسُ مِنْ ذَهَبٍ"، فهو أعظم ملوك الأرض، فهو " مَلِكُ مُلُوكٍ"، ولكن بسرعة نبهه دانيال أنه لا يجب أن ينسي أنه وكيل الله، لأن "إِلَهَ السَّمَاوَاتِ" هو الذي أعطاه "مَمْلَكَةً وَاقْتِدَاراً وَسُلْطَاناً وَفَخْراً". الله هو الذي سمح لنبوخذنصر بأن يكون له سلطان علي الناس والبهائم والطيور: "حَيْثُمَا يَسْكُنُ بَنُو الْبَشَرِ وَوُحُوشُ الْبَرِّ وَطُيُورُ السَّمَاءِ، دَفَعَهَا [إله السماء] لِيَدِكَ، وَسَلَّطَكَ عَلَيْهَا جَمِيعِهَا" (دانيال ٣٨:٢). وهكذا أعلن دانيال أن سلطان الملك ممنوح له من الله "ملك الملوك ورب الأرباب".

إن الحديث عن أي ملك – في الكتاب المقدس – يشير أيضا إلي مملكته، فحينما قال دانيال للملك أنه "الرأس الذهب" كان يعني أن مملكة بابل هي أعظم الممالك الأرضية من التي ستأتي بعدها. وقد حكم نبوخذنصر ٤٣ سنة واستمرت المملكة بعده ٢٣ سنة، أي أن مملكة بابل ظلت ٦٦ سنة (٦٠٥-٥٣٩ ق.م)، وحكمت غالبية الشرق الأدنى.

مملكة مادي وفارس (٥٣٩-٣٣١ ق.م)

٣٩:٢ كشف دانيال عن مملكة أخري تأتي بعد مملكة بابل وهي مملكة مادي وفارس، وهي المرموز لها بالصدر والذراعين الفضة للتمثال وقد ظلت هذه المملكة ٢٠٨ سنه (٥٣٩-٣٣١ ق.م). وقد جاء ذكر مملكة مادي وفارس هنا باختصار، ولكنها مذكورة بتفاصيل أكثر في الأصحاحات التالية في سفر دانيال، فهي المرموز لها بالدب في (دانيال ٥:٧)، والكبش ذو القرنين في (دانيال ٢٠:٨).

قال دانيال للملك أن المملكة التي ستأتي بعده أصغر: "بَعْدَكَ تَقُومُ مَمْلَكَةٌ أُخْرَى أَصْغَرُ مِنْكَ"، ولعل المقصود بذلك أنها كانت أقل من حيث الثروة، لأن المعروف أن مملكة مادي وفارس كانت أوسع انتشارا من مملكة بابل.

مملكة اليونان (٣٣١-١٤٦ ق.م)

المملكة الثالثة هي مملكة اليونان (دانيال ٦:٧، ٥:٨، ٣:١١-٤)، وهي المرموز له بالبطن والفخذين من النحاس: "وَمَمْلَكَةٌ ثَالِثَةٌ أُخْرَى مِنْ نُحَاسٍ". في سنة ٣٣٢ ق.م قام الإسكندر الأكبر ضد مملكة مادي وفارس، وظلت مملكة اليونان ١٨٥ سنة (٣٣١-١٤٦

ق.م). وقال دانيال عن هذه المملكة أنها "تَتَسَلَّطُ عَلَى كُلِّ الأَرْضِ"، فقد انتشر سلطان مملكة اليونان علي كل العالم المتحضر المعروف في ذلك الوقت.

مملكة الرومان (١٤٦ ق.م-٣٩٥ م)

٤٠:٢ كشف دانيال عن معني ساقي التمثال اللذين من الحديد، فهما يمثلان المملكة الرابعة بعد مملكة اليونان، وهي المملكة الرومانية. وهذه المملكة حكمت العالم بقبضة حديدية، حتي أنها كالحديد الذي "يَدُقُّ وَيَسْحَقُ كُلَّ شَيْءٍ، وَكَالْحَدِيدِ الَّذِي يُكَسِّرُ تَسْحَقُ وَتُكَسِّرُ كُلَّ هَؤُلاَءِ" (دانيال ٤٠:٢). وقد ظلت هذه المملكة حوالي ٥٠٠ سنة (١٤٦ ق.م-٣٩٥ م)، ثم انقسمت المملكة إلي المملكة الغربية والمملكة الشرقية عام ٣٩٥ م، وكان حكم آخر ملك للمملكة الغربية حتي عام ٤٧٦م، وحكم آخر ملك للمملكة الشرقية عام ١٤٥٣ م.

مملكة ضد المسيح - دانيال ٢:٤١-٤٣

٤١ وَبِمَا رَأَيْتَ الْقَدَمَيْنِ وَالأَصَابِعَ بَعْضُهَا مِنْ خَزَفٍ وَالْبَعْضُ مِنْ حَدِيدٍ فَالْمَمْلَكَةُ تَكُونُ مُنْقَسِمَةً وَيَكُونُ فِيهَا قُوَّةُ الْحَدِيدِ مِنْ حَيْثُ إِنَّكَ رَأَيْتَ الْحَدِيدَ مُخْتَلِطاً بِخَزَفِ الطِّينِ. ٤٢ وَأَصَابِعُ الْقَدَمَيْنِ بَعْضُهَا مِنْ حَدِيدٍ وَالْبَعْضُ مِنْ خَزَفٍ فَبَعْضُ الْمَمْلَكَةِ يَكُونُ قَوِيّاً وَالْبَعْضُ قَصِماً. ٤٣ وَبِمَا رَأَيْتَ الْحَدِيدَ مُخْتَلِطاً بِخَزَفِ الطِّينِ فَإِنَّهُمْ يَخْتَلِطُونَ بِنَسْلِ النَّاسِ وَلَكِنْ لاَ يَتَلاَصَقُ هَذَا بِذَاكَ كَمَا أَنَّ الْحَدِيدَ لاَ يَخْتَلِطُ بِالْخَزَفِ.

٤١:٢-٤٣ القدمان من الحديد والخزف، يمثلان اختلاط مملكتين معا في نهاية الأيام، وتشير إلي "مملكة ضد المسيح". هذه المملكة هي مملكة سياسية (الحديد)، مختلطة بمملكة دينية، أو نظام ديني (الخزف)، وفيها يختلط فكر العالم مع فكر أولاد الله: "بِمَا رَأَيْتَ الْحَدِيدَ مُخْتَلِطاً بِخَزَفِ الطِّينِ، فَإِنَّهُمْ يَخْتَلِطُونَ بِنَسْلِ النَّاسِ وَلَكِنْ لاَ يَتَلاَصَقُ هَذَا بِذَاكَ كَمَا أَنَّ الْحَدِيدَ لاَ يَخْتَلِطُ بِالْخَزَفِ" (دانيال٢:٤٣).

الحديد هو العامل المشترك بين المملكة الرابعة و"مملكة ضد المسيح"، أي أن "مملكة ضد المسيح" تحمل سمات المملكة الرابعة.

ملكوت الله - دانيال ٢: ٤٤-٤٥

٤٤ وَفِي أَيَّامِ هَؤُلاَءِ الْمُلُوكِ يُقِيمُ إِلَهُ السَّمَاوَاتِ مَمْلَكَةً لَنْ تَنْقَرِضَ أَبَداً وَمَلِكُهَا لاَ يُتْرَكُ لِشَعْبٍ آخَرَ وَتَسْحَقُ وَتُفْنِي كُلَّ هَذِهِ الْمَمَالِكِ وَهِيَ تَثْبُتُ إِلَى الأَبَدِ. ٤٥ لأَنَّكَ رَأَيْتَ أَنَّهُ قَدْ قُطِعَ حَجَرٌ مِنْ جَبَلٍ لاَ بِيَدَيْنِ فَسَحَقَ الْحَدِيدَ وَالنُّحَاسَ وَالْخَزَفَ وَالْفِضَّةَ وَالذَّهَبَ. اللَّهُ الْعَظِيمُ قَدْ عَرَّفَ الْمَلِكَ مَا سَيَأْتِي بَعْدَ هَذَا. الْحُلْمُ حَقٌّ وَتَعْبِيرُهُ يَقِينٌ.

٢:٤٤-٤٥ وصل دانيال في تفسيره إلي أهم شيء في الحلم الذي رآه الملك، وهو الحجر الذي قُطِعَ بغير يدين، وسحق التمثال، وصار جبلا عظيما ملأ الأرض كلها (دانيال ٢:٣٤-٣٥، ٤٤-٤٥).

ظهور الحجر - الذي قُطِعَ بغير يدين - في الأيام الأخيرة يرمز إلي ظهور مملكة الله في شخص الرب يسوع المسيح، وهذه المملكة تظهر "فِي أَيَّامِ هَؤُلاَءِ الْمُلُوكِ" (دانيال ٢:٤٤)، والمقصود بهم ملوك الأيام الأخيرة، لأن غاية الرؤيا كانت إعلان للملك عما سيكون في "الأَيَّامِ الأَخِيرَةِ" (دانيال ٢:٢٨)، وهذه الأيام الأخيرة هي زمن ظهور ربنا يسوع المسيح علي الأرض بالجسد، لأنه "لَمَّا جَاءَ مِلْءُ الزَّمَانِ، أَرْسَلَ اللهُ ابْنَهُ مَوْلُوداً مِنِ امْرَأَةٍ" (غلاطية ٤ : ٤)، الله "كَلَّمَنَا فِي هَذِهِ الأَيَّامِ الأَخِيرَةِ فِي ابْنِهِ - الَّذِي جَعَلَهُ وَارِثاً لِكُلِّ شَيْءٍ، الَّذِي بِهِ أَيْضاً عَمِلَ الْعَالَمِينَ" (عبرانيين ١: ٢).

الملك

الرب يسوع هو الحجر المقطوع بغير يدين، لأن الرب يسوع ولد بالروح القدس من العذراء القديسة مريم بغير زرع بشر، "لأَنَّ الَّذِي حُبِلَ بِهِ فِيهَا هُوَ مِنَ الرُّوحِ الْقُدُسِ" (متى ١ : ٢٠). كما أن أصل السيد المسيح أزلي، كقول ميخا النبي: "أَمَّا أَنْتِ يَا بَيْتَ لَحْمَ أَفْرَاتَةَ وَأَنْتِ صَغِيرَةٌ أَنْ تَكُونِي بَيْنَ أُلُوفِ يَهُوذَا، فَمِنْكِ يَخْرُجُ لِي الَّذِي يَكُونُ مُتَسَلِّطاً عَلَى إِسْرَائِيلَ وَمَخَارِجُهُ مُنْذُ الْقَدِيمِ مُنْذُ أَيَّامِ الأَزَلِ" (ميخا ٥ : ٢).

وقد رأي دانيال في رؤياه الرب يسوع عند صعوده ودخوله إلي قدس الأقداس السمائي وتتويجه ملكا، فقد "أَتَى وَجَاءَ إِلَى الْقَدِيمِ الأَيَّامِ فَقَرَّبُوهُ قُدَّامَهُ، فَأُعْطِيَ سُلْطَاناً وَمَجْداً

وَمَلَكُوتاً لِتَتَعَبَّدَ لَهُ كُلُّ الشُّعُوبِ وَالأُمَمِ وَالأَلْسِنَةِ. سُلْطَانُهُ سُلْطَانٌ أَبَدِيٌّ مَا لَنْ يَزُولَ وَمَلَكُوتُهُ مَا لاَ يَنْقَرِضُ" (دانيال ٧ : ١٣-١٤).

أعضاء المملكة

يدخل القديسين كشركاء في المملكة الإلهية: "أَمَّا قِدِّيسُو الْعَلِيِّ فَيَأْخُذُونَ الْمَمْلَكَةَ وَيَمْتَلِكُونَ الْمَمْلَكَةَ إِلَى الأَبَدِ وَإِلَى أَبَدِ الآبِدِينَ" (دانيال ٧ : ١٨)، "وَالْمَمْلَكَةُ وَالسُّلْطَانُ وَعَظَمَةُ الْمَمْلَكَةِ تَحْتَ كُلِّ السَّمَاءِ تُعْطَى لِشَعْبِ قِدِّيسِي الْعَلِيِّ. مَلَكُوتُهُ مَلَكُوتٌ أَبَدِيٌّ وَجَمِيعُ السَّلاَطِينِ إِيَّاهُ يَعْبُدُونَ وَيُطِيعُونَ" (دانيال ٧ : ٢٧).

نمو المملكة

هذه المملكة تملأ الأرض كلها: "أَمَّا الْحَجَرُ الَّذِي ضَرَبَ التِّمْثَالَ فَصَارَ جَبَلاً كَبِيراً وَمَلأَ الأَرْضَ كُلَّهَا"(دانيال٢:٣٥)،

نمو الحجر ليصير جبلا يشير إلي عملية إتساع مملكة الله التدريجي، وقد قال السيد المسيح عن ملكوت الله أنه " مِثْلُ حَبَّةِ خَرْدَلٍ مَتَى زُرِعَتْ فِي الأَرْضِ فَهِيَ أَصْغَرُ جَمِيعِ الْبُزُورِ الَّتِي عَلَى الأَرْضِ. وَلَكِنْ مَتَى زُرِعَتْ تَطْلُعُ وَتَصِيرُ أَكْبَرَ جَمِيعِ الْبُقُولِ وَتَصْنَعُ أَغْصَاناً كَبِيرَةً حَتَّى تَسْتَطِيعَ طُيُورُ السَّمَاءِ أَنْ تَتَآوَى تَحْتَ ظِلِّهَا" (مرقس ٤ : ٣١-٣٢)، و"يُشْبِهُ مَلَكُوتُ السَّمَاوَاتِ خَمِيرَةً أَخَذَتْهَا امْرَأَةٌ وَخَبَّأَتْهَا فِي ثَلاَثَةِ أَكْيَالِ دَقِيقٍ حَتَّى اخْتَمَرَ الْجَمِيعُ" (متى ١٣ : ٣٣).

مملكة أبدية

مملكة الله مملكة أبدية، فهي "تَثْبُتُ إِلَى الأَبَدِ" (دانيال ٢:٤٤)، و "مُلْكُهَا لاَ يُتْرَكُ لِشَعْبٍ آخَرَ"، أي لا تأتي مملكة أخري تحل محل المملكة الإلهية مثل ممالك العالم المتعاقبة، بل ستسحق كل الممالك الأرضية. "لأَنَّهُ يَجِبُ أَنْ يَمْلِكَ بالرب يسوع]، حَتَّى يَضَعَ [الآب] جَمِيعَ الأَعْدَاءِ تَحْتَ قَدَمَيْهِ. آخِرُ عَدُوٍّ يُبْطَلُ هُوَ الْمَوْتُ. لأَنَّهُ [الله الآب] أَخْضَعَ كُلَّ شَيْءٍ تَحْتَ قَدَمَيْهِ [تحت قدمي المسيح]" (١ كورنثوس ١٥ : ٢٥-٢٧).

كما أن نهاية كل ممالك العالم [الشر] ستكون في نهاية الأيام، عند بوق الملاك السابع: "ثُمَّ بَوَّقَ الْمَلاَكُ السَّابعُ، فَحَدَثَتْ أَصْوَاتٌ عَظِيمَةٌ فِي السَّمَاءِ قَائِلَةً: قَدْ صَارَتْ مَمَالِكُ الْعَالَمِ لِرَبِّنَا وَمَسِيحِهِ، فَسَيَمْلِكُ إِلَى أَبَدِ الآبِدِينَ" (رؤيا ١١ : ١٥).

يري كثير من المفسرين أن حلم الملك نبوخذنصر الذي ورد في الأصحاح الثاني من سفر دانيال، يشابه حلم دانيال في الأصحاح السابع، ولكن حلم دانيال يحمل تفاصيل أعمق. والنهاية هي لمجد الله "لأَنَّ الأَرْضَ تَمْتَلِئُ مِنْ مَعْرِفَةِ مَجْدِ الرَّبِّ كَمَا تُغَطِّي الْمِيَاهُ الْبَحْرَ" (حبقوق ٢ : ١٤).

رد نبوخذنصر - دانيال ٢:٤٦-٤٩

٤٦ حِينَئِذٍ خَرَّ نَبُوخَذْنَصَّرُ عَلَى وَجْهِهِ وَسَجَدَ لِدَانِيآلَ وَأَمَرَ بِأَنْ يُقَدِّمُوا لَهُ تَقْدِمَةً وَرَوَائِحَ سُرُورٍ. ٤٧ وَقَالَ الْمَلِكُ لِدَانِيآلَ: حَقّاً إِنَّ إِلَهَكُمْ إِلَهُ الآلِهَةِ وَرَبُّ الْمُلُوكِ وَكَاشِفُ الأَسْرَارِ إِذِ اسْتَطَعْتَ عَلَى كَشْفِ هَذَا السِّرِّ. ٤٨ حِينَئِذٍ عَظَّمَ الْمَلِكُ دَانِيآلَ وَأَعْطَاهُ عَطَايَا كَثِيرَةً وَسَلَّطَهُ عَلَى كُلِّ وِلاَيَةِ بَابِلَ وَجَعَلَهُ رَئِيسَ الشِّحَنِ عَلَى جَمِيعِ حُكَمَاءِ بَابِلَ. ٤٩ فَطَلَبَ دَانِيآلُ مِنَ الْمَلِكِ فَوَلَّى شَدْرَخَ وَمِيشَخَ وَعَبْدَنَغُوَ عَلَى أَعْمَالِ وِلاَيَةِ بَابِلَ. أَمَّا دَانِيآلُ فَكَانَ فِي بَابِ الْمَلِكِ.

٢:٤٦ تأثر الملك تأثرا شديد بتفسير دانيال، حتي أنه قام عن كرسيه وسجد لدانيال. ودانيال هنا يقدم صورة مشرقة لمجد أولاد الله في المسيح يسوع، كما قيل في سفر الرؤيا أيضا: "هَئَنَذَا أَجْعَلُ الَّذِينَ مِنْ مَجْمَعِ الشَّيْطَانِ، مِنَ الْقَائِلِينَ إِنَّهُمْ يَهُودٌ وَلَيْسُوا يَهُوداً، بَلْ يَكْذِبُونَ: هَئَنَذَا أُصَيِّرُهُمْ يَأْتُونَ وَيَسْجُدُونَ أَمَامَ رِجْلَيْكَ، وَيَعْرِفُونَ أَنِّي أَنَا أَحْبَبْتُكَ" (رؤيا ٣ : ٩).

٢:٤٧ اعترف نبوخذنصر أن إله دانيال ورفقائه هو أعظم الآلهة: "حَقّاً إِنَّ إِلَهَكُمْ إِلَهُ الآلِهَةِ وَرَبُّ الْمُلُوكِ"، لأنه وحده القادر علي كشف الأسرار. لقد تمجد الله بحياة دانيال، وصار رمزا قويا للرب يسوع الذي به تمجد الآب السماوي، و"يَعْتَرِفَ كُلُّ لِسَانٍ أَنَّ يَسُوعَ الْمَسِيحَ هُوَ رَبٌّ لِمَجْدِ اللهِ الآبِ" (فيلبي ٢ : ١١)، حتي نكون "مَمْلُوئِينَ مِنْ ثَمَرِ الْبِرِّ الَّذِي بِيَسُوعَ الْمَسِيحِ لِمَجْدِ اللهِ وَحَمْدِهِ" (فيلبي ١ : ١١).

٤٨:٢ كافأ الملك دانيال بأن "أَعْطَاهُ عَطَايَا كَثِيرَةً وَسَلَّطَهُ عَلَى كُلِّ وِلاَيَةِ بَابِلَ، وَجَعَلَهُ رَئِيسَ الشِّحَنِ [الوزراء] عَلَى جَمِيعِ حُكَمَاءِ بَابِلَ"، أما السيد المسيح "إِذْ وُجِدَ فِي الْهَيْئَةِ كَإِنْسَانٍ، وَضَعَ نَفْسَهُ وَأَطَاعَ حَتَّى الْمَوْتَ مَوْتَ الصَّلِيبِ. لِذَلِكَ رَفَّعَهُ اللهُ أَيْضاً، وَأَعْطَاهُ اسْماً فَوْقَ كُلِّ اسْمٍ لِكَيْ تَجْثُوَ بِاسْمِ يَسُوعَ كُلُّ رُكْبَةٍ مِمَّنْ فِي السَّمَاءِ وَمَنْ عَلَى الأَرْضِ وَمَنْ تَحْتَ الأَرْضِ" (فيلبي ٢: ٨-١٠).

علي نحو ما قيل عن شاول: "أَشَاوُلُ أَيْضاً بَيْنَ الأَنْبِيَاءِ؟" (١صموئيل ١٠ : ١٢)، نتساءل أيضا: هل كان نبوخذنصر أيضا بين الأنبياء حتي يعلن له الرب بروح النبوة عما سيحدث في نهاية الأيام؟... ولكن ما أعجب صلاح الله ورحمته، الذي لم يحجب نعمته حتي عن الملك الأممي، وبحكمة يستخدمه، ليعلن فيه قوته، ويمجد به أولاده.

٤٩:٢ طلب دانيال أن يكون لرفقائه شركة في مجده: "طَلَبَ دانيال مِنَ الْمَلِكِ فَوَلَّى شَدْرَخَ وَمِيشَخَ وَعَبْدَنَغُوَ عَلَى أَعْمَالِ وِلاَيَةِ بَابِلَ. أَمَّا دانيال فَكَانَ فِي بَابِ الْمَلِكِ"، وهكذا طلب السيد المسيح من الآب السماوي: "أَيُّهَا الآبُ أُرِيدُ أَنَّ هَؤُلاَءِ الَّذِينَ أَعْطَيْتَنِي يَكُونُونَ مَعِي حَيْثُ أَكُونُ أَنَا لِيَنْظُرُوا مَجْدِي الَّذِي أَعْطَيْتَنِي، لأَنَّكَ أَحْبَبْتَنِي قَبْلَ إِنْشَاءِ الْعَالَمِ" (يوحنا ١٧ : ٢٤)، وصار "الأُمَمَ شُرَكَاءُ فِي الْمِيرَاثِ وَالْجَسَدِ وَنَوَالِ مَوْعِدِهِ فِي الْمَسِيحِ بِالإِنْجِيلِ" (أفسس ٣ : ٦)

الأصحاح الثالث

الثلاثة فتية في أتون النار

ورد ذكر الفتية الثلاثة حنانيا وميصائيل وعزريا، في دانيال الأصحاح الأول، فقد كانوا من بين المسبيين من اليهودية لبابل مع دانيال، واختاروهم في بابل ليخدموا أمام الملك نبوخذنصر (دانيال ١:٦-٧)، وقد باركهم الله لأمانتهم، وتفوقوا مثل دانيال بعد تدريبهم لمدة ثلاثة سنوات (دانيال ١:١٧-٢٠). وفي الأصحاح الثاني كانوا مع دانيال ضمن حكماء بابل المحسوبين للموت، ولكنهم رفعوا صلاة حارة مع دانيال لطلب مراحم الرب، واستجاب الله لصلاتهم، وكشف الرب سر حلم الملك لدانيال، الأمر الذي أدي إلي رفعتهم مع دانيال في قصر الملك.

وفي هذا الأصحاح الثالث، سنعرف أكثر عن قوة الله المخلصة لهؤلاء الفتية الثلاثة من خطر الموت، والكثير من صفاتهم الشخصية، وذلك من خلال قصة التمثال الذهبي الذي نصبه الملك نبوخذنصر، وأتون النار.

التمثال الذهبي (٣:١-٧)

١ نَبُوخَذْنَصَّرُ الْمَلِكُ صَنَعَ تِمْثَالاً مِنْ ذَهَبٍ طُولُهُ سِتُّونَ ذِرَاعاً وَعَرْضُهُ سِتُّ أَذْرُعٍ وَنَصَبَهُ فِي بُقْعَةِ دُورَا فِي وِلاَيَةِ بَابِلَ.

٣:١ صنع نبوخذنصر "تِمْثَالاً مِنْ ذَهَبٍ طُولُهُ سِتُّونَ ذِرَاعاً [حوالي ٩٠ قدم أو ٣٠ مترا] وَعَرْضُهُ سِتُّ أَذْرُعٍ [حوالي ٩ قدم أو ٣ أمتار]"، وذلك خارج المدينة "فِي بُقْعَةِ [سهل] دُورَا"، ربما علي بعد حوالي ١٦ ميل من مدينة بابل. وربما يكون نبوخذنصر قد أخذ الفكرة من الحلم الذي رآه وفسره له دانيال في الأصحاح الثاني. لقد قال له دانيال: "أَنْتَ هَذَا الرَّأْسُ مِنْ ذَهَبٍ" (دانيال ٢:٣٨)، وبعده تقوم ممالك أخري، ممثلة بالمعادن المذكورة في (دانيال ٢:٣٢-٣٣، ٣٩-٤٠). ولكن ربما يكون الملك قد رفض فكرة أن يكون مجرد الرأس الذهب في التمثال، أو يكون لملكه نهاية وتأتي بعده ممالك أخري، وأراد أن يعبر عن تأليهه لذاته بهذا التمثال الضخم الذهبي الذي يمثله.

لم يذكر الوحي الإلهي تاريخ هذا الحدث، ولكن موضعه في سفر دانيال يدل علي أنه لم يحدث قبل السنة الثانية من ملك نبوخذنصر (٦٠٣-٦٠٢ ق.م)، التي فيها فسر دانيال الحلم، ووصل الثلاثة فتية إلي مركز عالي في ولاية بابل: "فَطَلَبَ دانيال مِنَ الْمَلِكِ، فَوَلَّى شَدْرَخَ وَمِيشَخَ وَعَبْدَنَغُوَ، عَلَى أَعْمَالِ وِلاَيَةِ بَابِلَ" (دانيال ٢ : ٤٩)، وفي هذا الإصحاح إشارة إلي ذلك، حيث قال البابليون للملك: "يُوجَدُ رِجَالٌ يَهُودٌ الَّذِينَ وَكَّلْتَهُمْ عَلَى أَعْمَالِ وِلاَيَةِ بَابِلَ" (دانيال ٣:١٢).

صنع التماثيل للعبادة أمرا يخالف الشريعة الإلهية، وذلك بحسب كلام الله: "لا تَصْنَعْ لكَ تِمْثَالاً مَنْحُوتاً صُورَةً مَا مِمَّا فِي السَّمَاءِ مِنْ فَوْقُ وَمَا فِي الأَرْضِ مِنْ أَسْفَلُ وَمَا فِي المَاءِ مِنْ تَحْتِ الأَرْضِ. لا تَسْجُدْ لهُنَّ وَلا تَعْبُدْهُنَّ لأَنِّي أَنَا الرَّبُّ إِلهُكَ إِلهٌ غَيُورٌ أَفْتَقِدُ ذُنُوبَ الآبَاءِ فِي الأَبْنَاءِ وَفِي الجِيلِ الثَّالِثِ وَالرَّابِعِ مِنَ الذِينَ يُبْغِضُونَنِي" (تثنية ٥: ٨-٩). وقد ارتد نبوخذنصر عن معرفة الإله الحقيقي، بعد أن اعترف أمام دانيال: "حَقّاً إِنَّ إِلَهَكُمْ إِلَهُ الآلِهَةِ، وَرَبُّ الْمُلُوكِ" (دانيال ٢:٤٧).

٢ ثُمَّ أَرْسَلَ نَبُوخَذْنَصَّرُ الْمَلِكُ لِيَجْمَعَ الْمَرَازِبَةَ وَالشِّحَنَ وَالْوُلاَةَ وَالْقُضَاةَ وَالْخَزَنَةَ وَالْفُقَهَاءَ وَالْمُفْتِينَ وَكُلَّ حُكَّامِ الْوِلاَيَاتِ لِيَأْتُوا لِتَدْشِينِ التِّمْثَالِ الَّذِي نَصَبَهُ نَبُوخَذْنَصَّرُ الْمَلِكُ. ٣ حِينَئِذٍ اجْتَمَعَ الْمَرَازِبَةُ وَالشِّحَنُ وَالْوُلاَةُ وَالْقُضَاةُ وَالْخَزَنَةُ وَالْفُقَهَاءُ وَالْمُفْتُونَ وَكُلُّ حُكَّامِ الْوِلاَيَاتِ لِتَدْشِينِ التِّمْثَالِ الَّذِي نَصَبَهُ نَبُوخَذْنَصَّرُ الْمَلِكُ وَوَقَفُوا أَمَامَ التِّمْثَالِ الَّذِي نَصَبَهُ نَبُوخَذْنَصَّرُ.

٣-٢:٣ جمع الملك نبوخذنصر كل الحكام والرسميين لمكان التمثال لتدشينه، ووقفوا أما التمثال في انتظار أوامر الملك. ولم يكن دانيال موجودا في مكان التمثال خارج المدينة، فقد ظل "فِي بَابِ الْمَلِكِ" (دانيال ٢:٤٩)، وربما يكون قد فعل هذا ليدير أعمال المملكة في المدينة، وذلك في غياب الملك مع " الْمَرَازِبَةُ وَالشِّحَنُ وَالْوُلاَةُ وَالْقُضَاةُ وَالْخَزَنَةُ وَالْفُقَهَاءُ وَالْمُفْتُونَ وَكُلُّ حُكَّامِ الْوِلاَيَاتِ لِتَدْشِينِ التِّمْثَالِ الَّذِي نَصَبَهُ نَبُوخَذْنَصَّرُ الْمَلِكُ" (دانيال ٣:٣)، وكان الثلاثة فتية حاضرين بحسب أمر الملك، ولكنهم رفضوا السجود للتمثال كما سيأتي شرحه.

٤ وَنَادَى مُنَادٍ بِشِدَّةٍ: قَدْ أُمِرْتُمْ أَيُّهَا الشُّعُوبُ وَالأُمَمُ وَالأَلْسِنَةُ ٥ عِنْدَمَا تَسْمَعُونَ صَوْتَ الْقَرْنِ وَالنَّايِ وَالْعُودِ وَالرَّبَابِ وَالسِّنْطِيرِ وَالْمِزْمَارِ وَكُلِّ أَنْوَاعِ الْعَزْفِ أَنْ تَخِرُّوا وَتَسْجُدُوا لِتِمْثَالِ الذَّهَبِ الَّذِي نَصَبَهُ نَبُوخَذْنَصَّرُ الْمَلِكُ. ٦ وَمَنْ لاَ يَخِرُّ وَيَسْجُدُ فَفِي تِلْكَ السَّاعَةِ يُلْقَى فِي وَسَطِ أَتُونِ نَارٍ مُتَّقِدَةٍ.

٣:٤-٦ صَاحَ مُنَادٍ بِصَوْتٍ عَالٍ لجميع المجتمعين، أن يسجدوا للتمثال الذهبي، حينما يسمعون صوت البوق والموسيقي، وذلك بحسب أمر الملك. ووضع الملك عقوبة فورية لمن لا يسجد للتمثال وهي أن "يُلْقَى فِي وَسَطِ أَتُونِ نَارٍ مُتَّقِدَةٍ" (دانيال ٣:٦). اختار الملك الحرق بالنار كوسيلة للإعدام لأنها مرعبة، وربما لوجود أتون النار بالقرب من موقع التمثال، فقد استلزم صهر الذهب - المستخدم في صنع هذا التمثال الضخم - أتون نار، وأراد الملك أن يستخدم نفس الأتون - الذي استخدمه في صنع التمثال - لقتل رافضي السجود للتمثال.

وقد سجل أرميا النبي أن نبوخذ نصر قد قتل إثنين بالحرق في النار، هما " أَخْآبَ بْنِ قُولاَيَا وصِدْقِيَّا بْنِ مَعْسِيَّا" (ارميا ٢٩: ٢١-٢٣).

٧ لأَجْلِ ذَلِكَ وَقْتَمَا سَمِعَ كُلُّ الشُّعُوبِ صَوْتَ الْقَرْنِ وَالنَّايِ وَالْعُودِ وَالرَّبَابِ وَالسِّنْطِيرِ وَكُلِّ أَنْوَاعِ الْعَزْفِ خَرَّ كُلُّ الشُّعُوبِ وَالأُمَمِ وَالأَلْسِنَةِ، وَسَجَدُوا لِتِمْثَالِ الذَّهَبِ الَّذِي نَصَبَهُ نَبُوخَذْنَصَّرُ الْمَلِكُ.

٣:٧ عندما سمع الحاضرون صوت الموسيقي، سجدوا لتمثال الذهب حسب أمر الملك، فيما عدا الثلاثة الفتية الذين رفضوا أن يسجدوا، حسب ما هو وارد في (دانيال ٣:١٢). هكذا وسط الكثيرين الذين سجدوا لتمثال الذهب أبقي الله لنفسه الثلاثة فتية شهودا له، فهو "لَمْ يَتْرُكْ نَفْسَهُ بِلاَ شَاهِدٍ" (أعمال ١٤ : ١٧)، وفي كل جيل له من يشهد له، ففي أيام إيليا، قال الرب: "قَدْ أَبْقَيْتُ فِي إِسْرَائِيلَ سَبْعَةَ آلاَفٍ، كُلَّ الرُّكَبِ الَّتِي لَمْ تَجْثُ لِلْبَعْلِ"(١ ملوك ١٩ : ١٨).

الثلاثة فتية في أتون النار

دانيال ٣:٨-١٣

الشكاية ضد الثلاثة فتية (دانيال ٣:٨-١٢)

٨ لأَجْلِ ذَلِكَ تَقَدَّمَ حِينَئِذٍ رِجَالٌ كِلْدَانِيُّونَ وَاشْتَكُوا عَلَى الْيَهُودِ ٩ وَقَالُوا لِلْمَلِكِ
نَبُوخَذْنَصَّرَ: أَيُّهَا الْمَلِكُ عِشْ إِلَى الأَبَدِ! ١٠ أَنْتَ أَيُّهَا الْمَلِكُ قَدْ أَصْدَرْتَ أَمْراً
بِأَنَّ كُلَّ إِنْسَانٍ يَسْمَعُ صَوْتَ الْقَرْنِ وَالنَّايِ وَالْعُودِ وَالرَّبَابِ وَالسِّنْطِيرِ وَالْمِزْمَارِ
وَكُلِّ أَنْوَاعِ الْعَزْفِ يَخِرُّ وَيَسْجُدُ لِتِمْثَالِ الذَّهَبِ. ١١ وَمَنْ لاَ يَخِرُّ وَيَسْجُدُ فَإِنَّهُ
يُلْقَى فِي وَسَطِ أَتُونِ نَارٍ مُتَّقِدَةٍ. ١٢ يُوجَدُ رِجَالٌ يَهُودٌ الَّذِينَ وَكَّلْتَهُمْ عَلَى أَعْمَالِ
وِلاَيَةِ بَابِلَ: شَدْرَخُ وَمِيشَخُ وَعَبْدَنَغُو. هَؤُلاَءِ الرِّجَالُ لَمْ يَجْعَلُوا لَكَ أَيُّهَا الْمَلِكُ
اعْتِبَاراً. آلِهَتُكَ لاَ يَعْبُدُونَ وَلِتِمْثَالِ الذَّهَبِ الَّذِي نَصَبْتَ لاَ يَسْجُدُونَ.

٣:٨ كان من الممكن ألا يلاحظ الملك عدم سجود الثلاثة فتية، لهذا تقدم رجال كلدانيون واشتكوا عليهم: "لأَجْلِ ذَلِكَ تَقَدَّمَ حِينَئِذٍ رِجَالٌ كِلْدَانِيُّونَ، وَاشْتَكُوا عَلَى الْيَهُودِ" (دانيال ٣:٨).

٣:٩-١٢ قام الرجال الكلدانيون بدور المدعي، أو وكلاء النيابة، وقدموا الحجة القانونية التي بموجبها يشتكون ضد الثلاثة فتية اليهود. وكانت الدعوي تتضمن ثلاثة اتهامات، وهي أنهم لا يجعلون اعتبارا للملك، ولا يعبدون آلهته، ولا يسجدون للتمثال، وقد تضمنت إتهاماتهم أنهم "لَمْ يَجْعَلُوا لَكَ أَيُّهَا الْمَلِكُ اعْتِبَاراً"، لكي يثيروا غضب الملك عليهم.

كان وراء شكوى الرجال الكلدانيون كراهيتهم لليهود عامة وللثلاثة فتية خاصة، وكان ذلك واضحا في كلامهم: "يُوجَدُ رِجَالٌ يَهُودٌ الَّذِينَ وَكَّلْتَهُمْ عَلَى أَعْمَالِ وِلاَيَةِ بَابِلَ" (دانيال ٣:١٢). لقد كان أمر الملك لكل "الشُّعُوبُ وَالأُمَمُ وَالأَلْسِنَةُ" (دانيال ٣:٤)، و "كُلَّ إِنْسَانٍ" (دانيال ٣:١٠)، و"مَنْ لاَ يَخِرُّ وَيَسْجُدُ فَفِي تِلْكَ السَّاعَةِ يُلْقَى فِي وَسَطِ أَتُونِ نَارٍ مُتَّقِدَةٍ" (دانيال ٣:٦)، ولم يكن هناك معني في كلامهم أن يشيروا لجنسيتهم أنهم "يهود"، أو يشيروا لمراكزهم أن الملك وكلهم علي "أَعْمَالِ وِلاَيَةِ بَابِلَ" (دانيال ٣:١٢) إلا التعبير عن كراهيتهم لليهود وللثلاثة فتية، وزيادة غضب الملك ضدهم.

العالم دائما يبغض اولاد الله، لأنهم ليسوا من العالم. " إِنْ كَانَ الْعَالَمُ يُبْغِضُكُمْ فَاعْلَمُوا أَنَّهُ قَدْ أَبْغَضَنِي قَبْلَكُمْ، لَوْ كُنْتُمْ مِنَ الْعَالَمِ لَكَانَ الْعَالَمُ يُحِبُّ خَاصَّتَهُ. وَلَكِنْ لأَنَّكُمْ لَسْتُمْ مِنَ الْعَالَمِ بَلْ أَنَا اخْتَرْتُكُمْ مِنَ الْعَالَمِ لِذَلِكَ يُبْغِضُكُمُ الْعَالَمُ" (يوحنا ١٥: ١٨-١٩)، لذلك "لاَ تَتَعَجَّبُوا يَا إِخْوَتِي إِنْ كَانَ الْعَالَمُ يُبْغِضُكُمْ" (١ يوحنا ٣ : ١٣).

إبليس وراء كل شكوى ضد أولاد الله فهو "الْمُشْتَكِي عَلَى إِخْوَتِنَا، الَّذِي كَانَ يَشْتَكِي عَلَيْهِمْ أَمَامَ إِلَهِنَا نَهَاراً وَلَيْلاً" (رؤيا ١٢ : ١٠)، وهو مصدر الكراهية بصفة عامة لأولاد الله، لأنه لا يريدهم أن يكونوا "وَرَثَةُ اللهِ وَوَارِثُونَ مَعَ الْمَسِيحِ" (رومية ٨ : ١٧)، كما أنه مصدر الكراهية لليهود بصفة خاصة لأن "لَهُمُ التَّبَنِّي وَالْمَجْدُ وَالْعُهُودُ وَالاشْتِرَاعُ وَالْعِبَادَةُ وَالْمَوَاعِيدُ، وَلَهُمُ الآبَاءُ وَمِنْهُمُ الْمَسِيحُ حَسَبَ الْجَسَدِ" (رومية ٩: ٤-٥). ولكن "مَنْ سَيَشْتَكِي عَلَى مُخْتَارِي اللهِ؟ اللَّهُ هُوَ الَّذِي يُبَرِّرُ!" (رومية ٨: ٣٣).

محاكمة الثلاثة فتية (دانيال ٣:١٣-١٨)

١٣ حِينَئِذٍ أَمَرَ نَبُوخَذْنَصَّرُ بِغَضَبٍ وَغَيْظٍ بِإِحْضَارِ شَدْرَخَ وَمِيشَخَ وَعَبْدَنَغُوَ. فَأَتُوا بِهَؤُلاَءِ الرِّجَالِ قُدَّامَ الْمَلِكِ. ١٤ فَسَأَلَهُمْ نَبُوخَذْنَصَّرُ: تَعَمُّداً يَا شَدْرَخُ وَمِيشَخُ وَعَبْدَنَغُو لاَ تَعْبُدُونَ آلِهَتِي وَلاَ تَسْجُدُونَ لِتِمْثَالِ الذَّهَبِ الَّذِي نَصَبْتُ؟ ١٥ فَإِنْ كُنْتُمُ الآنَ مُسْتَعِدِّينَ عِنْدَمَا تَسْمَعُونَ صَوْتَ الْقَرْنِ وَالنَّايِ وَالْعُودِ وَالرَّبَابِ وَالسِّنْطِيرِ وَالْمِزْمَارِ وَكُلِّ أَنْوَاعِ الْعَزْفِ إِلَى أَنْ تَخِرُّوا وَتَسْجُدُوا لِلتِّمْثَالِ الَّذِي عَمِلْتُهُ. وَإِنْ لَمْ تَسْجُدُوا فَفِي تِلْكَ السَّاعَةِ تُلْقَوْنَ فِي وَسَطِ أَتُونِ النَّارِ الْمُتَّقِدَةِ. وَمَنْ هُوَ الإِلَهُ الَّذِي يُنْقِذُكُمْ مِنْ يَدَيَّ؟ ١٦ فَأَجَابَ شَدْرَخُ وَمِيشَخُ وَعَبْدَنَغُو: يَا نَبُوخَذْنَصَّرُ لاَ يَلْزَمُنَا أَنْ نُجِيبَكَ عَنْ هَذَا الأَمْرِ. ١٧ هُوَذَا يُوجَدُ إِلَهُنَا الَّذِي نَعْبُدُهُ يَسْتَطِيعُ أَنْ يُنَجِّيَنَا مِنْ أَتُونِ النَّارِ الْمُتَّقِدَةِ وَأَنْ يُنْقِذَنَا مِنْ يَدِكَ أَيُّهَا الْمَلِكُ. ١٨ وَإِلاَّ فَلْيَكُنْ مَعْلُوماً لَكَ أَيُّهَا الْمَلِكُ أَنَّنَا لاَ نَعْبُدُ آلِهَتَكَ وَلاَ نَسْجُدُ لِتِمْثَالِ الذَّهَبِ الَّذِي نَصَبْتَهُ.

٣:١٣-١٦ غضب الملك جدا، وأمر بإحضار الثلاثة فتية، ولعدم تصديق الملك بما سمعه، وسألهم: "تَعَمُّداً [هل أنتم متعمدين] يَا شَدْرَخُ وَمِيشَخُ وَعَبْدَنَغُو لاَ تَعْبُدُونَ آلِهَتِي وَلاَ

تَسْجُدُونَ لِتِمْثَالِ الذَّهَبِ الَّذِي نَصَبْتُ" (دانيال ٣:١٤)، وعرض عليهم الملك أن تعزف الموسيقي مرة أخري خصيصا لهم، ويسجدون للتمثال وينجون من نار الأتون المتقدة، فأجابوا الملك: "يَا نَبُوخَذْنَصَّرُ لاَ يَلْزَمُنَا أَنْ نُجِيبَكَ عَنْ هَذَا الأَمْرِ" (دانيال ٣:١٦)، ورفض الثلاثة فتية أن يسجدوا لإله آخر، من أجل طاعتهم لوصايا الله: "أَنَا الرَّبُّ إلهك... لا يَكُنْ لَكَ الِهَةٌ أُخْرَى أَمَامِي. لا تَصْنَعْ لَكَ تِمْثَالا مَنْحُوتا وَلا صُورَةً مَا... لا تَسْجُدْ لَهُنَّ وَلا تَعْبُدْهُنَّ" (خروج ٢٠: ٢-٥)

كان أتون النار علي بعد أقدام من الثلاثة فتية، ولكنهم صمموا علي عبادة الإله الحي، مهما كانت الظروف. وهذه هي المرة الثانية التي ذكرها الوحي بشأن أمانة الثلاثة فتية، وكانت المرة الأولي حينما رفضوا مع دانيال أن يتنجسوا بأطايب الملك (دانيال ١)، لكن هذه المرة كان التحدي أشد، ووجدوا أنفسهم أمام اختيار الحياة أو الموت، إما بمقياس الله أو بمقياس العالم، ولكنهم فضلوا الموت الجسدي علي أن ينفصلوا عن محبة الله، و" لَمْ يَقْبَلُوا النَّجَاةَ لِكَيْ يَنَالُوا قِيَامَةً أَفْضَلَ" (عبرانيين ١١: ٣٥).

مثل هؤلاء أبطال الإيمان ينشدون مع بولس الرسول: "إِنِّي مُتَيَقِّنٌ أَنَّهُ لاَ مَوْتَ وَلاَ حَيَاةَ وَلاَ مَلاَئِكَةَ وَلاَ رُؤَسَاءَ وَلاَ قُوَّاتِ وَلاَ أُمُورَ حَاضِرَةً وَلاَ مُسْتَقْبَلَةً وَلاَ عُلْوَ وَلاَ عُمْقَ وَلاَ خَلِيقَةَ أُخْرَى تَقْدِرُ أَنْ تَفْصِلَنَا عَنْ مَحَبَّةِ اللهِ الَّتِي فِي الْمَسِيحِ يَسُوعَ رَبِّنَا" (رومية ٨:٣٨-٣٩).

٣:١٧-١٨ لم يتحدي الملك الثلاثة فتية فقط، بل تحدي أيضا إلههم بقوله "مَنْ هُوَ الإِلَهُ الَّذِي يُنْقِذُكُمْ مِنْ يَدَيَّ؟" (دانيال ٣:١٥)، ولكن الفتية أجابوا بثقة ويقين في قدرة الله وسلطانه علي النار، ومحبته وحفظه لهم: "هُوَذَا يُوجَدُ إِلَهُنَا الَّذِي نَعْبُدُهُ يَسْتَطِيعُ أَنْ يُنَجِّيَنَا مِنْ أَتُونِ النَّارِ الْمُتَّقِدَةِ، وَأَنْ يُنْقِذَنَا مِنْ يَدِكَ أَيُّهَا الْمَلِكُ" (دانيال ٣:١٧)، وبناء علي هذه الثقة في إلههم قرروا ألا يعبدوا إلها آخر: "لِيكُنْ مَعْلُوماً لَكَ أَيُّهَا الْمَلِكُ أَنَّنا لاَ نَعْبُدُ آلِهَتَكَ، وَلاَ نَسْجُدُ لِتِمْثَالِ الذَّهَبِ الَّذِي نَصَبْتَهُ" (دانيال ٣:١٨)، وهكذا قبل الفتية الثلاثة المخاطرة بحياتهم، من أجل يقينهم في الله وفي قدرته المخلصة. وفعل القديس بولس الرسول نفس الشيء وقال: "لِهَذَا السَّبَبِ أَحْتَمِلُ هَذِهِ الأُمُورَ أَيْضاً... لأَنَّنِي عَالِمٌ بِمَنْ آمَنْتُ، وَمُوقِنٌ أَنَّهُ قَادِرٌ أَنْ يَحْفَظَ وَدِيعَتِي إِلَى ذَلِكَ الْيَوْمِ" (٢تيموثاوس ١ : ١٢).

كانت النار واحدة من الالهة في عبادات العالم القديم، بما في ذلك مملكة مادي وفارس، والكنعانيين. و كانوا يلقون أولادهم في النار لإرضاء الآلهة ، وقد نهي الرب شعبه عن فعل مثل ذلك، وقال لهم: لا تَعْمَلْ هَكَذَا لِلرَّبِّ إِلهِكَ، لأَنَّهُمْ قَدْ عَمِلُوا لآلِهَتِهِمْ كُل رِجْسٍ لدَى الرَّبِّ مِمَّا يَكْرَهُهُ، إِذْ أَحْرَقُوا حَتَّى بَنِيهِمْ وَبَنَاتِهِمْ بِالنَّارِ لآلِهَتِهِمْ" (تثنية ١٢ : ٣١)، ومن خطايا الملك آحاز التي حسبها له الوحي أنه "وَهُوَ أَوْقَدَ فِي وَادِي ابْنِ هِنُّومَ، وَأَحْرَقَ بَنِيهِ بِالنَّارِ، حَسَبَ رَجَاسَاتِ الأُمَمِ الَّذِينَ طَرَدَهُمُ الرَّبُّ مِنْ أَمَامِ بَنِي إِسْرَائِيلَ" (٢ أخبار ٢٨ : ٣).

إلقاء الثلاثة فتية في أتون النار (دانيال ٣:١٩-٢٣)

١٩ حِينَئِذٍ امْتَلأَ نَبُوخَذْنَصَّرُ غَيْظاً وَتَغَيَّرَ مَنْظَرُ وَجْهِهِ عَلَى شَدْرَخَ وَمِيشَخَ وَعَبْدَنَغُو وَأَمَرَ بِأَنْ يَحْمُوا الأَتُونَ سَبْعَةَ أَضْعَافٍ أَكْثَرَ مِمَّا كَانَ مُعْتَاداً أَنْ يُحْمَى.
٢٠ وَأَمَرَ جَبَابِرَةَ الْقُوَّةِ فِي جَيْشِهِ بِأَنْ يُوثِقُوا شَدْرَخَ وَمِيشَخَ وَعَبْدَنَغُو وَيُلْقُوهُمْ فِي أَتُونِ النَّارِ الْمُتَّقِدَةِ.
٢١ ثُمَّ أُوثِقَ هَؤُلاَءِ الرِّجَالُ فِي سَرَاوِيلِهِمْ وَأَقْمِصَتِهِمْ وَأَرْدِيَتِهِمْ وَلِبَاسِهِمْ وَأُلْقُوا فِي وَسَطِ أَتُونِ النَّارِ الْمُتَّقِدَةِ.
٢٢ وَمِنْ حَيْثُ إِنَّ كَلِمَةَ الْمَلِكِ شَدِيدَةٌ وَالأَتُونَ قَدْ حَمِيَ جِدّاً قَتَلَ لَهِيبُ النَّارِ الرِّجَالَ الَّذِينَ رَفَعُوا شَدْرَخَ وَمِيشَخَ وَعَبْدَنَغُو.
٢٣ وَهَؤُلاَءِ الثَّلاَثَةُ الرِّجَالِ شَدْرَخُ وَمِيشَخُ وَعَبْدَنَغُو سَقَطُوا مُوثَقِينَ فِي وَسَطِ أَتُونِ النَّارِ الْمُتَّقِدَةِ.

٣:١٩-٢٣ اغتاظ الملك من الفتيان الثلاثة، وأمر الملك أن يزيدوا قوة نار الأتون سبعة أضعاف، وأوثقوا الثلاثة فتية، وألقاهم " جَبَابِرَةَ الْقُوَّةِ فِي جَيْشِهِ" في الأتون، ومن شدة النار قتلت الذين ألقوا الفتيان الثلاثة في النار.

صلاة وتسبحة في أتون النار
تتمة الأصحاح الثالث – يوناني

صلاة عزريا (دانيال ٣: ٢٤*-٤٥*)[١]

٢٤ * "كانوا يتمشون في وسط اللهيب، مسبحين الله، ومباركين الرب".

٢٥ * و وقف عزريا وصلى هكذا، وفتح فاه في وسط النار، وقال:

٢٦ * مبارك أنت ايها الرب اله أبائنا وحميد،

واسمك ممجد إلى الدهور.

٢٧ * لأنك عادل في جميع ما صنعت،

وأعمالك كلها صدق،

وطرقك استقامة،

وجميع أحكامك حق.

٢٨ * وقد أجريت أحكام حق،

في جميع ما جلبت علينا،

وعلى مدينة أبائنا المقدسة أورشليم،

لأنك عاملتنا بالحق والحكم،

وجلبت جميع ذلك لأجل خطايانا.

٢٩ * لقد خطئنا وأثمنا مرتدين عنك،

---

[١] وردت صلاة عزريا وتسبحة الثلاثة فتية في الأسفار القانونية المترجمة عن السبعينية اليونانية، وقد أشرنا لها بعلامة [*] في هذا الكتاب.

وأجرمنا في كل شيء،

٣٠ * و لم نسمع لوصاياك،

ولم نحفظها،

ولم نعمل بما أوصيتنا

لكي يكون لنا خير.

٣١ * فجميع ما جلبت علينا،

وجميع ما صنعت بنا،

إنما صنعته بحكم حق.

٣٢ * أسلمتنا إلى أيدي أعدائنا،

الناس الأثمة، وأسوأ الأشرار،

وملك ظالم، أسوأ من على الأرض.

٣٣ * ليس لنا دالة اليوم أن نفتح أفواهنا،

فقد صرنا خزيا وعارا

لعبيدك والخائفين لك.

٣٤ * فلا تخذلنا إلى الانقضاء،

لأجل اسمك،

ولا تنقض عهدك،

٣٥ * و لا تصرف رحمتك عنا،

لأجل إبراهيم خليلك،

واسحق عبدك،

وإسرائيل قديسك،

٣٦ ٭ الذين قلت لهم انك تكثر نسلهم كنجوم السماء،

وكالرمل الذي على شاطئ البحر.

٣٧ ٭ لقد صرنا أيها الرب أقل عددا من كل أمة،

ونحن اليوم أذلاء في كل الأرض

لأجل خطايانا.

٣٨ ٭ و ليس لنا في هذا الزمان رئيس ولا نبي ولا قائد،

ولا محرقة ولا ذبيحة ولا تقدمة ولا بخور،

ولا موضع لتقريب البواكير أمامك،

٣٩ ٭ و لنيل رحمتك.

ولكن لانسحاق نفوسنا، وتواضع أرواحنا، اقبلنا.

٤٠ ٭ و كمحرقات الكباش والثيران،

وربوات الحملان السمان:

هكذا فلتكن ذبيحتنا أمامك اليوم،

حتى ترضيك

فانه لا خزي للمتوكلين عليك.

٤١ ٭ إننا نتبعك الآن بكل قلوبنا،

ونتقيك ونبتغي وجهك.

٤٢ ٭ فلا تخزنا،

بل عاملنا بحسب رأفتك

وكثرة رحمتك.

٤٣ ٭ و انقدنا على حسب عجائبك،

وأعط المجد لاسمك أيها الرب.

٤٤ * و ليخجل جميع الذين أروا عبيدك المساوئ

وليخزوا ساقطين عن كل اقتدارهم

ولتحطم قوتهم.

٤٥ * و ليعلموا انك أنت الرب الإله وحدك،

المجيد علي كل المسكونة.

٣:٢٤*- ٤٥* قدم عزريا لله صلاة رائعة في وسط أتون النار، وهي صلاة مملوءة بروح التسبيح والشكر لله، مع الاعتراف بخطية شعب الله التي أدت إلي السبي، كما أنها مشابهة لصلاة دانيال التي وردت في (دانيال ٩ : ٣-١٩)، وصلاة (عزرا ٩ : ٦-١٦).

ملاك الرب في أتون النار (دانيال ٣:٤٦*-٥٠*)

٤٦ * ولم يزل خدام الملك الذين القوهم يوقدون الأتون بالنفط والزفت وبقايا القطن ووقضبان الكرم ٤٧ * فارتفع اللهيب فوق الأتون تسعا وأربعين ذراعا، ٤٨ * و امتد واحرق الذين كانوا حول الاتون من الكلدانيين. ٤٩ * أما أصحاب عزريا فلم يصيبهم أذي، إذ نزل ملاك الرب إلى داخل الأتون وطرد لهيب النار عنهم ٥٠ * و جعل وسط الأتون ريحا باردة، فلم تمسهم النار البتة، ولم يصيبهم من جرائها سوء أو أذي.

٣:٤٦*-٥٠* كان رجال الملك يلقون في الأتون "النفط والزفت وبقايا القطن وقضبان الكرم" ليزداد إشتعالا، ولكن ملاك الرب نزل في وسط أتون النار، و"طرد لهيب النار عنهم" (دانيال ٣:٤٩*)، و"جعل وسط الأتون ريحا ذات ندي بارد، فلم تمسهم النار البتة، ولم يصيبهم من جرائها سوء أو أذي" (دانيال ٣:٥٠*). أطفأ ملاك الرب لهيب النار، بقوة روح الله، وفي وسط أتون النار المحرقة، عاش الفتيان الثلاثة في المجد الإلهي، لأن "مَلاَكُ الرَّبِّ حَالٌّ حَوْلَ خَائِفِيهِ وَيُنَجِّيهِمْ" (مزامير ٣٤ : ٧).

نجاة الفتيان الثلاثة من النار تعبر عن عناية الله وحفظه لأولاده. واختبر الفتيان الثلاثة مواعيد الله الصادقة: "إِذَا مَشَيْتَ فِي النَّارِ فَلاَ تُلْذَعُ وَاللَّهِيبُ لاَ يُحْرِقُكَ" (أشعياء ٤٣ : ٢)، كما يقول أشعياء: "هُوَذَا اللَّهُ خَلاَصِي فَأَطْمَئِنُّ وَلاَ أَرْتَعِبُ، لأَنَّ يَاهَ يَهْوَهَ قُوَّتِي وَتَرْنِيمَتِي وَقَدْ صَارَ لِي خَلاَصاً" (أشعياء ١٢ : ٢).

تسبحة الثلاثة فتية (دانيال ٣:٥١*-٩٠*)

٥١* حينئذ سبح الثلاثة بفم واحد ومجدوا وباركوا الله في الأتون قائلين:

٥٢* مبارك أنت أيها الرب اله أبائنا،

وحميد ورفيع إلى الدهور،

ومبارك اسم مجدك القدوس، ورفيع إلى الدهور.

٥٣* مبارك أنت في هيكل مجدك القدوس،

ومسبح وممجد إلى الدهور.

٥٤* مبارك أنت في عرش ملكك،

ومسبح ورفيع إلى الدهور.

٥٥* مبارك أنت أيها الناظر الأعماق، الجالس على الكروبين،

ومسبح ورفيع إلى الدهور.

٥٦* مبارك أنت في جلد السماء،

ومسبح وممجد إلى الدهور.

٥٧* باركي الرب يا جميع أعمال الرب،

سبحي وارفعيه إلى الدهور.

٥٨* باركوا الرب يا ملائكة الرب،

سبحوا وارفعوه إلى الدهور.

٥٩ * باركي الرب أيتها السماوات،

سبحي وارفعيه إلى الدهور.

٦٠ * باركي الرب يا جميع المياه التي فوق السماء،

سبحي وارفعيه إلى الدهور.

٦١ * باركي الرب يا جميع جنود الرب،

سبحي وارفعيه إلى الدهور.

٦٢ * باركا الرب أيتها الشمس والقمر،

سبحا وارفعاه إلى الدهور.

٦٣ * باركي الرب يا نجوم السماء،

سبحي وارفعيه إلى الدهور.

٦٤ * باركي الرب يا جميع الأمطار والانداء،

سبحي وارفعيه إلى الدهور.

٦٥ * باركي الرب يا جميع الرياح،

سبحي وارفعيه إلى الدهور.

٦٦ * باركا الرب أيها النار والحر،

سبحا وارفعاه إلى الدهور.

٦٧ * باركا الرب أيها البرد والحر،

سبحا وارفعاه إلى الدهور.

٦٨ * باركا الرب أيها الندى والجليد،

سبحا وارفعاه إلى الدهور.

٦٩ * باركا الرب أيها الجمد والبرد،

سبحا وارفعاه إلى الدهور.

٧٠ ❊ باركا الرب أيها الصقيع والثلج،

سبحا وارفعاه إلى الدهور.

٧١ ❊ باركا الرب أيتها الليالي والأيام،

سبحي وارفعيه إلى الدهور.

٧٢ ❊ باركا الرب أيها النور والظلمة،

سبحا وارفعاه إلى الدهور.

٧٣ ❊ باركي الرب أيتها البروق والسحب،

سبحي وارفعيه إلى الدهور.

٧٤ ❊ لتبارك الأرض الرب،

سبحي وارفعيه إلى الدهور.

٧٥ ❊ باركي الرب ايتها الجبال والتلال،

سبحي وارفعيه إلى الدهور.

٧٦ ❊ باركي الرب يا جميع نباتات الأرض،

سبحي وارفعيه إلى الدهور.

٧٧ ❊ باركي الرب أيتها الينابيع،

سبحي وارفعيه إلى الدهور.

٧٨ ❊ باركي الرب أيتها البحار والأنهار،

سبحي وارفعيه إلى الدهور.

٧٩ ❊ باركي الرب ايتها الحيتان وجميع ما يتحرك في المياه،

سبحي وارفعيه إلى الدهور.

٨٠ ❊ باركي الرب يا جميع طيور السماء،

سبحي وارفعيه إلى الدهور.

٨١ ❊ باركي الرب يا جميع الوحوش والبهائم،

سبحي وارفعيه إلى الدهور.

٨٢ ❊ باركوا الرب يا بني البشر،

سبحوا وارفعوه إلى الدهور.

٨٣ ❊ باركوا الرب يا إسرائيل،

سبحوا وارفعوه إلى الدهور.

٨٤ ❊ باركوا الرب يا كهنة الرب،

سبحوا وارفعوه إلى الدهور.

٨٥ ❊ باركوا الرب يا عبيد الرب،

سبحوا وارفعوه إلى الدهور.

٨٦ ❊ باركوا الرب يا أرواح ونفوس الصديقين،

سبحوا وارفعوه إلى الدهور.

٨٧ ❊ باركوا الرب أيها القديسون والمتواضعو القلوب،

سبحوا وارفعوه إلى الدهور.

٨٨ ❊ باركوا الرب يا حننيا وعزريا وميشائيل،

سبحوا وارفعوه إلى الدهور،

لأنه أنقذنا من الجحيم،

وخلصنا من يد الموت،

ونجانا من وسط أتون اللهيب المضطرم،

ومن وسط النار

٨٩* اشكروا الرب لأنه صالح،

لأن إلى الأبد رحمته.

٩٠* باركوا الرب إله الآلهة، يا جميع الخائفين الرب،

سبحوا واشكروه،

لان إلى الأبد رحمته.

٣:٥١*-٩٠* كان الثلاثة فتية يسبحون الرب ويباركونه، في وسط أتون النار. ما أروع تحنن الأب السماوي علي أولاده، وما أعجب التسبيح لله، في مثل هذه الظروف غير العادية. "صَلَّى يُونَانُ إِلَى الرَّبِّ إِلَهِهِ مِنْ جَوْفِ الْحُوتِ، وَقَالَ: دَعَوْتُ مِنْ ضِيقِي الرَّبَّ فَاسْتَجَابَنِي... أَمَّا أَنَا فَبِصَوْتِ الْحَمْدِ أَذْبَحُ لَكَ وَأُوفِي بِمَا نَذَرْتُهُ، لِلرَّبِّ الْخَلاَصُ. وَأَمَرَ الرَّبُّ الْحُوتَ فَقَذَفَ يُونَانَ إِلَى الْبَرِّ" (يونان ٢:١-٩،١-١٠)، "نَحْوَ نِصْفِ اللَّيْلِ، كَانَ بُولُسُ وَسِيلاَ يُصَلِّيَانِ، وَيُسَبِّحَانِ اللهَ وَالْمَسْجُونُونَ يَسْمَعُونَهُمَا. فَحَدَثَ بَغْتَةً زَلْزَلَةٌ عَظِيمَةٌ، حَتَّى تَزَعْزَعَتْ أَسَاسَاتُ السِّجْنِ، فَانْفَتَحَتْ فِي الْحَالِ الأَبْوَابُ كُلُّهَا، وَانْفَكَّتْ قُيُودُ الْجَمِيعِ" (أعمال ١٦: ٢٥-٢٦).

كانت التجربة سببا لرقي الفتيان الثلاثة في المجد الإلهي، فقد قاموا بدور الكهنة وقادوا الخليقة كلها في التسبيح لله، وعبروا بتسبيحهم لله في وسط أتون النار عن فرحهم بعمل الله معهم في تجربتهم الصعبة، كما عبروا أيضا عن المجد الذي نالوه، لذلك "اِحْسِبُوهُ كُلَّ فَرَحٍ يَا إِخْوَتِي حِينَمَا تَقَعُونَ فِي تَجَارِبَ مُتَنَوِّعَةٍ... لِكَيْ تَكُونُوا تَامِّينَ وَكَامِلِينَ غَيْرَ نَاقِصِينَ فِي شَيْءٍ" (يعقوب ١: ٢-٤). و"نَفْتَخِرُ أَيْضاً فِي الضِّيقَاتِ عَالِمِينَ أَنَّ الضِّيقَ يُنْشِئُ صَبْراً، وَالصَّبْرُ تَزْكِيَةً، وَالتَّزْكِيَةُ رَجَاءً، وَالرَّجَاءُ لاَ يُخْزِي، لأَنَّ مَحَبَّةَ اللهِ قَدِ انْسَكَبَتْ فِي قُلُوبِنَا بِالرُّوحِ الْقُدُسِ الْمُعْطَى لَنَا" (رومية ٥ : ٣-٥).

خروج الثلاثة فتية من أتون النار
دانيال ٣:٢٤-٢٧

٢٤ حِينَئِذٍ تَحَيَّرَ نَبُوخَذْنَصَّرُ الْمَلِكُ وَقَامَ مُسْرِعاً وَسَأَلَ مُشِيرِيهِ: أَلَمْ نُلْقِ ثَلاَثَةَ
رِجَالٍ مُوثَقِينَ فِي وَسَطِ النَّارِ؟ فَأَجَابُوا: صَحِيحٌ أَيُّهَا الْمَلِكُ. ٢٥ فَقَالَ: هَا أَنَا
نَاظِرٌ أَرْبَعَةَ رِجَالٍ مَحْلُولِينَ يَتَمَشُّونَ فِي وَسَطِ النَّارِ وَمَا بِهِمْ ضَرَرٌ وَمَنْظَرُ الرَّابِعِ
شَبِيهٌ بِابْنِ الآلِهَةِ. ٢٦ ثُمَّ اقْتَرَبَ نَبُوخَذْنَصَّرُ إِلَى بَابِ أَتُونِ النَّارِ الْمُتَّقِدَةِ
وَنَادَى: يَا شَدْرَخُ وَمِيشَخُ وَعَبْدَنَغُو يَا عَبِيدَ اللَّهِ الْعَلِيِّ اخْرُجُوا وَتَعَالُوا. فَخَرَجَ
شَدْرَخُ وَمِيشَخُ وَعَبْدَنَغُو مِنْ وَسَطِ النَّارِ. ٢٧ فَاجْتَمَعَتِ الْمَرَازِبَةُ وَالشِّحَنُ وَالْوُلاَةُ
وَمُشِيرُو الْمَلِكِ وَرَأُوا هَؤُلاَءِ الرِّجَالَ الَّذِينَ لَمْ تَكُنْ لِلنَّارِ قُوَّةٌ عَلَى أَجْسَامِهِمْ
وَشَعْرَةٌ مِنْ رُؤُوسِهِمْ لَمْ تَحْتَرِقْ وَسَرَاوِيلُهُمْ لَمْ تَتَغَيَّرْ وَرَائِحَةُ النَّارِ لَمْ تَأْتِ
عَلَيْهِمْ.

٣:٢٤-٢٥ كان نبوخذنصر مهيئا لرؤية الفتيان الثلاثة وهم يحترقون ويتلاشون في النار، ولم يكن مهيئا بأي حال من الأحوال لرؤيتهم " يَتَمَشُّونَ فِي وَسَطِ النَّارِ وَمَا بِهِمْ ضَرَرٌ". ما أعجب الله في صلاحه! فحينما قيدهم العدو وألقاهم في النار، حل الرب وثاقهم، وحفظهم من نار التجربة، فطفقوا يسبحونه: "آهِ يَا رَبُّ... حَلَلْتَ قُيُودِي. فَلَكَ أَذْبَحُ ذَبِيحَةَ حَمْدٍ، وَبِاسْمِ الرَّبِّ أَدْعُو" (مزامير ١١٦: ١٦-١٧).

وقد اندهش الملك بالأكثر لرؤيته شخص بهي رابع وسطهم "شَبِيهٌ بِابْنِ الآلِهَةِ"، ولهذا " تَحَيَّرَ نَبُوخَذْنَصَّرُ الْمَلِكُ وَقَامَ مُسْرِعاً وَسَأَلَ مُشِيرِيهِ: أَلَمْ نُلْقِ ثَلاَثَةَ رِجَالٍ مُوثَقِينَ فِي وَسَطِ النَّارِ؟"، فأجابوا: " صَحِيحٌ أَيُّهَا الْمَلِكُ".

يتفق غالبية المفسرين اليهود أن هذا الشخص هو "ملاك الرب" كما هو أيضا وارد في تتمة سفر دانيال ٣:٤٩*، كما أن نبوخذنصر قال عنه فيما بعد أنه ملاك الله: "تَبَارَكَ إِلَهُ شَدْرَخَ وَمِيشَخَ وَعَبْدَنَغُو الَّذِي أَرْسَلَ مَلاَكَهُ وَأَنْقَذَ عَبِيدَهُ" (دانيال ٣:٢٨)، وقد قيل عن الملائكة أيضا أنهم " بَنُو اللهِ " (أيوب ١:٦)، والتلمود اليهودي يقول أنه الملاك جبرائيل.

ظهور ملاك الرب مرئيا في وسط أتون النار مع الثلاثة فتية رمز قوي لظهور ابن الله بالجسد بيننا، "وَالْكَلِمَةُ صَارَ جَسَداً وَحَلَّ بَيْنَنَا وَرَأَيْنَا مَجْدَهُ مَجْداً كَمَا لِوَحِيدٍ مِنَ الآبِ مَمْلُوءاً نِعْمَةً وَحَقّاً" (يوحنا ١ : ١٤).

صار الثلاثة فتية بخلاصهم من الموت رمزا لخلاص الرب يسوع وقيامته من الموت. وكما غلب ملاك الرب قوة النار بقوة الله، وكأنه جعلهم يلبسون ثيابا تقيهم من الفساد والموت، هكذا أعلن الله عن قوته العظيمة في شخص ربنا يسوع المسيح "إِذْ أَقَامَهُ مِنَ الأَمْوَاتِ، وَأَجْلَسَهُ عَنْ يَمِينِهِ فِي السَّمَاوِيَّاتِ" (افسس ١ : ٢٠).

وفداء أجسادنا من الموت والفساد هو ميراثنا مع الرب يسوع، و"مَتَى لَبِسَ هَذَا الْفَاسِدُ عَدَمَ فَسَادٍ [لبس جسدنا الفاسد قوة القيامة]، وَلَبِسَ هَذَا الْمَائِتُ عَدَمَ مَوْتٍ [لبس جسدنا المائت قوة الحياة الأبدية]، فَحِينَئِذٍ تَصِيرُ الْكَلِمَةُ الْمَكْتُوبَةُ [في هوشع ١٣:١٤]: ابْتُلِعَ الْمَوْتُ إِلَى غَلَبَةٍ. أَيْنَ شَوْكَتُكَ يَا مَوْتُ؟ أَيْنَ غَلَبَتُكِ يَا هَاوِيَةُ؟" (١ كورنثوس ١٥ : ٥٤-٥٥).

٢٦:٣ أقترب الملك إلي باب الأتون، ونادي:" يَا شَدْرَخُ وَمِيشَخُ وَعَبْدَنَغُو يَا عَبِيدَ اللَّهِ الْعَلِيِّ اخْرُجُوا وَتَعَالُوا"، وفي هذه اللحظة علم نبوخذنصر أن إله الثلاثة فتية هو "الله العلي"، وليس إله آخر مثله (دانيال ٢٩:٣)، و"خَرَجَ شَدْرَخُ وَمِيشَخُ وَعَبْدَنَغُو مِنْ وَسَطِ النَّارِ" (دانيال ٢٦:٣).

٢٧:٣ صار الثلاثة فتية آية وأعجوبة في نظر البابليين لأجل عظمة عمل الله معهم، "فَاجْتَمَعَتِ الْمَرَازِبَةُ وَالشِّحَنُ وَالْوُلاَةُ وَمُشِيرُو الْمَلِكِ، وَرَأَوْا هَؤُلاَءِ الرِّجَالَ الَّذِينَ لَمْ تَكُنْ لِلنَّارِ قُوَّةٌ عَلَى أَجْسَامِهِمْ، وَشَعْرَةٌ مِنْ رُؤُوسِهِمْ لَمْ تَحْتَرِقْ، وَسَرَاوِيلُهُمْ لَمْ تَتَغَيَّرْ وَرَائِحَةُ النَّارِ لَمْ تَأْتِ عَلَيْهِمْ" (دانيال ٢٧:٣).

لقد جعل الله أولاده آيات وعجائب في جيلهم، كقول أشعياء النبي: "هَئَنَذَا وَالأَوْلاَدُ الَّذِينَ أَعْطَانِيهِمُ الرَّبُّ آيَاتٍ وَعَجَائِبَ فِي إِسْرَائِيلَ مِنْ عِنْدِ رَبِّ الْجُنُودِ" (اشعياء ٨ : ١٨)، وقال الرب لحزقيال: "أَنِّي جَعَلْتُكَ آيَةً لِبَيْتِ إِسْرَائِيلَ" (حزقيال ١٢ : ٦)، "وَتَكُونُ لَهُمْ آيَةً، فَيَعْلَمُونَ أَنِّي أَنَا الرَّبُّ" (حزقيال ٢٤ : ٢٧)، وقال عن رفقاء يهوشع الكاهن العظيم أنهم "رِجَالُ آيَةٍ" (زكريا ٣ : ٨).

نبوخذنصر يمجد الله (دانيال ٣:٢٨-٣٠)

٢٨ فَقَالَ نَبُوخَذْنَصَّرُ: تَبَارَكَ إِلَهُ شَدْرَخَ وَمِيشَخَ وَعَبْدَنَغُو الَّذِي أَرْسَلَ مَلاكَهُ وَأَنْقَذَ عَبِيدَهُ الَّذِينَ اتَّكَلُوا عَلَيْهِ وَغَيَّرُوا كَلِمَةَ الْمَلِكِ وَأَسْلَمُوا أَجْسَادَهُمْ لِكَيْ لاَ يَعْبُدُوا أَوْ يَسْجُدُوا لإِلَهٍ غَيْرِ إِلَهِهِمْ. ٢٩ فَمِنِّي قَدْ صَدَرَ أَمْرٌ بِأَنَّ كُلَّ شَعْبٍ وَأُمَّةٍ وَلِسَانٍ يَتَكَلَّمُونَ بِالسُّوءِ عَلَى إِلَهِ شَدْرَخَ وَمِيشَخَ وَعَبْدَنَغُو فَإِنَّهُمْ يُصَيَّرُونَ إِرْباً إِرْباً وَتُجْعَلُ بُيُوتُهُمْ مَزْبَلَةً إِذْ لَيْسَ إِلَهٌ آخَرُ يَسْتَطِيعُ أَنْ يُنَجِّيَ هَكَذَا. ٣٠ حِينَئِذٍ قَدَّمَ الْمَلِكُ شَدْرَخَ وَمِيشَخَ وَعَبْدَنَغُو فِي وِلاَيَةِ بَابِلَ.

٣:٢٨ بارك نبوخذنصر "إِلَهُ شَدْرَخَ وَمِيشَخَ وَعَبْدَنَغُو"، "الَّذِي أَرْسَلَ مَلاَكَهُ، وَأَنْقَذَ عَبِيدَهُ"، وقد أعلن الملك عن اندهاشه أيضا من الفتيان الثلاثة "الَّذِينَ اتَّكَلُوا عَلَيْهِ [علي إلههم]، وَغَيَّرُوا كَلِمَةَ الْمَلِكِ، وَأَسْلَمُوا أَجْسَادَهُمْ، لِكَيْ لاَ يَعْبُدُوا أَوْ يَسْجُدُوا لإِلَهٍ غَيْرِ إِلَهِهِمْ".

كان عند هؤلاء الفتيان الثلاثة الجرأة ألا يطيعوا الملك في الشر، وأعلنوا عن أمانتهم لله دون أن يطلبوا رضا الملك، لأنه "يَنْبَغِي أَنْ يُطَاعَ اللهُ أَكْثَرَ مِنَ النَّاسِ" (أعمال ٥: ٢٩).

٣:٢٩ تمجد الله بأولاده، واصدر الملك أمرا بألا يتكلم أحد بالسوء علي "إِلَهِ شَدْرَخَ وَمِيشَخَ وَعَبْدَنَغُو"، أن"لَيْسَ إِلَهٌ آخَرُ يَسْتَطِيعُ أَنْ يُنَجِّيَ هَكَذَا". وبذلك صار الثلاثة فتية رمزا للسيد المسيح الذي تمجد الآب به، فقد قال في صلاته للآب ليلة آلامه: أَنَا مَجَّدْتُكَ عَلَى الأَرْضِ. الْعَمَلَ الَّذِي أَعْطَيْتَنِي لأَعْمَلَ قَدْ أَكْمَلْتُهُ" (يوحنا ١٧: ٤)، وحينما خرج يسوع للقاء يهوذا ليسلمه قال: "الآنَ تَمَجَّدَ ابْنُ الإِنْسَانِ وَتَمَجَّدَ اللَّهُ فِيهِ" (يوحنا ١٣ : ٣١-٣٢).

٣:٣٠ حول الله بصلاحه الشر إلي خير في حياة أولاده، و"قَدَّمَ الْمَلِكُ شَدْرَخَ وَمِيشَخَ وَعَبْدَنَغُوَ فِي وِلاَيَةِ بَابِلَ" (دانيال ٣:٣٠)، فقد قصد الكلدانيون بهم شرا حينما اشتكوهم للملك، ولكن الله قصد بهم خيرا، وذلك علي مثال ما قاله يوسف لأخوته: "أَنْتُمْ قَصَدْتُمْ لِي شَرّاً أَمَّا اللهُ فَقَصَدَ بِهِ خَيْراً" (تكوين ٥٠ : ٢٠).

ترقية الثلاثة فتية في المنصب رمز لتمجيد المسيح بعد قيامته من الأموات، فقد "رَفَّعَهُ اللهُ أَيْضاً، وَأَعْطَاهُ اسْماً فَوْقَ كُلِّ اسْمٍ لِكَيْ تَجْثُوَ بِاسْمِ يَسُوعَ كُلُّ رُكْبَةٍ مِمَّنْ فِي السَّمَاءِ وَمَنْ عَلَى الأَرْضِ وَمَنْ تَحْتَ الأَرْضِ، وَيَعْتَرِفَ كُلُّ لِسَانٍ أَنَّ يَسُوعَ الْمَسِيحَ هُوَ رَبٌّ لِمَجْدِ اللهِ الآبِ" (فيلبي ٢ : ٩-١١).

على مدى الأجيال، يتعزى المؤمنون بقصة الثلاثة فتية في أتون النار. وذكرهم القديس بولس الرسول كأمثلة لقديسي الإيمان، فهؤلاء بالإيمان "أَطْفَأُوا قُوَّةَ النَّارِ" (عبرانيين ١١ : ٣٤). فإذا كان السيد الرب قد استطاع ان يخلص بالفعل هؤلاء الثلاثة فتية من أتون النار، ألا ينظر بصلاحه لأولاده الذين في التجارب مهما كانت نوعيتها؟

الأصحاح الرابع

الحلم الثاني لنبوخذنصر

هذا الأصحاح عجيب في أمر كتابته، فقد كتبه نبوخذنصر الملك الأممي الذي سبق أن صنع التمثال، وألقي الثلاثة فتية في أتون النار لعدم سجودهم للتمثال، ويبدأ هذا الأصحاح بالتمجيد لله وينتهي بالتمجيد له. توقيت هذا الحدث ليس مذكورا في سفر دانيال، ولكنه حدث غالبا في نهاية ملك نبوخذنصر، إذ يشير إلي بناء بابل وهي في مرحلة الانتهاء، وقد بدت عظيمة في عيني الملك (دانيال ٤:٣٠). وكان دانيال حين ذاك في الخمسينات من عمره.

إعلان الملك (دانيال ٤:١-٣)

١ مِنْ نَبُوخَذْنَصَّرَ الْمَلِكِ إِلَى كُلِّ الشُّعُوبِ وَالأُمَمِ وَالأَلْسِنَةِ السَّاكِنِينَ فِي الأَرْضِ كُلِّهَا. لِيَكْثُرْ سَلاَمُكُمْ. ٢ اَلآيَاتُ وَالْعَجَائِبُ الَّتِي صَنَعَهَا مَعِي اللَّهُ الْعَلِيُّ حَسُنَ عِنْدِي أَنْ أُخْبِرَ بِهَا. ٣ آيَاتُهُ مَا أَعْظَمَهَا وَعَجَائِبُهُ مَا أَقْوَاهَا! مَلَكُوتُهُ مَلَكُوتٌ أَبَدِيٌّ وَسُلْطَانُهُ إِلَى دَوْرٍ فَدَوْرٍ.

٤:١-٣ موضوع هذا الإصحاح هو إعلان الملك للحلم الثاني الذي رآه وتحقيقه، وشهادة نبوخذنصر عن "اَلآيَاتُ وَالْعَجَائِبُ" التي صنعها الله العلي معه، وقوة هذه الآيات والعجائب: " آيَاتُهُ مَا أَعْظَمَهَا وَعَجَائِبُهُ مَا أَقْوَاهَا"، وملكوت الله وسلطانه الأبدي: "مَلَكُوتُهُ مَلَكُوتٌ أَبَدِيٌّ وَسُلْطَانُهُ إِلَى دَوْرٍ فَدَوْرٍ" (دانيال ٤:٣).

قصد الملك أن يرسل هذا الإعلان إلي "كُلِّ الشُّعُوبِ وَالأُمَمِ وَالأَلْسِنَةِ" (دانيال ٤:١)، المعروفة في ذلك الحين، ولكن الله قصد أن يكون تذكارا أبديا لعظمتة. "أَنْتَ يَا رَبُّ فَإِلَى الدَّهْرِ جَالِسٌ، وَذِكْرُكَ إِلَى دَوْرٍ فَدَوْرٍ" (مزامير ١٠٢: ١٢).

العجيب أن نسمع مثل هذه الشهادة القوية عن الله من ملك وثني، ولكن الله جعل الملك نبوخذنصر يقر بقدرته الإلهية. لقد اختبر الملك قوة الله العلي في كشف دانيال لحلمه الأول، وفي إنقاذه الثلاثة فتية من أتون النار، وهذه هي المرة الثالثة التي فيها يلمس قوة الله وسلطانه، وقد امتدت إلي جسده وصحته ومركزه الملكي.

علي هذا المثال أيضا، أقر داريوس الملك بسلطان الله، وقال: "مِنْ قِبَلِي صَدَرَ أَمْرٌ بِأَنَّهُ فِي كُلِّ سُلْطَانِ مَمْلَكَتِي يَرْتَعِدُونَ وَيَخَافُونَ قُدَّامَ إِلَهِ دَانِيآلَ، لأَنَّهُ هُوَ الإِلَهُ الْحَيُّ الْقَيُّومُ إِلَى الأَبَدِ، وَمَلَكُوتُهُ لَنْ يَزُولَ وَسُلْطَانُهُ إِلَى الْمُنْتَهَى" (دانيال ٦ : ٢٦).

واضح تأثير دانيال علي حياة الملوك والأشخاص المعاصرين له، وهكذا يكون الأمر دائما مع أولاد الله حسب قول الرب يسوع: "فَلْيُضِئْ نُورُكُمْ هَكَذَا قُدَّامَ النَّاسِ، لِكَيْ يَرَوْا أَعْمَالَكُمُ الْحَسَنَةَ، وَيُمَجِّدُوا أَبَاكُمُ الَّذِي فِي السَّمَاوَاتِ" (متى ٥ : ١٦).

حلم الملك (دانيال ٤:٤-١٨)

٤ أَنَا نَبُوخَذْنَصَّرُ قَدْ كُنْتُ مُطْمَئِنّاً فِي بَيْتِي وَنَاضِراً فِي قَصْرِي. ٥ رَأَيْتُ حُلْماً فَرَوَّعَنِي وَالأَفْكَارُ عَلَى فِرَاشِي وَرُؤَى رَأْسِي أَفْزَعَتْنِي. ٦ فَصَدَرَ مِنِّي أَمْرٌ بِإِحْضَارِ جَمِيعِ حُكَمَاءِ بَابِلَ قُدَّامِي لِيُعَرِّفُونِي بِتَعْبِيرِ الْحُلْمِ. ٧ حِينَئِذٍ حَضَرَ الْمَجُوسُ وَالسَّحَرَةُ وَالْكِلْدَانِيُّونَ وَالْمُنَجِّمُونَ وَقَصَصْتُ الْحُلْمَ عَلَيْهِمْ فَلَمْ يُعَرِّفُونِي بِتَعْبِيرِهِ. ٨ أَخِيراً دَخَلَ قُدَّامِي دَانِيآلُ الَّذِي اسْمُهُ بَلْطَشَاصَّرُ كَاسْمِ إِلَهِي وَالَّذِي فِيهِ رُوحُ الآلِهَةِ الْقُدُّوسِينَ فَقَصَصْتُ الْحُلْمَ قُدَّامَهُ. ٩ يَا بَلْطَشَاصَّرُ كَبِيرُ الْمَجُوسِ مِنْ حَيْثُ إِنِّي أَعْلَمُ أَنَّ فِيكَ رُوحَ الآلِهَةِ الْقُدُّوسِينَ وَلاَ يَعْسُرُ عَلَيْكَ سِرٌّ فَأَخْبِرْنِي بِرُؤَى حُلْمِي الَّذِي رَأَيْتُهُ وَبِتَعْبِيرِهِ.

٤:٤-٧ كان نبوخذنصر متمتعا بفترة سلام ورخاء، وعبر عنها بقوله: " كُنْتُ مُطْمَئِنّاً فِي بَيْتِي، وَنَاضِراً فِي قَصْرِي" (دانيال ٤:٤)، وفجأة تغير حاله بسبب الحلم الذي رآه فأفزعه (دانيال ٤:٥)، فأمر الملك بإحضار جميع الحكماء في بابل قدامه، وقص عليهم الحلم، ولم يقدر أحد علي تفسيره، (دانيال ٤:٦-٧). لقد عرف الملك عدم قدرة "الْمَجُوسُ وَالسَّحَرَةُ وَالْكِلْدَانِيُّونَ وَالْمُنَجِّمُونَ" عل كشف سر الحلم الأول (دانيال ٢:١٠-١١)، ومع ذلك كرر خطأه في الرجوع إليهم، و"لَمْ يَطْلُبْ رَبَّ الْجُنُودِ" (أشعياء ٩:١٣).

٤:٨-٩ دخل دانيال، وقص الملك عليه الحلم، وطلب منه تفسيره، وكان الملك واثقا من قدرة دانيال علي ذلك، لأنه – بحسب تعبير الملك – فيه " رُوحَ الآلِهَةِ الْقُدُّوسِينَ"، ولا يعسر عليه سر (دانيال ٤:٩). وهذه المرة قص الملك الحلم للحكماء ولدانيال بعكس ما

حدث في الحلم الأول (الأصحاح الثاني)، وربما تصرف هكذا لأن الحلم أفزعه جدا، وأراد كسب الوقت لمعرفة تفسيره.

نلاحظ أنه حتي هذه اللحظة ينادي الملك دانيال باسمه البابلي المرتبط باسم إله الملك "بال Bel"، ويقول أنه: "دانيال الَّذِي اسْمُهُ بَلْطَشَاصَّرُ كَاسْمِ إِلَهِي"، وهكذا لم يكن الملك مستعدا أن ينسي كل شيء عن آلهته، مع اعترافه بسلطان إله دانيال.

١٠ فَرُؤَى رَأْسِي عَلَى فِرَاشِي هِيَ أَنِّي كُنْتُ أَرَى فَإِذَا بِشَجَرَةٍ فِي وَسَطِ الأَرْضِ
وَطُولُهَا عَظِيمٌ. ١١ فَكَبُرَتِ الشَّجَرَةُ وَقَوِيَتْ فَبَلَغَ عُلُوُّهَا إِلَى السَّمَاءِ وَمَنْظَرُهَا إِلَى
أَقْصَى كُلِّ الأَرْضِ. ١٢ أَوْرَاقُهَا جَمِيلَةٌ وَثَمَرُهَا كَثِيرٌ وَفِيهَا طَعَامٌ لِلْجَمِيعِ وَتَحْتَهَا
اسْتَظَلَّ حَيَوَانُ الْبَرِّ وَفِي أَغْصَانِهَا سَكَنَتْ طُيُورُ السَّمَاءِ وَطَعِمَ مِنْهَا كُلُّ الْبَشَرِ. ١٣
كُنْتُ أَرَى فِي رُؤَى رَأْسِي عَلَى فِرَاشِي وَإِذَا بِسَاهِرٍ وَقُدُّوسٍ نَزَلَ مِنَ السَّمَاءِ ١٤
فَصَرَخَ بِشِدَّةٍ: اقْطَعُوا الشَّجَرَةَ، وَاقْضِبُوا أَغْصَانَهَا، وَانْثُرُوا أَوْرَاقَهَا، وَابْذُرُوا
ثَمَرَهَا، لِيَهْرُبَ الْحَيَوَانُ مِنْ تَحْتِهَا، وَالطُّيُورُ مِنْ أَغْصَانِهَا. ١٥ وَلَكِنِ اتْرُكُوا
سَاقَ أَصْلِهَا فِي الأَرْضِ. وَبِقَيْدٍ مِنْ حَدِيدٍ وَنُحَاسٍ فِي عُشْبِ الْحَقْلِ وَلْيَبْتَلَّ بِنَدَى
السَّمَاءِ وَلْيَكُنْ نَصِيبُهُ مَعَ الْحَيَوَانِ فِي عُشْبِ الْحَقْلِ. ١٦ لِيَتَغَيَّرْ قَلْبُهُ عَنِ
الإِنْسَانِيَّةِ وَلْيُعْطَ قَلْبَ حَيَوَانٍ وَلْتَمْضِ عَلَيْهِ سَبْعَةُ أَزْمِنَةٍ. ١٧ هَذَا الأَمْرُ بِقَضَاءِ
السَّاهِرِينَ وَالْحُكْمُ بِكَلِمَةِ الْقُدُّوسِينَ لِتَعْلَمَ الأَحْيَاءُ أَنَّ الْعَلِيَّ مُتَسَلِّطٌ فِي مَمْلَكَةِ
النَّاسِ فَيُعْطِيهَا مَنْ يَشَاءُ وَيُنَصِّبُ عَلَيْهَا أَدْنَى النَّاسِ. ١٨ هَذَا الْحُلْمُ رَأَيْتُهُ أَنَا
نَبُوخَذْنَصَّرَ الْمَلِكَ. أَمَّا أَنْتَ يَا بَلْطَشَاصَّرُ فَبَيِّنْ تَعْبِيرَهُ لأَنَّ كُلَّ حُكَمَاءِ مَمْلَكَتِي لاَ
يَسْتَطِيعُونَ أَنْ يُعَرِّفُونِي بِالتَّعْبِيرِ. أَمَّا أَنْتَ فَتَسْتَطِيعُ لأَنَّ فِيكَ رُوحَ الآلِهَةِ
الْقُدُّوسِينَ.

٤: ١٠-١٢ قص نبوخذنصر الحلم لدانيال أنه رأي "شَجَرَةٍ فِي وَسَطِ الأَرْضِ، وَطُولُهَا عَظِيمٌ. فَكَبُرَتِ الشَّجَرَةُ، وَقَوِيَتْ فَبَلَغَ عُلُوُّهَا إِلَى السَّمَاءِ، وَمَنْظَرُهَا إِلَى أَقْصَى كُلِّ الأَرْضِ. أَوْرَاقُهَا جَمِيلَةٌ، وَثَمَرُهَا كَثِيرٌ، وَفِيهَا طَعَامٌ لِلْجَمِيعِ، وَتَحْتَهَا اسْتَظَلَّ حَيَوَانُ الْبَرِّ، وَفِي

أَغْصَانِهَا سَكَنَتْ طُيُورُ السَّمَاءِ، وَطَعِمَ مِنْهَا كُلُّ الْبَشَرِ" (دانيال ٤:١٠-١٢)، وكانت هذه الشجرة هي الملك نبوخذنصر نفسه وسلطانه، كما سيأتي شرحه.

٤:١٣-١٦ فجأة ظهر "سَاهِرٍ وَقُدُّوسٍ نَزَلَ مِنَ السَّمَاءِ" (دانيال ٤:١٣)، وهو ملاك نزل من السماء، وأمر: "اقْطَعُوا الشَّجَرَةَ، وَاقْضِبُوا أَغْصَانَهَا، وَانْثُرُوا أَوْرَاقَهَا، وَابْذُرُوا ثَمَرَهَا، لِيَهْرُبَ الْحَيَوَانُ مِنْ تَحْتِهَا، وَالطُّيُورُ مِنْ أَغْصَانِهَا. وَلَكِنِ اتْرُكُوا سَاقَ أَصْلِهَا فِي الأَرْضِ" (دانيال ٤:١٤-١٥). وبعد ذلك، تغير أسلوب كلام الملاك، وأشار إلي شخص بعد أن كان يتكلم علي الشجرة: "وَبِقَيْدٍ مِنْ حَدِيدٍ وَنُحَاسٍ فِي عُشْبِ الْحَقْلِ، وَلْيَبْتَلَّ بِنَدَى السَّمَاءِ، وَلْيَكُنْ نَصِيبُهُ مَعَ الْحَيَوَانِ فِي عُشْبِ الْحَقْلِ. لِيَتَغَيَّرْ قَلْبُهُ عَنِ الإِنْسَانِيَّةِ، وَلْيُعْطَ قَلْبَ حَيَوَانٍ، وَلْتَمْضِ عَلَيْهِ سَبْعَةُ أَزْمِنَةٍ" (دانيال ٤:١٥-١٦)، وكان هذا الشخص هو أيضا نبوخذنصر نفسه، كما سيأتي شرحه.

٤:١٧-١٨ كان الغرض من حكم الله أن يعلم الناس أن "الْعَلِيَّ مُتَسَلِّطٌ فِي مَمْلَكَةِ النَّاسِ، فَيُعْطِيهَا مَنْ يَشَاءُ وَيُنَصِّبُ عَلَيْهَا أَدْنَى النَّاسِ [حتي أقل الناس]" (دانيال ٤:١٧). وكان علي دانيال تفسير الحلم (دانيال ٤:١٨).

تفسير الحلم (دانيال ٤:١٩-٢٧)

١٩ حِينَئِذٍ تَحَيَّرَ دَانِيالُ (الَّذِي اسْمُهُ بَلْطَشَاصَّرُ) سَاعَةً وَاحِدَةً، وَأَفْزَعَتْهُ أَفْكَارُهُ. فَقَالَ الْمَلِكُ: يَا بَلْطَشَاصَّرُ لاَ يُفْزِعْكَ الْحُلْمُ وَلاَ تَعْبِيرُهُ. فَأَجَابَ بَلْطَشَاصَّرُ: يَا سَيِّدِي الْحُلْمُ لِمُبْغِضِيكَ وَتَعْبِيرُهُ لأَعَادِيكَ.

تحير دانيال من الحلم لمدة ساعة، وذلك لبشاعة ما يدل عليه لشخص الملك نفسه، وقد حاول الملك أن يتظاهر بالشجاعة في قبول معني الحلم مهما كان، وشجع دانيال للحديث قائلا: " يَا بَلْطَشَاصَّرُ لاَ يُفْزِعْكَ الْحُلْمُ وَلاَ تَعْبِيرُهُ" (دانيال ٤:١٩). ومن اجل إخلاص دانيال للملك تمني أن يكون الحلم متعلقا بأعداء الملك: " يَا سَيِّدِي الْحُلْمُ لِمُبْغِضِيكَ وَتَعْبِيرُهُ لأَعَادِيكَ" (دانيال ٤:١٩).

٢٠ اَلشَّجَرَةُ الَّتِي رَأَيْتَهَا الَّتِي كَبِرَتْ وَقَوِيَتْ وَبَلَغَ عُلُوُّهَا إِلَى السَّمَاءِ وَمَنْظَرُهَا إِلَى كُلِّ الأَرْضِ ٢١ وَأَوْرَاقُهَا جَمِيلَةٌ وَثَمَرُهَا كَثِيرٌ وَفِيهَا طَعَامٌ لِلْجَمِيعِ وَتَحْتَهَا

سَكَنَ حَيَوَانُ الْبَرِّ وَفِي أَغْصَانِهَا سَكَنَتْ طُيُورُ السَّمَاءِ ٢٢ إِنَّمَا هِيَ أَنْتَ يَا أَيُّهَا الْمَلِكُ الَّذِي كَبِرْتَ وَتَقَوَّيْتَ وَعَظَمَتُكَ قَدْ زَادَتْ وَبَلَغَتْ إِلَى السَّمَاءِ وَسُلْطَانُكَ إِلَى أَقْصَى الأَرْضِ.

٤:٢٠-٢١ قال دانيال للملك نبوخذنصر أن الشجرة التي رآها هي الملك نفسه الذي كبر وتقوي، وعظم سلطانه (دانيال ٤:٢٠-٢٢). وفي كثير من المواضع بالكتاب المقدس، يرمز الشجر للملوك والممالك، فقد قال الرب لحزقيال عن أشور: "مَنْ أَشْبَهْتَ فِي عَظَمَتِكَ؟ هُوَذَا أَعْلَى الأَرْزِ فِي لُبْنَانَ جَمِيلُ الأَغْصَانِ... ارْتَفَعَتْ قَامَتُهُ عَلَى جَمِيعِ أَشْجَارِ الْحَقْلِ، وَكَثُرَتْ أَغْصَانُهُ، وَطَالَتْ فُرُوعُهُ لِكَثْرَةِ الْمِيَاهِ إِذْ نَبَتَ. وَعَشَّشَتْ فِي أَغْصَانِهِ كُلُّ طُيُورِ السَّمَاءِ، وَتَحْتَ فُرُوعِهِ وَلَدَتْ كُلُّ حَيَوَانِ الْبَرِّ، وَسَكَنَ تَحْتَ ظِلِّهِ كُلُّ الأُمَمِ الْعَظِيمَةِ، فَكَانَ جَمِيلاً فِي عَظَمَتِهِ وَفِي طُولِ قُضْبَانِهِ، لأَنَّ أَصْلَهُ كَانَ عَلَى مِيَاهٍ كَثِيرَةٍ" (حزقيال ٣١:٢-٧).

الشجر العالي يرمز للإنسان في كبريائه وتعظمه، مثلما ورد في سفر أشعياء: "فَإِنَّ لِرَبِّ الْجُنُودِ يَوْماً عَلَى كُلِّ مُتَعَظِّمٍ وَعَالٍ وَعَلَى كُلِّ مُرْتَفِعٍ فَيُوضَعُ، وَعَلَى كُلِّ أَرْزِ لُبْنَانَ الْعَالِي الْمُرْتَفِعِ وَعَلَى كُلِّ بَلُّوطِ بَاشَانَ" (أشعياء ٢ : ١٢-١٣)، "وَيُقْطَعُ غَابُ الْوَعْرِ بِالْحَدِيدِ وَيَسْقُطُ لُبْنَانُ بِقَدِيرٍ" (أشعياء ١٠ : ٣٤).

٢٣ وَحَيْثُ رَأَى الْمَلِكُ سَاهِراً وَقُدُّوساً نَزَلَ مِنَ السَّمَاءِ وَقَالَ: اقْطَعُوا الشَّجَرَةَ وَأَهْلِكُوهَا وَلَكِنِ اتْرُكُوا سَاقَ أَصْلِهَا فِي الأَرْضِ، وَبِقَيْدٍ مِنْ حَدِيدٍ وَنُحَاسٍ فِي عُشْبِ الْحَقْلِ وَلْيَبْتَلَّ بِنَدَى السَّمَاءِ وَلْيَكُنْ نَصِيبُهُ مَعَ حَيَوَانِ الْبَرِّ حَتَّى تَمْضِيَ عَلَيْهِ سَبْعَةُ أَزْمِنَةٍ. ٢٤ فَهَذَا هُوَ التَّعْبِيرُ أَيُّهَا الْمَلِكُ وَهَذَا هُوَ قَضَاءُ الْعَلِيِّ الَّذِي يَأْتِي عَلَى سَيِّدِي الْمَلِكِ: ٢٥ يَطْرُدُونَكَ مِنْ بَيْنِ النَّاسِ وَتَكُونُ سُكْنَاكَ مَعَ حَيَوَانِ الْبَرِّ وَيُطْعِمُونَكَ الْعُشْبَ كَالثِّيرَانِ وَيَبُلُّونَكَ بِنَدَى السَّمَاءِ فَتَمْضِي عَلَيْكَ سَبْعَةُ أَزْمِنَةٍ حَتَّى تَعْلَمَ أَنَّ الْعَلِيَّ مُتَسَلِّطٌ فِي مَمْلَكَةِ النَّاسِ وَيُعْطِيهَا مَنْ يَشَاءُ. ٢٦ وَحَيْثُ أَمَرُوا بِتَرْكِ سَاقِ أُصُولِ الشَّجَرَةِ فَإِنَّ مَمْلَكَتَكَ تَثْبُتُ لَكَ عِنْدَمَا تَعْلَمُ أَنَّ

السَّمَاءَ سُلْطَانٌ. ٢٧ لِذَلِكَ أَيُّهَا الْمَلِكُ فَلْتَكُنْ مَشُورَتِي مَقْبُولَةً لَدَيْكَ وَفَارِقْ خَطَايَاكَ بِالْبِرِّ وَآثَامَكَ بِالرَّحْمَةِ لِلْمَسَاكِينِ لَعَلَّهُ يُطَالُ اطْمِئْنَانُكَ.

٤:٢٣-٢٦ قضى الرب علي نبوخذنصر أن يصيبه لوثة عقلية فيظن في نفسه أنه حيوان، ويعيش في الحقل مع "حَيَوَانِ الْبَرِّ" (دانيال ٤:٢٥)، ويأكل "الْعُشْبَ كَالثِّيرَانِ"، ويبيت في العراء، فيبتل "بِنَدَى السَّمَاءِ"، ويظل علي هذا الحال لمدة سبعة سنين، ولكن يعود لمملكته بعد ذلك، حينما يقر بسلطان الله: " مَمْلَكَتَكَ تَثْبُتُ لَكَ عِنْدَمَا تَعْلَمُ أَنَّ السَّمَاءَ سُلْطَانٌ" (دانيال ٤:٢٦).

٤:٢٧ كان دانيال شجاعا في مواجهته للملك، وبدون مواربة قال له: "اَلشَّجَرَةُ ... هِيَ أَنْتَ يَا أَيُّهَا الْمَلِكُ" (دانيال ٤:٢٠،٢٢)، وهكذا فعل ناثان النبي حينما واجه داود بخطيته وقال له: "أَنْتَ هُوَ الرَّجُلُ!... لِمَاذَا احْتَقَرْتَ كَلاَمَ الرَّبِّ لِتَعْمَلَ الشَّرَّ فِي عَيْنَيْهِ؟" (٢ صموئيل١٢:٧، ٩).

وضع دانيال أمام الملك فرصة للحياة المطمئنة بمفارقة خطاياه بالبر والرحمة:"لِذَلِكَ أَيُّهَا الْمَلِكُ فَلْتَكُنْ مَشُورَتِي مَقْبُولَةً لَدَيْكَ، وَفَارِقْ خَطَايَاكَ بِالْبِرِّ و [فارق] آثَامَكَ بِالرَّحْمَةِ لِلْمَسَاكِينِ، لَعَلَّهُ يُطَالُ اطْمِئْنَانُكَ" (دانيال ٤:٢٧)، وذلك حسب وعد السيد الرب " إِذَا رَجَعَ الشِّرِّيرُ عَنْ جَمِيعِ خَطَايَاهُ الَّتِي فَعَلَهَا، وَحَفِظَ كُلَّ فَرَائِضِي، وَفَعَلَ حَقّاً وَعَدْلاً [برا] فَحَيَاةً يَحْيَا. لاَ يَمُوتُ. كُلُّ مَعَاصِيهِ الَّتِي فَعَلَهَا لاَ تُذْكَرُ عَلَيْهِ. فِي بِرِّهِ الَّذِي عَمِلَ يَحْيَا" (حزقيال ١٨ : ٢١-٢٢)، ولأن "الرَّحْمَةُ وَالْحَقُّ يَحْفَظَانِ الْمَلِكَ، وَكُرْسِيُّهُ يُسْنَدُ بِالرَّحْمَةِ" (أمثال ٢٠ : ٢٨).

تحقيق الحلم (دانيال ٤:٢٨-٣٦)

٢٨ كُلُّ هَذَا جَاءَ عَلَى نَبُوخَذْنَصَّرَ الْمَلِكِ. ٢٩ عِنْدَ نِهَايَةِ اثْنَيْ عَشَرَ شَهْراً كَانَ يَتَمَشَّى عَلَى قَصْرِ مَمْلَكَةِ بَابِلَ. ٣٠ فَقَالَ: أَلَيْسَتْ هَذِهِ بَابِلَ الْعَظِيمَةَ الَّتِي بَنَيْتُهَا لِبَيْتِ الْمُلْكِ بِقُوَّةِ اقْتِدَارِي وَلِجَلاَلِ مَجْدِي! ٣١ وَالْكَلِمَةُ بَعْدُ بِفَمِ الْمَلِكِ وَقَعَ صَوْتٌ مِنَ السَّمَاءِ: لَكَ يَقُولُونَ يَا نَبُوخَذْنَصَّرُ الْمَلِكُ إِنَّ الْمُلْكَ قَدْ زَالَ عَنْكَ ٣٢ وَيَطْرُدُونَكَ مِنْ بَيْنِ النَّاسِ وَتَكُونُ سُكْنَاكَ مَعَ حَيَوَانِ الْبَرِّ وَيُطْعِمُونَكَ الْعُشْبَ

كَالثِّيرَانِ فَتَمْضِي عَلَيْكَ سَبْعَةُ أَزْمِنَةٍ حَتَّى تَعْلَمَ أَنَّ الْعَلِيَّ مُتَسَلِّطٌ فِي مَمْلَكَةِ النَّاسِ وَأَنَّهُ يُعْطِيهَا مَنْ يَشَاءُ. ٣٣ فِي تِلْكَ السَّاعَةِ تَمَّ الأَمْرُ عَلَى نَبُوخَذْنَصَّرَ فَطُرِدَ مِنْ بَيْنِ النَّاسِ وَأَكَلَ الْعُشْبَ كَالثِّيرَانِ وَابْتَلَّ جِسْمُهُ بِنَدَى السَّمَاءِ حَتَّى طَالَ شَعْرُهُ مِثْلَ النُّسُورِ وَأَظْفَارُهُ مِثْلَ الطُّيُورِ.

٤:٢٨-٢٩ تحقق الحلم "عِنْدَ نِهَايَةِ اثْنَيْ عَشَرَ شَهْراً" (دانيال ٤:٢٩)، وكان أمام الملك فرصة أثني عشر شهرا ليتمتع بوعود الله بالغفران، ولكنه لم يتب ولم يمارس البر والرحمة كما نصحه دانيال. وهكذا قد يستنفذ الإنسان كل فرص التوبة التي يقدمها الله بصلاحه ورحمته، ولا يكون أمام الرب سوي أن يتركه في ضيقة عظيمة، كما قال عن "إيزابل": "أَعْطَيْتُهَا زَمَاناً لِكَيْ تَتُوبَ عَنْ زِنَاهَا وَلَمْ تَتُبْ. هَا أَنَا أُلْقِيهَا فِي فِرَاشٍ، وَالَّذِينَ يَزْنُونَ مَعَهَا فِي ضِيقَةٍ عَظِيمَةٍ، إِنْ كَانُوا لاَ يَتُوبُونَ عَنْ أَعْمَالِهِمْ" (رؤيا ٢: ٢١-٢٢).

٤:٣٠ استمر الملك في كبريائه، وتعظم بقوته واقتداره وجلال مجده عند رؤيته لبابل العظيمة، وقال: "أَلَيْسَتْ هَذِهِ بَابِلَ الْعَظِيمَةَ الَّتِي بَنَيْتُهَا لِبَيْتِ الْمُلْكِ بِقُوَّةِ اقْتِدَارِي وَلِجَلاَلِ مَجْدِي" (دانيال ٤:٣٠).

٤:٣١-٣٢ في الحال سمع نفس الصوت الذي سمعه في الحلم: "لَكَ يَقُولُونَ يَا نَبُوخَذْنَصَّرُ الْمَلِكُ إِنَّ الْمُلْكَ قَدْ زَالَ عَنْكَ، وَيَطْرُدُونَكَ مِنْ بَيْنِ النَّاسِ وَتَكُونُ سُكْنَاكَ مَعَ حَيَوَانِ الْبَرِّ وَيُطْعِمُونَكَ الْعُشْبَ كَالثِّيرَانِ فَتَمْضِي عَلَيْكَ سَبْعَةُ أَزْمِنَةٍ حَتَّى تَعْلَمَ أَنَّ الْعَلِيَّ مُتَسَلِّطٌ فِي مَمْلَكَةِ النَّاسِ وَأَنَّهُ يُعْطِيهَا مَنْ يَشَاءُ" (دانيال ٤:٣١-٣٢).

٤:٣٣ أصابت الملك لوثة عقلية، وبدأ في سلوكه مثل الحيوان، و"طُرِدَ مِنْ بَيْنِ النَّاسِ وَأَكَلَ الْعُشْبَ كَالثِّيرَانِ وَابْتَلَّ جِسْمُهُ بِنَدَى السَّمَاءِ حَتَّى طَالَ شَعْرُهُ مِثْلَ النُّسُورِ وَأَظْفَارُهُ مِثْلَ الطُّيُورِ" (دانيال ٤:٣٣). تكبر الملك فانكسر، "فَلَمَّا ارْتَفَعَ قَلْبُهُ وَقَسَتْ رُوحُهُ تَجَبُّراً انْحَطَّ عَنْ كُرْسِيِّ مُلْكِهِ وَنَزَعُوا عَنْهُ جَلاَلَهُ" (دانيال ٥:٢٠)، لأنه "قَبْلَ الْكَسْرِ الْكِبْرِيَاءُ وَقَبْلَ السُّقُوطِ تَشَامُخُ الرُّوحِ" (أمثال ١٦ : ١٨).

سقوط ملك بابل رمز لسقوط الشيطان، كما جاء عنه في سفر أشعياء: "كَيْفَ سَقَطْتِ مِنَ السَّمَاءِ يَا زُهَرَةُ بِنْتَ الصُّبْحِ؟ كَيْفَ قُطِعْتَ إِلَى الأَرْضِ يَا قَاهِرَ الأُمَمِ؟ وَأَنْتَ قُلْتَ فِي قَلْبِكَ: أَصْعَدُ إِلَى السَّمَاوَاتِ. أَرْفَعُ كُرْسِيِّي فَوْقَ كَوَاكِبِ اللَّهِ، وَأَجْلِسُ عَلَى جَبَلِ الاجْتِمَاعِ

فِي أَقَاصِي الشِّمَالِ. أَصْعَدُ فَوْقَ مُرْتَفَعَاتِ السَّحَابِ، أَصِيرُ مِثْلَ الْعَلِيِّ، لَكِنَّكَ انْحَدَرْتَ إِلَى الْهَاوِيَةِ إِلَى أَسَافِلِ الْجُبِّ" (أشعياء ١٤ : ١٢-١٥).

٣٤ وَعِنْدَ انْتِهَاءِ الأَيَّامِ: أَنَا نَبُوخَذْنَصَّرُ رَفَعْتُ عَيْنَيَّ إِلَى السَّمَاءِ، فَرَجَعَ إِلَيَّ عَقْلِي، وَبَارَكْتُ الْعَلِيَّ، وَسَبَّحْتُ وَحَمَدْتُ الْحَيَّ إِلَى الأَبَدِ، الَّذِي سُلْطَانُهُ سُلْطَانٌ أَبَدِيٌّ، وَمَلَكُوتُهُ إِلَى دَوْرٍ فَدَوْرٍ. ٣٥ وَحُسِبَتْ جَمِيعُ سُكَّانِ الأَرْضِ كَلاَ شَيْءَ، وَهُوَ يَفْعَلُ كَمَا يَشَاءُ فِي جُنْدِ السَّمَاءِ وَسُكَّانِ الأَرْضِ، وَلاَ يُوجَدُ مَنْ يَمْنَعُ يَدَهُ أَوْ يَقُولُ لَهُ: مَاذَا تَفْعَلُ؟ ٣٦ فِي ذَلِكَ الْوَقْتِ رَجَعَ إِلَيَّ عَقْلِي، وَعَادَ إِلَيَّ جَلاَلُ مَمْلَكَتِي وَمَجْدِي وَبَهَائِي، وَطَلَبَنِي مُشِيرِيَّ وَعُظَمَائِي، وَتَثَبَّتُّ عَلَى مَمْلَكَتِي وَازْدَادَتْ لِي عَظَمَةٌ كَثِيرَةٌ.

٤:٣٤ عند انتهاء السبعة سنين، رجع الملك إلي نفسه، ورفع عينيه إلي السماء، فرجع إلي عقله، واعترف بسلطان الله وملكوته الأبدي: " أَنَا نَبُوخَذْنَصَّرُ رَفَعْتُ عَيْنَيَّ إِلَى السَّمَاءِ، فَرَجَعَ إِلَيَّ عَقْلِي، وَبَارَكْتُ الْعَلِيَّ، وَسَبَّحْتُ وَحَمَدْتُ الْحَيَّ إِلَى الأَبَدِ، الَّذِي سُلْطَانُهُ سُلْطَانٌ أَبَدِيٌّ، وَمَلَكُوتُهُ إِلَى دَوْرٍ فَدَوْرٍ" (دانيال ٤:٣٤). واعترف الملك بسلطان الله المطلق وقدرته علي كل البشر: "حُسِبَتْ جَمِيعُ سُكَّانِ الأَرْضِ كَلاَ شَيْءَ، وَهُوَ يَفْعَلُ كَمَا يَشَاءُ فِي جُنْدِ السَّمَاءِ وَسُكَّانِ الأَرْضِ، وَلاَ يُوجَدُ مَنْ يَمْنَعُ يَدَهُ أَوْ يَقُولُ لَهُ: مَاذَا تَفْعَلُ؟" (دانيال ٤:٣٥).

كانت نقطة التحول في حياة نبوخذنصر - للخروج من الكارثة التي حلت عليه – أنه رفع عينيه إلي السماء، بمعني أنه طلب الله من قلبه. وهكذا كانت نقطة التحول في حياة الابن الضال هي رجوعه إلي نفسه وتوجيه قلبه وفكره نحو الآب، "فَرَجَعَ إِلَى نَفْسِهِ وَقَالَ: كَمْ مِنْ أَجِيرٍ لأَبِي يَفْضُلُ عَنْهُ الْخُبْزُ وَأَنَا أَهْلِكُ جُوعاً! أَقُومُ وَأَذْهَبُ إِلَى أَبِي وَأَقُولُ لَهُ: يَا أَبِي أَخْطَأْتُ إِلَى السَّمَاءِ وَقُدَّامَكَ وَلَسْتُ مُسْتَحِقّاً بَعْدُ أَنْ أُدْعَى لَكَ ابْناً. اِجْعَلْنِي كَأَحَدِ أَجْرَاكَ. فَقَامَ وَجَاءَ إِلَى أَبِيهِ. وَإِذْ كَانَ لَمْ يَزَلْ بَعِيداً رَآهُ أَبُوهُ فَتَحَنَّنَ وَرَكَضَ وَوَقَعَ عَلَى عُنُقِهِ وَقَبَّلَهُ" (لوقا ١٥ : ١٧-٢٠).

٤:٣٦ افتقد السيد الرب نبوخذنصر، وأعاد إليه كل ما فقده، ورجع الملك إلي مجده: "فِي ذَلِكَ الْوَقْتِ رَجَعَ إِلَيَّ عَقْلِي، وَعَادَ إِلَيَّ جَلاَلُ مَمْلَكَتِي وَمَجْدِي وَبَهَائِي، وَطَلَبَنِي مُشِيرِيَّ

وَعُظَمَائِي، وَتَثَبَّتُّ عَلَى مَمْلَكَتِي وَازْدَادَتْ لِي عَظَمَةٌ كَثِيرَةٌ" (دانيال ٤:٣٦). وافتقاد الرب لنبوخذنصر رمزا قويا لافتقاده لكل نفس تطلبه، "لِذَلِكَ يَقُولُ السَّيِّدُ رَبُّ الْجُنُودِ عَزِيزُ إِسْرَائِيلَ... أَرُدُّ يَدِي عَلَيْكِ، وَأُنَقِّي زَغَلَكِ كَأَنَّهُ بِالْبَوْرَقِ، وَأَنْزِعُ كُلَّ قَصْدِيرِكِ، وَأُعِيدُ قُضَاتَكِ كَمَا فِي الأَوَّلِ، و[أعيد] وَمُشِيرِيكِ كَمَا فِي الْبَدَاءَةِ. بَعْدَ ذَلِكَ تُدْعَيْنَ مَدِينَةَ الْعَدْلِ الْقَرْيَةَ الأَمِينَةَ" (أشعياء ١ : ٢٤-٢٦).

تمجيد الله (دانيال ٤:٣٧)

٣٧ فَالآنَ أَنَا نَبُوخَذْنَصَّرُ أُسَبِّحُ وَأُعَظِّمُ وَأَحْمَدُ مَلِكَ السَّمَاءِ، الَّذِي كُلُّ أَعْمَالِهِ حَقٌّ وَطُرُقِهِ عَدْلٌ، وَمَنْ يَسْلُكُ بِالْكِبْرِيَاءِ فَهُوَ قَادِرٌ عَلَى أَنْ يُذِلَّهُ.

٤:٣٧ ختم نبوخذنصر شهادته عن الله بتمجيد الله، واعترف أن كل أعماله حق وعدل، كما اعترف بقدرته علي إذلال المتكبرين: "فَالآنَ أَنَا نَبُوخَذْنَصَّرُ أُسَبِّحُ وَأُعَظِّمُ وَأَحْمَدُ مَلِكَ السَّمَاءِ، الَّذِي كُلُّ أَعْمَالِهِ حَقٌّ وَطُرُقِهِ عَدْلٌ، وَمَنْ يَسْلُكُ بِالْكِبْرِيَاءِ فَهُوَ قَادِرٌ عَلَى أَنْ يُذِلَّهُ" (دانيال ٤:٣٧).

إنها قصة توبة عجيبة تشهد إلي قدرة الله، وعظمة صلاحه وحبه للبشرية، حسب وعده: "حَيٌّ أَنَا يَقُولُ السَّيِّدُ الرَّبُّ، إِنِّي لاَ أُسَرُّ بِمَوْتِ الشِّرِّيرِ، بَلْ بِأَنْ يَرْجِعَ الشِّرِّيرُ عَنْ طَرِيقِهِ وَيَحْيَا. إِرْجِعُوا ارْجِعُوا عَنْ طُرُقِكُمُ الرَّدِيئَةِ. فَلِمَاذَا تَمُوتُونَ يَا بَيْتَ إِسْرَائِيلَ؟" (حزقيال ٣٣ : ١١).

لن نسمع شيئا آخر عن نبوخذنصر بعد ذلك في سفر دانيال، فهل استمر في الحياة المقدسة؟ وهل سنجده مع القديسين؟

الأصحاح الخامس
الكتابة على الحائط

أنتهي الحديث عن نبوخذنصر بانتهاء الأصحاح الرابع من سفر دانيال، ويظهر بيلشاصر الملك، وهو آخر ملوك بابل. قيل عن بيلشاصر أنه حفيد نبوخذنصر، فكلمة "أب" التي استخدمت للتعبير عن علاقة نبوخذنصر بالملك بيلشاصر، يمكن أن تشير إلي قرابة الأبوة المباشرة، أو قرابة الجد بحفيده، أو قرابة الشخص بأنساله، وذلك كما قيل عن الرب يسوع أنه "أبن داود" (متي ١:١، ٢٧:٩، ٢٣:١٢، ٣٠:٢٠-٣١، ٩:٢١، وخلافه)، مع أن داود لم يكن الأب المباشر للسيد المسيح بل من نسله جاء المسيح، كما أن اليهود يفتخرون بأن أبراهيم أب لهم (يوحنا ٥٣:٨) أي أنهم من نسله.

كما قيل عن بيلشاصر انه زوج ابنة الملك نبونيدوس Nabonidus، فكان الرجل الثاني في المملكة، والقائم الفعلي بأعمال المملكة في غياب الملك نبونيدوس.

وليمة بيلشاصر (دانيال ٥:١-٤)

١ بَيْلْشَاصَّرُ الْمَلِكُ صَنَعَ وَلِيمَةً عَظِيمَةً لِعُظَمَائِهِ الأَلْفِ، وَشَرِبَ خَمْراً قُدَّامَ الأَلْفِ. ٢ وَإِذْ كَانَ بَيْلْشَاصَّرُ يَذُوقُ الْخَمْرَ، أَمَرَ بِإِحْضَارِ آنِيَةِ الذَّهَبِ وَالْفِضَّةِ الَّتِي أَخْرَجَهَا نَبُوخَذْنَصَّرُ أَبُوهُ مِنَ الْهَيْكَلِ الَّذِي فِي أُورُشَلِيمَ، لِيَشْرَبَ بِهَا الْمَلِكُ وَعُظَمَاؤُهُ وَزَوْجَاتُهُ وَسَرَارِيهِ. ٣ حِينَئِذٍ أَحْضَرُوا آنِيَةَ الذَّهَبِ الَّتِي أُخْرِجَتْ مِنْ هَيْكَلِ بَيْتِ اللَّهِ الَّذِي فِي أُورُشَلِيمَ، وَشَرِبَ بِهَا الْمَلِكُ وَعُظَمَاؤُهُ وَزَوْجَاتُهُ وَسَرَارِيهِ. ٤ كَانُوا يَشْرَبُونَ الْخَمْرَ، وَيُسَبِّحُونَ آلِهَةَ الذَّهَبِ وَالْفِضَّةِ وَالنُّحَاسِ وَالْحَدِيدِ وَالْخَشَبِ وَالْحَجَرِ.

٥:١ صنع بيلشاصر الملك وليمة عظيمة كعادة الملوك الشرقيين قديما، وحدث ذلك ليلة سقوط المملكة البابلية في يد الماديين حوالي ١٢ أكتوبر سنة ٥٣٩ ق.م بحسب المصادر التاريخية، وذلك بعد أحداث الأصحاح الرابع بحوالي ٣٠ سنة.

كانت الخمر دائما مصاحبة للحفلات والعبادات البابلية الكاذبة، حتي صارت الخمر رمزا لفساد بابل، فقد قال أرميا النبي عنها: "بَابِلُ كَأْسُ ذَهَبٍ بِيَدِ الرَّبِّ تُسْكِرُ كُلَّ الأَرْضِ. مِنْ خَمْرِهَا شَرِبَتِ الشُّعُوبُ. مِنْ أَجْلِ ذلِكَ جُنَّتِ [تجننت] الشُّعُوبُ" (ارميا ٥١: ٧)،

صارت بابل في خمرها رمزا للفساد. وقال عنها القديس يوحنا أنها: "الزَّانِيَةِ الْعَظِيمَةِ الْجَالِسَةِ عَلَى الْمِيَاهِ الْكَثِيرَةِ، الَّتِي زَنَى مَعَهَا مُلُوكُ الأَرْضِ، وَسَكِرَ سُكَّانُ الأَرْضِ مِنْ خَمْرِ زِنَاهَا... وَمَعَهَا كَأْسٌ مِنْ ذَهَبٍ فِي يَدِهَا مَمْلُوَّةٌ رَجَاسَاتٍ وَنَجَاسَاتِ زِنَاهَا، وَعَلَى جَبْهَتِهَا اسْمٌ مَكْتُوبٌ: سِرٌّ. بَابِلُ الْعَظِيمَةُ أُمُّ الزَّوَانِي وَرَجَاسَاتِ الأَرْضِ" (رؤيا ١٧ : ١-٥)، "سَقَطَتْ سَقَطَتْ بَابِلُ الْمَدِينَةُ الْعَظِيمَةُ، لأَنَّهَا سَقَتْ جَمِيعَ الأُمَمِ مِنْ خَمْرِ غَضَبِ زِنَاهَا" (رؤيا ١٤ : ٨)، "لأَنَّهُ مِنْ خَمْرِ غَضَبِ زِنَاهَا قَدْ شَرِبَ جَمِيعُ الأُمَمِ، وَمُلُوكُ الأَرْضِ زَنُوا مَعَهَا " (رؤيا ١٨ : ٣).

٢:٥-٣ أحضر بيلشاصر آنية الهيكل التي أحضرها معه نبوخذنصر كما هو وارد في (دانيال ١ : ٢)، ليشرب بها الخمر، ولم يمجد الإله الحي الذي بيده حياته، بل جدف عليه باستخدامه آنية الهيكل في ملاهيه: "وَإِذْ كَانَ بَيْلْشَاصَّرُ يَذُوقُ الْخَمْرَ، أَمَرَ بِإِحْضَارِ آنِيَةِ الذَّهَبِ وَالْفِضَّةِ الَّتِي أَخْرَجَهَا نَبُوخَذْنَصَّرُ أَبُوهُ مِنَ الْهَيْكَلِ الَّذِي فِي أُورُشَلِيمَ، لِيَشْرَبَ بِهَا الْمَلِكُ وَعُظَمَاؤُهُ وَزَوْجَاتُهُ وَسَرَارِيهِ. حِينَئِذٍ أَحْضَرُوا آنِيَةَ الذَّهَبِ الَّتِي أُخْرِجَتْ مِنْ هَيْكَلِ بَيْتِ اللهِ الَّذِي فِي أُورُشَلِيمَ، وَشَرِبَ بِهَا الْمَلِكُ وَعُظَمَاؤُهُ وَزَوْجَاتُهُ وَسَرَارِيهِ" (دانيال ٥:٢-٣).

٤:٥ أغاظ بيلشاصر السيد الرب بعبادته للآلهة الكاذبة، فقد "كَانُوا يَشْرَبُونَ الْخَمْرَ، وَيُسَبِّحُونَ آلِهَةَ الذَّهَبِ وَالْفِضَّةِ وَالنُّحَاسِ وَالْحَدِيدِ وَالْخَشَبِ وَالْحَجَرِ" (دانيال ٥:٤)، وعلي هذا النحو أيضا أغاظه شعبه حينما " تَرَكُوا الرَّبَّ إِلهَ آبَائِهِمِ الَّذِي أَخْرَجَهُمْ مِنْ أَرْضِ مِصْرَ، وَسَارُوا وَرَاءَ آلِهَةٍ أُخْرَى مِنْ آلِهَةِ الشُّعُوبِ الَّذِينَ حَوْلَهُمْ، وَسَجَدُوا لَهَا وَأَغَاظُوا الرَّبَّ" (قضاة ٢ : ١٢).

كان الملك وعظمائه وزوجاته وسراريه يشربون الخمر في الأواني الذهبية التي في أيديهم، وهي أكثر قيمة من آلهة الحجارة والخشب التي يسبحونها. وهذا ما يفعله أولاد الله حينما يستخدمون أجسادهم التي هي أثمن من الذهب في النجاسة، ولذلك يقول القديس بولس الرسول: "أَلَسْتُمْ تَعْلَمُونَ أَنَّ أَجْسَادَكُمْ هِيَ أَعْضَاءُ الْمَسِيحِ؟ أَفَآخُذُ أَعْضَاءَ الْمَسِيحِ

وَأَجْعَلُهَا أَعْضَاءَ زَانِيَةٍ؟ حَاشَا!... أَمْ لَسْتُمْ تَعْلَمُونَ أَنَّ جَسَدَكُمْ هُوَ هَيْكَلٌ لِلرُّوحِ الْقُدُسِ الَّذِي فِيكُمُ الَّذِي لَكُمْ مِنَ الله وَأَنَّكُمْ لَسْتُمْ لأَنْفُسِكُمْ؟ لأَنَّكُمْ قَدِ اشْتُرِيتُمْ بِثَمَنٍ. فَمَجِّدُوا اللهَ فِي أَجْسَادِكُمْ وَفِي أَرْوَاحِكُمُ الَّتِي هِيَ لِلَّهِ" (١كورنثوس ٦ : ١٥-٢٠).

ظهور الكتابة علي الحائط (دانيال ٥:٥-٦)

٥ فِي تِلْكَ السَّاعَةِ ظَهَرَتْ أَصَابِعُ يَدِ إِنْسَانٍ وَكَتَبَتْ بِإِزَاءِ النِّبْرَاسِ عَلَى مُكَلَّسِ حَائِطِ قَصْرِ الْمَلِكِ وَالْمَلِكُ يَنْظُرُ طَرَفَ الْيَدِ الْكَاتِبَةِ. ٦ حِينَئِذٍ تَغَيَّرَتْ هَيْئَةُ الْمَلِكِ وَأَفْزَعَتْهُ أَفْكَارُهُ وَانْحَلَّتْ خَرَزُ حَقَوَيْهِ وَاصْطَكَّتْ رُكْبَتَاهُ.

٥:٥ في الوقت الذي شرب فيه الملك الخمر في أواني الهيكل، رأي أصابع يد إنسان تكتب علي الحائط المقابل: "فِي تِلْكَ السَّاعَةِ ظَهَرَتْ أَصَابِعُ يَدِ إِنْسَانٍ وَكَتَبَتْ بِإِزَاءِ النِّبْرَاسِ عَلَى مُكَلَّسِ حَائِطِ قَصْرِ الْمَلِكِ وَالْمَلِكُ يَنْظُرُ طَرَفَ الْيَدِ الْكَاتِبَةِ" (دانيال ٥:٥). لقد فرغت طول أناة الله علي بيلشاصر، وأعلن قضاؤه سريعا. وقد حدث نفس الأمر مع أبيه نبوخذنصر حينما تعظم علي الرب، ونسب مجد بابل لنفسه، "وَالْكَلِمَةُ بَعْدُ بِفَمِ الْمَلِكِ وَقَعَ صَوْتٌ مِنَ السَّمَاءِ: لَكَ يَقُولُونَ يَا نَبُوخَذْنَصَّرُ الْمَلِكُ إِنَّ الْمُلْكَ قَدْ زَالَ عَنْكَ" (دانيال ٤ : ٣١).

حينما يصبر الله علي الخطاة، يفعل ذلك ليعطيهم فرصة للتوبة. لذلك يقول الرسول:"احْسِبُوا أَنَاةَ رَبِّنَا خَلاَصاً" (٢ بطرس ٣: ١٥)، "أَمْ تَسْتَهِينُ بِغِنَى لُطْفِهِ وَإِمْهَالِهِ وَطُولِ أَنَاتِهِ غَيْرَ عَالِمٍ أَنَّ لُطْفَ اللهِ إِنَّمَا يَقْتَادُكَ إِلَى التَّوْبَةِ؟" (رومية ٢: ٤).

٦:٥ إرتعب الملك إرتعابا عظيما حتي "تَغَيَّرَتْ هَيْئَةُ الْمَلِكِ، وَأَفْزَعَتْهُ أَفْكَارُهُ، وَانْحَلَّتْ خَرَزُ حَقَوَيْهِ [انهارت قواه]، وَاصْطَكَّتْ رُكْبَتَاهُ" (دانيال ٦:٥)، وإذا كان الملك قد إرتعب بهذه الصورة، لمجرد رؤية طرف اليد والأصابع المرسلة من عند الرب، فكيف تكون حالته وهو يواجه السيد الرب وجها لوجه؟ وكيف سيقف الأشرار في محضر الأبرار أمام الرب يوم الدينونة العظيم؟ " لِذَلِكَ لاَ تَقُومُ الأَشْرَارُ فِي الدِّينِ، وَلاَ [يقف] الْخُطَاةُ فِي جَمَاعَةِ الأَبْرَارِ" (مزامير ١: ٥).

إستدعاء حكماء بابل وفشلهم (دانيال ٥:٧-٨)

٧ فَصَرَخَ الْمَلِكُ بِشِدَّةٍ لِإِدْخَالِ السَّحَرَةِ وَالْكِلْدَانِيِّينَ وَالْمُنَجِّمِينَ وَقَالَ الْمَلِكُ لِحُكَمَاءِ بَابِلَ: أَيُّ رَجُلٍ يَقْرَأُ هَذِهِ الْكِتَابَةَ وَيُبَيِّنُ لِي تَفْسِيرَهَا فَإِنَّهُ يُلَبَّسُ الأُرْجُوَانَ وَقِلاَدَةً مِنْ ذَهَبٍ فِي عُنُقِهِ وَيَتَسَلَّطُ ثَالِثاً فِي الْمَمْلَكَةِ. ٨ ثُمَّ دَخَلَ كُلُّ حُكَمَاءِ الْمَلِكِ فَلَمْ يَسْتَطِيعُوا أَنْ يَقْرَأُوا الْكِتَابَةَ وَلاَ أَنْ يُعَرِّفُوا الْمَلِكَ بِتَفْسِيرِهَا.

٥:٧ لجأ بيلشاصر إلي " السَّحَرَةِ وَالْكِلْدَانِيِّينَ وَالْمُنَجِّمِينَ"، وطلب من يقرأ الكتابة ويفسرها، ووعد بمكافأة لمن يفعل ذلك، ولكن فشل جميع حكماء بابل. وقد كرر ما سبق أن فعله نبوخذنصر في (دانيال ٢ : ٢٧، ٤ : ٧). هكذا قد يفعل بعض الناس ذلك في وقت الأزمات، فيلجأون للسحرة والعرافين لمعرفة الأمور المستقبلة في حياتهم غير عارفين أنه "يَخْزَى الرَّاؤُونَ، وَيَخْجَلُ الْعَرَّافُونَ، وَيُغَطُّونَ كُلُّهُمْ شَوَارِبَهُمْ لأَنَّهُ لَيْسَ جَوَابٌ مِنَ اللَّهِ" (ميخا ٣ : ٧)، وقد نهي الرب شعبه عن اللجوء للعرافين: "إِنَّ هَؤُلاءِ الأُمَمَ الذِينَ تَخْلُفُهُمْ يَسْمَعُونَ لِلعَائِفِينَ وَالعَرَّافِينَ. وَأَمَّا أَنْتَ فَلمْ يَسْمَحْ لكَ الرَّبُّ إِلهُكَ هَكَذَا" (تثنية ١٨: ١٤).

إستدعاء دانيال (دانيال ٥:٩-١٧)

٩ فَفَزِعَ الْمَلِكُ بَيْلْشَاصَّرُ جِدّاً وَتَغَيَّرَتْ فِيهِ هَيْئَتُهُ وَاضْطَرَبَ عُظَمَاؤُهُ. ١٠ أَمَّا الْمَلِكَةُ فَلِسَبَبِ كَلاَمِ الْمَلِكِ وَعُظَمَائِهِ دَخَلَتْ بَيْتَ الْوَلِيمَةِ، وَقَالَتْ: أَيُّهَا الْمَلِكُ عِشْ إِلَى الأَبَدِ! لاَ تُفَزِّعْكَ أَفْكَارُكَ وَلاَ تَتَغَيَّرْ هَيْئَتُكَ. ١١ يُوجَدُ فِي مَمْلَكَتِكَ رَجُلٌ فِيهِ رُوحُ الآلِهَةِ الْقُدُّوسِينَ، وَفِي أَيَّامِ أَبِيكَ وُجِدَتْ فِيهِ نَيِّرَةٌ وَفِطْنَةٌ وَحِكْمَةٌ كَحِكْمَةِ الآلِهَةِ، وَالْمَلِكُ نَبُوخَذْنَصَّرُ أَبُوكَ جَعَلَهُ كَبِيرَ الْمَجُوسِ وَالسَّحَرَةِ وَالْكِلْدَانِيِّينَ وَالْمُنَجِّمِينَ. ١٢ مِنْ حَيْثُ إِنَّ رُوحاً فَاضِلَةً وَمَعْرِفَةً وَفِطْنَةً وَتَعْبِيرَ الأَحْلاَمِ وَتَبْيِينَ أَلْغَازٍ وَحَلَّ عُقَدٍ وُجِدَتْ فِي دَانِيآلَ هَذَا الَّذِي سَمَّاهُ الْمَلِكُ بَلْطَشَاصَّرَ. فَلْيُدْعَ الآنَ دَانِيآلُ فَيُبَيِّنَ التَّفْسِيرَ.

٥:٩-١٢ إضطرب بيلشاصر الملك وعظمائه، لعدم قدرة حكماء بابل علي قراءة الكتابة وتفسيرها. سمعت الملكة الأم بما حدث، فأسرعت إلي بيت الوليمة، وأشارت علي الملك أن يدعو دانيال لتفسير الحلم لما له من قدرة علي ذلك، "مِنْ حَيْثُ إِنَّ رُوحاً فَاضِلَةً

وَمَعْرِفَةً وَفِطْنَةً وَتَعْبِيرَ الأَحْلاَمِ وَتَبْيِينَ أَلْغَازٍ وَحَلَّ عُقَدٍ وُجِدَتْ فِي دَانِيآلَ" (دانيال ٥:١٢)، كما ظهر في أيام نبوخذنصر.

١٣ حِينَئِذٍ أُدْخِلَ دانيال إِلَى قُدَّامِ الْمَلِكِ. فَسَأَلَ الْمَلِكُ دَانِيآلَ: أَأَنْتَ هُوَ دانيال مِنْ بَنِي سَبْيِ يَهُوذَا الَّذِي جَلَبَهُ أَبِي الْمَلِكُ مِنْ يَهُوذَا؟ ١٤ قَدْ سَمِعْتُ عَنْكَ أَنَّ فِيكَ رُوحَ الآلِهَةِ، وَأَنَّ فِيكَ نَيِّرَةً وَفِطْنَةً وَحِكْمَةً فَاضِلَةً. ١٥ وَالآنَ أُدْخِلَ قُدَّامِي الْحُكَمَاءُ وَالسَّحَرَةُ، لِيَقْرَأُوا هَذِهِ الْكِتَابَةَ وَيُعَرِّفُونِي بِتَفْسِيرِهَا، فَلَمْ يَسْتَطِيعُوا أَنْ يُبَيِّنُوا تَفْسِيرَ الْكَلاَمِ. ١٦ وَأَنَا قَدْ سَمِعْتُ عَنْكَ أَنَّكَ تَسْتَطِيعُ أَنْ تُفَسِّرَ تَفْسِيراً وَتَحِلَّ عُقَداً. فَإِن اسْتَطَعْتَ الآنَ أَنْ تَقْرَأَ الْكِتَابَةَ وَتُعَرِّفَنِي بِتَفْسِيرِهَا، فَتُلَبَّسُ الأُرْجُوانَ، وَقِلاَدَةً مِنْ ذَهَبٍ فِي عُنُقِكَ، وَتَتَسَلَّطُ ثَالِثاً فِي الْمَمْلَكَةِ. ١٧ فَأَجَابَ دانيال الْمَلِكَ: لِتَكُنْ عَطَايَاكَ لِنَفْسِكَ، وَهَبْ هِبَاتِكَ لِغَيْرِي. لَكِنِّي أَقْرَأُ الْكِتَابَةَ لِلْمَلِكِ، وَأُعَرِّفُهُ بِالتَّفْسِيرِ.

٥:١٣-١٦ جاءوا بدانيال في محضر الملك بيلشاصر، وخاطبه الملك بالاسم "دانيال"، وليس باسمه البابلي "بلطشاسر"، وربما فعل ذلك لتشابه هذا الاسم الأخير مع اسم الملك، أو ربما أراد أن يؤكد لدانيال بمعرفته عنه أنه واحد من سبي يهوذا، قبل أن يقول له: "أَأَنْتَ هُوَ دانيال مِنْ بَنِي سَبْيِ يَهُوذَا الَّذِي جَلَبَهُ أَبِي الْمَلِكُ مِنْ يَهُوذَا؟" (دانيال ٥:١٣). وقد كرر الملك في مسامع دانيال مرتين عبارة "قد سمعت عنك" (دانيال ٥:١٤، ١٦)، وهذا يدل أن الملك لم يكن يعرف دانيال شخصيا قبل ذلك، ولكن للأسف فقد تم التعارف في ظروف غير سارة.

ما سمعه الملك بيلشاصر عن دانيال كان أمرا حميدا، فقال: قَدْ سَمِعْتُ عَنْكَ أَنَّ فِيكَ رُوحَ الآلِهَةِ، وَأَنَّ فِيكَ نَيِّرَةً وَفِطْنَةً وَحِكْمَةً فَاضِلَةً" (دانيال ٥:١٤)، "وَأَنَا قَدْ سَمِعْتُ عَنْكَ أَنَّكَ تَسْتَطِيعُ أَنْ تُفَسِّرَ تَفْسِيراً وَتَحِلَّ عُقَداً" (دانيال ٥:١٦)، وهذه المعرفة مبنية علي أساس ما قالته الملكة لبيلشاصر عن دانيال أنه "رَجُلٌ فِيهِ رُوحُ الآلِهَةِ الْقُدُّوسِينَ... وُجِدَتْ فِيهِ نَيِّرَةٌ وَفِطْنَةٌ وَحِكْمَةٌ كَحِكْمَةِ الآلِهَةِ... كَبِيرَ الْمَجُوسِ وَالسَّحَرَةِ وَالْكِلْدَانِيِّينَ وَالْمُنَجِّمِينَ، مِنْ حَيْثُ إِنَّ رُوحاً فَاضِلَةً وَمَعْرِفَةً وَفِطْنَةً وَتَعْبِيرَ الأَحْلاَمِ وَتَبْيِينَ أَلْغَازٍ وَحَلَّ عُقَدٍ وُجِدَتْ فِي

دَانِيآلَ هَذَا الَّذِي سَمَّاهُ الْمَلِكُ بَلْطَشَاصَّرَ" (دانيال ٤:١١-١٢)، وهكذا "لاَ يُوقِدُونَ سِرَاجاً وَيَضَعُونَهُ تَحْتَ الْمِكْيَالِ، بَلْ عَلَى الْمَنَارَةِ فَيُضِيءُ لِجَمِيعِ الَّذِينَ فِي الْبَيْتِ" (متى ٥ : ١٥).

لعل الرب قد أراد أن يدخل دانيال القصر الملكي، وينصبه بيلشاصر ليكون ثالث رجل في المملكة (دانيال ٥:٢٩)، وذلك عشية إستيلاء داريوس المادي علي المملكة، ليبدأ دوره الجديد مع داريوس.

١٦:٥-١٧ طلب بيلشاصر الملك من دانيال قراءة الكتابة وتفسيرها، ووعده بمكافأة قائلا له: "إِنِ اسْتَطَعْتَ الآنَ أَنْ تَقْرَأَ الْكِتَابَةَ وَتُعَرِّفَنِي بِتَفْسِيرِهَا، فَتَلْبَسُ الأُرْجُوانَ، وَقِلاَدَةً مِنْ ذَهَبٍ فِي عُنُقِكَ، وَتَتَسَلَّطُ ثَالِثاً فِي الْمَمْلَكَةِ" (دانيال ٥:١٦)، ولكن لعلها كانت مفاجأة أو صدمة للملك أن يسمع من دانيال: "لِتَكُنْ عَطَايَاكَ لِنَفْسِكَ، وَهَبْ هِبَاتِكَ لِغَيْرِي. لَكِنِّي أَقْرَأُ الْكِتَابَةَ لِلْمَلِكِ، وَأُعَرِّفُهُ بِالتَّفْسِيرِ" (دانيال ٥:١٧).

ظن الملك أنه يملك أكثر من دانيال، دون أن يعلم حقيقة نفسه أنه "الشَّقِيُّ وَالْبَائِسُ وَفَقِيرٌ وَأَعْمَى وَعُرْيَانٌ" (رؤيا ٣ : ١٧). أما دانيال فكان أغني منه لأن فيه روح الله، ومجد الله في داخله. ورفض دانيال بعفة نفس أي عطايا من الملك. وهكذا فعل دانيال علي نحو مافعله إبراهيم مع ملك "سَدُومَ" بعد كسره "كَدَرْلَعَوْمَرُ"، إذ قال له: "رَفَعْتُ يَدِي إِلَى الرَّبِّ الإِلَهِ الْعَلِيِّ مَالِكِ السَّمَاءِ وَالأَرْضِ، لا آخُذَنَّ لا خَيْطا وَلا شِرَاكَ نَعْلٍ وَلا مِنْ كُلِّ مَا هُوَ لَكَ فَلا تَقُولُ: أَنَا أَغْنَيْتُ أَبْرَامَ" (١٤:٢٢-٢٣). علم دانيال جيدا في نفسه أن الملك لا يملك شيئا، وعلم أن مملكة بيلشاصر علي وشك الانتهاء.

تفسير الكتابة (دانيال ١٨:٥-٢٩)

١٨ أَنْتَ أَيُّهَا الْمَلِكُ فَاللَّهُ الْعَلِيُّ أَعْطَى أَبَاكَ نَبُوخَذْنَصَّرَ مَلَكُوتاً وَعَظَمَةً وَجَلاَلاً
وَبَهَاءً. ١٩ وَلِلْعَظَمَةِ الَّتِي أَعْطَاهُ إِيَّاهَا كَانَتْ تَرْتَعِدُ وَتَفْزَعُ قُدَّامَهُ جَمِيعُ الشُّعُوبِ
وَالأُمَمِ وَالأَلْسِنَةِ. فَأَيّاً شَاءَ قَتَلَ وَأَيّاً شَاءَ اسْتَحْيَا وَأَيّاً شَاءَ رَفَعَ وَأَيّاً شَاءَ وَضَعَ. ٢٠
فَلَمَّا ارْتَفَعَ قَلْبُهُ وَقَسَتْ رُوحُهُ تَجَبُّراً انْحَطَّ عَنْ كُرْسِيِّ مُلْكِهِ وَنَزَعُوا عَنْهُ جَلاَلَهُ
٢١ وَطُرِدَ مِنْ بَيْنِ النَّاسِ وَتَسَاوَى قَلْبُهُ بِالْحَيَوَانِ وَكَانَتْ سُكْنَاهُ مَعَ الْحَمِيرِ

الْوَحْشِيَّةِ فَأَطْعَمُوهُ الْعُشْبَ كَالثِّيرَانِ وَابْتَلَّ جِسْمُهُ بِنَدَى السَّمَاءِ حَتَّى عَلِمَ أَنَّ اللَّهَ الْعَلِيَّ سُلْطَانٌ فِي مَمْلَكَةِ النَّاسِ وَأَنَّهُ يُقِيمُ عَلَيْهَا مَنْ يَشَاءُ.

٥:١٨-٢١ بدأ دانيال حديثه مع بيلشاصر عما حدث مع أبيه نبوخذنصر (دانيال ٥:١٨-٢١)، وهو الأمر المذكور بالتفصيل في الأصحاح الرابع من سفر دانيال. ولعل دانيال كان يأمل - من عرضه لهذا الأمر وتفسير الكتابة - تبكيت بيلشاصر ليتحرك قلبه بالتوبة سريعا قبل أن يتم فيه قضاء الله بعد لحظات قليلة.

٢٢ وَأَنْتَ يَا بَيْلْشَاصَّرُ ابْنَهُ لَمْ تَضَعْ قَلْبَكَ مَعَ أَنَّكَ عَرَفْتَ كُلَّ هَذَا. ٢٣ بَلْ تَعَظَّمْتَ عَلَى رَبِّ السَّمَاءِ فَأَحْضَرُوا قُدَّامَكَ آنِيَةَ بَيْتِهِ وَأَنْتَ وَعُظَمَاؤُكَ وَزَوْجَاتُكَ وَسَرَارِيكَ شَرِبْتُمْ بِهَا الْخَمْرَ، وَسَبَّحْتَ آلِهَةَ الْفِضَّةِ وَالذَّهَبِ وَالنُّحَاسِ وَالْحَدِيدِ وَالْخَشَبِ وَالْحَجَرِ الَّتِي لاَ تُبْصِرُ وَلاَ تَسْمَعُ وَلاَ تَعْرِفُ. أَمَّا اللَّهُ الَّذِي بِيَدِهِ نَسَمَتُكَ وَلَهُ كُلُّ طُرُقِكَ فَلَمْ تُمَجِّدْهُ. ٢٤ حِينَئِذٍ أُرْسِلَ مِنْ قِبَلِهِ طَرَفُ الْيَدِ فَكُتِبَتْ هَذِهِ الْكِتَابَةُ.

٥:٢٢-٢٣ غضب الرب من بيلشاصر لأجل أواني الهيكل، فكم يكون غضبه عند إساءة استعمال هيكله الذي هو أجسادنا؟ "أَمَا تَعْلَمُونَ أَنَّكُمْ هَيْكَلُ اللهِ، وَرُوحُ اللهِ يَسْكُنُ فِيكُمْ؟ إِنْ كَانَ أَحَدٌ يُفْسِدُ هَيْكَلَ اللهِ فَسَيُفْسِدُهُ اللهُ، لأَنَّ هَيْكَلَ اللهِ مُقَدَّسٌ، الَّذِي أَنْتُمْ هُوَ؟" (١كورنثوس ٣ : ١٦-١٧).

بكت دانيال الملك لأنه لم يتواضع أمام الله، وعبد الآلهة الكاذبة، ولم يمجد الإله الحي الذي بيده حياته. وقد أساء بيلشاصر استخدام أواني هيكل الرب التي نضح موسي الدم عليها لتكريسها للرب (لاويين ٨ : ١١)، وهكذا أغاظ الرب أكثر.

٥:٢٤ قال دانيال عن الكتابة أنها مرسلة من الرب ، فقد "أُرْسِلَ مِنْ قِبَلِهِ طَرَفُ الْيَدِ فَكُتِبَتْ هَذِهِ الْكِتَابَةُ" (دانيال ٥:٢٤).

٢٥ وَهَذِهِ هِيَ الْكِتَابَةُ الَّتِي سُطِّرَتْ: مَنَا مَنَا تَقَيْلُ وَفَرْسِينُ. ٢٦ وَهَذَا تَفْسِيرُ الْكَلاَمِ. [مَنَا] أَحْصَى اللَّهُ مَلَكُوتَكَ وَأَنْهَاهُ. ٢٧ [تَقَيْلُ] وُزِنْتَ بِالْمَوَازِينِ فَوُجِدْتَ نَاقِصاً. ٢٨ [فَرْس] قُسِمَتْ مَمْلَكَتُكَ وَأُعْطِيَتْ لِمَادِي وَفَارِسَ. ٢٩ حِينَئِذٍ أَمَرَ

بَيْلْشَاصَّرُ أَنْ يُلْبِسُوا دَانِيآلَ الأَرْجُوانَ وَقِلاَدَةً مِنْ ذَهَبٍ فِي عُنُقِهِ وَيُنَادُوا عَلَيْهِ أَنَّهُ يَكُونُ مُتَسَلِّطاً ثَالِثاً فِي الْمَمْلَكَةِ.

٥:٢٤-٢٨ معني الكتابة يدل علي نهاية مملكة بيلشاصر، واستيلاء مادي وفارس عليها: "وَهَذِهِ هِيَ الْكِتَابَةُ الَّتِي سُطِّرَتْ: مَنَا مَنَا تَقِيلُ وَفَرْسِينُ. وَهَذَا تَفْسِيرُ الْكَلاَمِ. [مَنَا] أَحْصَى اللَّهُ مَلَكُوتَكَ وَأَنْهَاهُ. [تَقَيْل] وُزِنْتَ بِالْمَوَازِينِ فَوُجِدْتَ نَاقِصاً. [فَرْس] قُسِمَتْ مَمْلَكَتُكَ وَأُعْطِيَتْ لِمَادِي وَفَارِسَ" (دانيال ٥:٢٥-٢٨).

كانت عينا الرب مفتوحتين علي أعمال بيلشاصر، ووزنها بالموازين فوجدها ناقصة. لأن "الرَّبَّ إِلَهٌ عَلِيمٌ، وَبِهِ تُوزَنُ الأَعْمَالُ" (١صموئيل ٢ : ٣)، وكانت رسالة الله لبيلشاصر هي نفس رسالته لملاك كنيسة ساردس: "أَنِّي لَمْ أَجِدْ أَعْمَالَكَ كَامِلَةً أَمَامَ اللهِ" (رؤيا ٣ : ٢)، وقد يبدو للإنسان أن أعماله بارة في عينيه، ولكن الرب يراها ناقصة (أمثال ١٦: ٢)،

لقد سبق أن كتب السيد الرب لوحا الشريعة بإصبعه بحسب قول موسي: "وَأَعْطَانِيَ الرَّبُّ لوْحَيِ الحَجَرِ المَكْتُوبَيْنِ بِإِصْبعِ اللهِ، وَعَليْهِمَا مِثْلُ جَمِيعِ الكَلِمَاتِ التِي كَلمَكُمْ بِهَا الرَّبُّ فِي الجَبَلِ مِنْ وَسَطِ النَّارِ " (تثنية ٩: ١٠)، وهو أيضا الذي كتب الحكم لمخالفة بيلشاصر الشريعة. وسيأتي اليوم الذي فيه يدين الله كل واحد حسب أعماله: "وَرَأَيْتُ الأَمْوَاتَ صِغَاراً وَكِبَاراً وَاقِفِينَ أَمَامَ اللهِ، وَانْفَتَحَتْ أَسْفَارٌ. وَانْفَتَحَ سِفْرٌ آخَرُ هُوَ سِفْرُ الْحَيَاةِ، وَدِينَ الأَمْوَاتُ مِمَّا هُوَ مَكْتُوبٌ فِي الأَسْفَارِ بِحَسَبِ أَعْمَالِهِمْ" (رؤيا ٢٠ : ١٢).

الكتابة علي الحائط ترمز للصك المكتوب ضد مخالفي شريعة الله، ففي قصة المرأة التي أمسكت في زنا، جاءوا للرب يسوع يشتكون عليها، "أَمَّا يَسُوعُ فَانْحَنَى إِلَى أَسْفَلُ وَكَانَ يَكْتُبُ بِإِصْبِعِهِ عَلَى الأَرْضِ. وَلَمَّا اسْتَمَرُّوا يَسْأَلُونَهُ انْتَصَبَ وَقَالَ لَهُمْ: مَنْ كَانَ مِنْكُمْ بِلاَ خَطِيَّةٍ فَلْيَرْمِهَا أَوَّلاً بِحَجَرٍ! ثُمَّ انْحَنَى أَيْضاً إِلَى أَسْفَلُ وَكَانَ يَكْتُبُ عَلَى الأَرْضِ" (يوحنا ٨: ٦-٨)، ويبدو أن الرب يسوع كان يكتب علي الأرض خطايا كل واحد من المشتكين، الأمر الذي ساعد علي تبكيت ضمائرهم، وتركوا المرأة في شأنها.

شكرا لله إذ محا صك خطايانا علي الصليب، و"إِذْ كُنْتُمْ أَمْوَاتاً فِي الْخَطَايَا وَغَلَفِ جَسَدِكُمْ، أَحْيَاكُمْ مَعَهُ، مُسَامِحاً لَكُمْ بِجَمِيعِ الْخَطَايَا، إِذْ مَحَا الصَّكَّ الَّذِي عَلَيْنَا فِي الْفَرَائِضِ، الَّذِي كَانَ ضِدّاً لَنَا، وَقَدْ رَفَعَهُ مِنَ الْوَسَطِ مُسَمِّراً إِيَّاهُ بِالصَّلِيبِ" (كولوسي ٢ : ١٣-١٤).

٢٩:٥ بعد أن سمع الملك تفسير دانيال للكتابة قام بتحقيق وعده، "حِينَئِذٍ أَمَرَ بَيْلْشَاصَّرُ أَنْ يُلْبِسُوا دَانِيآلَ الأُرْجُوانَ وَقِلاَدَةً مِنْ ذَهَبٍ فِي عُنُقِهِ وَيُنَادُوا عَلَيْهِ أَنَّهُ يَكُونُ مُتَسَلِّطاً ثَالِثاً فِي الْمَمْلَكَةِ" (دانيال ٥:٢٩).

سقوط مملكة بابل (دانيال ٥:٣٠-٣١)

٣٠ فِي تِلْكَ اللَّيْلَةِ قُتِلَ بَيْلْشَاصَّرُ مَلِكُ الْكِلْدَانِيِّينَ ٣١ فَأَخَذَ الْمَمْلَكَةَ دَارِيُوسُ الْمَادِيُّ وَهُوَ ابْنُ اثْنَتَيْنِ وَسِتِّينَ سَنَةً.

٣٠:٥ كان الماديين والفارسيين علي الأبواب، بينما كان بيلشاصر وعظماؤه في ملاهيهم، "لأَنَّهُ حِينَمَا يَقُولُونَ: سَلاَمٌ وَأَمَانٌ، حِينَئِذٍ يُفَاجِئُهُمْ هَلاَكٌ بَغْتَةً، كَالْمَخَاضِ لِلْحُبْلَى، فَلاَ يَنْجُونَ" (١ تسالونيكي ٥ : ٣). وهكذا يكون مجيء يوم الرب بالنسبة للأشرار، "وَكَمَا كَانَتْ أَيَّامُ نُوحٍ كَذَلِكَ يَكُونُ أَيْضاً مَجِيءُ ابْنِ الإِنْسَانِ. لأَنَّهُ كَمَا كَانُوا فِي الأَيَّامِ الَّتِي قَبْلَ الطُّوفَانِ يَأْكُلُونَ وَيَشْرَبُونَ وَيَتَزَوَّجُونَ وَيُزَوِّجُونَ إِلَى الْيَوْمِ الَّذِي دَخَلَ فِيهِ نُوحٌ الْفُلْكَ وَلَمْ يَعْلَمُوا حَتَّى جَاءَ الطُّوفَانُ وَأَخَذَ الْجَمِيعَ كَذَلِكَ يَكُونُ أَيْضاً مَجِيءُ ابْنِ الإِنْسَانِ" (متى ٢٤ : ٣٧-٣٩)، "كَذَلِكَ أَيْضاً كَمَا كَانَ فِي أَيَّامِ لُوطٍ كَانُوا يَأْكُلُونَ وَيَشْرَبُونَ وَيَشْتَرُونَ وَيَبِيعُونَ وَيَغْرِسُونَ وَيَبْنُونَ. وَلَكِنَّ الْيَوْمَ الَّذِي فِيهِ خَرَجَ لُوطٌ مِنْ سَدُومَ أَمْطَرَ نَاراً وَكِبْرِيتاً مِنَ السَّمَاءِ فَأَهْلَكَ الْجَمِيعَ" (لوقا ١٧ : ٢٨-٢٩).

٣١:٥ كانت نهاية مملكة بابل مع نهاية السبعين سنة بحسب قول السيد الرب: "وَيَكُونُ عِنْدَ تَمَامِ السَّبْعِينَ سَنَةً أَنِّي أُعَاقِبُ مَلِكَ بَابِلَ، وَتِلْكَ الأُمَّةَ يَقُولُ الرَّبُّ عَلَى إِثْمِهِمْ وَأَرْضَ الْكِلْدَانِيِّينَ، وَأَجْعَلُهَا خِرَباً أَبَدِيَّةً " (أرميا ٢٥: ١٢).

الأصحاح السادس

دانيال في جب الأسود

تعتبر حياة دانيال مثال رائع للشباب والشيوخ، فقد أظهر في شبابه إيمانا رائعا حينما رفض ألا ينجس نفسه بأطايب الملك (دانيال ١:٨)، ونقرأ أيضا عن إيمانه الرائع في شيخوخته، وذلك في القصة المعروفة "دانيال في جب الأسود" (دانيال ٦)، التي حدثت بينما كان في منتصف الثمانينات من عمره. هذه القصة تستحق التأمل في هدوء.

المؤامرة ضد دانيال

دانيال ٦:١-٩

١ حَسُنَ عِنْدَ دَارِيُوسَ أَنْ يُوَلِّيَ عَلَى الْمَمْلَكَةِ مِئَةً وَعِشْرِينَ مَرْزُبَاناً يَكُونُونَ عَلَى الْمَمْلَكَةِ كُلِّهَا. وَعَلَى هَؤُلاَءِ ثَلاَثَةَ وُزَرَاءَ أَحَدُهُمْ دانيال لِتُؤَدِّيَ الْمَرَازِبَةُ إِلَيْهِمِ الْحِسَابَ فَلاَ تُصِيبَ الْمَلِكَ خَسَارَةٌ. ٣ فَفَاقَ دانيال هَذَا عَلَى الْوُزَرَاءِ وَالْمَرَازِبَةِ لأَنَّ فِيهِ رُوحاً فَاضِلَةً. وَفَكَّرَ الْمَلِكُ فِي أَنْ يُوَلِّيَهُ عَلَى الْمَمْلَكَةِ كُلِّهَا.

٦:١-٣ ولي داريوس ١٢٠ حاكما علي المملكة، يشرفون علي أقاليم المملكة كلها، ونصب عليهم ثلاثة وزراء أحدهم دانيال (دانيال ٦ : ١-٢). وقد أبدي دانيال تفوقا ملحوظا علي سائر الوزراء والحكام، بما تميز به من روح حازقة، وفكر الملك أن يوليه شؤون المملكة كلها (دانيال ٦ : ٣).

كان دانيال ناجحا لأن فيه "روح فاضلة"، وعلي مثاله كان يوسف أيضا وقال عنه فرعون ملك مصر: "هَلْ نَجِدُ مِثْلَ هَذَا رَجُلا فِيهِ رُوحُ اللهِ؟" (تكوين ٤١ : ٣٨). وهكذا يقدم دانيال مثالا رائعا للإنسان الروحي الناجح أيضا في حياته الاجتماعية، "وَكُلُّ مَا يَصْنَعُهُ يَنْجَحُ." (مزامير ١: ٣). الله يكرم أولاده بمواهب روحه القدوس حسب وعده: "إِنِّي أُكْرِمُ الَّذِينَ يُكْرِمُونَنِي" (١ صموئيل ٢ : ٣٠).

٤ ثُمَّ إِنَّ الْوُزَرَاءَ وَالْمَرَازِبَةَ كَانُوا يَطْلُبُونَ عِلَّةً يَجِدُونَهَا عَلَى دانيال مِنْ جِهَةِ الْمَمْلَكَةِ فَلَمْ يَقْدِرُوا أَنْ يَجِدُوا عِلَّةً وَلاَ ذَنْباً لأَنَّهُ كَانَ أَمِيناً وَلَمْ يُوجَدْ فِيهِ خَطَأٌ

وَلاَ ذَنْبٌ. ٥ فَقَالَ هَؤُلاَءِ الرِّجَالُ: لاَ نَجِدُ عَلَى دانيال هَذَا عِلَّةً إِلاَّ أَنْ نَجِدَهَا مِنْ جِهَةِ شَرِيعَةِ إِلَهِهِ.

٦:٤ حقد الوزراء والمرازبة علي دانيال وحاولوا أن يجدوا سببا لاتهامه أمام الملك (دانيال ٦ : ٤)، ولم يسلم دانيال من حسد الأعداء بسبب غيرتهم، كما هو الحال مع أولاد الله، لأن "الشِّرِّيرُ يَتَفَكَّرُ ضِدَّ الصِّدِّيقِ، وَيُحَرِّقُ عَلَيْهِ أَسْنَانَهُ، [ولكن] الرَّبُّ يَضْحَكُ بِهِ لأَنَّهُ رَأَى أَنَّ يَوْمَهُ آتٍ" (مزامير ٣٧: ١٢-١٣).

أخفق الوزراء والحكام في أن يجدوا علة في دانيال ليتهموه، لأنه كان أمينا (دانيال ٦ : ٤). وقدم دانيال صورة مشرقة لأولاد الله الذين "بِلاَ لَوْمٍ، وَبُسَطَاءَ... بِلاَ عَيْبٍ فِي وَسَطِ جِيلٍ مُعَوَّجٍ وَمُلْتَوٍ" (فيلبي ٢:١٥).

كان دانيال رمزا للسيد المسيح في أمانته. فقد قيل عن السيد المسيح أنه كان "أَمِيناً لِلَّذِي أَقَامَهُ" (عبرانيين ٣: ٢)، "لأَنَّهُ كَانَ يَلِيقُ بِنَا رَئِيسُ كَهَنَةٍ مِثْلُ هَذَا، قُدُّوسٌ بِلاَ شَرٍّ وَلاَ دَنَسٍ، قَدِ انْفَصَلَ عَنِ الْخُطَاةِ وَصَارَ أَعْلَى مِنَ السَّمَاوَاتِ" (عبرانيين ٧ : ٢٦).

والمؤامرات ضد دانيال بلا سبب رمز للمؤامرات ضد السيد المسيح الذي بلا خطية، فقد كانوا "يُرَاقِبُونَهُ طَالِبِينَ أَنْ يَصْطَادُوا شَيْئاً مِنْ فَمِهِ لِكَيْ يَشْتَكُوا عَلَيْهِ" (لوقا ١١ : ٥٤)، ودبروا أبشع مؤامرة في التاريخ ضده أمام بيلاطس أدت إلي صلبه وموته علي الصليب المقدس.

٦:٥ فكر الوزراء والحكام أن يجدوا في دانيال علة من جهة شريعة إلهه ليشتكوه (دانيال ٦ : ٥)، وهكذا صارت الحياة المقدسة ذريعة عند البعض لإثارة المتاعب بصورة أو بأخرى، فطريق الملكوت ليس سهلا، لأن "بِضِيقَاتٍ كَثِيرَةٍ يَنْبَغِي أَنْ نَدْخُلَ مَلَكُوتَ اللهِ" (أعمال ١٤: ٢٢)، و"جَمِيعُ الَّذِينَ يُرِيدُونَ أَنْ يَعِيشُوا بِالتَّقْوَى فِي الْمَسِيحِ يَسُوعَ يُضْطَهَدُونَ. " (٢ تيموثاوس ٣ : ١٢).

الاضطهاد بركة لحياتنا للتمتع بالملكوت السماوي. "طُوبَى لِلْمَطْرُودِينَ مِنْ أَجْلِ الْبِرِّ لأَنَّ لَهُمْ مَلَكُوتَ السَّمَاوَاتِ. طُوبَى لَكُمْ إِذَا عَيَّرُوكُمْ وَطَرَدُوكُمْ وَقَالُوا عَلَيْكُمْ كُلَّ كَلِمَةٍ شِرِّيرَةٍ مِنْ أَجْلِي كَاذِبِينَ. افْرَحُوا وَتَهَلَّلُوا لأَنَّ أَجْرَكُمْ عَظِيمٌ فِي السَّمَاوَاتِ فَإِنَّهُمْ هَكَذَا طَرَدُوا الأَنْبِيَاءَ الَّذِينَ قَبْلَكُمْ." (متى ٥ : ١٠-١٢).

٦ حِينَئِذٍ اجْتَمَعَ هَؤُلاَءِ الْوُزَرَاءُ وَالْمَرَازِبَةُ عِنْدَ الْمَلِكِ وَقَالُوا لَهُ: أَيُّهَا الْمَلِكُ دَارِيُوسُ عِشْ إِلَى الأَبَدِ! ٧ إِنَّ جَمِيعَ وُزَرَاءِ الْمَمْلَكَةِ وَالشِّحَنِ وَالْمَرَازِبَةِ وَالْمُشِيرِينَ وَالْوُلاَةِ قَدْ تَشَاوَرُوا عَلَى أَنْ يَضَعُوا أَمْراً مَلَكِيّاً وَيُشَدِّدُوا نَهْياً بِأَنَّ كُلَّ مَنْ يَطْلُبُ طِلْبَةً حَتَّى ثَلاَثِينَ يَوْماً مِنْ إِلَهٍ أَوْ إِنْسَانٍ إِلاَّ مِنْكَ أَيُّهَا الْمَلِكُ يُطْرَحُ فِي جُبِّ الأُسُودِ. ٨ فَثَبِّتِ الآنَ النَّهْيَ أَيُّهَا الْمَلِكُ وَأَمْضِ الْكِتَابَةَ لِكَيْ لاَ تَتَغَيَّرَ كَشَرِيعَةِ مَادِي وَفَارِسَ الَّتِي لاَ تُنْسَخُ. ٩ لأَجْلِ ذَلِكَ أَمْضَى الْمَلِكُ دَارِيُوسُ الْكِتَابَةَ وَالنَّهْيَ.

٦:٦-٩ اجتمع الوزراء والمرازبة إلي الحاكم واقترحوا عليه مشروع قانون لمدة ثلاثين يوما بأن كل من يطلب شيئا من غير الملك يطرح في جب الأسود (دانيال ٦ : ٦-٧). وألح الوزراء والمرازبة علي الملك أن يصدر قانونا حسب شريعة مادي وفارس (دانيال ٦ : ٨)، فوافق الملك واصدر القانون وصدق عليه.

دانيال في جب الأسود

دانيال ٦:١٠-١٧

١٠ فَلَمَّا عَلِمَ دانيال بِإِمْضَاءِ الْكِتَابَةِ ذَهَبَ إِلَى بَيْتِهِ وَكُوَاهُ مَفْتُوحَةٌ فِي عُلِّيَّتِهِ نَحْوَ أُورُشَلِيمَ فَجَثَا عَلَى رُكْبَتَيْهِ ثَلاَثَ مَرَّاتٍ فِي الْيَوْمِ وَصَلَّى وَحَمَدَ قُدَّامَ إِلَهِهِ كَمَا كَانَ يَفْعَلُ قَبْلَ ذَلِكَ.

١٠:٦ ذهب دانيال إلي بيته وقدم صلواته وعبادته لله كما كانت عادته (دانيال ٦ : ١٠). وظل دانيال يصلي ويركع ٣ مرات يوميا، ووجهه نحو الهيكل، وكانت هذه عادة كثير من اليهود الأتقياء في الأيام الصعبة كما يقول المزمور: "مَسَاءً وَصَبَاحاً وَظُهْراً أَشْكُو وَأَنُوحُ فَيَسْمَعُ صَوْتِي" (مزامير ٥٥: ١٧)، "ارْفَعُوا أَيْدِيَكُمْ نَحْوَ الْقُدْسِ وَبَارِكُوا [اشكروا] الرَّبَّ" (مزامير ١٣٤ : ٢).

ولعله في هذه الأيام الصعبة ظهر له جبرائيل ليخبره عن رؤيا السبعين أسبوعا (دانيال ٩). في الأوقات الصعبة وجد دانيال ملجأه في حضن الأب السماوي، يبث إليه شكواه مع

شكره وحمده. "لاَ تَهْتَمُّوا بِشَيْءٍ، بَلْ فِي كُلِّ شَيْءٍ بِالصَّلاَةِ وَالدُّعَاءِ مَعَ الشُّكْرِ، لِتُعْلَمْ طِلْبَاتُكُمْ لَدَى اللهِ" (فيلبي ٤ : ٦).

قدم دانيال بسلوكه هذا مثالا للأمناء الذين لم يخافوا من موت الجسد، وظلوا مخلصين لله، لأنه "يَنْبَغِي أَنْ يُطَاعَ اللهُ أَكْثَرَ مِنَ النَّاسِ" (أعمال ٥: ٢٩). "لاَ تَخَافُوا مِنَ الَّذِينَ يَقْتُلُونَ الْجَسَدَ وَلَكِنَّ النَّفْسَ لاَ يَقْدِرُونَ أَنْ يَقْتُلُوهَا بَلْ خَافُوا بِالْحَرِيِّ مِنَ الَّذِي يَقْدِرُ أَنْ يُهْلِكَ النَّفْسَ وَالْجَسَدَ كِلَيْهِمَا فِي جَهَنَّمَ" (متى ١٠ : ٢٨). "لاَ تَخَفِ الْبَتَّةَ مِمَّا أَنْتَ عَتِيدٌ أَنْ تَتَأَلَّمَ بِهِ. هُوَذَا إِبْلِيسُ مُزْمِعٌ أَنْ يُلْقِيَ بَعْضاً مِنْكُمْ فِي السِّجْنِ لِكَيْ تُجَرَّبُوا، وَيَكُونَ لَكُمْ ضِيقٌ عَشَرَةَ أَيَّامٍ. كُنْ أَمِيناً إِلَى الْمَوْتِ فَسَأُعْطِيكَ إِكْلِيلَ الْحَيَاةِ" (رؤيا ٢: ١٠).

ومن الناحية الأخرى نلمس قيمة العبادة والصلاة في حياة دانيال. لقد كان دانيال مستعدا أن يقبل الموت في مقابل ألا يتوقف عن العبادة والصلاة، فالعبادة والصلاة – بالنسبة له – أهم من الحياة في الجسد، والموت لا يفصله عن محبته لله. "مَنْ سَيَفْصِلُنَا عَنْ مَحَبَّةِ الْمَسِيحِ؟ أَشِدَّةٌ أَمْ ضَيْقٌ أَمِ اضْطِهَادٌ أَمْ جُوعٌ أَمْ عُرْيٌ أَمْ خَطَرٌ أَمْ سَيْفٌ؟ كَمَا هُوَ مَكْتُوبٌ: إِنَّنَا مِنْ أَجْلِكَ نُمَاتُ كُلَّ النَّهَارِ. قَدْ حُسِبْنَا مِثْلَ غَنَمٍ لِلذَّبْحِ" (رومية ٨ : ٣٥-٣٦).

١١ فَاجْتَمَعَ حِينَئِذٍ هَؤُلاَءِ الرِّجَالُ فَوَجَدُوا دانيال يَطْلُبُ وَيَتَضَرَّعُ قُدَّامَ إِلَهِهِ. ١٢ فَتَقَدَّمُوا وَتَكَلَّمُوا قُدَّامَ الْمَلِكِ فِي نَهْيِ الْمَلِكِ: أَلَمْ تُمْضِ أَيُّهَا الْمَلِكُ نَهْياً بِأَنَّ كُلَّ إِنْسَانٍ يَطْلُبُ مِنْ إِلَهٍ أَوْ إِنْسَانٍ حَتَّى ثَلاَثِينَ يَوْماً إِلاَّ مِنْكَ أَيُّهَا الْمَلِكُ يُطْرَحُ فِي جُبِّ الأُسُودِ؟ فَأَجَابَ الْمَلِكُ: [الأَمْرُ صَحِيحٌ كَشَرِيعَةِ مَادِي وَفَارِسَ الَّتِي لاَ تُنْسَخُ. ١٣ حِينَئِذٍ قَالُوا لِلْمَلِكِ: إِنَّ دانيال الَّذِي مِنْ بَنِي سَبْيِ يَهُوذَا لَمْ يَجْعَلْ لَكَ أَيُّهَا الْمَلِكُ اعْتِبَاراً وَلاَ لِلنَّهْيِ الَّذِي أَمْضَيْتَهُ بَلْ ثَلاَثَ مَرَّاتٍ فِي الْيَوْمِ يَطْلُبُ طِلْبَتَهُ.

٦: ١١-١٣ ضبط الرجال دانيال وهو يصلي أمام إلهه (دانيال ٦: ١١)، وهكذا صارت الصلاة والعبادة جريمة يعاقب عليها القانون في مجتمع الأشرار. وذهبوا بشكايتهم للملك ضد دانيال"إِنَّ دانيال الَّذِي مِنْ بَنِي سَبْيِ يَهُوذَا لَمْ يَجْعَلْ لَكَ أَيُّهَا الْمَلِكُ اعْتِبَاراً وَلاَ لِلنَّهْيِ الَّذِي أَمْضَيْتَهُ، بَلْ ثَلاَثَ مَرَّاتٍ فِي الْيَوْمِ يَطْلُبُ طِلْبَتَهُ" (دانيال ٦: ١٣).

لقد فعل هؤلاء الأشرار مثلما فعل رؤساء الكهنة بشكايتهم ضد يسوع البار في محضر بيلاطس البنطي قائلين: "إِنَّنَا وَجَدْنَا هَذَا يُفْسِدُ الأُمَّةَ وَيَمْنَعُ أَنْ تُعْطَى جِزْيَةٌ لِقَيْصَرَ قَائِلاً: إِنَّهُ هُوَ مَسِيحٌ مَلِكٌ" (لوقا ٢٣ : ٢). وهكذا أيضا اشتكوا بولس الرسول أمام الوالي قائلين: "فَإِنَّنَا إِذْ وَجَدْنَا هَذَا الرَّجُلَ مُفْسِداً وَمُهَيِّجَ فِتْنَةٍ بَيْنَ جَمِيعِ الْيَهُودِ الَّذِينَ فِي الْمَسْكُونَةِ وَمِقْدَامَ شِيعَةِ النَّاصِرِيِّينَ وَقَدْ شَرَعَ أَنْ يُنَجِّسَ الْهَيْكَلَ أَيْضاً أَمْسَكْنَاهُ وَأَرَدْنَا أَنْ نَحْكُمَ عَلَيْهِ حَسَبَ نَامُوسِنَا." (أعمال ٢٤: ٥-٦). "ولكن مَنْ سَيَشْتَكِي عَلَى مُخْتَارِي اللهِ؟ اللَّهُ هُوَ الَّذِي يُبَرِّرُ!" (رومية ٨: ٣٣).

١٤فَلَمَّا سَمِعَ الْمَلِكُ هَذَا الْكَلاَمَ اغْتَاظَ عَلَى نَفْسِهِ جِدّاً وَجَعَلَ قَلْبَهُ عَلَى دانيال لِيُنَجِّيَهُ وَاجْتَهَدَ إِلَى غُرُوبِ الشَّمْسِ لِيُنْقِذَهُ. ١٥ فَاجْتَمَعَ أُولَئِكَ الرِّجَالُ إِلَى الْمَلِكِ وَقَالُوا: اعْلَمْ أَيُّهَا الْمَلِكُ أَنَّ شَرِيعَةَ مَادِي وَفَارِسَ هِيَ أَنَّ كُلَّ نَهْيٍ أَوْ أَمْرٍ يَضَعُهُ الْمَلِكُ لاَ يَتَغَيَّرُ.

١٤:٦ اغتاظ الملك من نفسه، إذ اكتشف خطأه في الموافقة علي قانون ظالم، وأول ضحاياه هو دانيال. وحاول الملك أن يجد مخرجا لينجي به دانيال (دانيال ٦: ١٤). وأجتهد الملك أن ينقذ دانيال من حكم الموت، ولعله ظل يحاجج مع هؤلاء الأشرار حتي "غروب الشمس" كما حاول بيلاطس أن يطلق يسوع قائلا: "أَنَا لَسْتُ أَجِدُ فِيهِ عِلَّةً وَاحِدَةً" (يوحنا ١٨ : ٣٨). ولكن مع "غروب الشمس" كانت ساعة الأشرار و"سلطان الظلمة" (لوقا ٢٢ : ٥٣)، كما قال السيد المسيح.

١٥:٦ قام الرجال الأشرار بالضغط علي الملك حتي لا يغير كلامه بحجة الحفاظ علي شريعة البلاد وتقاليدها (دانيال ٦: ١٥). وهكذا في ساعة سلطان الظلمة يصير الباطل مكان الحق، و تنعدم الرؤية في التمييز بين الشر والخير، ولكن "وَيْلٌ لِلْقَائِلِينَ لِلشَّرِّ خَيْراً، وَلِلْخَيْرِ شَرّاً، الْجَاعِلِينَ الظَّلاَمَ نُوراً، وَالنُّورَ ظَلاَماً، الْجَاعِلِينَ الْمُرَّ حُلْواً، وَالْحُلْوَ مُرّاً" (أشعياء ٥ : ٢٠).

١٦ حِينَئِذٍ أَمَرَ الْمَلِكُ فَأَحْضَرُوا دانيال وَطَرَحُوهُ فِي جُبِّ الأُسُودِ. وَقَالَ الْمَلِكُ لِدانيال: إِنَّ إِلَهَكَ الَّذِي تَعْبُدُهُ دَائِماً هُوَ يُنَجِّيكَ. ١٧ وَأُتِيَ بِحَجَرٍ وَوُضِعَ عَلَى فَمِ الْجُبِّ وَخَتَمَهُ الْمَلِكُ بِخَاتِمِهِ وَخَاتِمِ عُظَمَائِهِ لِئَلاَّ يَتَغَيَّرَ الْقَصْدُ فِي دانيال.

١٦:٦ لما رأي الملك أنه لن يصل إلي شيء مع هؤلاء الأشرار، أحضر دانيال واسلمه إلي أيديهم لينفذوا فيه حكم الموت، "فَأَحْضَرُوا دانيال وَطَرَحُوهُ فِي جُبِّ الأُسُودِ" (دانيال ١٦:٦). وكما ساقوا دانيال إلي مكان الموت والدفن في الجب، هكذا ساقوا السيد المسيح الوديع للموت والدفن في القبر. وقال أرميا النبي بلسانه: "وَأَنَا كَخَرُوفٍ دَاجِنٍ يُسَاقُ إِلَى الذَّبْحِ" (ارميا ١١ : ١٩).

ما أبشع الجرائم التي ترتكب في حق الأبرياء لإرضاء لآخرين، فقد أسلم الملك دانيال للموت من أجل إرضاء مشيريه، وهكذا أيضا "بِيلاَطُسُ إِذْ كَانَ يُرِيدُ أَنْ يَعْمَلَ لِلْجَمْعِ مَا يُرْضِيهِمْ أَطْلَقَ لَهُمْ بَارَابَاسَ وَأَسْلَمَ يَسُوعَ بَعْدَمَا جَلَدَهُ لِيُصْلَبَ" (مرقس ١٥ : ١٥)، وقد فعل هيردوس نفس الأمر حينما أمر بقطع رأس يوحنا المعمدان. لقد حزن هيرودس الملك جدا حينما طلبت هيروديا رأس يوحنا المعمدان، ولكن"لأَجْلِ الأَقْسَامِ وَالْمُتَّكِئِينَ لَمْ يُرِدْ أَنْ يَرُدَّهَا. فَلِلْوَقْتِ أَرْسَلَ الْمَلِكُ سَيَّافاً وَأَمَرَ أَنْ يُؤْتَى بِرَأْسِهِ. فَمَضَى وَقَطَعَ رَأْسَهُ فِي السِّجْنِ. وَأَتَى بِرَأْسِهِ عَلَى طَبَقٍ وَأَعْطَاهُ لِلصَّبِيَّةِ وَالصَّبِيَّةُ أَعْطَتْهُ لأُمِّهَا" (مرقس ٦ : ٢٦-٢٨).

هؤلاء وغيرهم صنعوا الشر لاجل إرضاء الناس. ولكن هل كان داريوس بريئا من دم دانيال الذي كان سيسفكه؟ وهل كان بيلاطس بريئا من دم يسوع؟ وهل كان هيرودس بريئا من دم يوحنا المعمدان؟ أنظر إلي أي مدي يمكن أن يؤثر علينا الآخرون مالم نرفض أراءهم الخاطئة.

وعلي خلاف هؤلاء كان هناك كثيرون رفضوا فعل الشر مهما كانت شدة الضغط من المحيطين. داود مثلا رفض أن يقتل شاول برغم مشورة المحيطين، فحينما وقع شاول في يد داود، وقال رجال داود له: "هُوَذَا الْيَوْمُ الَّذِي قَالَ لَكَ عَنْهُ الرَّبُّ: هَئَنَذَا أَدْفَعُ عَدُوَّكَ لِيَدِكَ فَتَفْعَلُ بِهِ مَا يَحْسُنُ فِي عَيْنَيْكَ"، ولكن داود قال لرجاله: "حَاشَا لِي مِنْ قِبَلِ الرَّبِّ أَنْ أَعْمَلَ هَذَا الأَمْرَ بِسَيِّدِي بِمَسِيحِ الرَّبِّ، فَأَمُدَّ يَدِي إِلَيْهِ لأَنَّهُ مَسِيحُ الرَّبِّ هُوَ" (١ صموئيل ٢٤ : ٤-٦).

في وسط ساعة الظلمة سمع دانيال خبرا سارا علي لسان داريوس قائلا له: "إِنَّ إِلَهَكَ الَّذِي تَعْبُدُهُ دَائِماً هُوَ يُنَجِّيكَ" (دانيال ١٦:٦). ولكن هل حقا كان الملك واثقا أن الإله الذي يعبده دانيال سينجيه من الأسود؟ أم كانت مجرد أمنيات بلا رجاء؟ ولكن علي أي الأحوال

كان لدانيال الإيمان القوي الذي لا يتزعزع في الإله الذي يعبده، فبمثل هذا الإيمان "سَدُّوا أَفْوَاهَ أُسُودٍ" (عبرانيين ١١ : ٣٣).

١٧:٦ ألقوا بدانيال في جب الأسود، ووضعوا حجرا علي الجب، وختموه بخاتم الملك (دانيال ١٧:٦). وضعوا حجرا عل فم الجب وختموه بخاتم الملك، كما وضعوا حجرا علي قبر يسوع وختموه بخاتم بيلاطس، فقد قال لهم بيلاطس: "عِنْدَكُمْ حُرَّاسٌ، اذْهَبُوا وَاضْبُطُوهُ كَمَا تَعْلَمُونَ، فَمَضَوْا وَضَبَطُوا الْقَبْرَ بِالْحُرَّاسِ وَخَتَمُوا الْحَجَرَ" (متى ٢٧:٦٥-٦٦).

ظن أعداؤه أنهم أحرزوا الانتصار عليه بوضع الحجر علي فم الجب، وختمه بخاتم الملك، ولكن هل أعاق الحجر وخاتم الملك خلاص الله لدانيال من الأسود؟ وهل أعاق الحجر وخاتم بيلاطس قيامة الرب يسوع من الأموات؟

خلاص دانيال من الأسود

دانيال ١٨:٦-٢٣

١٨ حِينَئِذٍ مَضَى الْمَلِكُ إِلَى قَصْرِهِ وَبَاتَ صَائِماً وَلَمْ يُؤْتَ قُدَّامَهُ بِسَرَارِيهِ وَطَارَ عَنْهُ نَوْمُهُ. ١٩ ثُمَّ قَامَ الْمَلِكُ بَاكِراً عِنْدَ الْفَجْرِ وَذَهَبَ مُسْرِعاً إِلَى جُبِّ الأُسُودِ.
٢٠ فَلَمَّا اقْتَرَبَ إِلَى الْجُبِّ نَادَى دانيال بِصَوْتٍ أَسِيفٍ: يَا دانيال عَبْدَ اللَّهِ الْحَيِّ هَلْ إِلَهُكَ الَّذِي تَعْبُدُهُ دَائِماً قَدِرَ عَلَى أَنْ يُنَجِّيَكَ مِنَ الأُسُودِ؟

١٨:٦ قضي الملك ليلته أسيفا، بدون طعام، او تمتع بالموسيقي والسراري حسب عادته، ولم يستطع النوم (دانيال ١٨:٦). لقد كان الملك يحب دانيال، وبات أسيفا علي الشر الذي صنعه به، ولم يكن ممكنا أيضا أن يكون الملك في سلام بعد أن صنع الشر وغدر بأقرب الناس إليه، لأنه "لاَ سَلاَمَ قَالَ الرَّبُّ لِلأَشْرَارِ" (أشعياء ٤٨ : ٢٢). أما دانيال، فلاشك أنه قد قضي ليلته في صلاة وتسبيح لإلهه في عمق جب الأسود متمتعا بمجد الله.

١٩:٦-٢٠ باكرا جدا ذهب الملك لجب الأسود ليري ماذا فعل إله دانيال: "ثُمَّ قَامَ الْمَلِكُ بَاكِراً عِنْدَ الْفَجْرِ وَذَهَبَ مُسْرِعاً إِلَى جُبِّ الأُسُودِ. فَلَمَّا اقْتَرَبَ إِلَى الْجُبِّ نَادَي دانيال

بِصَوْتٍ أَسِيفٍ: يَا دانيال عَبْدَ اللَّهِ الْحَيِّ هَلْ إِلَهُكَ الَّذِي تَعْبُدُهُ دَائِماً قَدِرَ عَلَى أَنْ يُنَجِّيَكَ مِنَ الأُسُودِ؟" (دانيال ٦:١٩-٢٠).

٢١ فَتَكَلَّمَ دانيال مَعَ الْمَلِكِ: يَا أَيُّهَا الْمَلِكُ عِشْ إِلَى الأَبَدِ! ٢٢ إِلَهِي أَرْسَلَ مَلاَكَهُ وَسَدَّ أَفْوَاهَ الأُسُودِ فَلَمْ تَضُرَّنِي لأَنِّي وُجِدْتُ بَرِيئاً قُدَّامَهُ وَقُدَّامَكَ أَيْضاً أَيُّهَا الْمَلِكُ. لَمْ أَفْعَلْ ذَنْباً.

٦:٢١ لم يفقد دانيال محبته واحترامه للملك، بالرغم مما صنعه معه، فقال للملك: "يَا أَيُّهَا الْمَلِكُ عِشْ إِلَى الأَبَدِ! " (دانيال ٦:٢١). وقدم دانيال بهذا مثالا رائعا في التعامل مع الرؤساء "لأَنَّهُ لَيْسَ سُلْطَانٌ إِلاَّ مِنَ اللهِ وَالسَّلاَطِينُ الْكَائِنَةُ هِيَ مُرَتَّبَةٌ مِنَ اللهِ" (رومية ١٣ : ١). كما قدم دانيال أيضا مثالا رائعا للتعامل مع الأعداء، بحب يغلب العداوة. وهكذا غلب السيد المسيح عداوة صالبيه وقاتليه علي الصليب المقدس، وصلي للأب السماوي من أجلهم: "يَا أَبَتَاهُ اغْفِرْ لَهُمْ لأَنَّهُمْ لاَ يَعْلَمُونَ مَاذَا يَفْعَلُونَ" (لوقا ٢٣ : ٣٤).

٦:٢٢ أجاب دانيال الملك شاهدا بخلاص الله العظيم له: "إِلَهِي أَرْسَلَ مَلاَكَهُ وَسَدَّ أَفْوَاهَ الأُسُودِ فَلَمْ تَضُرَّنِي، لأَنِّي وُجِدْتُ بَرِيئاً قُدَّامَهُ، وَقُدَّامَكَ أَيْضاً أَيُّهَا الْمَلِكُ. لَمْ أَفْعَلْ ذَنْباً." (دانيال ٦ : ٢٢). فقد اختبر دانيال قدرة الله العظيمة التي حفظته من الهلاك، كمثال رائع للخلاص العظيم الذي صنعه الله بشدة قوته لابنه يسوع المسيح "إِنَّهُ [الآب السماوي] أَقَامَهُ [أقام يسوع] مِنَ الأَمْوَاتِ غَيْرَ عَتِيدٍ أَنْ يَعُودَ أَيْضاً إِلَى فَسَادٍ... وَلِذَلِكَ قَالَ أَيْضاً فِي مَزْمُورٍ آخَرَ: لَنْ تَدَعَ قُدُّوسَكَ يَرَى فَسَاداً... وَأَمَّا [يسوع] الَّذِي أَقَامَهُ اللهُ [الآب] فَلَمْ يَرَ فَسَاداً" (أعمال ١٣ : ٣٤-٣٧).

٢٣ حِينَئِذٍ فَرِحَ الْمَلِكُ بِهِ، وَأَمَرَ بِأَنْ يُصْعَدَ دانيال مِنَ الْجُبِّ. فَأُصْعِدَ دانيال مِنَ الْجُبِّ وَلَمْ يُوجَدْ فِيهِ ضَرَرٌ لأَنَّهُ آمَنَ بِإِلَهِهِ.

٦:٢٣ فرح الملك بخبر خلاص دانيال وأمر بخروجه من الجب، و"لَمْ يُوجَدْ فِيهِ ضَرَرٌ لأَنَّهُ آمَنَ بِإِلَهِهِ" (دانيال ٦:٢٣). وصعود دانيال من جب الأسود رمز لقيامة السيد المسيح من الأموات، وصعوده في مجد ليجلس عن "يَمِينِ اللَّهِ" (مرقس ١٦: ١٩)، "فِي وَسَطِ الْعَرْشِ وَالْحَيَوَانَاتِ الأَرْبَعَةِ" (رؤيا ٥: ٦)، حسب عمل شدة قوة الله "إِذْ أَقَامَهُ مِنَ الأَمْوَاتِ، وَأَجْلَسَهُ عَنْ يَمِينِهِ فِي السَّمَاوِيَّاتِ، فَوْقَ كُلِّ رِيَاسَةٍ وَسُلْطَانٍ وَقُوَّةٍ وَسِيَادَةٍ، وَكُلِّ اسْمٍ يُسَمَّى

لَيْسَ فِي هَذَا الدَّهْرِ فَقَطْ بَلْ فِي الْمُسْتَقْبَلِ أَيْضاً، وَأَخْضَعَ كُلَّ شَيْءٍ تَحْتَ قَدَمَيْهِ، وَإِيَّاهُ جَعَلَ رَأْساً فَوْقَ كُلِّ شَيْءٍ لِلْكَنِيسَةِ" (أفسس ١ : ١٩-٢٢).

هلاك الأشرار

دانيال ٦:٢٤

٢٤ فَأَمَرَ الْمَلِكُ فَأَحْضَرُوا أُولَئِكَ الرِّجَالَ الَّذِينَ اشْتَكُوا عَلَى دانيال وَطَرَحُوهُمْ فِي جُبِّ الأُسُودِ هُمْ وَأَوْلاَدَهُمْ وَنِسَاءَهُمْ. وَلَمْ يَصِلُوا إِلَى أَسْفَلِ الْجُبِّ حَتَّى بَطَشَتْ بِهِمِ الأُسُودُ وَسَحَقَتْ كُلَّ عِظَامِهِمْ.

٦:٢٤ أصدر الملك أمرا، فأحضروا المتآمرين، وطرحهم في جب الأسود مع أولادهم، فبطشت بهم وهشمت عظامهم (دانيال ٦:٢٤).

كان هؤلاء الناس "آنِيَةَ غَضَبٍ مُهَيَّأَةً لِلْهَلاَكِ" (روميه ٩:٢٢)، وقد سمح الله بالطريقة والتوقيت المناسبين لموتهم بقدرته وصلاحه لإعلان مجده. فلئلا يشك أحد أن الأسود لم يكن لها قدرة علي افتراس دانيال، أو أنها كانت بصحة ضعيفة أو مكممة، سمح الله أن يلقي هؤلاء الرجال الأشرار مع نسائهم وأولادهم "وَلَمْ يَصِلُوا إِلَى أَسْفَلِ الْجُبِّ حَتَّى بَطَشَتْ بِهِمِ الأُسُودُ وَسَحَقَتْ كُلَّ عِظَامِهِمْ." (دانيال ٦:٢٤).

هؤلاء سقطوا في الحفرة التي حفروها، وذلك حسب قول الكتاب: "هَيَّأُوا شَبَكَةً لِخَطَوَاتِي. انْحَنَتْ نَفْسِي. حَفَرُوا قُدَّامِي حُفْرَةً. سَقَطُوا فِي وَسَطِهَا" (مزامير ٥٧ : ٦)، وهكذا صلب هامان علي الخشبة التي سبق أن أعدها لمردخاي (أستير ٧:١٠).

هلاك أعداء دانيال مثال لمصير الرافضين لأبن الله، لأن "اَلَّذِي يُؤْمِنُ بِالاِبْنِ لَهُ حَيَاةٌ أَبَدِيَّةٌ وَالَّذِي لاَ يُؤْمِنُ بِالاِبْنِ لَنْ يَرَى حَيَاةً بَلْ يَمْكُثُ عَلَيْهِ غَضَبُ اللَّهِ" (يوحنا ٣: ٣٦).

داريوس يمجد الله

دانيال ٦:٢٥-٢٧

٢٥ ثُمَّ كَتَبَ الْمَلِكُ دَارِيُوسُ إِلَى كُلِّ الشُّعُوبِ وَالأُمَمِ وَالأَلْسِنَةِ السَّاكِنِينَ فِي الأَرْضِ كُلِّهَا: لِيَكْثُرْ سَلاَمُكُمْ. ٢٦ مِنْ قِبَلِي صَدَرَ أَمْرٌ بِأَنَّهُ فِي كُلِّ سُلْطَانِ مَمْلَكَتِي يَرْتَعِدُونَ وَيَخَافُونَ قُدَّامَ إِلَهِ دانيال لأَنَّهُ هُوَ الإِلَهُ الْحَيُّ الْقَيُّومُ إِلَى الأَبَدِ وَمَلَكُوتُهُ لَنْ يَزُولَ وَسُلْطَانُهُ إِلَى الْمُنْتَهَى. ٢٧ هُوَ يُنَجِّي وَيُنْقِذُ وَيَعْمَلُ الآيَاتِ وَالْعَجَائِبَ فِي السَّمَاوَاتِ وَفِي الأَرْضِ. هُوَ الَّذِي نَجَّى دانيال مِنْ يَدِ الأُسُودِ.

٦:٢٥-٢٧ تحولت مؤامرة الموت لدانيال إلي مجد عظيم لله، "ثُمَّ كَتَبَ الْمَلِكُ دَارِيُوسُ إِلَى كُلِّ الشُّعُوبِ وَالأُمَمِ وَالأَلْسِنَةِ السَّاكِنِينَ فِي الأَرْضِ كُلِّهَا: لِيَكْثُرْ سَلاَمُكُمْ. مِنْ قِبَلِي صَدَرَ أَمْرٌ بِأَنَّهُ فِي كُلِّ سُلْطَانِ مَمْلَكَتِي يَرْتَعِدُونَ وَيَخَافُونَ قُدَّامَ إِلَهِ دانيال" (دانيال ٦:٢٥-٢٦). وهكذا صار موت المسيح وقيامته لمجد الله الآب فقد "رَفَّعَهُ اللهُ أَيْضاً، وَأَعْطَاهُ اسْماً فَوْقَ كُلِّ اسْمٍ لِكَيْ تَجْثُوَ بِاسْمِ يَسُوعَ كُلُّ رُكْبَةٍ مِمَّنْ فِي السَّمَاءِ وَمَنْ عَلَى الأَرْضِ وَمَنْ تَحْتَ الأَرْضِ، وَيَعْتَرِفَ كُلُّ لِسَانٍ أَنَّ يَسُوعَ الْمَسِيحَ هُوَ رَبٌّ لِمَجْدِ اللهِ الأب" (فيلبي ٢ : ٩-١١).

ولأجل عمل الله العظيم في خلاص دانيال دعاه الملك "إله دانيال" (دانيال ٦:٢٦). وهكذا صار الله الحي معروفا أنه "إله دانيال" كما هو معروف أنه "إله إبراهيم وإله اسحق وإله يعقوب" (خروج ٣:٦). وفي العهد الجديد صار الله معروفا أنه "أبو ربنا يسوع المسيح" (٢ كورنثوس ١: ٣، ٢ كورنثوس ١١: ٣١، أفسس ١: ٣، ١بطرس ١: ٣). وبسبب دانيال عرف الملك أن "إله دانيال" هو الإله الحي الأزلي المخلص: "هُوَ الإِلَهُ الْحَيُّ الْقَيُّومُ إِلَى الأَبَدِ وَمَلَكُوتُهُ لَنْ يَزُولَ وَسُلْطَانُهُ إِلَى الْمُنْتَهَى. هُوَ يُنَجِّي وَيُنْقِذُ وَيَعْمَلُ الآيَاتِ وَالْعَجَائِبَ فِي السَّمَاوَاتِ وَفِي الأَرْضِ. هُوَ الَّذِي نَجَّى دانيال مِنْ يَدِ الأُسُودِ" (دانيال ٦:٢٦-٢٧).

كما أعلن الرب عن مجده في قصة دانيال، هكذا يعلن عن ذاته في أولاده الصانعين مشيئته، ولهذا قال السيد المسيح: "فَلْيُضِئْ نُورُكُمْ هَكَذَا قُدَّامَ النَّاسِ لِكَيْ يَرَوْا أَعْمَالَكُمُ الْحَسَنَةَ وَيُمَجِّدُوا أَبَاكُمُ الَّذِي فِي السَّمَاوَاتِ" (متى ٥ : ١٦)، وأعظم إعلان عن الله هو إعلانه عن

شخصه في ربنا يسوع المسيح، كما يقول القديس يوحنا: "اَللَّهُ لَمْ يَرَهُ أَحَدٌ قَطُّ. اَلابْنُ الْوَحِيدُ الَّذِي هُوَ فِي حِضْنِ الآب هُوَ خَبَّرَ." (يوحنا ١ : ١٨).

نجاح دانيال

دانيال ٢٨:٦

٢٨ فَنَجَحَ دانيال هَذَا فِي مُلْكِ دَارِيُوسَ وَفِي مُلْكِ كُورَشَ الْفَارِسِيِّ.

٢٨:٦ يختم الوحي الإلهي قصة خلاص دانيال من جب الأسود بالإعلان عن نجاح دانيال في زمن الملوك المعاصرون له (دانيال ٢٨:٦). ونجاح دانيال هو ثمرة لعلاقته الحية مع الله والسير بحسب وصاياه، فيقول المزمور: " مَنْ هُوَ الإِنْسَانُ الْخَائِفُ الرَّبَّ؟ يُعَلِّمُهُ طَرِيقاً يَخْتَارُهُ. نَفْسُهُ فِي الْخَيْرِ تَبِيتُ وَنَسْلُهُ يَرِثُ الأَرْضَ" (مزامير ٢٥: ١٢-١٣). كما أن نجاح دانيال مثال حي رائع لنجاح السيد المسيح في خدمته. فقد قال أشعياء عنه أن "مَسَرَّةُ الرَّبِّ بِيَدِهِ تَنْجَحُ" (أشعياء ٥٣ : ١٠).

الأصحاح السابع
رؤيا الحيوانات الأربعة

زمن الرؤيا (دانيال ٧:١)

١ فِي السَّنَةِ الأُولَى لِبَيْلْشَاصَّرَ مَلِكِ بَابلَ رَأَى دَانِيآلُ حُلْماً وَرُؤَى رَأْسِهِ عَلَى فِرَاشِهِ. حِينَئِذٍ كَتَبَ الْحُلْمَ وَأَخْبَرَ بِرَأْسِ الْكَلاَمِ.

٧:١ رأي دانيال حلما وهو علي فراشه (دانيال ٧:١)، وذلك حوالي سنة ٥٥٠ ق.م، وبحسب الترتيب الزمني تكون أحداث الأصحاحين ٧، ٨ قبل الأصحاحات ٥، ٦

الرياح الأربعة والبحر العظيم (دانيال ٧:٢)

٢ قَالَ دَانِيآلُ: كُنْتُ أَرَى فِي رُؤْيَايَ لَيْلاً، وَإِذَا بِأَرْبَعِ رِيَاحِ السَّمَاءِ هَجَمَتْ عَلَى الْبَحْرِ الْكَبِيرِ.

٧:٢ رأي دانيال أربعة رياح تهجم علي البحر العظيم (دانيال ٧:٢). يري بعض المفسرون أن "الْبَحْرِ الْكَبِيرِ" الذي هجمت عليه الرياح الأربعة هو البحر الأبيض المتوسط. لكن البحر في لغة الرؤيا يشير إلي جموع البشر، وذلك كما ورد في كثير من المواضع بالكتاب المقدس مثل: "أَمَّا الأَشْرَارُ فَكَالْبَحْرِ الْمُضْطَرِبِ لأَنَّهُ لاَ يَسْتَطِيعُ أَنْ يَهْدَأَ وَتَقْذِفُ مِيَاهُهُ حَمْأَةً وَطِيناً" (اشعياء ٥٧ : ٢٠)، "الْمِيَاهُ الَّتِي رَأَيْتَ حَيْثُ الزَّانِيَةُ جَالِسَةٌ هِيَ شُعُوبٌ وَجُمُوعٌ وَأُمَمٌ وَأَلْسِنَةٌ" (رؤيا ١٧: ١٥).

الأصل العبري لكلمتي "ريح" و"روح" هو كلمة عبرية واحدة وهي [רוּחַ *ruwach*]. الكتاب المقدس يصف الروح القدس أيضا بالرياح الإلهية، ففي البدء كان "رُوحُ اللهِ يَرِفُّ عَلَى وَجْهِ الْمِيَاهِ" (تكوين ١ : ٢)، وعند حلول الروح القدس يوم الخمسين "صَارَ بَغْتَةً مِنَ السَّمَاءِ صَوْتٌ كَمَا مِنْ هُبُوبِ رِيحٍ عَاصِفَةٍ، وَمَلأَ كُلَّ الْبَيْتِ، حَيْثُ كَانُوا جَالِسِينَ" (أعمال ٢ : ٢).

تشير الرياح الأربعة هنا إلي الأرواح الشريرة التي كانت تسيطر علي العالم بأركانه الأربعة قبل مجيء الرب يسوع المسيح، فقد قيل عن إبليس أنه "رَئِيسِ سُلْطَانِ الْهَوَاءِ، الرُّوحِ الَّذِي يَعْمَلُ الآنَ فِي أَبْنَاءِ الْمَعْصِيَةِ" (أفسس ٢ : ١-٢).

الحيوانات الأربعة (دانيال ٧:٣-٧)

٣ وَصَعِدَ مِنَ الْبَحْرِ أَرْبَعَةُ حَيَوَانَاتٍ عَظِيمَةٍ هَذَا مُخَالِفٌ ذَاكَ.

٣:٧ هذه الرؤيا مشابهة لحلم نبوخذنصر (دانيال ٢)، والرؤيتان تؤكدان علي حقيقة سلطان الله وعلمه التام بالمستقبل، علي مثال الأربعة أقسام للتمثال الذي رآه نبوخذنصر في حلمه رأي دانيال أربعة حيوانات [وحوش] صاعدة من البحر (دانيال ٧:٣)، وتشير هذه الوحوش إلي "أَرْبَعَةُ مُلُوكٍ يَقُومُونَ عَلَى الأَرْضِ" (دانيال ٧ : ١٧).

علي مثال الأربعة ملوك الأرض المذكورون في دانيال ٧ توجد قوات الشر غير المنظورة التي تحارب أولاد الله، "فَإِنَّ مُصَارَعَتَنَا لَيْسَتْ مَعَ دَمٍ ولَحْمٍ، بَلْ مَعَ الرُّؤَسَاءِ، مَعَ السَّلاَطِينِ، مَعَ وُلاَةِ الْعَالَمِ، عَلَى ظُلْمَةِ هَذَا الدَّهْرِ، مَعَ أَجْنَادِ الشَّرِّ الرُّوحِيَّةِ فِي السَّمَاوِيَّاتِ" (أفسس ٦ : ١٢). وقد دعي أحدهم رئيس مملكة فارس، وهو الذي قاوم ملاك الوحي الذي ظهر فيما بعد لدانيال، وأعانه الملاك ميخائيل للانتصار عليه (دانيال ١٠ : ١٣).

الوحش المذكور في رؤيا ١٣ له صفات الوحوش الأربعة المذكورين في دانيال ٧: "وَالْوَحْشُ الَّذِي رَأَيْتُهُ كَانَ شِبْهَ نَمِرٍ، وَقَوَائِمُهُ كَقَوَائِمِ دُبٍّ، وَفَمُهُ كَفَمِ أَسَدٍ. وَأَعْطَاهُ التِّنِّينُ قُدْرَتَهُ وَعَرْشَهُ وَسُلْطَاناً عَظِيماً" (رؤيا ١٣: ٢).

١- الأسد ذو جناحي النسر

٤ الأَوَّلُ كَالأَسَدِ وَلَهُ جَنَاحَا نَسْرٍ. وَكُنْتُ أَنْظُرُ حَتَّى انْتَتَفَ جَنَاحَاهُ وَانْتَصَبَ عَنِ الأَرْضِ وَأُوقِفَ عَلَى رِجْلَيْنِ كَإِنْسَانٍ وَأُعْطِيَ قَلْبَ إِنْسَانٍ.

٤:٧ الوحش الذي كالأسد يشير لمملكة بابل، فقد كان الأسد ذو الجناحين رمزا لمملكة بابل، وقد وصف الرب ملك بابل أحد الأسود المهلكة لشعب الله: "إِسْرَائِيلُ غَنَمٌ مُتَبَدِّدَةٌ، قَدْ طَرَدَتْهُ السِّبَاعُ [الأسود]، أَوَّلاً أَكَلَهُ مَلِكُ أَشُّورَ ثُمَّ هَذَا الأَخِيرُ نَبُوخَذْنَصَّرُ مَلِكُ بَابِلَ هَرَسَ عِظَامَهُ" (ارميا ٥٠ : ١٧)، "قَدْ صَعِدَ الأَسَدُ مِنْ غَابَتِهِ وَزَحَفَ مُهْلِكُ الأُمَمِ" (ارميا ٤ : ٧).

وهذا الجزء من حلم دانيال يقابل الرأس من ذهب في حلم نبوخذنصر الذي يشير إلي ملك بابل ومملكته (دانيال ٢ : ٣٧-٣٨).

الوحش الذي كالأسد يرمز أيضا إلي الشيطان من جهة قوته المدمرة، فقد قال السيد المسيح عن إبليس أنه "كَانَ قَتَّالاً لِلنَّاسِ مِنَ الْبَدْءِ" (يوحنا ٨:٤٤)، ولذلك يقول القيس بطرس الرسول: "اُصْحُوا وَاسْهَرُوا لأَنَّ إِبْلِيسَ خَصْمَكُمْ كَأَسَدٍ زَائِرٍ، يَجُولُ مُلْتَمِساً مَنْ يَبْتَلِعُهُ هُوَ، فَقَاوِمُوهُ رَاسِخِينَ فِي الإِيمَانِ" (١بطرس ٥: ٨-٩).

رأي دانيال الحيوان الأول "كَالأَسَدِ وَلَهُ جَنَاحَا نَسْرٍ" (دانيال ٤:٧)، وجناحي النسر تشير إلي تعظم المملكة وسرعة انتشارها، وقد قال الرب عن الكلدانيين: "هَئَنَذَا مُقِيمٌ الْكِلْدَانِيِّينَ... هِيَ هَائِلَةٌ وَمَخُوفَةٌ.... يَطِيرُونَ كَالنَّسْرِ الْمُسْرِعِ إِلَى الأَكْلِ" (حبقوق ١ : ٦-٨).

جناحي النسر تشير أيضا إلي كبرياء إبليس التي أدت إلي سقوطه، فقد قال الشيطان في قلبه "أَصْعَدُ إِلَى السَّمَاوَاتِ. أَرْفَعُ كُرْسِيِّي فَوْقَ كَوَاكِبِ اللَّهِ وَأَجْلِسُ عَلَى جَبَلِ الاِجْتِمَاعِ فِي أَقَاصِي الشِّمَالِ. أَصْعَدُ فَوْقَ مُرْتَفَعَاتِ السَّحَابِ. أَصِيرُ مِثْلَ الْعَلِيِّ" ولكنه أنحدر إلي "الْهَاوِيَةِ إِلَى أَسَافِلِ الْجُبِّ" (أشعياء ١٤:١٣-١٥).

رأي دانيال الوحش الأول وقد تجرد من جناحيه، وتغير قلبه إلي قلب إنسان: "وَكُنْتُ أَنْظُرُ حَتَّى انْتَتَفَ جَنَاحَاهُ وَانْتَصَبَ عَنِ الأَرْضِ وَأُوقِفَ عَلَى رِجْلَيْنِ كَإِنْسَانٍ وَأُعْطِيَ قَلْبَ إِنْسَانٍ" (دانيال ٤:٧)، ونتف الجناحين والتغير إلي قلب إنسان معناه تجرد مملكة بابل من سلطانها، وقد حدث هذا بصورة منظورة مع نبوخذ نصر إذ جرده الله من سلطانه ٧ سنوات، كما ورد في سفر دانيال: "لِيَتَغَيَّرْ قَلْبُهُ عَنِ الإِنْسَانِيَّةِ وَلْيُعْطَ قَلْبَ حَيَوَانٍ وَلْتَمْضِ عَلَيْهِ سَبْعَةُ أَزْمِنَةٍ "(دانيال ٤ : ١٦)، "فِي تِلْكَ السَّاعَةِ تَمَّ الأَمْرُ عَلَى نَبُوخَذْ نَصَّرَ فَطُرِدَ مِنْ بَيْنِ النَّاسِ وَأَكَلَ الْعُشْبَ كَالثِّيرَانِ وَابْتَلَّ جِسْمُهُ بِنَدَى السَّمَاءِ حَتَّى طَالَ شَعْرُهُ مِثْلَ النُّسُورِ وَأَظْفَارُهُ مِثْلَ الطُّيُورِ" (دانيال ٤ : ٣٣).

تجريد الوحش من جناحيه يشير إلي سقوط الشيطان وتجرده من قوته وسلطانه وتقييده، بموت الرب يسوع علي الصليب، "إِذْ جَرَّدَ الرِّيَاسَاتِ وَالسَّلاَطِينَ أَشْهَرَهُمْ جِهَاراً، ظَافِراً بِهِمْ فِيهِ" (كولوسي ٢ : ١٥)، "فَقَبَضَ عَلَى التِّنِّينِ، الْحَيَّةِ الْقَدِيمَةِ، الَّذِي هُوَ إِبْلِيسُ

وَالشَّيْطَانُ، وَقَيَّدَهُ أَلْفَ سَنَةٍ، وَطَرَحَهُ فِي الْهَاوِيَةِ وَأَغْلَقَ عَلَيْهِ، وَخَتَمَ عَلَيْهِ لِكَيْ لاَ يُضِلَّ الأُمَمَ فِي مَا بَعْدُ حَتَّى تَتِمَّ الأَلْفُ السَّنَةِ" (رؤيا ٢٠: ٢-٣).

٢- الدب والأضلع في أسنانه

٥ وَإِذَا بِحَيَوَانٍ آخَرَ ثَانٍ شَبِيهٍ بِالدُّبِّ، فَارْتَفَعَ عَلَى جَنْبٍ وَاحِدٍ، وَفِي فَمِهِ ثَلاَثُ أَضْلُعٍ بَيْنَ أَسْنَانِهِ، فَقَالُوا لَهُ: قُمْ كُلْ لَحْماً كَثِيراً.

٥:٧ رأي دانيال الوحش الثاني "شَبِيهٍ بِالدُّبِّ" (دانيال ٧ : ٥)، والدب رمز لمملكة مادي وفارس، وهو يقابل الصدر والأذرع من الفضة في حلم نبوخذ نصر (دانيال ٢ : ٣٢). والدب يرتكز علي "جَنْبٍ وَاحِدٍ" (دانيال ٧ : ٥)، لأن مملكة فارس كانت أقوي من مملكة مادي. وقد رأي دانيال الدب بينما "فِي فَمِهِ ثَلاَثُ أَضْلُعٍ بَيْنَ أَسْنَانِهِ" (دانيال ٧ : ٥)، فمن الناحية التاريخية تشير الأضلع الثلاثة إلي سوريا ومصر وبابل التي غلبها الماديين والفارسيين.

الدب المرتكز علي جنب واحد بينما يخفي الجانب الآخر يشير إلي رؤيا أخري لإبليس أنه الكذاب، "لأَنَّهُ لَيْسَ فِيهِ حَقٌّ، مَتَى تَكَلَّمَ بِالْكَذِبِ، فَإِنَّمَا يَتَكَلَّمُ مِمَّا لَهُ لأَنَّهُ كَذَّابٌ وَأَبُو الْكَذَّابِ" (يوحنا ٨:٤٤)، والوحش في رؤيا ١٣ "قَوَائِمُهُ كَقَوَائِمِ دُبٍّ" (رؤيا ١٣: ٢) أي يرتكز علي الكذب، فكل ما يقوله أو يصنعه إبليس يرتكز علي الكذب والتضليل، ولهذا فهو يقف ضد كلمة الله ليخطفها من قلوب السامعين ليعيشوا في الضلال.

بينما طعام الرب يسوع أن يصنع مشيئة الله (يوحنا ٤ : ٣٤)، يجد إبليس طعامه أن يخطف ويلتهم الكلمة من قلوب السامعين، فقد قال الرب يسوع في مثل الزارع أن "الزَّارِعُ قَدْ خَرَجَ لِيَزْرَعَ، وَفِيمَا هُوَ يَزْرَعُ سَقَطَ بَعْضٌ عَلَى الطَّرِيقِ فَجَاءَتِ الطُّيُورُ وَأَكَلَتْهُ" (متي ١٣:٣-٤)، ثم فسر ذلك بأن "كُلُّ مَنْ يَسْمَعُ كَلِمَةَ الْمَلَكُوتِ وَلاَ يَفْهَمُ فَيَأْتِي الشِّرِّيرُ وَيَخْطَفُ مَا قَدْ زُرِعَ فِي قَلْبِهِ. هَذَا هُوَ الْمَزْرُوعُ عَلَى الطَّرِيقِ" (متي ١٣:١٩)، "وَهَؤُلاَءِ هُمُ الَّذِينَ عَلَى الطَّرِيقِ: حَيْثُ تُزْرَعُ الْكَلِمَةُ حِينَمَا يَسْمَعُونَ يَأْتِي الشَّيْطَانُ لِلْوَقْتِ وَيَنْزِعُ الْكَلِمَةَ الْمَزْرُوعَةَ فِي قُلُوبِهِمْ" (مرقس ٤:١٥).

لذلك فالأضلع الثلاثة التي في فم الوحش تشير إلي إهتمام إبليس بخطف كلمة الله من قلوب السامعين مبتدئا بالوصايا الثلاثة الأولي الخاصة بعبادة الله وتقديس اسمه (خروج

٢٠:١-٦). وقد قيل له أن يأكل "لَحْماً كَثِيراً" (دانيال ٧ : ٥)، للتعبير عن اهتمامه الأكثر بخطف الكثير من كلام الله ووصاياه الأخري من قلوب الذين يسمعون، وليس فقط الوصايا الثلاثة الأولي.

علي مثال رؤيا دانيال للدب الذي فمه الثلاثة الأضلع رأي القديس يوحنا " ثَلاَثَةَ أَرْوَاحٍ نَجِسَةٍ شِبْهَ ضَفَادِعَ" تخرج من "فَمِ التِّنِّينِ، وَمِنْ فَمِ الْوَحْشِ، وَمِنْ فَمِ النَّبِيِّ الْكَذَّابِ" وقال عنها "أَرْوَاحُ شَيَاطِينَ صَانِعَةٌ آيَاتٍ، تَخْرُجُ عَلَى مُلُوكِ الْعَالَمِ وَكُلِّ الْمَسْكُونَةِ لِتَجْمَعَهُمْ لِقِتَالِ ذَلِكَ الْيَوْمِ الْعَظِيمِ، يَوْمِ اللهِ الْقَادِرِ عَلَى كُلِّ شَيْءٍ" (رؤيا ١٦: ١٣-١٤).

٣- النمر ذو الأربعة رؤوس

٦ وَبَعْدَ هَذَا كُنْتُ أَرَى وَإِذَا بِآخَرَ مِثْلِ النَّمِرِ وَلَهُ عَلَى ظَهْرِهِ أَرْبَعَةُ أَجْنِحَةِ طَائِرٍ. وَكَانَ لِلْحَيَوَانِ أَرْبَعَةُ رُؤُوسٍ وَأُعْطِيَ سُلْطَاناً.

٦:٧ رأي دانيال الوحش الثالث "مِثْلِ النَّمِرِ" (دانيال ٦:٧)، والنمر رمز لمملكة اليونان، كم أنه رمز إلي طبيعة الشيطان الذي لا يرجع عن شره، "هَلْ يُغَيِّرُ الْكُوشِيُّ جِلْدَهُ أَوِ النَّمِرُ رُقَطَهُ؟ فَأَنْتُمْ أَيْضاً تَقْدِرُونَ أَنْ تَصْنَعُوا خَيْراً أَيُّهَا الْمُتَعَلِّمُونَ الشَّرَّ" (ارميا ١٣ : ٢٣).

النمر "لَهُ عَلَى ظَهْرِهِ أَرْبَعَةُ أَجْنِحَةِ طَائِرٍ" (دانيال ٦:٧)، الأجنحة الأربعة تشير إلي الانتشار السريع لمملكة اليونان، كما أنه له "أَرْبَعَةُ رُؤُوسٍ وَأُعْطِيَ سُلْطَاناً" (دانيال ٦:٧). والرؤوس الأربعة تشير إلي انقسام مملكة اليونان إلي أربعة أقسام بعد موت الإسكندر الأكبر.

أنقسام مملكة اليونان إلي أربعة ممالك مذكور بصفة أوضح في دانيال الأصحاح الثامن، إذ ورد فيه: "فَتَعَظَّمَ تَيْسُ المَعْزِ جِدّاً. وَلَمَّا اعْتَزَّ انْكَسَرَ الْقَرْنُ الْعَظِيمُ وَطَلَعَ عِوَضاً عَنْهُ أَرْبَعَةُ قُرُونٍ مُعْتَبَرَةٍ نَحْوَ رِيَاحِ السَّمَاءِ الأَرْبَعِ" (دانيال ٨:٨)، "وَالتَّيْسُ الْعَافِي مَلِكُ الْيُونَانِ وَالْقَرْنُ الْعَظِيمُ الَّذِي بَيْنَ عَيْنَيْهِ هُوَ الْمَلِكُ الأَوَّلُ. وَإِذِ انْكَسَرَ وَقَامَ أَرْبَعَةٌ عِوَضاً عَنْهُ فَسَتَقُومُ أَرْبَعُ مَمَالِكَ مِنَ الأُمَّةِ وَلَكِنْ لَيْسَ فِي قُوَّتِهِ" (دانيال ٨:٢١-٢٢).

النمر له سلطان (دانيال ٦:٧)، فقد سمح الرب لإبليس بسلطان محدود كما ورد في قصة أيوب، حينما قال الرب للشيطان: "هُوَذَا كُلُّ مَا لَهُ فِي يَدِكَ وَإِنَّمَا إِلَيهِ لاَ تَمُدَّ يَدَكَ" (أيوب ١:١٢)، فقد يسمح الله أحيانا بوقوع أولاده في يد الأشرار، ولذلك يقول في سفر

الرؤيا: "لاَ تَخَفِ الْبَتَّةَ مِمَّا أَنْتَ عَتِيدٌ أَنْ تَتَأَلَّمَ بِهِ. هُوَذَا إِبْلِيسُ مُزْمِعٌ أَنْ يُلْقِيَ بَعْضاً مِنْكُمْ فِي السِّجْنِ لِكَيْ تُجَرَّبُوا، وَيَكُونَ لَكُمْ ضِيقٌ عَشَرَةَ أَيَّامٍ. كُنْ أَمِيناً إِلَى الْمَوْتِ فَسَأُعْطِيكَ إِكْلِيلَ الْحَيَاةِ" (رؤيا ٢: ١٠).

مهما كان سلطان الوحش إلا أن الله هو صاحب السلطان الأعلي في مملكة الناس، "الْعَلِيَّ مُتَسَلِّطٌ فِي مَمْلَكَةِ النَّاسِ فَيُعْطِيهَا مَنْ يَشَاءُ وَيُنَصِّبُ عَلَيْهَا أَدْنَى النَّاسِ" (دانيال ٤:١٧)، وهو الذي يخلص أولاده الأمناء من سلطان إبليس: "هَا أَنَا أُعْطِيكُمْ سُلْطَاناً لِتَدُوسُوا الْحَيَّاتِ وَالْعَقَارِبَ وَكُلَّ قُوَّةِ الْعَدُوِّ وَلاَ يَضُرُّكُمْ شَيْءٌ." (لوقا ١٠:١٩).

٤- الوحش الهائل ذو القرون العشرة

٧ بَعْدَ هَذَا كُنْتُ أَرَى فِي رُؤَى اللَّيْلِ وَإِذَا بِحَيَوَانٍ رَابِعٍ هَائِلٍ وَقَوِيٍّ وَشَدِيدٍ جِدّاً وَلَهُ أَسْنَانٌ مِنْ حَدِيدٍ كَبِيرَةٌ. أَكَلَ وَسَحَقَ وَدَاسَ الْبَاقِيَ بِرِجْلَيْهِ. وَكَانَ مُخَالِفاً لِكُلِّ الْحَيَوَانَاتِ الَّذِينَ قَبْلَهُ. وَلَهُ عَشَرَةُ قُرُونٍ.

٧:٧ رأي دانيال وحش رابع "هائل وقوي وشديد جدا، وله أسنان من حديد كبيرة" (دانيال ٧:٧)، وهذا الوحش الهائل يمثل المملكة الرومانية، الأسنان الحديدية الكبيرة تشير إلى القوة العسكرية الساحقة التي تميز بها الحيوان، وتصرفاته تعلن عن جبروته وقسوته. وهذا الوحش يقابل "الساقان من حديد" في التمثال الذي رآه نبوخذ نصر في حلمه، وهي المملكة التي وصفها دانيال بقوله: "وَتَكُونُ مَمْلَكَةٌ رَابِعَةٌ صَلِبَةٌ كَالْحَدِيدِ، لأَنَّ الْحَدِيدَ يَدُقُّ وَيَسْحَقُ كُلَّ شَيْءٍ. وَكَالْحَدِيدِ الَّذِي يُكَسِّرُ تَسْحَقُ وَتُكَسِّرُ كُلَّ هَؤُلاَءِ" (دانيال ٢ : ٤٠).

الوحش "أكل وسحق وداس الباقي برجليه" (دانيال ٧:٧)، فقد غزت الجيوش الرومانية العالم القديم وهزمته، وامتدت الإمبراطورية إلي أطراف واسعة جدا.

كما داست هذه المملكة جميع الممالك الأخري، هكذا يحاول إبليس أن يدوس كلمة الله في القلب، فيخفيها حتي لا تظهر بمعناها الحقيقي وتنمو في القلب. قال الرب يسوع: "خَرَجَ الزَّارِعُ لِيَزْرَعَ زَرْعَهُ. وَفِيمَا هُوَ يَزْرَعُ سَقَطَ بَعْضٌ عَلَى الطَّرِيقِ فَانْدَاسَ" (لوقا ٨ : ٥)، ويزداد الأمر أن البعض يتبعون ضلال إبليس ويدوسون ابن الله ويزدرون بروح النعمة، "فَكَمْ عِقَاباً أَشَرَّ تَظُنُّونَ أَنَّهُ يُحْسَبُ مُسْتَحِقّاً مَنْ دَاسَ ابْنَ اللهِ، وَحَسِبَ دَمَ الْعَهْدِ الَّذِي قُدِّسَ بِهِ دَنِساً، وَازْدَرَى بِرُوحِ النِّعْمَةِ؟" (عبرانيين ١٠: ٢٩).

الوحش الرابع "كان مخالفا لكل الحيوانات التي قبله" (دانيال ٧:٧)، وذلك بخلاف الوحوش الثلاثة الأولي لم نجده مشابها لأي من الحيوانات، وإذا كان هذا الوحش هو نفسه المذكور في (رؤيا ١٣:١-٢) يكون شكله "شِبْهَ نَمِرٍ، وَقَوَائِمُهُ كَقَوَائِمِ دُبٍّ، وَفَمُهُ كَفَمِ أَسَدٍ" (رؤيا ١٣: ١-٢).

الوحش الرابع "له عشرة قرون" (دانيال ٧:٧)، والعشرة قرون تقابل العشرة أصابع في تمثال نبوخذ نصر (دانيال ٢:٤٣-٤٤)، وهي عشرة ملوك أو سلطات دينية سيظهرون من الدول التي ستحكمها هذه الإمبراطورية الأخيرة: "الْقُرُونُ الْعَشَرَةُ مِنْ هَذِهِ الْمَمْلَكَةِ هِيَ عَشَرَةُ مُلُوكٍ يَقُومُونَ" (دانيال ٧ : ٢٤)

البعض يعتقد أن القرون العشرة هي "دول أوربا المتحدة" التي ستنشأ في آخر الأيام، ويعتقدون أن الإتحاد الأوربي European Union واستخدام اليورو Euro كعملة موحدة لأوربا هو خطوة لتحقيق ذلك، وهذا الكلام بعيد عن الحقيقة لأن الاتحاد الأوروبي يتكون من أكثر من ١٠ دول، ولهذا لا يمكن الاعتماد علي هذا التفسير.

القرن الصغير (دانيال ٨:٧)

٨ كُنْتُ مُتَأَمِّلاً بِالْقُرُونِ، وَإِذَا بِقَرْنٍ آخَرَ صَغِيرٍ طَلَعَ بَيْنَهَا، وَقُلِعَتْ ثَلاَثَةٌ مِنَ الْقُرُونِ الأُولَى مِنْ قُدَّامِهِ، وَإِذَا بِعُيُونٍ كَعُيُونِ الإِنْسَانِ فِي هَذَا الْقَرْنِ، وَفَمٍ مُتَكَلِّمٍ بِعَظَائِمَ.

٨:٧ رأي دانيال الوحش وله قرن صغير طالع بين القرون العشرة (دانيال ٨:٧)، وهذا القرن الصغير ليس له ما يقابله في حلم نبوخذنصر (دانيال ٢). وغالبا يمثل القرن الصغير مملكة دينية مختلفة عن الممالك الأخرى، لأنه قيل عنه أنه : " مُخَالِفٌ [الملوك] الأَوَّلِينَ "، أي ليس مثلهم (دانيال ٧ : ٢٤).

البعض يري أن القرن الصغير هو "ضد المسيح" [شخص مفرد] ، ويتوقعون ظهوره في نهاية الأيام، ولكن الكتاب المقدس يشير إلي "أضداد كثيرين للمسيح" ، أي جماعة أو نظام ديني يقوده روح ضد المسيح. القديس يوحنا في رسالته الأولي يشرح من هو "ضد المسيح" ويقول: "مَنْ هُوَ الْكَذَّابُ، إِلاَّ الَّذِي يُنْكِرُ أَنَّ يَسُوعَ هُوَ الْمَسِيحُ؟ هَذَا هُوَ ضِدُّ الْمَسِيحِ، الَّذِي يُنْكِرُ الآبَ وَالابْنَ" (١ يوحنا ٢ : ٢٢)، "كُلُّ رُوحٍ لاَ يَعْتَرِفُ بِيَسُوعَ الْمَسِيحِ

أَنَّهُ قَدْ جَاءَ فِي الْجَسَدِ فَلَيْسَ مِنَ اللهِ، وَهَذَا هُوَ رُوحُ ضِدِّ الْمَسِيحِ الَّذِي سَمِعْتُمْ أَنَّهُ يَأْتِي" (١ يوحنا ٤: ٣)، ويقول أيضا أن روح ضد المسيح هو الآن في العالم وليس مجرد شخص ننتظره: "كَمَا سَمِعْتُمْ أَنَّ ضِدَّ الْمَسِيحِ يَأْتِي، قَدْ صَارَ الآنَ أَضْدَادٌ لِلْمَسِيحِ كَثِيرُونَ. مِنْ هُنَا نَعْلَمُ أَنَّهَا السَّاعَةُ الأَخِيرَةُ" (١ يوحنا ٢: ١٨)، "والآنَ هُوَ فِي الْعَالَمِ" (١ يوحنا ٤: ٣).

غلب القرن الصغير الثلاثة قرون الأولي: "كُنْتُ مُتَأَمِّلاً بِالْقُرُونِ وَإِذَا بِقَرْنٍ آخَرَ صَغِيرٍ طَلَعَ بَيْنَهَا وَقُلِعَتْ ثَلاَثَةٌ مِنَ الْقُرُونِ الأُولَى مِنْ قُدَّامِهِ" (دانيال ٨:٧)، "وَكُنْتُ أَنْظُرُ وَإِذَا هَذَا الْقَرْنُ يُحَارِبُ [يجادل] الْقِدِّيسِينَ فَغَلَبَهُمْ [أفحمهم]" (دانيال ٢١:٧).

القرن الصغير له عيون إنسان: "وَإِذَا بِعُيُونٍ كَعُيُونِ الإِنْسَانِ فِي هَذَا الْقَرْنِ" (دانيال ٨:٧)، "وَهَذَا الْقَرْنُ لَهُ عُيُونٌ" (دانيال ٢٠:٧)، وذكر "عيون الإنسان" معناها أن له معرفة ملحوظة، وإن كانت بحسب الحكمة الإنسانية. القديس بولس الرسول يصف "ضد المسيح" أنه "إنسان الخطية": "لاَ يَخْدَعَنَّكُمْ أَحَدٌ عَلَى طَرِيقَةٍ مَا، لأَنَّهُ [الرب يسوع] لاَ يَأْتِي إِنْ لَمْ يَأْتِ الارْتِدَادُ أَوَّلاً، وَيُسْتَعْلَنَ إِنْسَانُ الْخَطِيَّةِ، ابْنُ الْهَلاَكِ" (٢ تسالونيكي ٢ : ٣)

القرن الصغير له "فَمٍ مُتَكَلِّمٍ بِعَظَائِمَ" (دانيال ٨:٧)، "وَهَذَا الْقَرْنُ لَهُ عُيُونٌ وَفَمٌ مُتَكَلِّمٌ بِعَظَائِمَ وَمَنْظَرُهُ أَشَدُّ مِنْ رُفَقَائِهِ" (دانيال ٢٠:٧)، "كُنْتُ أَنْظُرُ حِينَئِذٍ مِنْ أَجْلِ صَوْتِ الْكَلِمَاتِ الْعَظِيمَةِ الَّتِي تَكَلَّمَ بِهَا الْقَرْنُ" (دانيال ١١:٧)، "وَيَتَكَلَّمُ بِكَلاَمٍ ضِدَّ الْعَلِيِّ وَيُبْلِي [يجادل ويغلب] قِدِّيسِي الْعَلِيِّ" (دانيال ٢٥:٧)، "وَأُعْطِيَ فَماً يَتَكَلَّمُ بِعَظَائِمَ وَتَجَادِيفَ، وَأُعْطِيَ سُلْطَاناً أَنْ يَفْعَلَ اثْنَيْنِ وَأَرْبَعِينَ شَهْراً. فَفَتَحَ فَمَهُ بِالتَّجْدِيفِ عَلَى اللهِ، لِيُجَدِّفَ عَلَى اسْمِهِ وَعَلَى مَسْكَنِهِ وَعَلَى السَّاكِنِينَ فِي السَّمَاءِ." (رؤيا ١٣: ٥-٦)، "وَيَظُنُّ أَنَّهُ يُغَيِّرُ الأَوْقَاتَ وَالسُّنَّةَ وَيُسَلَّمُونَ لِيَدِهِ إِلَى زَمَانٍ وَأَزْمِنَةٍ وَنِصْفِ زَمَانٍ." (دانيال ٢٥:٧).

العرش السمائي (دانيال ٧:٩-١٠)

٩ كُنْتُ أَرَى

أَنَّهُ وُضِعَتْ عُرُوشٌ

وَجَلَسَ الْقَدِيمُ الأَيَّامِ.

لِبَاسُهُ أَبْيَضُ كَالثَّلْجِ

وَشَعْرُ رَأْسِهِ كَالصُّوفِ النَّقِيِّ

وَعَرْشُهُ لَهِيبُ نَارٍ

وَبَكَرَاتُهُ نَارٌ مُتَّقِدَةٌ.

١٠ نَهْرُ نَارٍ جَرَى

وَخَرَجَ مِنْ قُدَّامِهِ.

أُلُوفُ أُلُوفٍ تَخْدِمُهُ

وَرَبَوَاتُ رَبَوَاتٍ وُقُوفٌ قُدَّامَهُ.

فَجَلَسَ الدِّينُ وَفُتِحَتِ الأَسْفَارُ.

٩:٧ رأي دانيال العروش السمائية حول العرش الإلهي: "كُنْتُ أَرَى أَنَّهُ وُضِعَتْ عُرُوشٌ وَجَلَسَ الْقَدِيمُ الأَيَّامِ [الأزلي] " (دانيال ٧ : ٩)، ففي السماء هناك أربع وعشرون عرشا خاصة للأربعة والعشرين قسيسا (رؤيا ٤: ٤)، وأيضا عروش الذين لم يسجدوا للوحش، وقدموا حياتهم من أجل شهادة يسوع (رؤيا ٢٠: ٤)، وأيضا عروش الذين تألموا مع المسيح حسب وعد السيد المسيح لهم (لوقا ٢٢ : ٢٨-٣٠).

رأي دانيال السيد الرب جالسا علي العرش، وقال: "كُنْتُ أَرَى أَنَّهُ وُضِعَتْ عُرُوشٌ وَجَلَسَ الْقَدِيمُ الأَيَّامِ [الأزلي]. لِبَاسُهُ أَبْيَضُ كَالثَّلْجِ، وَشَعْرُ رَأْسِهِ كَالصُّوفِ النَّقِيِّ" (دانيال ٧ : ٩)، الجالس علي العرش - الذي رآه دانيال - هو الآب السماوي" قديم الأيام"، وقد ذكر لقب "قديم الأيام" ثلاث مرات في هذا الأصحاح (دانيال ٩:٧، ١٣، ٢٢)، وهو لقب يعبر عن أزلية الله كما جاء في سفر التثنية: "الإِلهُ الْقَدِيمُ مَلجَأٌ، وَالأَذْرُعُ الأَبَدِيَّةُ مِنْ تَحْتُ" (تثنية ٣٣ : ٢٧).

وقد رأي أشعياء النبي منظرا مشابها لذلك، وقال: "فِي سَنَةِ وَفَاةِ عُزِّيَّا الْمَلِكِ رَأَيْتُ السَّيِّدَ جَالِساً عَلَى كُرْسِيٍّ عَالٍ وَمُرْتَفِعٍ، وَأَذْيَالُهُ تَمْلأُ الْهَيْكَلَ. السَّرَافِيمُ وَاقِفُونَ فَوْقَهُ، لِكُلِّ وَاحِدٍ سِتَّةُ أَجْنِحَةٍ. بِاثْنَيْنِ يُغَطِّي وَجْهَهُ، وَبِاثْنَيْنِ يُغَطِّي رِجْلَيْهِ، وَبَاثْنَيْنِ يَطِيرُ" (أشعياء ٦: ١-٢).

رؤية دانيال للقديم الأيام لا تتعارض مطلقا مع الحقيقة أن "اَللَّهُ لَمْ يَرَهُ [heooraken ἑώρακέν] أَحَدٌ قَطُّ" (يوحنا ١: ١٨)، فالفعل "يري See" - في اللغة اليونانية المترجم عنها العهد الجديد - ورد كترجمة ١١ فعل في اللغة اليونانية، وهي تعبر عن معان ومستويات مختلفة للرؤية. وهناك مستوي لرؤية الآب خاص بربنا يسوع المسيح، وهى الرؤية الفاحصة بالمعرفة الكاملة لله الآب، وهذا ما قال عنه السيد المسيح: "اَللَّهُ لَمْ يَرَهُ [heooraken ἑώρακέν] أَحَدٌ قَطُّ. اَلاِبْنُ الْوَحِيدُ الَّذِي هُوَ فِي حِضْنِ الآبِ هُوَ خَبَّرَ[أعلن عنه]" (يوحنا ١: ١٨)، "لَيْسَ أَنَّ أَحَداً رَأَى [heooraken ἑώρακέν] الآبَ إِلاَّ الَّذِي مِنَ اللَّهِ. هَذَا قَدْ رَأَى الآبَ" (يوحنا ٦: ٤٦)، "أَنَا أَتَكَلَّمُ بِمَا رَأَيْتُ عِنْدَ أَبِي [عرفته عن أبي]" (يوحنا ٨: ٣٨).

وهذه الرؤية تختلف عن رؤية ملامح الهيئة لمعرفة الأب، مثل التي طلبها فيلبس حين قال للسيد المسيح: "يَا سَيِّدُ أَرِنَا [ننظر هيئة deixon δεῖξον] الآبَ وَكَفَانَا"، وقد أجابه السيد المسيح لنقله من مستوي رؤية ملامح الهيئة إلي معرفة الآب بصورة أعمق، وقال له: "أَنَا مَعَكُمْ زَمَاناً هَذِهِ مُدَّتُهُ وَلَمْ تَعْرِفْنِي يَا فِيلُبُّسُ! اَلَّذِي رَآنِي [عرفني] فَقَدْ رَأَى [عرف] الآبَ فَكَيْفَ تَقُولُ أَنْتَ أَرِنَا [ننظر هيئة deixon δεῖξον] الآبَ؟" (يوحنا ١٤ : ٨-٩)، فالسيد المسيح لم يعلن فقط ملامح الآب بل أعلن لنا عن كيان الآب لنعرفه: "لَوْ كُنْتُمْ قَدْ عَرَفْتُمُونِي لَعَرَفْتُمْ أَبِي أَيْضاً. وَمِنَ الآنَ تَعْرِفُونَهُ وَقَدْ رَأَيْتُمُوهُ" (يوحنا ١٤: ٧).

رأي دانيال ثياب الآب السماوي بيضاء وشعره أبيض كالصوف النقي: "لِبَاسُهُ أَبْيَضُ كَالثَّلْجِ وَشَعْرُ رَأْسِهِ كَالصُّوفِ النَّقِيِّ" (دانيال ٧:٩). اللون الأبيض رمز لقداسة وطهارة الله. وهذا ما يريدنا الله أن نكون مثله، لذلك يقول الرب في أشعياء: "إِنْ كَانَتْ خَطَايَاكُمْ كَالْقِرْمِزِ تَبْيَضُّ كَالثَّلْجِ" (أشعياء ١ : ١٨)، وسفر الجامعة يقول: "لِتَكُنْ ثِيَابُكَ فِي كُلِّ حِينٍ بَيْضَاءَ" (جامعة ٩ : ٨).

علي جبل التجلي تغيرت هيئة السيد المسيح أمام تلاميذه، "وَأَضَاءَ وَجْهُهُ كَالشَّمْسِ، وَصَارَتْ ثِيَابُهُ بَيْضَاءَ كَالنورِ" (متى ١٧ : ٢)، في سفر الرؤيا، رأي القديس يوحنا "فِي وَسَطِ السَّبْعِ الْمَنَايِرِ شِبْهُ ابْنِ إِنْسَانٍ... رَأْسُهُ وَشَعْرُهُ فَأَبْيَضَانِ كَالصُّوفِ الأَبْيَضِ كَالثَّلْجِ، وَعَيْنَاهُ كَلَهِيبِ نَارٍ" (رؤيا ١:١٣-١٤)، وقيل عن القديسين أيضا أنهم "وَاقِفُونَ أَمَامَ الْعَرْشِ

وَأَمَامَ الْحَمَلِ، مُتَسَرْبِلِينَ بِثِيَابٍ بِيضٍ" (رؤيا ٧: ٩)، و"مَنْ يَغْلِبُ فَذَلِكَ سَيَلْبَسُ ثِيَاباً بِيضاً" (رؤيا ٣: ٥).

رأي دانيال عرش الآب السماوي كلهيب النار الملتهب: "عَرْشُهُ لَهِيبُ نَارٍ، وَبَكَرَاتُهُ [عجلاته] نَارٌ مُتَّقِدَةٌ [لهيب متوهج]" (دانيال ٧:٩)، وذلك "لأن الرب إلهك هو نار آكلة إله غيور" (تثنية ٤: ٢٤)، ومنظر العرش الناري يجعلنا نشعر بالمجد والجلال المحيط به.

حضور الله يرتبط بالنار في كثير من المواضع بالكتاب المقدس (خروج ١٩: ١٨ و ٢٠: ١٨ وحزقيال ١: ٤ و ١٣ و ٢٧) ، "قُدَّامَهُ تَذْهَبُ نَارٌ وَتُحْرِقُ أَعْدَاءَهُ حَوْلَهُ، أَضَاءَتْ بُرُوقُهُ الْمَسْكُونَةَ، رَأَتِ الأَرْضُ وَارْتَعَدَتْ" (مزامير ٩٧:٣-٤).

رأي دانيال "نَهْرُ نَارٍ جَرَى وَخَرَجَ مِنْ قُدَّامِهِ [من قدام العرش]" (دانيال ٧:١٠). الفعل "جري وخرج" في دانيال ٧:١٠، ورد في الترجمة السبعينية "ἔμπροσθεν"، وهو نفس الفعل اليوناني الذي جاءت عنه كلمة "ينبثق" في يوحنا ١٥:٢٦، وذلك لأن نهر النار الخارج من عرش الآب هو "رُوحُ الْحَقِّ الَّذِي مِنْ عِنْدِ الآبِ يَنْبَثِقُ" (يوحنا ١٥ : ٢٦)، وهو الروح الناري الذي به يعمد السيد المسيح المؤمنين فيه حسب قول القديس يوحنا المعمدان: "أَنَا أُعَمِّدُكُمْ بِمَاءٍ لِلتَّوْبَةِ وَلَكِنِ الَّذِي يَأْتِي بَعْدِي... هُوَ سَيُعَمِّدُكُمْ بِالرُّوحِ الْقُدُسِ وَنَارٍ [الروح القدس الناري]" (متى ٣ : ١١).

رأي دانيال "أُلُوفُ أُلُوفٍ [ملايين] تَخْدِمُهُ [تخدم القديم الأيام]، وَرَبَوَاتُ رَبَوَاتٍ وُقُوفٌ قُدَّامَهُ" (دانيال ٧:١٠). السماء ممتلئة بالحركة التي لا نستطيع تصورها، وبأعداد من الملائكة لا يمكن حصرها، ولهذا قال القديس يوحنا: "وَنَظَرْتُ وَسَمِعْتُ صَوْتَ مَلاَئِكَةٍ كَثِيرِينَ حَوْلَ الْعَرْشِ وَالْحَيَوَانَاتِ وَالشُّيُوخِ، وَكَانَ عَدَدُهُمْ رَبَوَاتِ رَبَوَاتٍ وَأُلُوفَ أُلُوفٍ" (رؤيا ٥ : ١١)،

دينونة الحيوانات الأربعة (دانيال ٧:١١-١٢)

١١ كُنْتُ أَنْظُرُ حِينَئِذٍ مِنْ أَجْلِ صَوْتِ الْكَلِمَاتِ الْعَظِيمَةِ الَّتِي تَكَلَّمَ بِهَا الْقَرْنُ. كُنْتُ أَرَى إِلَى أَنْ قُتِلَ الْحَيَوَانُ وَهَلَكَ جِسْمُهُ وَدُفِعَ لِوَقِيدِ النَّارِ. ١٢ أَمَّا بَاقِي الْحَيَوَانَاتِ فَنُزِعَ عَنْهُمْ سُلْطَانُهُمْ وَلَكِنْ أُعْطُوا طُولَ حَيَاةٍ إِلَى زَمَانٍ وَوَقْتٍ.

١١:٧ رأي دانيال صدور القضاء الإلهي علي القرن الصغير والحيوان الرابع بسبب كلماته المتكبرة: "فَجَلَسَ الدِّينُ [انعقدت المحكمة الإلهية] وَفُتِحَتِ الأَسْفَارُ. كُنْتُ أَنْظُرُ حِينَئِذٍ مِنْ أَجْلِ صَوْتِ الْكَلِمَاتِ الْعَظِيمَةِ [المتكبرة] الَّتِي تَكَلَّمَ بِهَا الْقَرْنُ"، وتم تنفيذ الحكم بأن "قُتِلَ الْحَيَوَانُ وَهَلَكَ جِسْمُهُ، وَدُفِعَ لِوَقِيدِ النَّارِ" (دانيال ٧:١١)، "فَيَجْلِسُ الدِّينُ وَيَنْزِعُونَ عَنْهُ سُلْطَانَهُ لِيَفْنُوا وَيَبِيدُوا إِلَى الْمُنْتَهَى" (دانيال ٧:٢٦).

هذه الدينونة خاصة بالقضاء الإلهي الخاص بالوحش الرابع والقرن الصغير، وليست الدينونة العامة في نهاية العالم، وذلك بدليل بقاء الحيوانات الثلاثة الأخرى زمانا بعده،"أَمَّا بَاقِي الْحَيَوَانَاتِ فَنُزِعَ عَنْهُمْ سُلْطَانُهُمْ [تقييد الشيطان] وَلَكِنْ أُعْطُوا طُولَ حَيَاةٍ إِلَى زَمَانٍ وَوَقْتٍ" (دانيال ١٠:١٢). سيهلك الحيوان الرابع قبل نهاية العالم، بمعني انتهاء سلطانه، ولكن سيظل وجود الحيوانات الثلاثة الأخرى، ولكن بدون سلطان إلي النهاية.

قضاء الله علي الأشرار ليس قاصرا علي الدينونة العامة في اليوم الأخير، لأن "اَللهُ قَاضٍ عَادِلٌ، وَإِلَهٌ يَسْخَطُ [يغضب علي الأشرار] فِي كُلِّ يَوْمٍ" (مزامير ٧ : ١١). وهناك الكثير من الأحكام الإلهية التي تصدر وتنفذ فورا علي مدي الزمن، ومثال لذلك هو حكم الله الفوري علي نبوخذنصر: "وَالْكَلِمَةُ بَعْدُ بِفَمِ الْمَلِكِ وَقَعَ صَوْتٌ مِنَ السَّمَاءِ: لَكَ يَقُولُونَ يَا نَبُوخَذْنَصَّرُ الْمَلِكُ إِنَّ الْمُلْكَ قَدْ زَالَ عَنْكَ، وَيَطْرُدُونَكَ مِنْ بَيْنِ النَّاسِ... فِي تِلْكَ السَّاعَةِ تَمَّ الأَمْرُ عَلَى نَبُوخَذْنَصَّرَ فَطُرِدَ مِنْ بَيْنِ النَّاسِ..." (دانيال ٤ : ٣١-٣٣).

الله قاض عادل يقيم حق أولاده، وينقذهم من الأشرار في حياتهم اليومية، وليس فقط في الدينونة العامة، لذلك يقول المزمور: "عِنْدَ رُجُوعِ أَعْدَائِي إِلَى خَلْفٍ يَسْقُطُونَ وَيَهْلِكُونَ مِنْ قُدَّامِ وَجْهِكَ لأَنَّكَ أَقَمْتَ حَقِّي وَدَعْوَايَ. جَلَسْتَ عَلَى الْكُرْسِيِّ قَاضِياً عَادِلاً... أَمَّا الرَّبُّ فَإِلَى الدَّهْرِ يَجْلِسُ. ثَبَّتَ لِلْقَضَاءِ كُرْسِيَّهُ، وَهُوَ يَقْضِي لِلْمَسْكُونَةِ بِالْعَدْلِ، يَدِينُ الشُّعُوبَ بِالاسْتِقَامَةِ، وَيَكُونُ الرَّبُّ مَلْجَأً لِلْمُنْسَحِقِ، مَلْجَأً فِي أَزْمِنَةِ الضِّيقِ" (مزامير ٩ : ٢-٩).

أما عن الدينونة العامة فقد قيل: "ثُمَّ رَأَيْتُ عَرْشاً عَظِيماً أَبْيَضَ، وَالْجَالِسَ عَلَيْهِ الَّذِي مِنْ وَجْهِهِ هَرَبَتِ الأَرْضُ وَالسَّمَاءُ، وَلَمْ يُوجَدْ لَهُمَا مَوْضِعٌ! وَرَأَيْتُ الأَمْوَاتَ صِغَاراً وَكِبَاراً وَاقِفِينَ أَمَامَ اللهِ، وَانْفَتَحَتْ أَسْفَارٌ. وَانْفَتَحَ سِفْرٌ آخَرُ هُوَ سِفْرُ الْحَيَاةِ، وَدِينَ الأَمْوَاتُ مِمَّا هُوَ مَكْتُوبٌ فِي الأَسْفَارِ بِحَسَبِ أَعْمَالِهِمْ" (رؤيا ٢٠: ١١-١٢).

دخول السيد المسيح إلي قدس الأقداس (دانيال ٧:١٣-١٤)

١٣ كُنْتُ أَرَى فِي رُؤَى اللَّيْلِ
وَإِذَا مَعَ سُحُبِ السَّمَاءِ
مِثْلُ ابْنِ إِنْسَانٍ أَتَى
وَجَاءَ إِلَى الْقَدِيمِ الأَيَّامِ
فَقَرَّبُوهُ قُدَّامَهُ.
١٤ فَأُعْطِيَ سُلْطَاناً
وَمَجْداً وَمَلَكُوتاً
لِتَتَعَبَّدَ لَهُ
كُلُّ الشُّعُوبِ وَالأُمَمِ وَالأَلْسِنَةِ.
سُلْطَانُهُ سُلْطَانٌ أَبَدِيٌّ
مَا لَنْ يَزُولَ
وَمَلَكُوتُهُ مَا لاَ يَنْقَرِضُ.

١٣:٧ رأي دانيال في رؤي الليل، "وَإِذَا مَعَ سُحُبِ السَّمَاءِ مِثْلُ ابْنِ إِنْسَانٍ أَتَى وَجَاءَ إِلَى الْقَدِيمِ الأَيَّامِ فَقَرَّبُوهُ قُدَّامَهُ" (دانيال ٧:١٣).

المقصود بشبه ابن الانسان هو الرب يسوع المسيح، فقد استخدم الرب يسوع لقب "ابن الإنسان" حوالي ٨٢ مرة للإشارة إلي نفسه. لذلك فهذه الرؤيا تعبر عن صعود الرب يسوع علي سحاب السماء كما جاء في أعمال الرسل (أع ١:٩)، ودخوله إلي قدس الأقداس السمائي، وجلوسه عن يمين الآب في مجد (متى ٢٦: ٦٤، مرقس ١٤ : ٦٢).

تعتبر هذه الرؤيا واحدة من الإعلانات الإلهية المتميزة في الكتاب المقدس التي فيها يستعلن الآب والإبن معا ، وعلي هذا النحو كانت رؤيا القديس إسطفانوس للرب يسوع عن يمين الله: "وَأَمَّا هُوَ فَشَخَصَ إِلَى السَّمَاءِ وَهُوَ مُمْتَلِئٌ مِنَ الرُّوحِ الْقُدُسِ فَرَأَى [eiden [εἶδεν] مَجْدَ اللهِ وَيَسُوعَ قَائِماً عَنْ يَمِينِ اللهِ [الآب] " (أعمال ٧ : ٥٥)، وفي سفر الرؤيا رأي القديس يوحنا " فَإِذَا فِي وَسَطِ الْعَرْشِ وَالْحَيَوَانَاتِ الأَرْبَعَةِ وَفِي وَسَطِ الشُّيُوخِ حَمَلٌ قَائِمٌ كَأَنَّهُ مَذْبُوحٌ [الرب يسوع]... فَأَتَى وَأَخَذَ السِّفْرَ مِنْ يَمِينِ الْجَالِسِ عَلَى الْعَرْشِ [الآب السماوي]" (رؤيا ٥ : ٦-٧).

لأجل أن الرب يسوع وضع نفسه حتي الموت "لِذَلِكَ رَفَّعَهُ اللهُ أَيْضاً، وَأَعْطَاهُ اسْماً فَوْقَ كُلِّ اسْمٍ لِكَيْ تَجْثُوَ بِاسْمِ يَسُوعَ كُلُّ رُكْبَةٍ مِمَّنْ فِي السَّمَاءِ وَمَنْ عَلَى الأَرْضِ وَمَنْ تَحْتَ الأَرْضِ، وَيَعْتَرِفَ كُلُّ لِسَانٍ أَنَّ يَسُوعَ الْمَسِيحَ هُوَ رَبٌّ لِمَجْدِ اللهِ الآبِ" (فيلبي ٢ : ٩-١١).

بدخول الرب يسوع لقدس الأقداس السمائي وجلوسه عن يمين الآب تم تتويجه ملكا، " فَأُعْطِيَ سُلْطَاناً وَمَجْداً وَمَلَكُوتاً لِتَتَعَبَّدَ لَهُ [لتخدمه وتصير عبيدا له] كُلُّ الشُّعُوبِ وَالأُمَمِ وَالأَلْسِنَةِ" (دانيال٧:١٤)، "الَّذِي هُوَ فِي يَمِينِ اللهِ، إِذْ قَدْ مَضَى إِلَى السَّمَاءِ، وَمَلاَئِكَةٌ وَسَلاَطِينُ وَقُوَّاتٌ مُخْضَعَةٌ لَهُ" (١بطرس ٣ : ٢٢)، لأن الله الآب قد "أَخْضَعَ كُلَّ شَيْءٍ تَحْتَ قَدَمَيْهِ" (١ كورنثوس ١٥ : ٢٧).

دخل السيد المسيح "إِلَى السَّمَاءِ عَيْنِهَا، لِيَظْهَرَ الآنَ أَمَامَ وَجْهِ اللهِ لأَجْلِنَا" (عب ٩:٢٤)، كرئيس كهنة للخيرات العتيدة إلي "الْمَسْكَنِ الأَعْظَمِ وَالأَكْمَلِ [أي قدس الأقداس السمائي] غَيْرِ الْمَصْنُوعِ بِيَدٍ، أَيِ الَّذِي لَيْسَ مِنْ هَذِهِ الْخَلِيقَةِ. وَلَيْسَ بِدَمِ تُيُوسٍ وَعُجُولٍ، بَلْ بِدَمِ نَفْسِهِ، دَخَلَ مَرَّةً وَاحِدَةً إِلَى الأَقْدَاسِ، فَوَجَدَ [حقق] فِدَاءً أَبَدِيّاً" (عبرانيين ٩:١١-١٢)، "فَبَعْدَمَا قَدَّمَ عَنِ الْخَطَايَا ذَبِيحَةً وَاحِدَةً [ذبيحة جسده]، جَلَسَ إِلَى الأَبَدِ عَنْ يَمِينِ اللهِ، مُنْتَظِراً بَعْدَ ذَلِكَ حَتَّى تُوضَعَ أَعْدَاؤُهُ مَوْطِئاً لِقَدَمَيْهِ." (عبرانيين ١٠:١٢-١٣).

بدخوله إلي قدس الأقداس السمائي، صار لنا ثقة في الدخول إلي الأقداس السمائية لأجل دم يسوع، "فَإِذْ لَنَا رَئِيسُ كَهَنَةٍ عَظِيمٌ قَدِ اجْتَازَ السَّمَاوَاتِ، يَسُوعُ ابْنُ اللهِ... فَلْنَتَقَدَّمْ بِثِقَةٍ إِلَى عَرْشِ النِّعْمَةِ لِكَيْ نَنَالَ رَحْمَةً، وَنَجِدَ نِعْمَةً عَوْناً فِي حِينِهِ" (عبرانيين ٤:١٤-١٦)، "فَإِذْ لَنَا أَيُّهَا الإِخْوَةُ ثِقَةٌ بِالدُّخُولِ إِلَى الأَقْدَاسِ[الدخول إلي الآب] بِدَمِ يَسُوعَ... لِنَتَقَدَّمْ بِقَلْبٍ صَادِقٍ فِي يَقِينِ الإِيمَانِ، مَرْشُوشَةً قُلُوبُنَا مِنْ ضَمِيرٍ شِرِّيرٍ، وَمُغْتَسِلَةً أَجْسَادُنَا بِمَاءٍ نَقِيٍّ" (عب ١٠:١٩-٢٢)، "نَاظِرِينَ إِلَى رَئِيسِ الإِيمَانِ وَمُكَمِّلِهِ يَسُوعَ، الَّذِي مِنْ أَجْلِ السُّرُورِ

الْمَوْضُوعِ أَمَامَهُ احْتَمَلَ الصَّلِيبَ مُسْتَهِيناً بِالْخِزْيِ، فَجَلَسَ فِي يَمِينِ عَرْشِ اللهِ." (عبرانيين ١٢ : ٢).

سيأتي الرب يسوع أيضا ثانية علي سحاب السماء، أي في مجده مع الملائكة القديسين، حسب كلام الملاك وقت صعوده: "أَيُّهَا الرِّجَالُ الْجَلِيلِيُّونَ مَا بَالُكُمْ وَاقِفِينَ تَنْظُرُونَ إِلَى السَّمَاءِ؟ إِنَّ يَسُوعَ هَذَا الَّذِي ارْتَفَعَ عَنْكُمْ إِلَى السَّمَاءِ سَيَأْتِي هَكَذَا كَمَا رَأَيْتُمُوهُ مُنْطَلِقاً إِلَى السَّمَاءِ" (أعمال ١ : ١١). وقال الرب يسوع: "وَحِينَئِذٍ يُبْصِرُونَ ابْنَ الإِنْسَانِ آتِياً فِي سَحَابٍ بِقُوَّةٍ كَثِيرَةٍ وَمَجْدٍ" (مرقس ١٣ : ٢٦، متى ٢٥ : ٣١، متى ٢٤: ٣٠). "هُوَذَا يَأْتِي مَعَ السَّحَابِ، وَسَتَنْظُرُهُ كُلُّ عَيْنٍ، وَالَّذِينَ طَعَنُوهُ، وَيَنُوحُ عَلَيْهِ جَمِيعُ قَبَائِلِ الأَرْضِ. نَعَمْ آمِينَ." (رؤيا ١ : ٧).

تفسير الرؤيا وتأثيرها علي دانيال (دانيال ٧:١٥-٢٨)

١٥ أَمَّا أَنَا دَانِيآلَ فَحَزِنَتْ رُوحِي فِي وَسَطِ جِسْمِي وَأَفْزَعَتْنِي رُؤَى رَأْسِي. ١٦
فَاقْتَرَبْتُ إِلَى وَاحِدٍ مِنَ الْوُقُوفِ وَطَلَبْتُ مِنْهُ الْحَقِيقَةَ فِي كُلِّ هَذَا. فَأَخْبَرَنِي
وَعَرَّفَنِي تَفْسِيرَ الأُمُورِ: ١٧ هَؤُلاَءِ الْحَيَوَانَاتُ الْعَظِيمَةُ الَّتِي هِيَ أَرْبَعَةٌ هِيَ
أَرْبَعَةُ مُلُوكٍ يَقُومُونَ عَلَى الأَرْضِ. ١٨ أَمَّا قِدِّيسُو الْعَلِيِّ فَيَأْخُذُونَ الْمَمْلَكَةَ
وَيَمْتَلِكُونَ الْمَمْلَكَةَ إِلَى الأَبَدِ وَإِلَى أَبَدِ الآبِدِينَ.

٧:١٥-١٦ سببت هذه الرؤيا حزنا ووجعا في قلب دانيال، وأفزعته الرؤي (دانيال ٧:١٥)، واقترب دانيال من أحد الملائكة وسأله عن تفسير الرؤيا (دانيال ٧:١٦). لم يشرح دانيال كيف وهو نائم يتحرك ويقترب من الملاك ليسأله، ولكنه من الواضح أنه صار جزءا من الرؤيا، وعلي هذا النحو قال القديس بولس الرسول: "أَعْرِفُ إِنْسَاناً فِي الْمَسِيحِ قَبْلَ أَرْبَعَ عَشْرَةَ سَنَةً. أَفِي الْجَسَدِ؟ لَسْتُ أَعْلَمُ، أَمْ خَارِجَ الْجَسَدِ؟ لَسْتُ أَعْلَمُ. اللهُ يَعْلَمُ. اخْتُطِفَ هَذَا إِلَى السَّمَاءِ الثَّالِثَةِ. وَأَعْرِفُ هَذَا الإِنْسَانَ. أَفِي الْجَسَدِ أَمْ خَارِجَ الْجَسَدِ؟ لَسْتُ أَعْلَمُ. اللهُ يَعْلَمُ." (٢ كورنثوس ١٢ : ٢-٣).

شرح الملاك لدانيال الأمر الخاص بالحيوانات الأربعة (دانيال ٧:١٦)، وأنهم "أَرْبَعَةُ مُلُوكٍ يَقُومُونَ عَلَى الأَرْضِ" (دانيال ٧:١٧)، ولكن "قِدِّيسُو الْعَلِيِّ فَيَأْخُذُونَ الْمَمْلَكَةَ وَيَمْتَلِكُونَ الْمَمْلَكَةَ إِلَى الأَبَدِ، وَإِلَى أَبَدِ الآبِدِينَ" (دانيال ٧:١٨).

١٩ حِينَئِذٍ رُمْتُ الْحَقِيقَةَ مِنْ جِهَةِ الْحَيَوَانِ الرَّابِعِ الَّذِي كَانَ مُخَالِفاً لِكُلِّهَا وَهَائِلاً جِدّاً وَأَسْنَانُهُ مِنْ حَدِيدٍ وَأَظْفَارُهُ مِنْ نُحَاسٍ وَقَدْ أَكَلَ وَسَحَقَ وَدَاسَ الْبَاقِيَ بِرِجْلَيْهِ ٢٠ وَعَنِ الْقُرُونِ الْعَشَرَةِ الَّتِي بِرَأْسِهِ وَعَنِ الآخَرِ الَّذِي طَلَعَ فَسَقَطَتْ قُدَّامَهُ ثَلاَثَةٌ. وَهَذَا الْقَرْنُ لَهُ عُيُونٌ وَفَمٌ مُتَكَلِّمٌ بِعَظَائِمَ وَمَنْظَرُهُ أَشَدُّ مِنْ رُفَقَائِهِ. ٢١ وَكُنْتُ أَنْظُرُ وَإِذَا هَذَا الْقَرْنُ يُحَارِبُ الْقِدِّيسِينَ فَغَلَبَهُمْ ٢٢ حَتَّى جَاءَ الْقَدِيمُ الأَيَّامِ وَأُعْطِيَ الدِّينُ لِقِدِّيسِي الْعَلِيِّ وَبَلَغَ الْوَقْتُ فَامْتَلَكَ الْقِدِّيسُونَ الْمَمْلَكَةَ. ٢٣ فَقَالَ: أَمَّا الْحَيَوَانُ الرَّابِعُ فَتَكُونُ مَمْلَكَةٌ رَابِعَةٌ عَلَى الأَرْضِ مُخَالِفَةٌ لِسَائِرِ الْمَمَالِكِ فَتَأْكُلُ الأَرْضَ كُلَّهَا وَتَدُوسُهَا وَتَسْحَقُهَا. ٢٤ وَالْقُرُونُ الْعَشَرَةُ مِنْ هَذِهِ الْمَمْلَكَةِ هِيَ عَشَرَةُ مُلُوكٍ يَقُومُونَ وَيَقُومُ بَعْدَهُمْ آخَرُ وَهُوَ مُخَالِفٌ الأَوَّلِينَ وَيُذِلُّ ثَلاَثَةَ مُلُوكٍ. ٢٥ وَيَتَكَلَّمُ بِكَلاَمٍ ضِدَّ الْعَلِيِّ وَيُبْلِي قِدِّيسِي الْعَلِيِّ وَيَظُنُّ أَنَّهُ يُغَيِّرُ الأَوْقَاتَ وَالسُّنَّةَ وَيُسَلَّمُونَ لِيَدِهِ إِلَى زَمَانٍ وَأَزْمِنَةٍ وَنِصْفِ زَمَانٍ. ٢٦ فَيَجْلِسُ الدِّينُ وَيَنْزِعُونَ عَنْهُ سُلْطَانَهُ لِيَفْنُوا وَيَبِيدُوا إِلَى الْمُنْتَهَى.

٧: ١٩-٢٦ طلب دانيال معرفة الحقيقة عن الحيوان الرابع والقرن الصغير (دانيال ٧: ١٩-٢٠)، وشرح له الملاك في تفسير الرؤيا علي النحو الذي ذكرناه سابقا.

٢٧ وَالْمَمْلَكَةُ وَالسُّلْطَانُ وَعَظَمَةُ الْمَمْلَكَةِ تَحْتَ كُلِّ السَّمَاءِ تُعْطَى لِشَعْبِ قِدِّيسِي الْعَلِيِّ. مَلَكُوتُهُ مَلَكُوتٌ أَبَدِيٌّ وَجَمِيعُ السَّلاَطِينِ إِيَّاهُ يَعْبُدُونَ وَيُطِيعُونَ. ٢٨ إِلَى هُنَا نِهَايَةُ الأَمْرِ. أَمَّا أَنَا دَانِيآلَ فَأَفْكَارِي أَفْزَعَتْنِي كَثِيراً وَتَغَيَّرَتْ عَلَيَّ هَيْئَتِي وَحَفِظْتُ الأَمْرَ فِي قَلْبِي.

٧: ٢٧ القديسون سيرثون مع المسيح، "وَالْمَمْلَكَةُ وَالسُّلْطَانُ وَعَظَمَةُ الْمَمْلَكَةِ تَحْتَ كُلِّ السَّمَاءِ تُعْطَى لِشَعْبِ قِدِّيسِي الْعَلِيِّ. مَلَكُوتُهُ مَلَكُوتٌ أَبَدِيٌّ وَجَمِيعُ السَّلاَطِينِ إِيَّاهُ يَعْبُدُونَ وَيُطِيعُونَ" (دانيال ٧: ٢٧)، فقد وعد السيد المسيح أولاده: "مَنْ يَغْلِبُ فَسَأُعْطِيهِ أَنْ يَجْلِسَ مَعِي فِي عَرْشِي، كَمَا غَلَبْتُ أَنَا أَيْضاً وَجَلَسْتُ مَعَ أَبِي فِي عَرْشِهِ" (رؤيا ٣: ٢١). "فَإِنْ كُنَّا أَوْلاَداً فَإِنَّنَا وَرَثَةٌ أَيْضاً وَرَثَةُ اللهِ وَوَارِثُونَ مَعَ الْمَسِيحِ. إِنْ كُنَّا نَتَأَلَّمُ مَعَهُ لِكَيْ نَتَمَجَّدَ أَيْضاً مَعَهُ" (رومية ٨: ١٧).

٢٨:٧ سببت الرؤيا إنزعاجا لدانيال ولكنه حفظ الأمر في قلبه: " إِلَى هُنَا نِهَايَةُ الأَمْرِ. أَمَّا أَنَا دَانِيآلَ فَأَفْكَارِي أَفْزَعَتْنِي كَثِيراً وَتَغَيَّرَتْ عَلَيَّ هَيْئَتِي وَحَفِظْتُ الأَمْرَ فِي قَلْبِي" (دانيال ٢٨:٧).

الأصحاح الثامن
رؤيا الكبش والتيس

بدءا من هذا الأصحاح يعود النص الأصلي إلي العبرية، بعد أن انتقل إلي الآرامية بدءا من (دانيال ٢:٤). وهذه الرؤيا تتعلق بالمملكتين الثانية والثالثة المذكورتين في رؤيا ٧ من الناحية التاريخية، ولكنها تحمل معني روحي في منتهي القوة والروعة.

الكبش
دانيال ٨:١-٤

١ فِي السَّنَةِ الثَّالِثَةِ مِنْ مُلْكِ بَيْلْشَاصَّرَ الْمَلِكِ ظَهَرَتْ لِي أَنَا دَانِيآلَ رُؤْيَا بَعْدَ الَّتِي ظَهَرَتْ لِي فِي الاِبْتِدَاءِ. ٢ فَرَأَيْتُ فِي الرُّؤْيَا وَكَانَ فِي رُؤْيَايَ وَأَنَا فِي شُوشَنَ الْقَصْرِ الَّذِي فِي وِلاَيَةِ عِيلاَمَ وَرَأَيْتُ فِي الرُّؤْيَا وَأَنَا عِنْدَ نَهْرِ أُولاَيَ.

١:٨ رأي دانيال هذه الرؤيا "فِي السَّنَةِ الثَّالِثَةِ مِنْ مُلْكِ بَيْلْشَاصَّرَ الْمَلِكِ" (دانيال ٨:١)، وذلك حوالي سنة ٥٥٢ ق.م، بعد الرؤيا السابقة بسنتين، حسب ما جاء في (دانيال ٧:١).

٢:٨ رأي دانيال نفسه في شوشن القصر في منطقة عيلام [غرب فارس Persia حاليا إيران]، وهي علي نهر أولاي Ulai (دانيال ٨:٢). إقليم عيلام يقع شمالي الخليج الفارسي، وكانت عاصمته شوشان التي يمر بها نهر [قناة] أولاي، ولما ملك كورش ٥٥٠(ق.م -٥٢٩ ق.م) أقام المملكة الفارسية وجعل شوشن عاصمته، وكانت شوشن هي العاصمة الشتوية لملوك فارس، ويقال أن قبر النبي دانيال فى مدينة الشوشان الحالية.

في لغة الرؤيا تأخذ المدن أسماء رمزية مختلفة عن أسمائها الحقيقية للإشارة إلي معان روحية، كما جاء عن أورشليم أنها "الْمَدِينَةِ الْعَظِيمَةِ الَّتِي تُدْعَى رُوحِيّاً سَدُومَ وَمِصْرَ، حَيْثُ صُلِبَ رَبُّنَا أَيْضاً" (رؤيا ١١ : ٨)، وذلك للإشارة إلي خطية أورشليم التي شابهت شرور سدوم، وإلي موت المسيح فيها الذي شابه ذبح خروف الفصح في مصر. عل هذا النحو ترمز شوشن لأورشليم، فقد كان قصر "شوشن" مسرحا لأحداث سفر أستير، وفيه تآمر

الرؤساء علي إبادة مردخاي وشعب الله، وبذلك صار شوشن القصر رمزا لمكان المؤامرات كما تم في أورشليم أبشع مؤامرة لقتل السيد المسيح.

٣ فَرَفَعْتُ عَيْنَيَّ وَرَأَيْتُ وَإِذَا بِكَبْشٍ وَاقِفٍ عِنْدَ النَّهْرِ وَلَهُ قَرْنَانِ وَالْقَرْنَانِ عَالِيَانِ وَالْوَاحِدُ أَعْلَى مِنَ الآخَرِ وَالأَعْلَى طَالِعٌ أَخِيراً. ٤ رَأَيْتُ الْكَبْشَ يَنْطَحُ غَرْباً وَشِمَالاً وَجَنُوباً فَلَمْ يَقِفْ حَيَوَانٌ قُدَّامَهُ وَلاَ مُنْقِذٌ مِنْ يَدِهِ وَفَعَلَ كَمَرْضَاتِهِ وَعَظُمَ.

٣:٨ رأي دانيال كبشا ذو قرنين، وصف هذين القرنين وعلاقتهما ببعضها يتضح أكثر في الأصل العبري للنص، وحسب هذا النص فإن "الْقَرْنَانِ عَالِيَانِ، وَالْوَاحِدُ أَعْلَى مِنَ الآخَرِ [الواحد عاليا بسبب الأخر]، وَالأَعْلَى طَالِعٌ أَخِيراً [ومشرق بعد الآخر] (دانيال ٣:٨).

من هو الكبش؟

من الناحية التاريخية، الكبش ذو القرنين هو ملوك مادي وفارس: "أَمَّا الْكَبْشُ الَّذِي رَأَيْتَهُ ذَا الْقَرْنَيْنِ فَهُوَ مُلُوكُ مَادِي وَفَارِسَ" (دانيال ٢٠:٨)، والفارسيين أتوا بعد الماديين، وكان الكبش رمزًا لهذه المملكة، ويضعون صورته على راياتهم، وكان ملوكهم يلبسون رؤوس كباش من ذهب كتيجان خصوصًا في حروبهم.

كان "كورش" أحد ملوك فارس، وأكثرهم شهرة في الكتاب المقدس، لأنه أول من أصدر مرسوما لعودة المسبيين من بابل إلي أورشليم وبناء الهيكل (عزرا ١ : ١-٢). وقد قال السيد الرب عن "كورش" ملك مادي وفارس أنه: "مَسِيحِهِ" (أشعياء ٤٥ : ١)، "رَاعِيَّ فَكُلَّ مَسَرَّتِي يُتَمِّمُ" (أشعياء ٤٤ : ٢٨).

لقد صار الملك - الذي يرتدي رأس "الكبش" كتاج له - رمزا للسيد المسيح، فكما عضد السيد الرب "كورش" لإطلاق المسبيين أحرارا، هكذا مسح ابنه يسوع المسيح بروحه القدوس ليطلق شعبه من سبي الخطية، فقال أشعياء بلسان السيد المسيح: "رُوحُ السَّيِّدِ الرَّبِّ عَلَيَّ لأَنَّ الرَّبَّ مَسَحَنِي لأُبَشِّرَ الْمَسَاكِينَ أَرْسَلَنِي لأَعْصِبَ مُنْكَسِرِي الْقَلْبِ لأُنَادِيَ لِلْمَسْبِيِّينَ بِالْعِتْقِ وَلِلْمَأْسُورِينَ بِالإِطْلاَقِ" (أشعياء ٦١ : ١). وكما نجحت مسرة الرب بيد كورش لبناء أورشليم والهيكل، هكذا نجحت مسرة الرب في شخص السيد المسيح بتقديم ذاته

ذبيحة ككبش فداء: "إِنْ جَعَلَ نَفْسَهُ ذَبِيحَةَ إِثْمٍ، يَرَى نَسْلاً تَطُولُ أَيَّامُهُ [كنيسة العهد الجديد]، وَمَسَرَّةُ الرَّبِّ بِيَدِهِ تَنْجَحُ" (أشعياء ٥٣ : ١٠).

يرمز الكبش لذبيحة السيد المسيح في كثير من المواضع في الكتاب المقدس. فالكبش هو أحد الذبائح التي قدمها إبراهيم للرب علامة للعهد الأبدي معه (تكوين ١٥:٩-١٠، ١٧-١٨). كما أن إبراهيم قدم كبشا فداء عن ابنه، "فَرَفَعَ إِبْرَاهِيمُ عَيْنَيْهِ وَنَظَرَ وَإِذَا كَبْشٌ وَرَاءَهُ مُمْسَكا فِي الْغَابَةِ بِقَرْنَيْهِ، فَذَهَبَ إِبْرَاهِيمُ وَاخَذَ الْكَبْشَ، وَاصْعَدَهُ مُحْرَقَةً عِوَضا عَنِ ابْنِهِ" (تكوين ٢٢ : ١٣).

وأيضا قدم موسي الكبش كذبيحة محرقة لتقديس هرون وبنيه كهنة لله، وتقديس ملابس الكهنوت (خروج ٢٩: ١، ١٥-٢٢)، وهكذا قدم السيد المسيح جسده ذبيحة محرقة و"جَعَلَنَا مُلُوكاً وَكَهَنَةً لِلَّهِ أَبِيهِ" (رؤيا ١: ٥-٦)، ولهذا "خَرَّتِ الأَرْبَعَةُ الْحَيَوَانَاتُ وَالأَرْبَعَةُ وَالْعِشْرُونَ شَيْخاً أَمَامَ الْحَمَلِ... وَهُمْ يَتَرَنَّمُونَ تَرْنِيمَةً جَدِيدَةً قَائِلِينَ: مُسْتَحِقٌّ أَنْتَ أَنْ تَأْخُذَ السِّفْرَ وَتَفْتَحَ خُتُومَهُ، لأَنَّكَ ذُبِحْتَ وَاشْتَرَيْتَنَا لِلَّهِ بِدَمِكَ مِنْ كُلِّ قَبِيلَةٍ وَلِسَانٍ وَشَعْبٍ وَأُمَّةٍ، وَجَعَلْتَنَا لإِلَهِنَا مُلُوكاً وَكَهَنَةً، فَسَنَمْلِكُ عَلَى الأَرْضِ" (رؤيا ٥ : ٨-١٠).

ما هو النهر؟

رأي دانيال الكبش واقفا عند النهر (دانيال ٨:٣)، وبينما ترمز شوشن لأورشليم في اليهودية يرمز نهر أولاي لنهر الأردن حيث أعتمد الرب يسوع، "وَفِي تِلْكَ الأَيَّامِ جَاءَ يَسُوعُ مِنْ نَاصِرَةِ الْجَلِيلِ وَاعْتَمَدَ مِنْ يُوحَنَّا فِي الأُرْدُنِّ، وَلِلْوَقْتِ وَهُوَ صَاعِدٌ مِنَ الْمَاءِ رَأَى السَّمَاوَاتِ قَدِ انْشَقَّتْ وَالرُّوحَ مِثْلَ حَمَامَةٍ نَازِلاً عَلَيْهِ، وَكَانَ صَوْتٌ مِنَ السَّمَاوَاتِ: أَنْتَ ابْنِي الْحَبِيبُ الَّذِي بِهِ سُرِرْتُ!" (مرقس ١:٩-١١).

النهر يرمز للروح القدس في كثير من المواضع بالكتاب المقدس كما ورد في (يوحنا ٧: ٣٨)، ورؤية السيد المسيح واقف عند النهر رمز لامتلائه بالروح القدس، "فَإِنَّهُ فِيهِ يَحِلُّ كُلُّ مِلْءِ اللاَّهُوتِ جَسَدِيّاً" (كولوسي ٢ : ٩).

ما هما القرنان؟

كان الأنبياء يستخدمون القرون في العهد القديم كأوعية لزيت المسحة بالروح القدس (١ صموئيل ١٦ : ١٣) ، وكما كانت القرون تمثل أوعية للزيت، هكذا فإن "القرنان

العاليان" اللذان رآهما دانيال يمثلان جسد الرب يسوع الذي فيه حل "ملء اللاهوت" وصار مملوءا "نعمة وحقا". فقد قال القديس يوحنا أن "الْكَلِمَةُ صَارَ جَسَداً وَحَلَّ بَيْنَنَا، وَرَأَيْنَا مَجْدَهُ مَجْداً كَمَا لِوَحِيدٍ مِنَ الآبِ مَمْلُوءاً نِعْمَةً وَحَقّاً" (يوحنا ١: ١٤).

رأي دانيال الكبش و"لَهُ قَرْنَانِ وَالْقَرْنَانِ عَالِيَانِ، وَالْوَاحِدُ أَعْلَى مِنَ الأخرى، وَالأَعْلَى طَالِعٌ أَخِيراً" (دانيال ٨:٣)، وحسب الأصل العبري يمكن ترجمة النص بصورة أفضل: "لَهُ قَرْنَانِ وَالْقَرْنَانِ عَالِيَانِ، وَالْوَاحِدُ عال high بسبب الآخر، والثاني العالي high طَالِعٌ [ظاهر أو منير] أَخِيراً" (دانيال ٨:٣)، أي القرنان عاليان، الأول عالي، والثاني عالي ومشرق بسبب الأول.

رأي دانيال القرنين أحدهما طالع أو مشرق بسبب الآخر، فلأجل فيض "النعمة" – في الرب يسوع – انسكبت النعمة علي شفتيه بالحق الإلهي (مزامير ٤٥: ٢) ، "وَمِنْ مِلْئِهِ نَحْنُ جَمِيعاً أَخَذْنَا وَنِعْمَةً فَوْقَ نِعْمَةٍ. لأَنَّ النَّامُوسَ بِمُوسَى أُعْطِيَ أَمَّا النِّعْمَةُ وَالْحَقُّ فَبِيَسُوعَ الْمَسِيحِ صَارَا" (يوحنا ١: ١٦-١٧).

بهذا تحقق قول الرب في سفر أشعياء النبي: "هُوَذَا عَبْدِي الَّذِي أَعْضُدُهُ مُخْتَارِي الَّذِي سُرَّتْ بِهِ نَفْسِي. وَضَعْتُ رُوحِي عَلَيْهِ فَيُخْرِجُ الْحَقَّ لِلأُمَمِ... إِلَى الأَمَانِ يُخْرِجُ الْحَقَّ. لاَ يَكِلُّ وَلاَ يَنْكَسِرُ حَتَّى يَضَعَ الْحَقَّ فِي الأَرْضِ وَتَنْتَظِرُ الْجَزَائِرُ شَرِيعَتَهُ" (أشعياء ٤٢:١-٤)، "فَقَدْ جَعَلْتُكَ نُوراً لِلأُمَمِ لِتَكُونَ خَلاَصِي إِلَى أَقْصَى الأَرْضِ" (أشعياء ٤٩ : ٦).

نطح الكبش

٨:٤ رأي دانيال الكبش "يَنْطَحُ غَرْباً وَشِمَالاً وَجَنُوباً" (دانيال ٨:٤). نطح الكبش يشير إلي غزوات ملوك مادي وفارس، وانتصاراتهم علي الممالك، فقد وصلوا غربا لحدود اليونان وجنوبا إلي مصر وأثيوبيا وشمالا إلي ليديا وأرمينيا والسكيثيين، ولكن لم يتجهوا إلي الشرق. ولم يقدر حيوان أن يقاوم الكبش، وهكذا إذ شبه ملوك مادي وفارس بالكبش ، شبه الملوك الآخرون بالحيوانات ، التي لم تستطع الوقوف أمامه ، ولا أن تفلت من يديه.

هذه صورة للجانب الصعب في إرسالية السيد المسيح، وهو هدم وتدمير ممالك الشر بالنعمة والحق، "لأَجْلِ هَذَا أُظْهِرَ ابْنُ اللهِ لِكَيْ يَنْقُضَ أَعْمَالَ إِبْلِيسَ" (١ يوحنا ٣: ٨). وقد

سبق التنبؤ بهذا الأمر في سفر أرميا، فقال السيد الرب: " قَدْ وَكَّلْتُكَ هَذَا الْيَوْمَ عَلَى الشُّعُوبِ، وَعَلَى الْمَمَالِكِ، لِتَقْلَعَ وَتَهْدِمَ وَتُهْلِكَ وَتَنْقُضَ وَتَبْنِيَ وَتَغْرِسَ" (ارميا ١: ١٠).

وسيظهر غضب الله والخروف علي ممالك الشر في يوم الدينونة العظيم، "مُلُوكُ الأَرْضِ وَالْعُظَمَاءُ وَالأَغْنِيَاءُ وَالأُمَرَاءُ وَالأَقْوِيَاءُ وَكُلُّ عَبْدٍ وَكُلُّ حُرٍّ، أَخْفَوْا أَنْفُسَهُمْ فِي الْمَغَايِرِ وَفِي صُخُورِ الْجِبَالِ، وَهُمْ يَقُولُونَ لِلْجِبَالِ وَالصُّخُورِ: اسْقُطِي عَلَيْنَا وَأَخْفِينَا عَنْ وَجْهِ الْجَالِسِ عَلَى الْعَرْشِ وَعَنْ غَضَبِ الْحَمَلِ" (رؤيا ٦: ١٥-١٦).

غربا وشمالا وجنوبا

لماذا لم ينطح الكبش شرقا؟ يمثل الشرق الاتجاه الذي جاء منه الرب يسوع المسيح، لأنه يمثل "شمس البر" بحسب قول السيد الرب في سفر ملاخي النبي: "وَلَكُمْ أَيُّهَا الْمُتَّقُونَ اسْمِي تُشْرِقُ شَمْسُ الْبِرِّ وَالشِّفَاءُ فِي أَجْنِحَتِهَا" (ملاخي ٤ : ٢). كما أن الشرق هو مكان الفردوس، حيث "غَرَسَ الرَّبُّ الإِلَهُ جَنَّةً فِي عَدْنٍ شَرْقاً" (تكوين ٢ : ٨)، أما الغرب والشمال والجنوب فهو العالم خارج الفردوس، وقد جاء الرب يسوع ليحرر البشرية من قبضة إبليس ويرجعهم إلي الفردوس، و"مَنْ يَغْلِبُ فَسَأُعْطِيهِ أَنْ يَأْكُلَ مِنْ شَجَرَةِ الْحَيَاةِ الَّتِي فِي وَسَطِ فِرْدَوْسِ اللهِ" (رؤيا ٢ : ٧).

قوة الكبش

لم يقدر حيوان أن يقاوم الكبش، "فَلَمْ يَقِفْ حَيَوَانٌ قُدَّامَهُ وَلاَ مُنْقِذٌ مِنْ يَدِهِ" (دانيال ٨:٤). وهكذا إذ شبه ملوك مادي وفارس بالكبش ، شبه الملوك الآخرون بالحيوانات ، التي لم تستطع الوقوف أمامه ، ولا أن تفلت من يديه، وعلي هذا المثال لم تقوي ممالك الظلمة أمام سلطان السيد المسيح بقوة الروح القدس، لأنه "بِسُلْطَانٍ وَقُوَّةٍ يَأْمُرُ الأَرْوَاحَ النَّجِسَةَ فَتَخْرُجُ" (لوقا ٤ : ٣٦)، وذلك بحسب ما قاله السيد الرب عنه في سفر أرميا: "يُحَارِبُونَكَ وَلاَ يَقْدِرُونَ عَلَيْكَ، لأَنِّي أَنَا مَعَكَ يَقُولُ الرَّبُّ لأُنْقِذَكَ" (أرميا ١: ١٩)، وما قاله أيضا في سفر أشعياء: "هَئَنَذَا قَدْ جَعَلْتُكَ نَوْرَجاً مُحَدَّداً جَدِيداً ذَا أَسْنَانٍ. تَدْرُسُ الْجِبَالَ وَتَسْحَقُهَا وَتَجْعَلُ الآكَامَ كَالْعُصَافَةِ" (أشعياء ٤١ : ١٥). وكما سحق الرب يسوع الشيطان، هكذا ينطح المؤمنون قوات الظلمة باسم الرب، كما جاء في المزمور: "بِكَ نَنْطَحُ مُضَايِقِينَا.

باسْمِكَ نَدُوسُ الْقَائِمِينَ عَلَيْنَا" (مزامير ٤٤: ٥)، و"إِلَهُ السَّلاَمِ سَيَسْحَقُ الشَّيْطَانَ تَحْتَ أَرْجُلِكُمْ سَرِيعاً" (روميه ١٦:٢٠).

كان سرور السيد المسيح أن يفعل مشيئة الآب السماوي، كما قال المزمور بلسانه: أَنْ أَفْعَلَ مَشِيئَتَكَ يَا إِلَهِي سُرِرْتُ. وَشَرِيعَتُكَ فِي وَسَطِ أَحْشَائِي" (مزامير ٤٠: ٨). وفعل الرب يسوع ما أراده وصار عظيما في أعين الكثيرين (دانيال ٨:٤)،"أَمَّا يَسُوعُ فَكَانَ يَتَقَدَّمُ فِي الْحِكْمَةِ وَالْقَامَةِ وَالنِّعْمَةِ عِنْدَ اللهِ وَالنَّاسِ" (لوقا ٢ : ٥٢)، وقد نجحت مسرة الله الآب فيه (أشعياء ٥٣ : ١٠).

التيس

دانيال ٨:٥

٥ وَبَيْنَمَا كُنْتُ مُتَأَمِّلاً إِذَا بِتَيْسٍ مِنَ الْمَعْزِ جَاءَ مِنَ الْمَغْرِبِ عَلَى وَجْهِ كُلِّ الأَرْضِ وَلَمْ يَمَسَّ الأَرْضَ وَلِلتَّيْسِ قَرْنٌ مُعْتَبَرٌ بَيْنَ عَيْنَيْهِ.

من هو التيس؟

٨:٥ رأي دانيال تيسا من المعز (دانيال ٨:٥)، والتيس هو ذكر الماعز (الجدي)، وهو في هذه الرؤيا يشير إلي "مَلِكُ الْيُونَانِ، وَالْقَرْنُ الْعَظِيمُ الَّذِي بَيْنَ عَيْنَيْهِ هُوَ الْمَلِكُ الأَوَّلُ" (دانيال ٨:٢١)، وفي ذلك الوقت كان "التيس" رمزًا للجيش اليوناني ، ولكن في الرمز الكتابي يتعدي الأمر مجرد الإشار إلي المملكة اليونانية والجيش اليوناني.

الأبرار والأشرار في الكتاب المقدس مثل الخراف والجداء، وذلك كما في قول السيد المسيح: "مَتَى جَاءَ ابْنُ الإِنْسَانِ فِي مَجْدِهِ وَجَمِيعُ الْمَلاَئِكَةِ الْقِدِّيسِينَ مَعَهُ فَحِينَئِذٍ يَجْلِسُ عَلَى كُرْسِيِّ مَجْدِهِ. وَيَجْتَمِعُ أَمَامَهُ جَمِيعُ الشُّعُوبِ فَيُمَيِّزُ بَعْضَهُمْ مِنْ بَعْضٍ كَمَا يُمَيِّزُ الرَّاعِي الْخِرَافَ مِنَ الْجِدَاءِ، فَيُقِيمُ الْخِرَافَ عَنْ يَمِينِهِ وَالْجِدَاءَ عَنِ الْيَسَارِ" (متى ٢٥ : ٣١-٣٣)، "ثُمَّ يَقُولُ الْمَلِكُ لِلَّذِينَ عَنْ يَمِينِهِ: تَعَالَوْا يَا مُبَارَكِي أَبِي رِثُوا الْمَلَكُوتَ الْمُعَدَّ لَكُمْ مُنْذُ تَأْسِيسِ الْعَالَمِ" (متي ٢٥:٣٤)، "ثُمَّ يَقُولُ أَيْضاً لِلَّذِينَ عَنِ الْيَسَارِ: اذْهَبُوا عَنِّي يَا مَلاَعِينُ إِلَى النَّارِ الأَبَدِيَّةِ الْمُعَدَّةِ لإِبْلِيسَ وَمَلاَئِكَتِهِ" (متي ٢٥:٤١).

وكما أن الكبش يرمز للسيد المسيح، فالتيس يرمز لإبليس فهو أبو الجداء أي الأشرار حسب قول الرب: "أَنْتُمْ مِنْ أَبٍ هُوَ إِبْلِيسُ وَشَهَوَاتِ أَبِيكُمْ تُرِيدُونَ أَنْ تَعْمَلُوا" (يوحنا ٨ : ٤٤).

من الغرب

رأي دانيال التيس آتيا من الغرب، ومجيئه في الرؤيا من الغرب يشير إلي مجيء ملك اليونان من الغرب أيضا، كما ترمز لمجيء إبليس في الاتجاه المضاد لمجيء الرب يسوع المسيح.

يمثل الشرق في الفكر العبري الاتجاه الأساسي في الاتجاهات الأربعة، وتنسب إليه الاتجاهات الأخري، فالشمال والجنوب هما شمال ويمين الشرق، بينما الغرب هو الجهة المعاكسة للشرق. ولهذا يصور الكتاب المقدس السيد المسيح آتيا من جهة الشرق، بينما إبليس آتيا من الاتجاه المعاكس وهو الغرب. فقد جاء السيد المسيح "شمس البر" (ملاخي ٤ : ٢) من الشرق حيث الفردوس (تكوين ٢ : ٨)، وعند ميلاده رأي المجوس "نَجْمَهُ فِي الْمَشْرِقِ" (متى ٢ : ٢)، أما إبليس فقد أتي من الجهة المضادة لفردوس الله، أي من جهة الغرب.

في طقس المعمودية بالكنيسة القبطية الأرثوذكسية، يقف طالب العماد، أو إشبينه إن كان طفلا، ووجهه ناحية الغرب، ويرفع يده ويقول: "أجحدك أيها الشيطان، وكل أعمالك النجسة، وكل جنودك الرديئة، وكل قوتك، وكل عبادتك المرذولة، وكل حيلك الرديئة والمضلة، وكل جيشك، وكل بقية نفاقك، أجحدك، أجحدك، أجحدك"، ثم يحول وجهه نحو الشرق، ويقول: "أعترف لك أيها المسيح إلهي، وبكل نواميسك المخلصة، وكل خدمتك المحيية، وكل أعمالك المعطية الحياة".

لم يمس الأرض

التيس "لَمْ يَمَسَّ الأَرْضَ" (دانيال ٥:٨)، وهذا يشير إلي السرعة الشديدة لغزوات ملك اليونان. وقد قيل أيضا عن إبليس أيضا أنه "رَئِيسِ سُلْطَانِ الْهَوَاءِ" (أفسس ٢ : ٢)، وهو يعمل بسرعة ليضل الناس عن إنجيل الله، حتي أن بولس الرسول يقول لأهل غلاطية:

"إِنِّي أَتَعجَّبُ أَنَّكُمْ تَنْتَقِلُونَ هكَذَا سَرِيعاً عَنِ الَّذِي دَعَاكُمْ بِنِعْمَةِ الْمَسِيحِ إِلَى إِنْجِيلٍ آخَرَ" (غلاطية ١ : ٦).

له قرن معتبر

التيس له "قَرْنٌ مُعْتَبَرٌ [بارز] بَيْنَ عَيْنَيْهِ" (دانيال ٥:٨) وهذا القرن العظيم يشير إلي الاسكندر الأكبر، ويرمز إلي إبليس والي قرنه الخال من النعمة والحق، والمملوء بالضلال والحكمة الفاسدة، وتنبأ عنه حزقيال بقوله: " [كنت] أَنْتَ خَاتِمُ الْكَمَالِ، مَلآنٌ حِكْمَةً وَكَامِلُ الْجَمَالِ. كُنْتَ فِي عَدْنٍ جَنَّةِ اللَّهِ... قَدِ ارْتَفَعَ قَلْبُكَ لِبَهْجَتِكَ. أَفْسَدْتَ حِكْمَتَكَ لأَجْلِ بَهَائِكَ. سَأَطْرَحُكَ إِلَى الأَرْضِ وَأَجْعَلُكَ أَمَامَ الْمُلُوكِ لِيَنْظُرُوا إِلَيْكَ" (حزقيال ١٢:٢٨،١٧).

هجوم التيس علي الكبش

دانيال ٦:٨-٨

٦ وَجَاءَ إِلَى الْكَبْش صَاحِبِ الْقَرْنَيْنِ الَّذِي رَأَيْتُهُ وَاقِفاً عِنْدَ النَّهْرِ وَرَكَضَ إِلَيْهِ بِشِدَّةِ قُوَّتِهِ. ٧ وَرَأَيْتُهُ قَدْ وَصَلَ إِلَى جَانِبِ الْكَبْش فَاسْتَشَاطَ عَلَيْهِ وَضَرَبَ الْكَبْشَ وَكَسَرَ قَرْنَيْهِ فَلَمْ تَكُنْ لِلْكَبْش قُوَّةٌ عَلَى الْوُقُوفِ أَمَامَهُ وَطَرَحَهُ عَلَى الأَرْضِ وَدَاسَهُ وَلَمْ يَكُنْ لِلْكَبْش مُنْقِذٌ مِنْ يَدِهِ. ٨ فَتَعَظَّمَ تَيْسُ الْمَعْزِ جِدّاً. وَلَمَّا اعْتَزَّ انْكَسَرَ الْقَرْنُ الْعَظِيمُ وَطَلَعَ عِوَضاً عَنْهُ أَرْبَعَةُ قُرُونٍ مُعْتَبَرَةٍ نَحْوَ رِيَاحِ السَّمَاءِ الأَرْبَعِ.

٦:٨-٧ قوي التيس علي الكبش ذو القرنين، وهذا ما حدث تاريخيا إذ غلب الإسكندر الأكبر مملكة مادي وفارس. وهجوم التيس علي الكبش صورة رمزية ملموسة لهجوم الشيطان بكل قوته علي شخص السيد المسيح. وقد تكلم الأنبياء عما ستكون حالة السيد المسيح عليه في مواجهة هذا الهجوم العنيف، وصراخه ورجائه، فقال داود النبي: "أَحَاطَتْ بِي ثِيرَانٌ كَثِيرَةٌ. أَقْوِيَاءُ بَاشَانَ اكْتَنَفَتْنِي. فَغَرُوا عَلَيَّ أَفْوَاهَهُمْ كَأَسَدٍ مُفْتَرِسٍ مُزَمْجِرٍ... أَمَّا أَنْتَ يَا رَبُّ فَلاَ تَبْعُدْ. يَا قُوَّتِي أَسْرِعْ إِلَى نُصْرَتِي. أَنْقِذْ مِنَ السَّيْفِ نَفْسِي. مِنْ يَدِ الْكَلْبِ وَحِيدَتِي، خَلِّصْنِي مِنْ فَمِ الأَسَدِ وَمِنْ قُرُونِ بَقَرِ الْوَحْشِ اسْتَجِبْ لِي" (مزامير ٢٢: ١٢-

٢١)، كما قال أشعياء النبي: "بَذَلْتُ ظَهْرِي لِلضَّارِبِينَ وَخَدَّيَّ لِلنَّاتِفِينَ. وَجْهِي لَمْ أَسْتُرْ عَنِ الْعَارِ وَالْبَصْقِ" (أشعياء ٥٠ : ٦).

كسر قرنيه

كلمة "كسر" المستخدمة في (دانيال ٨:٥) هي الكلمة المستخدمة للتعبير عن انكسار الروح في المزمور: "ذَبَائِحُ اللهِ هِيَ رُوحٌ مُنْكَسِرَةٌ، الْقَلْبُ الْمُنْكَسِرُ وَالْمُنْسَحِقُ يَا اللهُ لاَ تَحْتَقِرُهُ" (مزامير ٥١ : ١٧)، وتعبير "كسر قرنيه" في هذه الرؤيا يشير إلي الذل الذي ذاقه الرب يسوع في جسده، والمهانة التي لحقت به في آلامه وموته من أجل فدائنا وتقديسنا، فلقد صار الرب يسوع علي الصليب "لاَ صُورَةَ لَهُ وَلاَ جَمَالَ فَنَنْظُرَ إِلَيْهِ وَلاَ مَنْظَرَ فَنَشْتَهِيهِ. مُحْتَقَرٌ وَمَخْذُولٌ مِنَ النَّاسِ رَجُلُ أَوْجَاعٍ وَمُخْتَبِرُ الْحُزْنِ وَكَمُسَتَّرٍ عَنْهُ وُجُوهُنَا مُحْتَقَرٌ فَلَمْ نَعْتَدَّ بِهِ." (أشعياء ٥٣:٢-٣).

حدث كل هذا لأن الرب يسوع "إِذْ وُجِدَ فِي الْهَيْئَةِ كَإِنْسَانٍ، وَضَعَ نَفْسَهُ وَأَطَاعَ حَتَّى الْمَوْتَ مَوْتَ الصَّلِيبِ" (فيلبي ٢ : ٨)، ولم يكن لإبليس سلطان علي السيد المسيح، بل كان كل ما حدث حسب مشورة الله المحتومة، ولهذا قال السيد المسيح لبيلاطس "لَمْ يَكُنْ لَكَ عَلَيَّ سُلْطَانٌ الْبَتَّةَ لَوْ لَمْ تَكُنْ قَدْ أُعْطِيتَ مِنْ فَوْقُ" (يوحنا ١٩:١١)، وقال القديس بطرس للاسرائيليين في يوم الخمسين: "هَذَا أَخَذْتُمُوهُ مُسَلَّماً بِمَشُورَةِ اللهِ الْمَحْتُومَةِ وَعِلْمِهِ السَّابِقِ وَبِأَيْدِي أَثَمَةٍ صَلَبْتُمُوهُ وَقَتَلْتُمُوهُ، الَّذِي أَقَامَهُ اللهُ نَاقِضاً أَوْجَاعَ الْمَوْتِ إِذْ لَمْ يَكُنْ مُمْكِناً أَنْ يُمْسَكَ مِنْهُ" (أعمال ٢: ٢٣-٢٤).

تعظم وانكسر

٨:٨ تَعَظَّمَ تَيْسُ الْمَعْزِ جِدّاً" (دانيال ٨:٨)، فقد كان ساعة القبض علي السيد المسيح وآلامه هو وقت تشامخ إبليس وأتباعه، ولأجل تشامخهم علي السيد المسيح "كَانَ الْمُجْتَازُونَ يُجَدِّفُونَ عَلَيْهِ... كَذَلِكَ رُؤَسَاءُ الْكَهَنَةِ وَهُمْ مُسْتَهْزِئُونَ فِيمَا بَيْنَهُمْ مَعَ الْكَتَبَةِ قَالُوا: خَلَّصَ آخَرِينَ وَأَمَّا نَفْسُهُ فَمَا يَقْدِرُ أَنْ يُخَلِّصَهَا" (مرقس ١٥ : ٢٩-٣١)، ولهذا قال السيد المسيح لهم: "هَذِهِ سَاعَتُكُمْ وَسُلْطَانُ الظُّلْمَةِ" (لوقا ٢٢ : ٥٣).

وفي وقت تعظم التيس وتشامخه، انكسر قرنه العظيم، وهذا يشير إلي هزيمة إبليس يوم الصليب، "إِذْ جَرَّدَ الرِّيَاسَاتِ وَالسَّلاَطِينَ [إبليس وقواته] أَشْهَرَهُمْ جِهَاراً، ظَافِراً بِهِمْ فِيهِ

[في المسيح]" (كولوسي ٢ : ١٥)، وطرح إبليس خارجا (يوحنا ١٢: ٣١). وانكسار إبليس رسالة من السيد الرب للمتعظمين حتي يتضعوا، "لاَ تَرْفَعُوا إِلَى الْعُلَى قَرْنَكُمْ. لاَ تَتَكَلَّمُوا بِعُنُقٍ مُتَصَلِّبٍ ... وَكُلَّ قُرُونِ الأَشْرَارِ أَعْضِبُ [أكسر]. قُرُونُ الصِّدِّيقِ تَنْتَصِبُ" (مزامير ٧٥: ٥-١٠).

القرون الأربعة

أنكسر القرن العظيم و"طَلَعَ عِوَضاً عَنْهُ أَرْبَعَةُ قُرُونٍ مُعْتَبَرَةٍ نَحْوَ رِيَاحِ السَّمَاءِ الأَرْبَعِ" (دانيال ٨:٨)، وقد حدث هذا بالفعل إذ مات الأسكندر الأكبر، وانقسمت مملكته إلي أربعة أقسام، بحسب قول الملاك: "وَكَقِيَامِهِ تَنْكَسِرُ مَمْلَكَتُهُ وَتَنْقَسِمُ إِلَى رِيَاحِ السَّمَاءِ الأَرْبَعِ" (دانيال ١١ :٤).

إبليس – بعد انكساره علي الصليب– مازال يعمل الآن في أبناء المعصية في كل العالم، فهو الرُّوحِ الَّذِي يَعْمَلُ الآنَ فِي أَبْنَاءِ الْمَعْصِيَةِ" (أفسس ٢ : ٢)، ولا يزال إبليس يعمل ويعمي أذهان غير المؤمنين: "وَلَكِنْ إِنْ كَانَ إِنْجِيلُنَا مَكْتُوماً، فَإِنَّمَا هُوَ مَكْتُومٌ فِي الْهَالِكِينَ، الَّذِينَ فِيهِمْ إِلَهُ هَذَا الدَّهْرِ قَدْ أَعْمَى أَذْهَانَ غَيْرِ الْمُؤْمِنِينَ، لِئَلاَّ تُضِيءَ لَهُمْ إِنَارَةُ إِنْجِيلِ مَجْدِ الْمَسِيحِ، الَّذِي هُوَ صُورَةُ اللهِ. (٢كورنثوس ٤:٣-٤).

ومازال إبليس يقاوم أولاد الله من خلال الناس الأشرار الفاسدة أذهانهم، و"كَمَا قَاوَمَ يَنِّيسُ وَيَمْبِرِيسُ مُوسَى، كَذَلِكَ هَؤُلاَءِ أَيْضاً يُقَاوِمُونَ الْحَقَّ. أُنَاسٌ فَاسِدَةٌ أَذْهَانُهُمْ، وَمِنْ جِهَةِ الإِيمَانِ مَرْفُوضُونَ" (٢ تيموثاوس ٣ : ٨).

رؤيا القرن الصغير

دانيال ٨:٩-١٢

٩ وَمِنْ وَاحِدٍ مِنْهَا خَرَجَ قَرْنٌ صَغِيرٌ وَعَظُمَ جِدّاً نَحْوَ الْجَنُوبِ وَنَحْوَ الشَّرْقِ وَنَحْوَ فَخْرِ الأَرَاضِي. ١٠ وَتَعَظَّمَ حَتَّى إِلَى جُنْدِ السَّمَاوَاتِ وَطَرَحَ بَعْضاً مِنَ الْجُنْدِ وَالنُّجُومِ إِلَى الأَرْضِ وَدَاسَهُمْ. ١١ وَحَتَّى إِلَى رَئِيسِ الْجُنْدِ تَعَظَّمَ وَبِهِ أُبْطِلَتِ

الْمُحْرَقَةُ الدَّائِمَةُ وَهُدِمَ مَسْكَنُ مَقْدِسِهِ. ١٢ وَجُعِلَ جُنْدٌ عَلَى الْمُحْرَقَةِ الدَّائِمَةِ بِالْمَعْصِيَةِ فَطَرَحَ الْحَقَّ عَلَى الأَرْضِ وَفَعَلَ وَنَجَحَ..

٩:٨ طلع قرن صغير من رياح السماء الأربع (دانيال ٩:٨)، وقد سبق الإشارة إلي القرن الصغير في دانيال ٨:٧، ١١، ٢٠، ٢١، ٢٤-٢٦ . هذا القرن الصغير هو "مَلِكٌ جَافِي الْوَجْهِ [عنيف] وَفَاهِمُ الْحِيَلِ [ماكر أو مخادع] " (دانيال ٢٣:٨)، "وَبِحَذَاقَتِهِ يَنْجَحُ أَيْضاً الْمَكْرُ فِي يَدِهِ وَيَتَعَظَّمُ بِقَلْبِه" (دانيال ٨ : ٢٥).

يري كثير من المفسرين أن هذا القرن الصغير هو أنطيوخس أبيفانيوس Antiochus Epiphanes حاكم سوريا (175-163 B.C.) الذي قيل عنه في سفر المكابيين: "خرجت منهم جرثومة اثيمة هي أنطيوخس الشهير ابن أنطيوخس الملك، وكان رهينة في رومية، وملك في السنة المئة والسابعة والثلاثين من دولة اليونان" (١ مكابيين ١:١٠).

كما سبق أن أشرنا في تفسير دانيال ٨:٧ أن البعض يري أن القرن الصغير هو "ضد المسيح" [شخص مفرد] ، ويتوقعون ظهوره في نهاية الأيام، ولكن الكتاب المقدس يشير إلي "أضداد كثيرين للمسيح" ، أي جماعة أو نظام ديني يقوده روح ضد المسيح، "كَمَا سَمِعْتُمْ أَنَّ ضِدَّ الْمَسِيحِ يَأْتِي، قَدْ صَارَ الآنَ أَضْدَادٌ لِلْمَسِيحِ كَثِيرُونَ. مِنْ هُنَا نَعْلَمُ أَنَّهَا السَّاعَةُ الأَخِيرَةُ" (١ يوحنا ٢: ١٨)، "وَكُلُّ رُوحٍ لاَ يَعْتَرِفُ بِيَسُوعَ الْمَسِيحِ أَنَّهُ قَدْ جَاءَ فِي الْجَسَدِ فَلَيْسَ مِنَ اللهِ، وَهَذَا هُوَ رُوحُ ضِدِّ الْمَسِيحِ الَّذِي سَمِعْتُمْ أَنَّهُ يَأْتِي، وَالآنَ هُوَ فِي الْعَالَمِ" (١ يوحنا ٤: ٣).

الجنوب والشرق وفخر الأراضي

امتد سلطان القرن الصغير نحو الجنوب والشرق وفخر الأراضي: "وَعَظُمَ جِدّاً نَحْوَ الْجَنُوبِ وَنَحْوَ الشَّرْقِ وَنَحْوَ فَخْرِ الأَرَاضِي [الأرض المجيدة] " (دانيال ٩:٨)، فقد أمتد ملك أنطيوخس في غزوه إلي مصر [الجنوب]، وفارس [الشرق]، وفخر الأراضي [الأرض المجيدة أي أرض إسرائيل].

علي نحو امتداد أنطيوخس حنوبا وشرقا ولفخر الأراضي، هكذا يمتد سلطان "مملكة ضد المسيح" لتحارب المؤمنين من الأمم [الجنوب والشرق] ومن اليهود [فخر الأراضي]، فقد صار لهذه المملكة "سُلْطَاناً عَلَى كُلِّ قَبِيلَةٍ وَلِسَانٍ وَأُمَّةٍ" (رؤيا ١٣: ٧).

تعظم علي جند السماء

١٠:٨ تعظم القرن الصغير "حَتَّى إِلَى جُنْدِ السَّمَاوَاتِ وَطَرَحَ بَعْضاً مِنَ الْجُنْدِ وَالنُّجُومِ إِلَى الأَرْضِ وَدَاسَهُمْ [رفسها] " (دانيال ٨:١٠). ليس المقصود هنا بجند السماوات أنهم القوات الملائكية بل شعب الله القديسون المدعوون جند الله ونجوم [أو كواكب حسب بعض الترجمات]، فقد دعا الله شعبه أنهم جنوده بقوله لموسي وهرون: "اخْرِجَ أَجْنَادِي شَعْبِي بَنِي إسرائيل مِنْ ارْضِ مِصْرَ بِأَحْكَامٍ عَظِيمَةٍ" (خروج ٧ : ٤)، كما قيل في سفر دانيال: "الْفَاهِمُونَ يَضِيئُونَ كَضِيَاءِ الْجَلَدِ وَالَّذِينَ رَدُّوا كَثِيرِينَ إِلَى الْبِرِّ كَالْكَوَاكِبِ إِلَى أَبَدِ الدُّهُورِ" (دانيال ١٢ : ٣).

فرض أنطيوخس أبيفانيوس التقاليد والعبادات اليونانية، ووضع صنما لجوبتر في الهيكل وأرغم الكثير من القديسين [جند السماء ونجومهم] للسجود للأوثان، وعلي هذا النحو أيضا يسقط كثير من شعب الله بسبب "مملكة ضد المسيح"، فقد قيل عن القرن الصغير: "يُهْلِكُ عَجَباً وَيَنْجَحُ وَيَفْعَلُ وَيُبِيدُ الْعُظَمَاءَ وَشَعْبَ الْقِدِّيسِينَ" (دانيال ٨:٢٤-٢٥)، "وَكُنْتُ أَنْظُرُ وَإِذَا هَذَا الْقَرْنُ يُحَارِبُ الْقِدِّيسِينَ فَغَلَبَهُمْ" (دانيال ٧:٢١)، "يُبْلِي قِدِّيسِي الْعَلِيِّ" (دانيال ٧:٢٥)، "أُعْطِيَ أَنْ يَصْنَعَ حَرْباً مَعَ الْقِدِّيسِينَ وَيَغْلِبَهُمْ" (رؤيا ١٣: ٧).

تعظم علي رئيس الجند

تعظم القرن الصغير حتي علي رئيس الجند (دانيال ٨:١١)، "وَيَقُومُ عَلَى رَئِيسِ الرُّؤَسَاءِ" (دانيال ٨:٢٥)، وهو الله "رب الجنود" (١ أخبار ١٧: ٢٤).

فقد أمر أنطيوخس أبيفانيوس اليهود أن يقوموا ضد إلههم، و"يتبعوا شريعة الأجانب في الأرض، ويمتنعوا عن المحرقات والذبيحة والسكيب في المقدس، ويدنسوا السبوت والاعياد، وينجسوا المقادس والقديسين، ويبنوا مذابح وهياكل ومعابد للاصنام ويذبحوا الخنازير والحيوانات النجسة، و يتركوا بنيهم غير مختونين، ويقذروا نفوسهم بكل نجاسة ورجس حتى ينسوا الشريعة، ويغيروا جميع الاحكام" (١ مكابيين ١:٥٧).

وهكذا "يَتَكَلَّمُ [ضد المسيح] بِكَلاَمٍ ضِدَّ الْعَلِيِّ" (دانيال ٧:٢٥)، ويقوم بنشر تعاليم لاهوتية خاطئة ضد الله، فهو "الْمُقَاوِمُ وَالْمُرْتَفِعُ عَلَى كُلِّ مَا يُدْعَى إِلَهاً أَوْ مَعْبُوداً، حَتَّى إِنَّهُ يَجْلِسُ فِي هَيْكَلِ الله كَإِلَهٍ مُظْهِراً نَفْسَهُ أَنَّهُ إِلَهٌ" (٢ تسالونيكي ٢ : ٤).

تعدى علي الهيكل والذبيحة:

٨:١١-١٢ أبطل القرن الصغير الذبيحة الدائمة وهدم هيكله المقدس، وجعل الناس يرتكبون المعصية عوض أن يقربوا المحرقة الدائمة (دانيال ٨:١١-١٢)، فقد تعدي أنطيوخس أبيفانيوس علي هيكل الله والذبيحة الدائمة، وحطم أواني الهيكل وسرق كنوزه: "رجع أنطيوخس [بعد غزوه مصر] بعدما اوقع بمصر وذلك في السنة المئة والثالثة والأربعين ونهض نحو اسرائيل فصعد الى أورشليم بجيش كثيف و دخل المقدس بتجبر واخذ مذبح الذهب ومنارة النور مع جميع ادواتها ومائدة التنضيد والمساكب والجامات ومجامر الذهب و الحجاب والأكاليل والحلية الذهبية التي كانت على وجه الهيكل وحطمها جميعا واخذ الفضة والذهب والانية النفيسة واخذ ما وجد من الكنوز المكنونة اخذ الجميع وانصرف الى ارضه" (١ مكابيين ١:٢١-٢٤).

"المحرقة الدائمة" هي الذبائح اليهودية اليومية، وقد ورد ذكرها في (خروج ٢٩: ٣٨-٤٢، عدد ٢٨:٣-٦)، وهي تشير إلي "الذبيحة الدائمة" أو "الخدمة الدائمة" أي عمل المسيح الكفاري أمام الله الآب. وبموت السيد المسيح علي الصليب المقدس، انتهي دور الذبائح اليومية، وانفتح لنا قدس الأقداس السمائي لندخله، وكانت العلامة لذلك هو انشقاق حجاب الهيكل (متى ٢٧: ٥٠-٥١)، "وَانْفَتَحَ هَيْكَلُ اللهِ فِي السَّمَاءِ، وَظَهَرَ تَابُوتُ عَهْدِهِ فِي هَيْكَلِهِ" (رؤيا ١١: ١٩).

تعدي القرن الصغير علي الهيكل والذبيحة يشير إلي تعدي "مملكة ضد المسيح" علي عمل المسيح الكفاري أمام الله الآب، وهذا يحدث بالاستهانة والتقليل من قيمة عمل المسيح الكفاري. الرب يسوع المسيح هو الذبيحة الدائمة والوسيط الكفاري الوحيد بين الله الآب والناس، "لأَنَّهُ يُوجَدُ إِلَهٌ وَاحِدٌ، و[يوجد] وَسِيطٌ وَاحِدٌ بَيْنَ اللهِ وَالنَّاسِ: [وهو] الإِنْسَانُ يَسُوعُ الْمَسِيحُ" (١تيموثاوس ٢ : ٥). وهو حي يشفع فينا أمام الآب: "فَمِنْ ثَمَّ يَقْدِرُ أَنْ يُخَلِّصَ أَيْضاً إِلَى التَّمَامِ الَّذِينَ يَتَقَدَّمُونَ بِهِ إِلَى اللهِ، إِذْ هُوَ حَيٌّ فِي كُلِّ حِينٍ لِيَشْفَعَ فِيهِمْ" (عبرانيين ٧: ٢٥)، "وَإِنْ أَخْطَأَ أَحَدٌ فَلَنَا شَفِيعٌ عِنْدَ الآبِ، يَسُوعُ الْمَسِيحُ الْبَارُّ" (١ يوحنا ٢ : ١).

طرح الحق إلي الأرض

"الحق" هو شريعة الله أو التوراة في العهد القديم، فقد جاء في سفر المزامير"شَرِيعَتُكَ حَقٌّ" (مزامير ١١٩ : ١٤٢)، وقد أهان القرن الصغير شريعة الله: "فَطَرَحَ الْحَقَّ [الشريعة

الإلهية] عَلَى الأَرْضِ" (دانيال ٨:١٢)، فقد منع أنطيوخس أبيفانيوس اليهود من الاحتفاظ بنسخة من التوراة: "وما وجدوه من اسفار الشريعة مزقوه واحرقوه بالنار و كل من وجد عنده سفر من العهد او اتبع الشريعة فانه مقتول بامر الملك" (١مكابيين ١:٥٩-٦٠). ونجح القرن الصغير في تحقيق خطته إلي حين: "وَفَعَلَ وَنَجَحَ " (دانيال ٨:١٢).

تعدي أنطيوخس أبيفانيوس علي التوراة هو رمز لتعدي مملكة ضد المسيح علي كلمة الله بالتفاسير المضللة لكلمة الله وتحويرها، "لأَنَّهُ سَيَكُونُ وَقْتٌ لاَ يَحْتَمِلُونَ فِيهِ التَّعْلِيمَ الصَّحِيحَ، بَلْ حَسَبَ شَهَوَاتِهِمُ الْخَاصَّةِ يَجْمَعُونَ لَهُمْ مُعَلِّمِينَ مُسْتَحِكَّةً مَسَامِعُهُمْ، فَيَصْرِفُونَ مَسَامِعَهُمْ عَنِ الْحَقِّ، وَيَنْحَرِفُونَ إِلَى الْخُرَافَاتِ" (٢ تيموثاوس ٤ : ٣-٤). وقد قال بولس الرسول: "إِنِّي أَتَعَجَّبُ أَنَّكُمْ تَنْتَقِلُونَ هَكَذَا سَرِيعاً عَنِ الَّذِي دَعَاكُمْ بِنِعْمَةِ الْمَسِيحِ إِلَى إِنْجِيلٍ آخَرَ. لَيْسَ هُوَ آخَرَ، غَيْرَ أَنَّهُ يُوجَدُ قَوْمٌ يُزْعِجُونَكُمْ وَيُرِيدُونَ أَنْ يُحَوِّلُوا إِنْجِيلَ الْمَسِيحِ" (غلاطية ١ : ٦-٧)، "مِثْلَ هَؤُلاَءِ لاَ يَخْدِمُونَ رَبَّنَا يَسُوعَ الْمَسِيحَ بَلْ بُطُونَهُمْ وَبِالْكَلاَمِ الطَّيِّبِ وَالأَقْوَالِ الْحَسَنَةِ يَخْدَعُونَ قُلُوبَ السُّلَمَاءِ" (رومية ١٦ : ١٨).

ألفين وثلاث مئة صباح ومساء

دانيال ٨:١٣-١٤

١٣ فَسَمِعْتُ قُدُّوساً وَاحِداً يَتَكَلَّمُ. فَقَالَ قُدُّوسٌ وَاحِدٌ لِفُلاَنٍ الْمُتَكَلِّمِ: إِلَى مَتَى الرُّؤْيَا مِنْ جِهَةِ الْمُحْرَقَةِ الدَّائِمَةِ وَمَعْصِيَةِ الْخَرَابِ لِبَذْلِ الْقُدْسِ وَالْجُنْدِ مَدُوسَيْنِ؟ ١٤ فَقَالَ لِي: إِلَى أَلْفَيْنِ وَثَلاَثِ مِئَةِ صَبَاحٍ وَمَسَاءٍ فَيَتَبَرَّأُ الْقُدْسُ."

٨:١٣ سمع دانيال إثنان يتحدثان (دانيال ٨:١٣). البعض يري أن المتكلمان هما ملاكان يكلم أحدهما الآخر، ولكن سياق الحديث يشير أن المتحاوران كانا الله والملاك جبرائيل، لأن أزمنة النهاية لا يعرفها غير الآب السماوي (أعمال ١ : ٧).

سؤال الملاك مثال لسؤال أبناء الله: "حَتَّى مَتَى يَا اللهُ يُعَيِّرُ الْمُقَاوِمُ، وَيُهِينُ الْعَدُوُّ اسْمَكَ إِلَى الْغَايَةِ؟" (مزامير ٧٤: ١٠-١١). وقد أعلن الله خطته لدانيال، لأن "سِرُّ الرَّبِّ لِخَائِفِيهِ وَعَهْدُهُ لِتَعْلِيمِهِمْ" (مزامير ٢٥ : ١٤)، فهو "لاَ يَصْنَعُ أَمْراً إِلاَّ وَهُوَ يُعْلِنُ سِرَّهُ لِعَبِيدِهِ الأَنْبِيَاءِ" (عاموس ٣ : ٧).

١٤:٨ كان الكلام الذي سمعه دانيال خاص بمدة تحقيق الرؤية (دانيال ١٣:٨)، وأجاب السيد الرب الملاك: "إِلَى أَلْفَيْنِ وَثَلاَثِ مِئَةِ صَبَاحٍ وَمَسَاءٍ فَيَتَبَرَّأُ الْقُدْسُ" (دانيال ١٤:٨)، الفترة ٢٣٠٠ صباحا ومساء، أي ٢٣٠٠يوما وهي تدل تقريبا علي ٦ سنوات، وهي فترة تدنيس الهيكل.

تفسير الرؤيا لدانيال

دانيال ٨:15-18

١٥ وَكَانَ لَمَّا رَأَيْتُ أَنَا دَانِيآلَ الرُّؤْيَا وَطَلَبْتُ الْمَعْنَى إِذَا بِشِبْهِ إِنْسَانٍ وَاقِفٍ قُبَالَتِي. ١٦ وَسَمِعْتُ صَوْتَ إِنْسَانٍ بَيْنَ أُولاَيَ فَنَادَى وَقَالَ: يَا جِبْرَائِيلُ فَهِّمْ هَذَا الرَّجُلَ الرُّؤْيَا. ١٧ فَجَاءَ إِلَى حَيْثُ وَقَفْتُ. وَلَمَّا جَاءَ خِفْتُ وَخَرَرْتُ عَلَى وَجْهِي. فَقَالَ لِي: افْهَمْ يَا ابْنَ آدَمَ. إِنَّ الرُّؤْيَا لِوَقْتِ الْمُنْتَهَى. ١٨ وَإِذْ كَانَ يَتَكَلَّمُ مَعِي كُنْتُ مُسَبَّخاً عَلَى وَجْهِي إِلَى الأَرْضِ فَلَمَسَنِي وَأَوْقَفَنِي عَلَى مَقَامِي.

١٥:٨ طلب دانيال أن يفهم معني الرؤيا: "وَكَانَ لَمَّا رَأَيْتُ أَنَا دَانِيآلَ الرُّؤْيَا، وَطَلَبْتُ الْمَعْنَى إِذَا بِشِبْهِ إِنْسَانٍ وَاقِفٍ قُبَالَتِي" (دانيال ١٥:٨)، وكلمة إنسان هنا جاءت في العبرية [جابر גָּבֶר] أي رجل قوي، ومنها جاء أسم جبرائيل أي قوة الله.

١٦:٨ "سَمِعْتُ صَوْتَ إِنْسَانٍ بَيْنَ أُولاَيَ فَنَادَى وَقَالَ: يَا جِبْرَائِيلُ فَهِّمْ هَذَا الرَّجُلَ الرُّؤْيَا" (دانيال ١٦:٨)، أي أن الله تكلم مع الملاك بلغة بشرية فهمها دانيال، وأمر جبرائيل أن يشرح معني الرؤيا لدانيال.

١٧:٨-١٨ جاء جبرائيل إلي حيث كان دانيال، فخاف دانيال وسقط عل وجهه (دانيال ١٧:٨). وأخبره جبرائيل أن هذه الرؤيا خاصة بنهاية الأيام (دانيال ١٧:٨)، ولمس جبرائيل دانيال وأقامه من نومه العميق (دانيال ١٨:٨).

١٩ وَقَالَ: هَئَنَذَا أُعَرِّفُكَ مَا يَكُونُ فِي آخِرِ السَّخَطِ. لأَنَّ لِمِيعَادِ الاِنْتِهَاءَ.

٢٠ أَمَّا الْكَبْشُ الَّذِي رَأَيْتَهُ ذَا الْقَرْنَيْنِ فَهُوَ مُلُوكُ مَادِي وَفَارِسَ.

٢١ وَالتَّيْسُ الْعَافِي مَلِكُ الْيُونَانِ وَالْقَرْنُ الْعَظِيمُ الَّذِي بَيْنَ عَيْنَيْهِ هُوَ الْمَلِكُ الأَوَّلُ.

٢٢ وَإِذِ انْكَسَرَ وَقَامَ أَرْبَعَةٌ عِوَضاً عَنْهُ فَسَتَقُومُ أَرْبَعُ مَمَالِكَ مِنَ الأُمَّةِ وَلَكِنْ لَيْسَ فِي قُوَّتِهِ.

٢٣ وَفِي آخِرِ مَمْلَكَتِهِمْ

عِنْدَ تَمَامِ الْمَعَاصِي

يَقُومُ مَلِكٌ

جَافِي الْوَجْهِ وَفَاهِمُ الْحِيَلِ.

٢٤ وَتَعْظُمُ قُوَّتُهُ وَلَكِنْ لَيْسَ بِقُوَّتِهِ.

يُهْلِكُ عَجَباً

وَيَنْجَحُ وَيَفْعَلُ

وَيُبِيدُ الْعُظَمَاءَ[الأقوياء] وَشَعْبَ الْقِدِّيسِينَ.

٢٥ وَبِحَذَاقَتِهِ

يَنْجَحُ أَيْضاً الْمَكْرُ فِي يَدِهِ

وَيَتَعَظَّمُ بِقَلْبِهِ.

وَفِي الاِطْمِئْنَانِ يُهْلِكُ كَثِيرِينَ

وَيَقُومُ عَلَى رَئِيسِ الرُّؤَسَاءِ

وَبِلاَ يَدٍ يَنْكَسِرُ.

١٩:٨ أخبر جبرائيل دانيال أنه سيعرفه ماذا سيحدث في نهاية الغضب الإلهي، وقال له: "هَئَنَذَا أُعَرِّفُكَ مَا يَكُونُ فِي آخِرِ السَّخَطِ [الغضب] " (دانيال ١٩:٨)، كما أخبره أنه "لِمِيعَادِ الاِنْتِهَاءِ"، و كلمة "موعد" في أصلها العبري هي بمعني "العيد" أو "المحفل المقدس" أي أن النهاية هي عيد.

حدث ذلك بالفعل إذ احتفلوا بهذه المناسبة بعيد جديد أسموه "عيد التجديد"، بعد اتمام تطهير الهيكل، وكانت المدة التي استمر فيها الهيكل نجسًا تمتد من سنة ١٧١ - سنة ١٦٥

ق.م. وقد احتفل السيد المسيح بعيد التجديد (يوحنا ١٠:٢٢)، وصار هذا العيد رمزا لعيد تجديد هيكل الله البشري بذبيحة السيد المسيح، وصرنا "نُعَيِّدْ لَيْسَ بِخَمِيرَةٍ عَتِيقَةٍ وَلاَ بِخَمِيرَةِ الشَّرِّ وَالْخُبْثِ بَلْ بِفَطِيرِ الإِخْلاَصِ وَالْحَقِّ" (١ كورنثوس ٥ : ٨).

٨:٢٠-٢٥ قام جبرائيل بتفسير الرؤيا لدانيال فيما يخص الكبش والتيس والقرن الصغير:"أَمَّا الْكَبْشُ الَّذِي رَأَيْتَهُ ذَا الْقَرْنَيْنِ فَهُوَ مُلُوكُ مَادِي وَفَارِس وَالتَّيْسُ الْعَافِي مَلِكُ الْيُونَانِ وَالْقَرْنُ الْعَظِيمُ الَّذِي بَيْنَ عَيْنَيْهِ هُوَ الْمَلِكُ الأَوَّلُ. وَإِذِ انْكَسَرَ وَقَامَ أَرْبَعَةٌ عِوَضاً عَنْهُ فَسَتَقُومُ أَرْبَعُ مَمَالِكَ مِنَ الأُمَّةِ وَلَكِنْ لَيْسَ فِي قُوَّتِهِ. وَفِي آخِرِ مَمْلَكَتِهِمْ عِنْدَ تَمَامِ الْمَعَاصِي يَقُومُ مَلِكٌ جَافِي الْوَجْهِ وَفَاهِمُ الْحِيَلِ. وَتَعْظُمُ قُوَّتُهُ وَلَكِنْ لَيْسَ بِقُوَّتِهِ. يُهْلِكُ عَجَباً وَيَنْجَحُ وَيَفْعَلُ وَيُبِيدُ الْعُظَمَاءَ وَشَعْبَ الْقِدِّيسِينَ. وَبِحَذَاقَتِهِ يَنْجَحُ أَيْضاً الْمَكْرُ فِي يَدِهِ وَيَتَعَظَّمُ بِقَلْبِهِ. وَفِي الاِطْمِئْنَانِ يُهْلِكُ كَثِيرِينَ وَيَقُومُ عَلَى رَئِيسِ الرُّؤَسَاءِ" (دانيال ٨:٢٠-٢٥).، وقد شرحنا هذا سابقا.

قال جبرائيل لدانيال عن القرن الصغير أنه "بِلاَ يَدٍ يَنْكَسِرُ" (دانيال ٨:٢٥) أي أن الله سيبيده بلا يد بشرية، وبالفعل لم يمت أنطيوخس في حرب أو اغتيال بل هو وقع في يدي الله الحي ومات مريضا، كما هو وارد في ١مكابيين ٦.

وستنكسر "مملكة ضد المسيح" بسلطان كلمة الله، لأن الرب "يُبِيدُهُ بِنَفْخَةِ فَمِهِ [بسلطان كلمته]، وَيُبْطِلُهُ بِظُهُورِ مَجِيئِهِ" (٢ تسالونيكي ٢ : ٨). وقال الرب لملاك كنيسة برغامس عن المتمسكين بتعاليم بلعام: "هَذَا يَقُولُهُ الَّذِي لَهُ السَّيْفُ الْمَاضِي ذُو الْحَدَّيْنِ [كلمة الله]... عِنْدَكَ أَنْتَ أَيْضاً قَوْمٌ مُتَمَسِّكُونَ بِتَعَالِيمِ النُّقُولاَوِيِّينَ الَّذِي أُبْغِضُهُ. فَتُبْ وَإِلا فَإِنِّي آتِيكَ سَرِيعاً وَأُحَارِبُهُمْ بِسَيْفِ فَمِي" (رؤيا ٢:١٢-١٦).

خاتمة الرؤيا

دانيال ٨:٢٦-٢٧

٢٦ فَرُؤْيَا الْمَسَاءِ وَالصَّبَاحِ

الَّتِي قِيلَتْ هِيَ حَقٌّ.

أَمَّا أَنْتَ فَاكْتُمِ الرُّؤْيَا

لأَنَّهَا إِلَى أَيَّامٍ كَثِيرَةٍ.

٢٧ وَأَنَا دَانِيآلَ ضَعُفْتُ وَنَحِلْتُ أَيَّاماً ثُمَّ قُمْتُ وَبَاشَرْتُ أَعْمَالَ الْمَلِكِ. وَكُنْتُ مُتَحَيِّراً مِنَ الرُّؤْيَا وَلاَ فَاهِمَ.

٢٦:٨ أكد الملاك لدانيال بأن الرؤيا التى رآها في الصباح والمساء حقيقية: "فَرُؤْيَا الْمَسَاءِ وَالصَّبَاحِ الَّتِي قِيلَتْ هِيَ حَقٌّ" (دانيال ٢٦:٨)، وأمره ألا يكشف شيء عن هذه الرؤيا "لأَنَّهَا إِلَى أَيَّامٍ كَثِيرَةٍ [لأنها لا تتم إلا بعد أيام كثيرة] " (دانيال ٢٦:٨).

٢٩:٨ ضعف دانيال من الرؤيا أياما كثيرة، وبعد ذلك قام وباشر أعمال الملك (دانيال ٢٧:٨). وتحير دانيال ولم يفهم الرؤيا: "كُنْتُ مُتَحَيِّراً [مبهورا] مِنَ الرُّؤْيَا وَلاَ فَاهِمَ" (دانيال ٢٧:٨)، فلم يدرك دانيال كل أسرار الرؤيا، ومستقبل ختومها مع الأزمنة.

هكذا أخبر الرب منذ القديم ما كان مزمعا علي عمله مستقبلا، بحسب قوله في سفر أشعياء النبي: "اُذْكُرُوا الأَوَّلِيَّاتِ مُنْذُ الْقَدِيمِ لأَنِّي أَنَا اللَّهُ وَلَيْسَ آخَرُ. الإِلَهُ وَلَيْسَ مِثْلِي. مُخْبِرٌ مُنْذُ الْبَدْءِ بِالأَخِيرِ، و [مخبر] مُنْذُ الْقَدِيمِ بِمَا لَمْ يُفْعَلْ... رَأْيِي يَقُومُ وَأَفْعَلُ كُلَّ مَسَرَّتِي... قَدْ تَكَلَّمْتُ فَأُجْرِيهِ، قَضَيْتُ فَأَفْعَلُهُ [سأفعل ما أخبرت وقضيت به]" (أشعياء ٤٦ : ٩-١١).

الأصحاح التاسع

رؤيا السبعين أسبوع

يتضمن هذا الأصحاح صلاة رائعة لدانيال (دانيال ٩:١-١٩)، وهي نموذج رائع للصلوات المقبولة أمام الله، وهي صلاة اعتراف وطلب غفران مشابهة لما جاء بالمزمور الخمسين، لأنه "إِنِ اعْتَرَفْنَا بِخَطَايَانَا فَهُوَ أَمِينٌ وَعَادِلٌ، حَتَّى يَغْفِرَ لَنَا خَطَايَانَا وَيُطَهِّرَنَا مِنْ كُلِّ إِثْمٍ" (١ يوحنا ١: ٩).

كما يتضمن هذا الأصحاح رؤيا دانيال المذهلة عن السبعين أسبوع (دانيال ٩:٢٠-٢٧)، وهذه الرؤيا من أعمق النبوات الخاصة بمجيء السيد المسيح، ولفهم هذه النبوة في ضوء الكتاب المقدس، يحتاج الأمر إلي روح الصلاة والتواضع، وان نطرح جانبا الآراء الشخصية التي تتعارض مع روح الكتاب المقدس.

١ فِي السَّنَةِ الأُولَى لِدَارِيُوسَ بْنِ أَحْشَوِيرُوشَ مِنْ نَسْلِ الْمَادِيِّينَ الَّذِي مُلِّكَ عَلَى مَمْلَكَةِ الْكِلْدَانِيِّينَ ٢ فِي السَّنَةِ الأُولَى مِنْ مُلْكِهِ أَنَا دَانِيآلَ فَهِمْتُ مِنَ الْكُتُبِ عَدَدَ السِّنِينَ الَّتِي كَانَتْ عَنْهَا كَلِمَةُ الرَّبِّ إِلَى إِرْمِيَا النَّبِيِّ لِكَمَالَةِ سَبْعِينَ سَنَةً عَلَى خَرَابِ أُورُشَلِيمَ.

٩:١ ظل شعب الله في السبي ببابل مدة سبعين سنة، وقد بدأت السبعون سنة للسبي في أيام يواقيم ملك يهوذا وخراب أورشليم سنة ٦٠٦ ق.م. "كَانَ يَوَاقِيمُ ابْنَ خَمْسٍ وَعِشْرِينَ سَنَةً حِينَ مَلَكَ وَمَلَكَ إِحْدَى عَشَرَةَ سَنَةً فِي أُورُشَلِيمَ وَعَمِلَ الشَّرَّ فِي عَيْنَيِ الرَّبِّ إِلَهِهِ. عَلَيْهِ صَعِدَ نَبُوخَذْ نَصَّرُ مَلِكُ بَابِلَ وَقَيَّدَهُ بِسَلاَسِلِ نُحَاسٍ لِيَذْهَبَ بِهِ إِلَى بَابِلَ، وَأَتَى نَبُوخَذْ نَصَّرُ بِبَعْضِ آنِيَةِ بَيْتِ الرَّبِّ إِلَى بَابِلَ وَجَعَلَهَا فِي هَيْكَلِهِ فِي بَابِلَ" (٢ أخبار ٣٦: ٥-٧). وكتب عن ذلك دانيال النبي أيضا في (دانيال ١ : ١-٢).

وفي نهاية السبعين سنة، في السنة الأولي لكورش ملك فارس، "نَبَّهَ الرَّبُّ رُوحَ كُورَشَ مَلِكِ فَارِسَ، فَأَطْلَقَ نِدَاءً فِي كُلِّ مَمْلَكَتِهِ وَبِالْكِتَابَةِ أَيْضاً قَائِلاً: هَكَذَا قَالَ كُورَشُ مَلِكُ فَارِسَ: جَمِيعُ مَمَالِكِ الأَرْضِ دَفَعَهَا لِي الرَّبُّ إِلَهُ السَّمَاءِ، وَهُوَ أَوْصَانِي أَنْ أَبْنِيَ لَهُ بَيْتاً فِي أُورُشَلِيمَ

الَّتِي فِي يَهُوذَا. مَنْ مِنْكُمْ مِنْ كُلِّ شَعْبِهِ لِيَكُنْ إِلَهُهُ مَعَهُ وَيَصْعَدْ إِلَى أُورُشَلِيمَ الَّتِي فِي يَهُوذَا فَيَبْنِيَ بَيْتَ الرَّبِّ إِلَهِ إِسْرَائِيلَ. هُوَ الإِلَهُ الَّذِي فِي أُورُشَلِيمَ " (عزرا ١: ١-٣).

٢:٩ في السنة الأولي لملك داريوس (حوالي ٥٣٨ ق.م)، فهم دانيال من الكتب المقدسة أن سنين السبي السبعين علي وشك الأنتهاء (دانيال ٢:٩). وكان أرميا النبي قد تنبأ عن انتهاء مدة السبي بعد سبعين سنة : "وَتَصِيرُ كُلُّ هَذِهِ الأَرْضِ [أرض إسرائيل] خَرَاباً وَدَهَشاً، وَتَخْدِمُ هَذِهِ الشُّعُوبُ مَلِكَ بَابِلَ سَبْعِينَ سَنَةً. وَيَكُونُ عِنْدَ تَمَامِ السَّبْعِينَ سَنَةً، أَنِّي أُعَاقِبُ مَلِكَ بَابِلَ وَتِلْكَ الأُمَّةَ [مملكة بابل] يَقُولُ الرَّبُّ عَلَى إِثْمِهِمْ، وَأَرْضَ الْكِلْدَانِيِّينَ وَأَجْعَلُهَا خِرَباً أَبَدِيَّةً" (ارميا ٢٥ : ١١-١٢)، "لأَنَّهُ هَكَذَا قَالَ الرَّبُّ. إِنِّي عِنْدَ تَمَامِ سَبْعِينَ سَنَةً لِبَابِلَ أَتَعَهَّدُكُمْ، وَأُقِيمُ لَكُمْ كَلاَمِي الصَّالِحَ، بِرَدِّكُمْ إِلَى هَذَا الْمَوْضِعِ [أورشليم]" (ارميا ٢٩ : ١٠).

صلاة دانيال (دانيال ٣:٩-١٩)

٣ فَوَجَّهْتُ وَجْهِي إِلَى اللَّهِ السَّيِّدِ طَالِباً بِالصَّلاَةِ وَالتَّضَرُّعَاتِ بِالصَّوْمِ وَالْمَسْحِ وَالرَّمَادِ.

٣:٩ تحرك قلب دانيال بمعرفته لنبوات أرميا، وأن السبعين سنة للسبي علي وشك الانتهاء، فقدم دانيال صلاة خاصة للرب، ليحقق مواعيده الصالحة لشعبه بعودة المسبيين. الله يدخر الخيرات لشعبه، فهو "يَتَكَلَّمُ بِالسَّلاَمِ لِشَعْبِهِ وَلأَتْقِيَائِهِ" (مزامير ٨٥ : ٨)، "فَإِنْ كُنْتُمْ وَأَنْتُمْ أَشْرَارٌ تَعْرِفُونَ أَنْ تُعْطُوا أَوْلاَدَكُمْ عَطَايَا جَيِّدَةً فَكَمْ بِالْحَرِيِّ أَبُوكُمُ الَّذِي فِي السَّمَاوَاتِ يَهَبُ خَيْرَاتٍ لِلَّذِينَ يَسْأَلُونَهُ" (متى ٧ : ١١). ولهذا يشجعنا الرب يسوع أن نأتي إلي الآب السماوي، ونطلب منه باسم يسوع المسيح لتمتلئ حياتنا بالفرح: "إِلَى الآنَ لَمْ تَطْلُبُوا شَيْئاً بِاسْمِي. اُطْلُبُوا تَأْخُذُوا لِيَكُونَ فَرَحُكُمْ كَامِلاً" (يوحنا ١٦: ٢٤)، والآب السمائي "يُعْطِي الرُّوحَ الْقُدُسَ لِلَّذِينَ يَسْأَلُونَهُ" (لوقا ١١ : ١٣).

قدم دانيال هذه الصلاة والرؤيا في السنة الأولي لملك داريوس. وإذا لم يكن هناك تكرار في الأسماء، يكون هذا الملك هو داريوس الذي وضع دانيال في جب الأسود من أجل صلواته لإلهه (دانيال ٦:١٦-١٧)، وربما كانت هذه الصلاة هي التي بسببها اشتكوا دانيال لداريوس وألقوه في جب الأسود (دانيال ٦).

الصوم والمسح والرماد

قدم دانيال صلاته لله بالصوم والتذلل إلي الله ، حسب الرب:ارْجِعُوا إِلَيَّ بِكُلِّ قُلُوبِكُمْ وَبِالصَّوْمِ وَالْبُكَاءِ وَالنَّوْحِ" (يوئيل ٢ : ١٢). وتذلل دانيال لأجل شعبه، ليغفر الرب لهم خطاياهم، ويحقق وعده لهم. وفي هذا تشابه دانيال مع موسي الذي تذلل من أجل شعبه وطلب من الرب: "اِصْفَحْ عَنْ ذَنْبِ هَذَا الشَّعْبِ كَعَظَمَةِ نِعْمَتِكَ" (عدد ١٤: ١٩).

كانت استجابة الرب لصلاة دانيال رائعة، فقد أصدر كورش في نفس السنة أمرا يقضي بعودة المسبيين، وليس ذلك فقط بل كشف الرب لدانيال عن خطته للخلاص الأبدي، وذلك حسب وعد الرب: "اُدْعُنِي فَأُجِيبَكَ وَأُخْبِرَكَ بِعَظَائِمَ وَعَوَائِصَ [وغرائب] لَمْ تَعْرِفْهَا." (ارميا ٣٣ : ٣).

الله حافظ العهد (دانيال ٩:٤)

٤ وَصَلَّيْتُ إِلَى الرَّبِّ إِلَهِي وَاعْتَرَفْتُ وَقُلْتُ: أَيُّهَا الرَّبُّ الإِلَهُ الْعَظِيمُ الْمَهُوبُ حَافِظَ الْعَهْدِ وَالرَّحْمَةِ لِمُحِبِّيهِ وَحَافِظِي وَصَايَاهُ.

٩:٤ دعا دانيال الله بأنه " الرَّبُّ [يهوه] الإِلَهُ الْعَظِيمُ الْمَهُوبُ" لقدرته علي صنع الأعمال العظيمة، ثم دعاه "حَافِظَ الْعَهْدِ وَالرَّحْمَةِ" مثلما حفظ عهده مع أبراهيم واسحق ويعقوب.

"أَمَّا رَحْمَةُ الرَّبِّ فَإِلَى الدَّهْرِ وَالأَبَدِ عَلَى خَائِفِيهِ وَعَدْلُهُ عَلَى بَنِي الْبَنِينَ لِحَافِظِي عَهْدِهِ، وَذَاكِرِي وَصَايَاهُ لِيَعْمَلُوهَا" (مزامير ١٠٣: ١٧-١٨)، وذلك بحسب قوله: "اصْنَعُ إحسانا إلى ألوف مِنْ مُحِبِّيَّ وَحَافِظِي وَصَايَايَ" (خروج ٢٠: ٦) ، فحين يحب ويحفظ الانسان وصايا الله يحفظ الرب مواعيده له ويصنع له إحسانا.

الاعتراف بخطايا شعب الله (دانيال ٩:٥-٦)

٥ أَخْطَأْنَا وَأَثِمْنَا وَعَمِلْنَا الشَّرَّ وَتَمَرَّدْنَا وَحِدْنَا عَنْ وَصَايَاكَ وَعَنْ أَحْكَامِكَ. ٦ وَمَا سَمِعْنَا مِنْ عَبِيدِكَ الأَنْبِيَاءِ الَّذِينَ بِاسْمِكَ كَلَّمُوا مُلُوكَنَا وَرُؤَسَاءَنَا وَآبَاءَنَا وَكُلَّ شَعْبِ الأَرْضِ.

٩:٥-٦ اعترف دانيال نيابة عن شعبه بما صنعوه من خطايا وآثام وعدم طاعتهم لوصايا الله، الأمر الذي أدي بهم إلي السبي: "أَخْطَأْنَا وَأَثِمْنَا وَعَمِلْنَا الشَّرَّ وَتَمَرَّدْنَا وَحِدْنَا عَنْ وَصَايَاكَ وَعَنْ أَحْكَامِكَ. وَمَا سَمِعْنَا مِنْ عَبِيدِكَ الأَنْبِيَاءِ الَّذِينَ بِاسْمِكَ كَلَّمُوا مُلُوكَنَا وَرُؤَسَاءَنَا وَآبَاءَنَا وَكُلَّ شَعْبِ الأَرْضِ" (دانيال ٩ : ٥-٦)، فقد "أَرْسَلَ الرَّبُّ إِلَهُ آبَائِهِمْ إِلَيْهِمْ عَنْ يَدِ رُسُلِهِ مُبَكِّراً وَمُرْسِلاً لأَنَّهُ شَفِقَ عَلَى شَعْبِهِ وَعَلَى مَسْكَنِهِ، فَكَانُوا يَهْزَأُونَ بِرُسُلِ اللَّهِ، وَرَذَلُوا كَلاَمَهُ، وَتَهَاوَنُوا بِأَنْبِيَائِهِ، حَتَّى ثَارَ غَضَبُ الرَّبِّ عَلَى شَعْبِهِ حَتَّى لَمْ يَكُنْ شِفَاءٌ. فَأَصْعَدَ عَلَيْهِمْ مَلِكَ الْكِلْدَانِيِّينَ فَقَتَلَ مُخْتَارِيهِمْ بِالسَّيْفِ فِي بَيْتِ مَقْدِسِهِمْ. وَلَمْ يُشْفِقْ عَلَى فَتًى أَوْ عَذْرَاءَ وَلاَ عَلَى شَيْخٍ أَوْ أَشْيَبَ بَلْ دَفَعَ الْجَمِيعَ لِيَدِهِ." (٢ أخبار ٣٦:١٥-١٧).

الاعتراف ببر الله وخزي شعبه (دانيال ٩:٧)

٧ لَكَ يَا سَيِّدُ الْبِرُّ أَمَّا لَنَا فَخِزْيُ الْوُجُوهِ كَمَا هُوَ الْيَوْمَ لِرِجَالِ يَهُوذَا وَلِسُكَّانِ أُورُشَلِيمَ وَلِكُلِّ إِسْرَائِيلَ الْقَرِيبِينَ وَالْبَعِيدِينَ فِي كُلِّ الأَرَاضِي الَّتِي طَرَدْتَهُمْ إِلَيْهَا مِنْ أَجْلِ خِيَانَتِهِمِ الَّتِي خَانُوكَ إِيَّاهَا. ٨ يَا سَيِّدُ لَنَا خِزْيُ الْوُجُوهِ لِمُلُوكِنَا لِرُؤَسَائِنَا وَلآبَائِنَا لأَنَّنَا أَخْطَأْنَا إِلَيْكَ. ٩ لِلرَّبِّ إِلَهِنَا الْمَرَاحِمُ وَالْمَغْفِرَةُ لأَنَّنَا تَمَرَّدْنَا عَلَيْهِ.

٩:٧-٩ وضع دانيال خزي شعبه في مقابلة مع بر الله. الله له الغلبة لأجل بره وصلاحه بالرغم من خطايا الشعب:" لَكَ يَا سَيِّدُ الْبِرُّ، أَمَّا لَنَا فَخِزْيُ الْوُجُوهِ، كَمَا هُوَ الْيَوْمَ لِرِجَالِ يَهُوذَا وَلِسُكَّانِ أُورُشَلِيمَ، وَلِكُلِّ إِسْرَائِيلَ الْقَرِيبِينَ وَالْبَعِيدِينَ فِي كُلِّ الأَرَاضِي الَّتِي طَرَدْتَهُمْ إِلَيْهَا مِنْ أَجْلِ خِيَانَتِهِمِ الَّتِي خَانُوكَ إِيَّاهَا. يَا سَيِّدُ لَنَا خِزْيُ الْوُجُوهِ لِمُلُوكِنَا لِرُؤَسَائِنَا وَلآبَائِنَا لأَنَّنَا أَخْطَأْنَا إِلَيْكَ. لِلرَّبِّ إِلَهِنَا الْمَرَاحِمُ وَالْمَغْفِرَةُ لأَنَّنَا تَمَرَّدْنَا عَلَيْهِ" (دانيال ٩ : ٧-٩).

كان دانيال واثقا أن التجارب الصعبة التي مر بها شعبه في السبي كانت بسبب خطاياهم، ولم تكن بحسب إرادة الله لهم، و"لاَ يَقُلْ أَحَدٌ إِذَا جُرِّبَ إِنِّي أُجَرَّبُ مِنْ قِبَلِ اللَّهِ، لأَنَّ اللَّهَ غَيْرُ مُجَرَّبٍ بِالشُّرُورِ وَهُوَ لاَ يُجَرِّبُ أَحَداً. وَلَكِنَّ كُلَّ وَاحِدٍ يُجَرَّبُ إِذَا انْجَذَبَ وَانْخَدَعَ مِنْ شَهْوَتِهِ" (يعقوب ١: ١٣-١٤)، ولهذا يجب ألا نشك في محبة الله، مهما كنا نمر بمواقف صعبة في حياتنا.

علي مثال صلاة دانيال قدم عزرا الكاهن أيضا صلاته للرب قائلا: "اللَّهُمَّ إِنِّي أَخْجَلُ وَأَخْزَى مِنْ أَنْ أَرْفَعَ يَا إِلَهِي وَجْهِي نَحْوَكَ، لأَنَّ ذُنُوبَنَا قَدْ كَثُرَتْ فَوْقَ رُؤُوسِنَا، وَآثَامَنَا تَعَاظَمَتْ إِلَى السَّمَاءِ. مُنْذُ أَيَّامِ آبَائِنَا نَحْنُ فِي إِثْمٍ عَظِيمٍ إِلَى هَذَا الْيَوْمِ. وَلأَجْلِ ذُنُوبِنَا قَدْ دُفِعْنَا نَحْنُ وَمُلُوكُنَا وَكَهَنَتُنَا لِيَدِ مُلُوكِ الأَرَاضِي لِلسَّيْفِ وَالسَّبْيِ وَالنَّهْبِ وَخِزْيِ الْوُجُوهِ كَهَذَا الْيَوْمِ." (عزرا ٩ : ٦-٧).

١٠ وَمَا سَمِعْنَا صَوْتَ الرَّبِّ إِلَهِنَا لِنَسْلُكَ فِي شَرَائِعِهِ الَّتِي جَعَلَهَا أَمَامَنَا عَنْ يَدِ عَبِيدِهِ الأَنْبِيَاءِ. ١١ وَكُلُّ إِسْرَائِيلَ قَدْ تَعَدَّى عَلَى شَرِيعَتِكَ وَحَادُوا لِئَلاَّ يَسْمَعُوا صَوْتَكَ فَسَكَبْتَ عَلَيْنَا اللَّعْنَةَ وَالْحَلْفَ الْمَكْتُوبَ فِي شَرِيعَةِ مُوسَى عَبْدِ اللَّهِ لأَنَّنَا أَخْطَأْنَا إِلَيْهِ. ١٢ وَقَدْ أَقَامَ كَلِمَاتِهِ الَّتِي تَكَلَّمَ بِهَا عَلَيْنَا وَعَلَى قُضَاتِنَا الَّذِينَ قَضُوا لَنَا لِيَجْلِبَ عَلَيْنَا شَرّاً عَظِيماً مَا لَمْ يُجْرَ تَحْتَ السَّمَاوَاتِ كُلِّهَا كَمَا أُجْرِيَ عَلَى أُورُشَلِيمَ. ١٣ كَمَا كُتِبَ فِي شَرِيعَةِ مُوسَى قَدْ جَاءَ عَلَيْنَا كُلُّ هَذَا الشَّرِّ وَلَمْ نَتَضَرَّعْ إِلَى وَجْهِ الرَّبِّ إِلَهِنَا لِنَرْجِعَ مِنْ آثَامِنَا وَنَفْطِنَ بِحَقِّكَ. ١٤ فَسَهِرَ الرَّبُّ عَلَى الشَّرِّ وَجَلَبَهُ عَلَيْنَا لأَنَّ الرَّبَّ إِلَهَنَا بَارٌّ فِي كُلِّ أَعْمَالِهِ الَّتِي عَمِلَهَا إِذْ لَمْ نَسْمَعْ صَوْتَهُ.

٩:١٠-١٣ اعترف دانيال بتفاصيل خطايا الشعب وتحقيق تحذيرات الله: "وَمَا سَمِعْنَا صَوْتَ الرَّبِّ إِلَهِنَا لِنَسْلُكَ فِي شَرَائِعِهِ الَّتِي جَعَلَهَا أَمَامَنَا عَنْ يَدِ عَبِيدِهِ الأَنْبِيَاءِ" (دانيال ٩:١٠)، وقد أشار دانيال إلي ما جاء بشأن التعدي علي شريعة موسي: "وَكُلُّ إِسْرَائِيلَ قَدْ تَعَدَّى عَلَى شَرِيعَتِكَ وَحَادُوا لِئَلاَّ يَسْمَعُوا صَوْتَكَ فَسَكَبْتَ عَلَيْنَا اللَّعْنَةَ وَالْحَلْفَ الْمَكْتُوبَ فِي شَرِيعَةِ مُوسَى عَبْدِ اللَّهِ لأَنَّنا أَخْطَأْنَا إِلَيْهِ، وَقَدْ أَقَامَ كَلِمَاتِهِ الَّتِي تَكَلَّمَ بِهَا عَلَيْنَا وَعَلَى قُضَاتِنَا الَّذِينَ قَضُوا لَنَا لِيَجْلِبَ عَلَيْنَا شَرّاً عَظِيماً مَا لَمْ يُجْرَ تَحْتَ السَّمَاوَاتِ كُلِّهَا كَمَا أُجْرِيَ عَلَى أُورُشَلِيمَ. كَمَا كُتِبَ فِي شَرِيعَةِ مُوسَى قَدْ جَاءَ عَلَيْنَا كُلُّ هَذَا الشَّرِّ وَلَمْ نَتَضَرَّعْ إِلَى وَجْهِ الرَّبِّ إِلَهِنَا لِنَرْجِعَ مِنْ آثَامِنَا وَنَفْطِنَ بِحَقِّكَ، فَسَهِرَ الرَّبُّ عَلَى الشَّرِّ وَجَلَبَهُ عَلَيْنَا لأَنَّ الرَّبَّ إِلَهَنَا بَارٌّ فِي كُلِّ أَعْمَالِهِ الَّتِي عَمِلَهَا إِذْ لَمْ نَسْمَعْ صَوْتَهُ" (دانيال ٩:١١-١٤، لاويين ٢٦:١٤-٣٩، تثنية ٢٨:١٥-٦٨).

١٥ وَالآنَ أَيُّهَا السَّيِّدُ إِلَهُنَا الَّذِي أَخْرَجْتَ شَعْبَكَ مِنْ أَرْضِ مِصْرَ بِيَدٍ قَوِيَّةٍ وَجَعَلْتَ لِنَفْسِكَ اسْماً كَمَا هُوَ هَذَا الْيَوْمَ قَدْ أَخْطَأْنَا. عَمِلْنَا شَرّاً. ١٦ يَا سَيِّدُ حَسَبَ

كُلِّ رَحْمَتِكَ اصْرِفْ سَخَطَكَ وَغَضَبَكَ عَنْ مَدِينَتِكَ أُورُشَلِيمَ جَبَلِ قُدْسِكَ إِذْ
لِخَطَايَانَا وَلآثَامِ آبَائِنَا صَارَتْ أُورُشَلِيمُ وَشَعْبُكَ عَاراً عِنْدَ جَمِيعِ الَّذِينَ حَوْلَنَا. ١٧
فَاسْمَعِ الآنَ يَا إِلَهَنَا صَلاَةَ عَبْدِكَ وَتَضَرُّعَاتِهِ وَأَضِئْ بِوَجْهِكَ عَلَى مَقْدِسِكَ الْخَرِبِ
مِنْ أَجْلِ السَّيِّدِ. ١٨ أَمِلْ أُذُنَكَ يَا إِلَهِي وَاسْمَعْ. افْتَحْ عَيْنَيْكَ وَانْظُرْ خِرَبَنَا
وَالْمَدِينَةَ الَّتِي دُعِيَ اسْمُكَ عَلَيْهَا لأَنَّهُ لاَ لأَجْلِ بِرِّنَا نَطْرَحُ تَضَرُّعَاتِنَا أَمَامَ وَجْهِكَ
بَلْ لأَجْلِ مَرَاحِمِكَ الْعَظِيمَةِ. ١٩ يَا سَيِّدُ اسْمَعْ. يَا سَيِّدُ اغْفِرْ. يَا سَيِّدُ أَصْغِ
وَاصْنَعْ. لاَ تُؤَخِّرْ مِنْ أَجْلِ نَفْسِكَ يَا إِلَهِي لأَنَّ اسْمَكَ دُعِيَ عَلَى مَدِينَتِكَ وَعَلَى
شَعْبِكَ.

٩:١٥-١٩ اعترف دانيال بعمل الله العظيم في خروج شعب مصر: "وَالآنَ أَيُّهَا السَّيِّدُ إِلَهُنَا الَّذِي أَخْرَجْتَ شَعْبَكَ مِنْ أَرْضِ مِصْرَ بِيَدٍ قَوِيَّةٍ، وَجَعَلْتَ لِنَفْسِكَ اسْماً كَمَا هُوَ هَذَا الْيَوْمَ. قَدْ أَخْطَأْنَا. عَمِلْنَا شَرّاً." (دانيال ٩:١٥).

وتضرع دانيال أمام الرب من أجل شعبه: "يَا سَيِّدُ حَسَبَ كُلِّ رَحْمَتِكَ اصْرِفْ سَخَطَكَ وَغَضَبَكَ عَنْ مَدِينَتِكَ أُورُشَلِيمَ جَبَلِ قُدْسِكَ إِذْ لِخَطَايَانَا وَلآثَامِ آبَائِنَا صَارَتْ أُورُشَلِيمُ وَشَعْبُكَ عَاراً عِنْدَ جَمِيعِ الَّذِينَ حَوْلَنَا. فَاسْمَعِ الآنَ يَا إِلَهَنَا صَلاَةَ عَبْدِكَ وَتَضَرُّعَاتِهِ وَأَضِئْ بِوَجْهِكَ عَلَى مَقْدِسِكَ الْخَرِبِ مِنْ أَجْلِ السَّيِّدِ. أَمِلْ أُذُنَكَ يَا إِلَهِي وَاسْمَعْ. افْتَحْ عَيْنَيْكَ وَانْظُرْ خِرَبَنَا وَالْمَدِينَةَ الَّتِي دُعِيَ اسْمُكَ عَلَيْهَا لأَنَّهُ لاَ لأَجْلِ بِرِّنَا نَطْرَحُ تَضَرُّعَاتِنَا أَمَامَ وَجْهِكَ بَلْ لأَجْلِ مَرَاحِمِكَ الْعَظِيمَةِ. يَا سَيِّدُ اسْمَعْ. يَا سَيِّدُ اغْفِرْ. يَا سَيِّدُ أَصْغِ وَاصْنَعْ. لاَ تُؤَخِّرْ مِنْ أَجْلِ نَفْسِكَ يَا إِلَهِي لأَنَّ اسْمَكَ دُعِيَ عَلَى مَدِينَتِكَ وَعَلَى شَعْبِكَ." (دانيال ٩ : ١٦-١٩).

طلب دانيال من الرب أن يضيء بوجهه علي مدينته وشعبه، وذلك حسب البركة التي يبارك بها هرون وبنيه الشعب : "هَكَذَا تُبَارِكُونَ بَنِي إِسْرَائِيلَ: يُبَارِكُكَ الرَّبُّ وَيَحْرُسُكَ. يُضِيءُ الرَّبُّ بِوَجْهِهِ عَلَيْكَ وَيَرْحَمُكَ. يَرْفَعُ الرَّبُّ وَجْهَهُ عَلَيْكَ وَيَمْنَحُكَ سَلاماً" (عدد ٦ : ٢٣-٢٦)، لأن الخير يأتي عندما يشرق الرب بوجهه علي شعبه كما يقول المزمور: "كَثِيرُونَ يَقُولُونَ: [مَنْ يُرِينَا خَيْراً؟] ارْفَعْ عَلَيْنَا نُورَ وَجْهِكَ يَا رَبُّ" (مزامير ٤: ٦).

قدم دانيال تضرعاته عن شعبه مشفوعة ببر الله ومراحمه وليس لأجل بره الشخصي أو بر شعبه: " يَا سَيِّدُ حَسَبَ كُلِّ رَحْمَتِكَ اصْرِفْ سَخَطَكَ وَغَضَبَكَ عَنْ مَدِينَتِكَ أُورُشَلِيمَ

جَبَلِ قُدْسِكَ .... مِنْ أَجْلِ السَّيِّدِ...الْمَدِينَةَ الَّتِي دُعِيَ اسْمُكَ عَلَيْهَا لأَنَّهُ لاَ لأَجْلِ بِرِّنَا نَطْرَحُ تَضَرُّعَاتِنَا أَمَامَ وَجْهِكَ بَلْ لأَجْلِ مَرَاحِمِكَ الْعَظِيمَةِ... مِنْ أَجْلِ نَفْسِكَ يَا إِلَهِي لأَنَّ اسْمَكَ دُعِيَ عَلَى مَدِينَتِكَ وَعَلَى شَعْبِكَ" (دانيال ٩ : ١٦-١٩)، وقد وعد الرب في سفر أشعياء: "مِنْ أَجْلِ اسْمِي أُبَطِّئُ غَضَبِي وَمِنْ أَجْلِ فَخْرِي أُمْسِكُ عَنْكَ حَتَّى لاَ أَقْطَعَكَ" (أشعياء ٤٨ : ٩).

تعلم دانيال أن يطلب باسم الرب ونال طلبته، ولهذا قال السيد المسيح لتلاميذه: "إِلَى الآنَ لَمْ تَطْلُبُوا شَيْئاً بِاسْمِي. اُطْلُبُوا تَأْخُذُوا لِيَكُونَ فَرَحُكُمْ كَامِلاً" (يوحنا ١٦: ٢٤).

ظهور جبرائيل لدانيال (دانيال ٩: ٢٠-٢١)

٢٠ وَبَيْنَمَا أَنَا أَتَكَلَّمُ وَأُصَلِّي وَأَعْتَرِفُ بِخَطِيَّتِي وَخَطِيَّةِ شَعْبِي إِسْرَائِيلَ وَأَطْرَحُ تَضَرُّعِي أَمَامَ الرَّبِّ إِلَهِي عَنْ جَبَلِ قُدْسِ إِلَهِي ٢١ وَأَنَا مُتَكَلِّمٌ بَعْدُ بِالصَّلاَةِ إِذَا بِالرَّجُلِ جِبْرَائِيلَ الَّذِي رَأَيْتُهُ فِي الرُّؤْيَا فِي الاِبْتِدَاءِ مُطَاراً وَاغِفاً لَمَسَنِي عِنْدَ وَقْتِ تَقْدِمَةِ الْمَسَاءِ. ٢٢ وَفَهَّمَنِي وَتَكَلَّمَ مَعِي وَقَالَ: [يَا دَانِيآلُ إِنِّي خَرَجْتُ الآنَ لِأُعَلِّمَكَ الْفَهْمَ. ٢٣ فِي ابْتِدَاءِ تَضَرُّعَاتِكَ خَرَجَ الأَمْرُ وَأَنَا جِئْتُ لِأُخْبِرَكَ لأَنَّكَ أَنْتَ مَحْبُوبٌ. فَتَأَمَّلِ الْكَلاَمَ وَافْهَمِ الرُّؤْيَا.

٩: ٢٠-٢١ جاء جبرائيل لدانيال بينما كان يصلي ويتضرع ويعترف بخطايا شعبه وقت تقدمة المساء: " وَبَيْنَمَا أَنَا أَتَكَلَّمُ وَأُصَلِّي وَأَعْتَرِفُ بِخَطِيَّتِي وَخَطِيَّةِ شَعْبِي إِسْرَائِيلَ وَأَطْرَحُ تَضَرُّعِي أَمَامَ الرَّبِّ إِلَهِي عَنْ جَبَلِ قُدْسِ إِلَهِي وَأَنَا مُتَكَلِّمٌ بَعْدُ بِالصَّلاَةِ إِذَا بِالرَّجُلِ جِبْرَائِيلَ الَّذِي رَأَيْتُهُ فِي الرُّؤْيَا فِي الاِبْتِدَاءِ مُطَاراً وَاغِفاً [طار لاهثا] لَمَسَنِي عِنْدَ وَقْتِ تَقْدِمَةِ الْمَسَاءِ" (دانيال ٩ : ٢٠-٢١).

"وقت تقدمة المساء" كان وقت تقديم الذبيحة المسائية قبل خراب الهيكل، وقد حافظ اليهود الأمناء علي هذا الوقت فيقدمون فيه العبادة الخاصة لله، وذلك حسب كلام المزمور: "لِتَسْتَقِمْ صَلاَتِي كَالْبَخُورِ قُدَّامَكَ. لِيَكُنْ رَفْعُ يَدَيَّ كَذَبِيحَةٍ مَسَائِيَّةٍ" (مزامير ١٤١: ٢).

الملاك جبرائيل هو نفس الشخص الذي ظهر لدانيال في بداية الرؤيا (دانيال ٨ : ١٦)، وهو نفس الملاك الذي ظهر لزكريا الكاهن (لوقا ١ : ١٩) وللقديسة العذراء مريم (لوقا ١ : ٢٦).

٩:٢٢-٢٣ كشف جبرائيل الغرض من مجيئه بقوله: "يَا دَانِيآلُ إِنِّي خَرَجْتُ الآنَ لأُعَلِّمَكَ الْفَهْمَ. فِي ابْتِدَاءِ تَضَرُّعَاتِكَ خَرَجَ الأَمْرُ وَأَنَا جِئْتُ لأُخْبِرَكَ لأَنَّكَ أَنْتَ مَحْبُوبٌ. فَتَأَمَّلِ الْكَلاَمَ وَافْهَمِ الرُّؤْيَا." (دانيال ٩ : ٢٢-٢٣).

وقد نال دانيال اعتبارا خاصا عند الرب لأنه "مَحْبُوبٌ" (دانيال ٩ : ٢٣)، كما سبق أن دعاه الملاك "الرَّجُلُ الْمَحْبُوبُ" (دانيال ١٠:١١، ١٠:١٩).

القصد الإلهي في السبعين أسبوعا
دانيال ٩:٢٤

"سَبْعُونَ أُسْبُوعاً قُضِيَتْ

عَلَى شَعْبِكَ وَعَلَى مَدِينَتِكَ الْمُقَدَّسَةِ،

لِتَكْمِيلِ [حجز] الْمَعْصِيَةِ،

وَتَتْمِيمِ [غفران] الْخَطَايَا،

وَلِكَفَّارَةِ الإِثْمِ،

وَلِيُؤْتَى بِالْبِرِّ الأَبَدِيِّ،

وَلِخَتْمِ الرُّؤْيَا وَالنُّبُوَّةِ،

وَلِمَسْحِ قُدُّوسِ الْقُدُّوسِينَ [قدس أقداس] " (دانيال ٩ : ٢٤).

٩:٢٤ كشف الملاك جبرائيل لدانيال عن فترة ٧٠ أسبوعا هامة جدا في مستقبل الشعب اليهودي وأورشليم بقوله: "سَبْعُونَ أُسْبُوعاً قُضِيَتْ عَلَى شَعْبِكَ وَعَلَى مَدِينَتِكَ الْمُقَدَّسَةِ" (دانيال٩:٢٤).

كلمة "أسبوع" في الأصل العبري هي "سبعات שְׁבֻעִים " أي المقصود "سبعون سبعات" أي ٤٩٠، كما أن "اليوم" قد يمثل "سنة" في لغة النبوات كما في قول الرب لحزقيال: "فَقَدْ جَعَلْتُ لَكَ كُلَّ يَوْمٍ عِوَضاً عَنْ سَنَةٍ" (حزقيال ٤:٦). وكانت السنون في العهد القديم تقسم إلي "سبعات" ولا تزرع الأرض في السنة السابعة كما قال الرب: "وَأَمَّا السَّنَةُ السَّابِعَةُ فَفِيهَا يَكُونُ لِلأَرْضِ سَبْتُ عُطْلَةٍ سَبْتاً لِلرَّبِّ. لا تَزْرَعْ حَقْلَكَ وَلا تَقْضِبْ كَرْمَكَ" (لاويين ٢٥ : ٤).

ومن هذا تعلم أن مدة "السبعين أسبوعا" تمثل ٤٩٠ سنة، فالأسابيع المذكورة في (دانيال ٩:٢٤) هي أسابيع سنين، وتبدأ هذه المدة سنة ٤٥٧ ق.م. وتكمل سنة ٣٣ م، وهي الفترة التي ستظهر في نهايتها ظهر غني رحمة الله علي البشرية بظهور السيد المسيح وموته وقيامته وصعوده وحلول الروح القدس في الأسبوع السبعين من نبوة دانيال.

كشف جبرائيل لدانيال عن قضاء الله وخطته لشعبه ومدينته المقدسة، فتعبير "قضيت" مترجم عن الكلمة العبرية [nechtak נֶחְתַּךְ] بمعني "تقرر determined" للتعبير عن قصد الله وتدبيره وخطته الإلهية" حَسَبَ قَصْدِ الدُّهُورِ [خطة الله الأب الأزلية] الَّذِي صَنَعَهُ فِي الْمَسِيحِ يَسُوعَ رَبِّنَا" (أفسس ٣ : ١١).

الله هو "الَّذِي خَلَّصَنَا وَدَعَانَا دَعْوَةً مُقَدَّسَةً، لاَ بِمُقْتَضَى أَعْمَالِنَا، بَلْ بِمُقْتَضَى الْقَصْدِ وَالنِّعْمَةِ الَّتِي أُعْطِيَتْ لَنَا فِي الْمَسِيحِ يَسُوعَ قَبْلَ الأَزْمِنَةِ الأَزَلِيَّةِ" (٢ تيموثاوس ١ : ٩)، ففي منتصف الأسبوع السبعين تم صلب السيد المسيح، وما سمعه دانيال من جبرائيل هو تفاصيل هذه الأخبار السارة التي تمت في هذا الأسبوع السبعين.

وقد وردت عبارة "سبعين مرة سبع مرات" في تعاليم السيد المسيح، فحينما تقدم بطرس للسيد المسيح وسأله: "يَا رَبُّ كَمْ مَرَّةً يُخْطِئُ إِلَيَّ أَخِي وَأَنَا أَغْفِرُ لَهُ؟ هَلْ إِلَى سَبْعِ مَرَّاتٍ؟" اجابه الرب يسوع: "لاَ أَقُولُ لَكَ إِلَى سَبْعِ مَرَّاتٍ بَلْ إِلَى سَبْعِينَ مَرَّةً سَبْعَ مَرَّاتٍ" (متى ١٨: ٢١-٢٢)، أي أنه يجب أن يغفر بطرس لأخيه بمثل رحمة الله الغنية التي قصدها لشعبه عبر الدهور.

١- حجز المعصية

يتم في الأسبوع السبعين حجز المعصية: ""سَبْعُونَ أُسْبُوعاً قُضِيَتْ عَلَى شَعْبِكَ وَعَلَى مَدِينَتِكَ الْمُقَدَّسَةِ لِتَكْمِيلِ [لحجز] الْمَعْصِيَةِ..." (دانيال٩:٢٤). الكلمة العبرية المترجمة [تكميل] تحمل معني "حجز المعصية restrain of transgression". وهذا التعبير جاء بمعني: "يُمْسِكَ" في جامعة ٨ : ٨، " تَمْنَعْ" في مزامير ٤٠ : ١١، "مَنَعْتُ" في مزامير ١١٩: ١٠١.

حجز المعصية تم بذبيحة الرب يسوع اذ قيد الرب الشيطان وأبطل قوته عن أولاده بالنعمة الإلهية، حسب قول بولس الرسول: "وَالآنَ تَعْلَمُونَ مَا يَحْجِزُ حَتَّى يُسْتَعْلَنَ فِي وَقْتِهِ. لأَنَّ سِرَّ الإِثْمِ [روح الشيطان] الآنَ يَعْمَلُ فَقَطْ [في أبناء المعصية]، إِلَى أَنْ يُرْفَعَ مِنَ الْوَسَطِ الَّذِي يَحْجِزُ الآنَ [النعمة الإلهية]، وَحِينَئِذٍ سَيُسْتَعْلَنُ [ينكشف] الأَثِيمُ [مملكة ضد المسيح]، الَّذِي الرَّبُّ يُبِيدُهُ بِنَفْخَةِ فَمِهِ، وَيُبْطِلُهُ بِظُهُورِ مَجِيئِهِ. الَّذِي مَجِيئُهُ بِعَمَلِ الشَّيْطَانِ، بِكُلِّ قُوَّةٍ، وَبِآيَاتٍ وَعَجَائِبَ كَاذِبَةٍ" (٢ تسالونيكي ٢:٦-٩).

٢- تكفير الخطايا والآثام

الأسبوع السبعين هو وقت "تَتْمِيمِ [لتكفير] الْخَطَايَا وَلِكَفَّارَةِ الإِثْمِ" (دانيال٩:٢٤). و"تكميل الخطايا" في الأصل العبري هو "تكفير أو غفران الخطايا"، وهذا التعبير مستخدم في كثير من مواضع الكتاب المقدس التي تتكلم عن الكفارة مثل: "وَيَصْنَعُ هَارُونُ كَفَّارَةً عَلَى قُرُونِهِ مَرَّةً فِي السَّنَةِ. مِنْ دَمِ ذَبِيحَةِ الْخَطِيَّةِ الَّتِي لِلْكَفَّارَةِ مَرَّةً فِي السَّنَةِ يَصْنَعُ كَفَّارَةً عَلَيْهِ فِي اجْيَالِكُمْ. قُدْسُ اقْدَاسٍ هُوَ لِلرَّبِّ" (خروج ٣٠ : ١٠).

الرب يسوع هو الكفارة لخطايانا أمام الآب السماوي: "وَهُوَ كَفَّارَةٌ لِخَطَايَانَا. لَيْسَ لِخَطَايَانَا فَقَطْ، بَلْ لِخَطَايَا كُلِّ الْعَالَمِ أَيْضاً" (١ يوحنا ٢:١-٢)، "وَهُوَ مَجْرُوحٌ لأَجْلِ مَعَاصِينَا مَسْحُوقٌ لأَجْلِ آثَامِنَا. تَأْدِيبُ سَلاَمِنَا عَلَيْهِ وَبِحُبُرِهِ شُفِينَا." (أشعياء ٥٣ : ٥)، "جَعَلَ نَفْسَهُ ذَبِيحَةَ إِثْمٍ... سَكَبَ لِلْمَوْتِ نَفْسَهُ وَأُحْصِيَ مَعَ أَثَمَةٍ، وَهُوَ حَمَلَ خَطِيَّةَ كَثِيرِينَ، وَشَفَعَ فِي الْمُذْنِبِينَ" (أشعياء ٥٣ : ١٠-١٢).

٣- البر الأبدي

كان ضمن خطة الله أنه في الاسبوع السبعون ينال المؤمنون باسمه البر الأبدي في المسيح يسوع: "سَبْعُونَ أُسْبُوعاً قُضِيَتْ عَلَى شَعْبِكَ، وَعَلَى مَدِينَتِكَ الْمُقَدَّسَةِ... لِيُؤْتَى بِالْبِرِّ الأَبَدِيِّ" (دانيال٩:٢٤). في هذا الأسبوع الله جعل المسيح الذي لم يعرف خطية ليكون ذبيحة خطية علي الصليب، حتي ينال المؤمنون البر الأبدي في المسيح يسوع بقوة الروح القدس، "لأَنَّهُ جَعَلَ الَّذِي لَمْ يَعْرِفْ خَطِيَّةً، خَطِيَّةً لأَجْلِنَا، لِنَصِيرَ نَحْنُ بِرَّ اللهِ فِيهِ" (٢ كورنثوس ٥ : ٢١).

وكان في خطة الله أن يدخل الأمم في الأيمان، وهو الإعلان الذي كشفه لبولس الرسول أن "الأُمَمَ شُرَكَاءُ فِي الْمِيرَاثِ وَالْجَسَدِ، وَنَوَالِ مَوْعِدِهِ فِي الْمَسِيحِ بِالإِنْجِيلِ" (أفسس ٣:٣-٦) ويصيروا شركاء في "البر الأبدي" بحلول الروح القدس عليهم، "إِنَّ الأُمَمَ الَّذِينَ لَمْ يَسْعَوْا فِي أَثَرِ الْبِرِّ [الصلاح] أَدْرَكُوا الْبِرَّ [الصلاح] الَّذِي بِالإِيمَانِ" (رومية ٩: ٣٠).

٤- ختم الرؤيا والنبوة

كان في خطة الله أيضا أن يكون الأسبوع السبعون هو وقت "خَتْمِ الرُّؤْيَا وَالنُّبُوَّةِ" (دانيال٩:٢٤). "ختم الرؤيا والنبوة" يعني تصديق الله علي صحة تحقيق الرؤيا والنبوات في شخص ربنا يسوع المسيح، وهذا تم بشهادة الله الآب عن إبنه: "هَذَا هُوَ ابْنِي الْحَبِيبُ الَّذِي بِهِ سُرِرْتُ" (متى ٣: ١٧، متى ١٧ : ٥، مرقس ١ : ١١)، "لأَنَّ هَذَا اللَّهُ الآبُ قَدْ خَتَمَهُ" (يوحنا ٦ : ٢٧). في عظة يوم الخمسين، قال القديس بطرس الرسول: "يَسُوعُ النَّاصِرِيُّ رَجُلٌ قَدْ تَبَرْهَنَ لَكُمْ مِنْ قِبَلِ اللهِ بِقُوَّاتٍ وَعَجَائِبَ وَآيَاتٍ صَنَعَهَا اللهُ بِيَدِهِ فِي وَسَطِكُمْ كَمَا أَنْتُمْ أَيْضاً تَعْلَمُونَ" (أعمال ٢ : ٢٢).

٥- مسح قدس أقداس

تعبير "قدوس القديسين" في بعض الترجمات لدانيال ٩:٢٤ هو في الأصل العبري "قدس أقداس"، فقد كان ضمن خطة الله أن يكون الأسبوع السبعين هو وقت مسح كنيسة العهد الجديد والتي رأسها هو الرب يسوع المسيح. وقد استخدم تعبير "قُدْسَ أَقْدَاسٍ" في العهد القديم للإشارة إلي الهيكل والكهنة والذبائح:

- قال السيد الرب عن الهيكل: "هَذِهِ سُنَّةُ [شريعة] الْبَيْتِ. عَلَى رَأْسِ الْجَبَلِ كُلُّ
  تُخُمِهِ حَوَالَيْهِ قُدْسُ أَقْدَاسٍ" (حزقيال ٤٣ : ١٢).

- قال السيد الرب عن الكهنة: "أُفْرِزَ هَارُونُ لِتَقْدِيسِهِ قُدْسَ أَقْدَاسٍ هُوَ وَبَنُوهُ إِلَى
  الْأَبَدِ" (١ أخبار ٢٣ : ١٣).

- قال السيد الرب عن الذبائح: "هَذَا يَكُونُ لَكَ مِنْ قُدْسِ الْأَقْدَاسِ مِنَ النَّارِ كُلُّ
  قَرَابِينِهِمْ مَعَ كُلِّ تَقْدِمَاتِهِمْ وَكُلِّ ذَبَائِحِ خَطَايَاهُمْ وَكُلِّ ذَبَائِحِ آثَامِهِمُ الَّتِي يَرُدُّونَهَا
  لِي. قُدْسُ أَقْدَاسٍ هِيَ لَكَ وَلِبَنِيكَ" (عدد ١٨ : ٩).

مسح "قدس أقداس" العهد الجديد، يعني تقديس كنيسة العهد الجديد، ولأن المسيح هو
"رَأْسُ الْكَنِيسَةِ" (افسس ٥ : ٢٣)، فقد بدأ هذا التقديس بمسح السيد المسيح بالروح القدس
عند نهر الأردن: "فَلَمَّا اعْتَمَدَ يَسُوعُ صَعِدَ لِلْوَقْتِ مِنَ الْمَاءِ وَإِذَا السَّمَاوَاتُ قَدِ انْفَتَحَتْ لَهُ
فَرَأَى رُوحَ اللَّهِ نَازِلاً مِثْلَ حَمَامَةٍ وَآتِياً عَلَيْهِ، وَصَوْتٌ مِنَ السَّمَاوَاتِ قَائِلاً: هَذَا هُوَ ابْنِي
الْحَبِيبُ الَّذِي بِهِ سُرِرْتُ" (متى ٣: ١٦-١٧).

وقد مسح الله الكنيسة بحلول الروح القدس علي التلاميذ اليهود في يوم الخمسين وعلي
الأمم في بيت كرنيليوس. ففي يوم الخمسين "صَارَ بَغْتَةً مِنَ السَّمَاءِ صَوْتٌ كَمَا مِنْ هُبُوب
رِيحٍ عَاصِفَةٍ وَمَلَأَ كُلَّ الْبَيْتِ حَيْثُ كَانُوا جَالِسِينَ، وَظَهَرَتْ لَهُمْ أَلْسِنَةٌ مُنْقَسِمَةٌ كَأَنَّهَا مِنْ نَارٍ
وَاسْتَقَرَّتْ عَلَى كُلِّ وَاحِدٍ مِنْهُمْ، وَامْتَلَأَ الْجَمِيعُ مِنَ الرُّوحِ الْقُدُسِ، وَابْتَدَأُوا يَتَكَلَّمُونَ بِأَلْسِنَةٍ
أُخْرَى، كَمَا أَعْطَاهُمُ الرُّوحُ أَنْ يَنْطِقُوا" (أعمال ٢: ٢-٤).

وفي بيت كرنيليوس "بَيْنَمَا بُطْرُسُ يَتَكَلَّمُ بِهَذِهِ الْأُمُورِ، حَلَّ الرُّوحُ الْقُدُسُ عَلَى جَمِيعِ
الَّذِينَ كَانُوا يَسْمَعُونَ الْكَلِمَةَ، فَانْدَهَشَ الْمُؤْمِنُونَ الَّذِينَ مِنْ أَهْلِ الْخِتَانِ كُلُّ مَنْ جَاءَ مَعَ
بُطْرُسَ لِأَنَّ مَوْهِبَةَ الرُّوحِ الْقُدُسِ قَدِ انْسَكَبَتْ عَلَى الْأُمَمِ أَيْضاً لِأَنَّهُمْ كَانُوا يَسْمَعُونَهُمْ
يَتَكَلَّمُونَ بِأَلْسِنَةٍ وَيُعَظِّمُونَ اللهَ" (أعمال ١٠: ٤٤-٤٧). وكان ذلك بمثابة نهاية أحداث
الأسبوع السبعين حوالي سنة ٣٣ م بحسب التقويم الحالي.

خطة السبعين أسبوعا (دانيال ٩:٢٥-٢٧)

٢٥ "فَاعْلَمْ وَافْهَمْ

أَنَّهُ مِنْ خُرُوجِ الأَمْرِ

لِتَجْدِيدِ [لاستعادة] أُورُشَلِيمَ وَبَنَائِهَا [وتجديدها]

إِلَى الْمَسِيحِ الرَّئِيسِ

سَبْعَةُ أَسَابِيعَ وَاثْنَانِ وَسِتُّونَ أُسْبُوعاً.

يَعُودُ وَيُبْنَى سُوقٌ وَخَلِيجٌ

فِي ضِيقِ الأَزْمِنَةِ [في أوقات الضيق].

٢٦ وَبَعْدَ اثْنَيْنِ وَسِتِّينَ أُسْبُوعا [التالية للسبعة أسابيع الأولي]

يُقْطَعُ الْمَسِيحُ وَلَيْسَ لَهُ

وَشَعْبُ رَئِيسٍ آتٍ يُخْرِبُ الْمَدِينَةَ وَالْقُدْسَ

وَانْتِهَاؤُهُ بِغَمَارَةٍ [ونهاية الخراب طوفان]

وَإِلَى النِّهَايَةِ حَرْبٌ [وَتَسْتَمِرُّ الْحَرْبُ حَتَّى النِّهَايَةِ]،

وَخِرَبٌ قُضِيَ بِهَا [وَيَعُمُّ الْخَرَابُ الْمَقْضِيُّ بِهِ حتي النهاية].

٢٧ وَيُثَبِّتُ عَهْداً مَعَ كَثِيرِينَ فِي أُسْبُوعٍ وَاحِدٍ

وَفِي وَسَطِ الأُسْبُوعِ يُبَطِّلُ الذَّبِيحَةَ وَالتَّقْدِمَةَ

وَعَلَى جَنَاحِ الأَرْجَاسِ مُخَرَّبٌ [وَيُقِيمُ عَلَى جَنَاحِ الْهَيْكَلِ رَجَسَةَ الْخَرَابِ]،

حَتَّى يَتِمَّ وَيُصَبَّ الْمَقْضِيُّ عَلَى الْمُخَرَّبِ [إِلَى أَنْ يَتِمَّ الْقَضَاءُ، فَيَنْصَبُّ الْعِقَابُ عَلَى الْمُخَرِّبِ]".

(دانيال ٩: ٢٥-٢٧)

٢٥:٩ جدير بالأشارة أن النص العبري لدانيال ٩:٢٥-٢٧ مكتوب بأسلوب الشعر، ولعله كان بمثابة ترنيمة أو تسبحه عبرية أنشدها الملاك جبرائيل في مسمع دانيال النبي، ولهذا نجد أن الأحداث المشار إليها بالنبوة المذكورة في هذا النص لا تتبع الترتيب التاريخي، بل تخضع لأسلوب الشعر العبري، وهو يكرر جزء من المعني المذكور سابقا، ليوضحه ويبني عليه معني جديد لاحقا. ولهذا فالأجزاء الأولي في الأعداد ٢٦، ٢٧ تشير لموضوع موت السيد المسيح والعهد بدمه الذي تم في متصف الأسبوع السبعين، والأجزاء التالية لنفس العددين تشير لموضوع آخر وهو خراب أورشليم الذي تم في عهد أنطيوخس أبيفانيوس وتكرر هذا سنة ٧٠ ميلادية علي يد تيطس الروماني، كما سيأتي شرحه.

صدور الأمر

كان قد تقرر حسب خطة الله أن تبدأ مدة السبعين أسبوعا من وقت "خُرُوجِ الأَمْرِ [المرسوم الملكي] لاستعادة أُورُشَلِيمَ وتجديدها" (دانيال ٩:٢٥). في أيام مملكة فارس ومادي صدر ثلاثة مراسيم [أوامر] بخصوص أورشليم والهيكل، وتوقيت واحد من هذه الأوامر هو توقيت بداية فترة السبعين أسبوعا:

١- أمر كورش

في سنة ٥٣٩-٥٣٨ ق.م أصدر كورش أمرا لرجوع اليهود الذين في السبي وإعادة بناء الهيكل: "وَفِي السَّنَةِ الأُولَى لِكُورَشَ مَلِكِ فَارِسَ عِنْدَ تَمَامِ كَلاَمِ الرَّبِّ بِفَمِ إِرْمِيَا نَبَّهَ الرَّبُّ رُوحَ كُورَشَ مَلِكِ فَارِسَ فَأَطْلَقَ نِدَاءً فِي كُلِّ مَمْلَكَتِهِ وَبِالْكِتَابَةِ أَيْضاً قَائِلاً: هَكَذَا قَالَ كُورَشُ مَلِكُ فَارِسَ: جَمِيعُ مَمَالِكِ الأَرْضِ دَفَعَهَا لِي الرَّبُّ إِلَهُ السَّمَاءِ وَهُوَ أَوْصَانِي أَنْ أَبْنِيَ لَهُ بَيْتاً فِي أُورُشَلِيمَ الَّتِي فِي يَهُوذَا. مَنْ مِنْكُمْ مِنْ كُلِّ شَعْبِهِ لِيَكُنْ إِلَهُهُ مَعَهُ وَيَصْعَدْ إِلَى أُورُشَلِيمَ الَّتِي فِي يَهُوذَا فَيَبْنِيَ بَيْتَ الرَّبِّ إِلَهِ إِسْرَائِيلَ. هُوَ الإِلَهُ الَّذِي فِي أُورُشَلِيمَ. وَكُلُّ مَنْ بَقِيَ فِي أَحَدِ الأَمَاكِنِ حَيْثُ هُوَ مُتَغَرِّبٌ فَلْيُنْجِدْهُ أَهْلُ مَكَانِهِ بِفِضَّةٍ وَبِذَهَبٍ وَبِأَمْتِعَةٍ وَبِبَهَائِمَ مَعَ التَّبَرُّعِ لِبَيْتِ الرَّبِّ الَّذِي فِي أُورُشَلِيمَ" (عزرا ١: ١-٤).

تكلم السيد الرب عن هذا الأمر [المرسوم] في سفر أشعياء (أشعياء ٤٤ : ٢٦-٢٨، ٤٥ : ١٣)، ولكنه ليس هو المقصود كبداية للسبعين أسبوعا. ولو افترضنا أن هذا الأمر هو بداية السبعين أسبوعا [٤٩٠ سنة] فكانت ستنتهي عام ٥٥ ق.م، وهذا التاريخ سابق

بكثير لمجيء السيد المسيح، كما لم يحدث شيئا ملحوظا في تاريخ شعب الله في هذا التاريخ.

٢- الأمر الأول لأرتحشستا

في سنة ٤٥٧ ق.م صدر الأمر الأول لأرتحشستا لإعادة أورشليم لأهلها، والعمل بموجب الشريعة والعبادة بها: "قَدْ صَدَرَ مِنِّي أَمْرٌ أَنَّ كُلَّ مَنْ أَرَادَ فِي مُلْكِي مِنْ شَعْبِ إِسْرَائِيلَ وَكَهَنَتِهِ وَاللاَّوِيِّينَ أَنْ يَرْجِعَ إِلَى أُورُشَلِيمَ مَعَكَ فَلْيَرْجِعْ. مِنْ أَجْلِ أَنَّكَ مُرْسَلٌ مِنْ قِبَلِ الْمَلِكِ وَمُشِيرِيهِ السَّبْعَةِ لأَجْلِ السُّؤَالِ عَنْ يَهُوذَا وَأُورُشَلِيمَ حَسَبَ شَرِيعَةِ إِلَهِكَ الَّتِي بِيَدِكَ" (عزرا ٧ : ١٣-١٤).

وهذا الأمر ينطبق عليه النبوة "من وقت خُرُوجِ الأَمْرِ لاستعادة أُورُشَلِيمَ وتجديدها" (دانيال ٢٥:٩)، أي إعادة الحياة السياسية والدينية لليهود بأورشليم لتكون بحسب الشريعة. وباعتبار تاريخ هذا الأمر كنقطة البداية للسبعين أسبوعا [٤٩٠ سنة]، تكون سنة ٢٦ م هي سنة مسح الرب يسوع بالروح القدس، وبدء خدمته المسيانية.

٣- الأمر الثاني لأرتحشستا

في سنة ٤٥٥-٤٤٤ ق.م أصدر أرتحشستا أمره الثاني لنحميا لبناء أورشليم: "وَفِي شَهْرِ نِيسَانَ فِي السَّنَةِ الْعِشْرِينَ لأَرْتَحْشَسْتَا الْمَلِكِ... صَلَّيْتُ إِلَى إِلَهِ السَّمَاءِ وَقُلْتُ لِلْمَلِكِ: إِذَا سُرَّ الْمَلِكُ وَإِذَا أَحْسَنَ عَبْدُكَ أَمَامَكَ تُرْسِلُنِي إِلَى يَهُوذَا إِلَى مَدِينَةِ قُبُورِ آبَائِي فَأَبْنِيهَا... وَقُلْتُ لِلْمَلِكِ: إِنْ حَسُنَ عِنْدَ الْمَلِكِ فَلْتُعْطَ لِي رَسَائِلُ إِلَى وُلاَةِ عَبْرِ النَّهْرِ لِيُجِيزُونِي حَتَّى أَصِلَ إِلَى يَهُوذَا وَرِسَالَةٌ إِلَى آسَافَ حَارِسِ فِرْدَوْسِ الْمَلِكِ لِيُعْطِيَنِي أَخْشَاباً لِسَقْفِ أَبْوَابِ الْقَصْرِ الَّذِي لِلْبَيْتِ وَلِسُورِ الْمَدِينَةِ وَلِلْبَيْتِ الَّذِي أَدْخُلُ إِلَيْهِ. فَأَعْطَانِي الْمَلِكُ حَسَبَ يَدِ إِلَهِي الصَّالِحَةِ عَلَيَّ" (نحميا ٢ : ١-٨).

ولكن تاريخ هذا الأمر [المرسوم] ليس هو المقصود لبداية السبعين أسبوعا، لأن النبوة في دانيال أنه "من وقت خُرُوجِ الأَمْرِ لاستعادة أُورُشَلِيمَ وتجديدها" (دانيال ٢٥:٩)، وليس "من وقت بناء المدينة".

من هذا نستنتج أن مدة السبعين اسبوعا [٤٩٠ سنة] بدأت عام ٤٥٧ ق.م، عند صدور مرسوم أرتحشستا باستعادة أورشليم والعمل فيه حسب شريعة الله، والعبادة فيها، وقد قسم الوحي الإلهي مدة السبعين أسبوعا إلي ثلاث فترات:

١- السبعة أسابيع الأولي [٤٩ سنة]: تشير مدة السبعة الأسابيع الاولى [من ٤٥٧ ق.م حتي ٤٠٨ ق.م = ٤٩ سنة] إلي المدة التي أستغرقها العمل لإعادة بناء مدينة أورشليم والهيكل بعد العودة من السبي.

٢- الاثنين والستين أسبوعا [٤٣٤ سنة]: وهي فترة صراعات عنيفة بين ممالك الشمال والجنوب، وعانت فيها أورشليم الكثير، وتم فيها خراب الهيكل علي يد أنطيوخس أبيفانيوس، وذلك كما هو مذكور في الأصحاح الحادي عشر من سفر دانيال.

٣- الأسبوع السبعين [٧ سنين]: كان الأسبوع السبعين سيبدأ بعد نهاية السبع أسابيع [٤٩سنة] والاثنين والستون اسبوعا [٤٣٤ سنة]، أي بعد ٤٨٣ سنة [٤٩+ ٤٣٤ = ٤٨٣]. وحيث أن بداية السبعين أسبوعا هو عام ٤٥٧ ق.م، يكون بداية الأسبوع السبعين بعد ٤٨٣ سنة أى عام ٢٦ ميلادية.

ظهور المسيح الرئيس

بإعتبار أن سنة ميلاد السيد المسيح عام ٤ ق.م حسب التوقيت الحالي تكون سنة ٢٦ م هي سنة تعميد الرب يسوع في نهر الاردن، وحلول الروح القدس عليه وبداية خدمته العلنية. ويكون ذلك بداية الأسبوع السبعين الذي ورد في نبوة دانيال.

عند نهر الأردن تم مسح الرب يسوع بحلول الروح القدس علي جسد بشريته، "فَلَمَّا اعْتَمَدَ يَسُوعُ صَعِدَ لِلْوَقْتِ مِنَ الْمَاءِ وَإِذَا السَّمَاوَاتُ قَدِ انْفَتَحَتْ لَهُ فَرَأَى رُوحَ اللَّهِ نَازِلاً مِثْلَ حَمَامَةٍ وَآتِياً عَلَيْهِ وَصَوْتٌ مِنَ السَّمَاوَاتِ قَائِلاً: هَذَا هُوَ ابْنِي الْحَبِيبُ الَّذِي بِهِ سُرِرْتُ" (متى ٣: ١٦-١٧)، وبذلك تم إعلان أن يسوع هو المسيح ابن الله أي الممسوح بالروح القدس، فهو "المسيح ابن الله الحي" (متى ١٦: ١٣-١٧)، وقد مسحه الله بالروح القدس والقوة (أعمال ١٠: ٣٧-٣٨).

والرب يسوع المسيح هو أيضا "الرئيس"، فقد تنبأ أشعياء أن "تَكُونُ الرِّيَاسَةُ عَلَى كَتِفِهِ وَيُدْعَى اسْمُهُ عَجِيباً مُشِيراً إِلَهاً قَدِيراً أَباً أَبَدِيّاً رَئِيسَ السَّلاَمِ" (أشعياء ٩ : ٦)، وقال عنه الملاك: "هَذَا [يسوع] يَكُونُ عَظِيماً وَابْنَ الْعَلِيِّ يُدْعَى وَيُعْطِيهِ الرَّبُّ الإِلَهُ كُرْسِيَّ دَاوُدَ أَبِيهِ" (لوقا ١ : ٣٢)، كما أنه "رَئِيسِ الإِيمَانِ وَمُكَمِّلِهِ" (عبرانيين ١٢: ٢).

ساحة المحفل والقضاء

بحسب الترجمة العربية المتداولة، فإنه "يَعُودُ وَيُبْنَى سُوقٌ وَخَلِيجٌ فِي ضِيقِ الأَزْمِنَةِ [في أوقات الضيق]" (دانيال ٢٥:٩). ولكن كان من الممكن ترجمة هذا النص من الأصل العبري بصورة أفضل، فالكلمتان المترجمتان "سوق" و"خليج" هما في العبرية [rachowb wa chaaruwts רְחֹ֖וב וְחָר֑וּץ]، وقد ترجمتا إلي "ساحة محفل" في عزرا ٩:١٠، و"مكان القضاء" في يوئيل ١٤:٣، وهو ما يوازي مركز المدينة City Hall، وهذا يعني استعادة مدينة أورشليم لاستقلالها ومباشرة أمور أهلها بالحكم الذاتي، وقد حدث ذلك في أوقات الضيق بسبب مضايقات ومعارضات الأعداء لتجديد المدينة والهيكل، كما هو وارد في سفري عزرا ونحميا.

"ساحة المحفل" و "مكان القضاء" يشيران بطريقة نبوية إلي أحداث ومكان محاكمة السيد المسيح، فقد بدأت المحاكمة في الساحة المقابلة لدار ولاية بيلاطس، وتمت المحكمة في داخل الدار، وذلك حسب شهادة القديس يوحنا الإنجيلي: "ثُمَّ جَاءُوا بِيَسُوعَ مِنْ عِنْدِ قَيَافَا إِلَى دَارِ الْوِلاَيَةِ وَكَانَ صُبْحٌ. وَلَمْ يَدْخُلُوا هُمْ إِلَى دَارِ الْوِلاَيَةِ لِكَيْ لاَ يَتَنَجَّسُوا فَيَأْكُلُونَ الْفِصْحَ. فَخَرَجَ بِيلاَطُسُ إِلَيْهِمْ... ثُمَّ دَخَلَ بِيلاَطُسُ أَيْضاً إِلَى دَارِ الْوِلاَيَةِ وَدَعَا يَسُوعَ" (يوحنا ١٨: ٢٨-٣٣). وعن هذا تنبأ يوئيل النبي أيضا: "جَمَاهِيرُ جَمَاهِيرُ فِي وَادِي الْقَضَاءِ لأَنَّ يَوْمَ الرَّبِّ قَرِيبٌ فِي وَادِي الْقَضَاءِ Valley of Decision" (يوئيل ٣ : ١٤).

موت المسيح

٢٦:٩ تعبير "يقطع المسيح" يعني موت السيد المسيح علي الصليب في منتصف الأسبوع السبعين: "وَبَعْدَ اثْنَيْنِ وَسِتِّينَ أُسْبُوعاً يُقْطَعُ الْمَسِيحُ وَلَيْسَ لَهُ" (دانيال ٢٦:٩)، وذلك حسب نبوة شعياء النبي: "مِنَ الضُّغْطَةِ وَمِنَ الدَّيْنُونَةِ أُخِذَ، وَفِي جِيلِهِ مَنْ كَانَ يَظُنُّ أَنَّهُ قُطِعَ مِنْ أَرْضِ الأَحْيَاءِ أَنَّهُ ضُرِبَ مِنْ أَجْلِ ذَنْبِ شَعْبِي؟" (أشعياء ٥٣ : ٨).

وتعبير "ليس له" (دانيال ٩:٢٦) يشير إلي أنه لم يكن للسيد المسيح زوجة أو أولادا بحسب الجسد عند موته، حسب ماورد في سفر أعمال الرسل مقتبسا من (أشعياء ٨:٥٣): "وَجِيلُهُ مَنْ يُخْبِرُ بِهِ، لأَنَّ حَيَاتَهُ تُنْتَزَعُ مِنَ الأَرْضِ؟" (أعمال ٨ : ٣٣)، أي أنه لم يكن له نسل حتي يعلن عنه أحد عند موته. وقد أكد السيد المسيح بقوله: "هُوَذَا تَأْتِي سَاعَةٌ وَقَدْ أَتَتِ الآنَ تَتَفَرَّقُونَ فِيهَا كُلُّ وَاحِدٍ إِلَى خَاصَّتِهِ وَتَتْرُكُونَنِي وَحْدِي. وَأَنَا لَسْتُ وَحْدِي لأَنَّ الآبَ مَعِي" (يوحنا ١٦ : ٣٢)، فلو كان له نسل بالجسد، فأين كانوا وقت صلبه، وموته؟

خراب المدينة والقدس

تشير الأجزاء الأخيرة للعددين ٢٦، ٢٧ لخراب أورشليم:" وَشَعْبُ رَئِيسٍ آتٍ يُخْرِبُ الْمَدِينَةَ وَالْقُدْسَ وَانْتِهَاؤُهُ بِغَمَارَةٍ وَإِلَى النِّهَايَةِ حَرْبٌ وَخِرَبٌ قُضِيَ بِهَا... وَعَلَى جَنَاحِ الأَرْجَاسِ مُخَرَّبٌ حَتَّى يَتِمَّ وَيُصَبَّ الْمَقْضِيُّ عَلَى الْمُخَرَّبِ]" (دانيال ٩:٢٦-٢٧)، وقد تم خراب الهيكل في عهد أنطيوخس أبيفانيوس، وذلك في سنة ق.م ١٦٩-١٦٧ ق.م. وتكرر خراب الهيكل علي يد تيطس الروماني بعد موت السيد المسيح سنة ٧٠ ميلادية ، وذلك حسب نبوات السيد المسيح: هُوَذَا بَيْتُكُمْ يُتْرَكُ لَكُمْ خَرَاباً!" (متى ٢٣ : ٣٨)، "اَلْحَقَّ أَقُولُ لَكُمْ إِنَّهُ لاَ يُتْرَكُ هَهُنَا حَجَرٌ عَلَى حَجَرٍ لاَ يُنْقَضُ!». (متي ٢٤:١-٢)، "فَإِنَّهُ سَتَأْتِي أَيَّامٌ وَيُحِيطُ بِكِ أَعْدَاؤُكِ بِمِتْرَسَةٍ وَيُحْدِقُونَ بِكِ وَيُحَاصِرُونَكِ مِنْ كُلِّ جِهَةٍ وَيَهْدِمُونَكِ وَبَنِيكِ فِيكِ وَلاَ يَتْرُكُونَ فِيكِ حَجَراً عَلَى حَجَرٍ لأَنَّكِ لَمْ تَعْرِفِي زَمَانَ افْتِقَادِكِ" (لوقا ١٩ : ٤٣-٤٤)، وأيضا ما ورد في (لوقا ٢١ : ٢٠-٢٤).

"تستمر الحروب حتي وقت النهاية (دانيال ٩:٢٦)، وقد قال السيد المسيح: "سوف تسمعون بحروب وأخبار حروب، انظروا لا ترتاعوا، لأنه لا بد أن تكون هذه كلها، ولكن ليس المنتهى بعد" (متى ٢٤ : ٦). وستكون النهاية طوفان لهلاك الأشرار (دانيال ٩:٢٦)، فالسيد الرب "بِطُوفَانٍ عَابِرٍ يَصْنَعُ هَلاَكاً تَامّاً لِمَوْضِعِهَا [موضع نينوي رمز عاصمة الشر] وَأَعْدَاؤُهُ يَتْبَعُهُمْ ظَلاَمٌ" (ناحوم ١:٨).

تثبيت العهد

٩:٢٧ كلمة "عهد" مرتبطة بالسيد المسيح، فهو الذي يثبت العهد بين الله وشعبه بجسده ودمه في منتصف الأسبوع السبعين، فهو "يُثَبِّتُ عَهْداً مَعَ كَثِيرِينَ فِي أُسْبُوعٍ وَاحِدٍ" (دانيال

٢٧:٩)، كلمة "يثبت" في العبرية هي [higbiyr הִגְבִּיר] تعني "يقوي بشدة mightily strengthen"، أما كلمة "يقطع عهدا" فلا تحمل المعني كاملا.

العهد الذي يثبته السيد المسيح هو "العهد الجديد" بدمه، الذي سبق أن وعد به الله الآباء، "هَذَا هُوَ الْعَهْدُ الَّذِي أَعْهَدُهُ مَعَهُمْ بَعْدَ تِلْكَ الأَيَّامِ، يَقُولُ الرَّبُّ، أَجْعَلُ نَوَامِيسِي فِي قُلُوبِهِمْ وَأَكْتُبُهَا فِي أَذْهَانِهِمْ" (عبرانيين ١٠ : ١٦)، و"يَسُوعَ الْمَسِيحَ قَدْ صَارَ خَادِمَ الْخِتَانِ مِنْ أَجْلِ صِدْقِ اللهِ حَتَّى يُثَبِّتَ مَوَاعِيدَ الآبَاءِ" (رومية ١٥: ٨).

هذا العهد صار مع كثيرين، لأن "ابْنَ الإِنْسَانِ لَمْ يَأْتِ لِيُخْدَمَ بَلْ لِيَخْدِمَ وَلِيَبْذِلَ نَفْسَهُ فِدْيَةً عَنْ كَثِيرِينَ" (متى ٢٠ : ٢٨)، ودمه الذي للعهد الجديد "يُسْفَكُ مِنْ أَجْلِ كَثِيرِينَ لِمَغْفِرَةِ الْخَطَايَا" (متى ٢٦ : ٢٨).

تعبير "مَعَ كَثِيرِينَ" يتضمن دخول الأمم في العهد مع الله في نهاية الأسبوع السبعين. فقد استمرت خدمة السيد المسيح لليهود ثلاث سنوات ونصف، وكانت بمثابة الخدمة لخراف إسرائيل الضالة (متي ٦:١٠)، وبعدها دخل الأمم في العهد بداية بمعمودية كرنيليوس بعد حوالي ٣ سنين ونصف من موت المسيح، أي في نهاية السبعين أسبوعا (٤٩٠سنة)، وتم قول القديس بولس الرسول: "أَنَّ الأُمَمَ شُرَكَاءُ فِي الْمِيرَاثِ وَالْجَسَدِ وَنَوَالِ مَوْعِدِهِ فِي الْمَسِيحِ بِالإِنْجِيلِ" (أفسس ٣:٦).

للأسف هناك بعض الأراء التي تفسر دانيال ٢٧:٩ بطريقة خطأ للإشارة إلي "ضد المسيح"، ففي تصورهم أن الذي "يثبت العهد" هو "ضد المسيح" الذي سيصنع معاهدة مع اليهود لمدة "أسبوع واحد" وهو "الأسبوع السبعين" في نبوة دانيال، وهو "سبعة سنين الضيقة"، وفي منتصف المدة سينقض العهد، ويبطل "الذبيحة الدائمة".

حقيقة الأمر أن النبوة في دانيال ٢٧:٩ لا تشير إلي سنين مستقبلة، ولكنها تحققت في المسيح يسوع، والأدلة علي ذلك الآتي:

١- نبوة "السبعين أسبوعا" تعني سبعون أسبوعا متصلة، بدأت عام ٤٥٧ ق.م وكملت عام ٢٦ م ببداية قبول الأمم كشركاء في العهد، وذلك بمعمودية كرنيليوس.

٢- السبعون أسبوعا في النبوة هم ٤٩٠ سنة متصلة بدون توقف. ولا يوجد مثال واحد في الكتاب المقدس لمدة زمنية تبدأ وتقف ثم تتصل مرة ثانية، فكل الفترات

الزمنية في الكتاب المقدس هي فترات متصلة مثل الأربعين يوما والأربعين ليلة (تك ٧:٤)، والأربعمائة سنة في مصر (تك ١٥:١٣)، وهكذا...

٣- الأسبوع السبعون يأتي مباشرة بعد الأسبوع التاسع والستون، وإلا فلا يكن ممكنا تسميته الأسبوع السبعون.

٤- ليس منطقيا اعتبار فترة تزيد عن ٢٠٠٠ سنة بين الأسبوع التاسع والستون والأسبوع السبعون، وذلك علي نحو أنه لا توجد فترة زمنية بين السبعة الأسابيع الأولي والتسعة وستون أسبوعا

٥- لم يذكر دانيال ٢٧:٩ أي شيء عن "الضيقة" أو "بناء الهيكل" أو "ضد المسيح"، كما لا يوجد في الكتاب المقدس ما يسمي بعهد أو معاهدة لمن يسمي "الدجال" مع إسرائيل كما يقول المحدثون.

إبطال الذبيحة والتقدمة:

"فِي وَسَطِ الأُسْبُوعِ يُبَطِّلُ الذَّبِيحَةَ وَالتَّقْدِمَةَ" (دانيال ٢٧:٩)، أي بعد ثلاث سنين ونصف من ظهور السيد المسيح في خدمته العلنية قدم السيد المسيح نفسه ذبيحة علي الصليب، وأبطل دور الذبائح والتقدمات اليهودية.

وبموت السيد المسيح علي الصليب المقدس إنتهي دور الكهنوت اللاوي في منتصف الأسبوع السبعين، وذبيحة السيد المسيح وضعت نهاية لذبائح العهد القديم، لأن السيد المسيح "قَدْ حَصَلَ عَلَى خِدْمَةٍ أَفْضَلَ بِمِقْدَارِ مَا هُوَ وَسِيطٌ أَيْضاً لِعَهْدٍ أَعْظَمَ، قَدْ تَثَبَّتَ عَلَى مَوَاعِيدَ أَفْضَلَ. فَإِنَّهُ لَوْ كَانَ ذَلِكَ الأَوَّلُ [كهنوت العهد القديم اللاوي] بِلاَ عَيْبٍ لَمَا طُلِبَ مَوْضِعٌ لِثَانٍ [كهنوت العهد الجديد علي رتبة ملكي صادق]" (عب ٨:٦-٧)، "فَلَوْ كَانَ بِالْكَهَنُوتِ اللاَّوِيِّ كَمَالٌ - إِذِ الشَّعْبُ أَخَذَ النَّامُوسَ عَلَيْهِ - مَاذَا كَانَتِ الْحَاجَةُ بَعْدُ إِلَى أَنْ يَقُومَ كَاهِنٌ آخَرُ عَلَى رُتْبَةِ مَلْكِي صَادِقَ [السيد المسيح]، وَلاَ يُقَالُ: عَلَى رُتْبَةِ هَارُونَ؟" (عبرانيين ٧ : ١١).

وانفتح لنا قدس الأقداس السمائي لندخله، وكانت العلامة لذلك هو انشقاق حجاب الهيكل (متى ٢٧: ٥٠-٥١)، "وَانْفَتَحَ هَيْكَلُ اللهِ فِي السَّمَاءِ، وَظَهَرَ تَابُوتُ عَهْدِهِ فِي هَيْكَلِهِ" (رؤيا ١١: ١٩).

رجسة الخراب

يعود الوحي ويتكلم عن خراب أورشليم: "وَعَلَى جَنَاحِ الأَرْجَاسِ مُخَرَّبٌ [وَيُقِيمُ عَلَى جَنَاحِ الْهَيْكَلِ رَجَاسَةَ الْخَرَابِ]، حَتَّى يَتِمَّ وَيُصَبَّ الْمَقْضِيُّ عَلَى الْمُخَرَّبِ [إِلَى أَنْ يَتِمَّ الْقَضَاءُ، فَيَنْصَبُّ الْعِقَابُ عَلَى الْمُخَرِّبِ]" (دانيال ٩:٢٧)، فقد قام الخونة من اليهود مع أنطيوخس أبيفانيوس Antiochus Epiphanes بالهجوم علي الهيكل وتنجيسه، وأزالوا المحرقة الدائمة، وأقاموا رجاسة الخراب، وذلك في سنة ١٦٩-١٦٧ ق.م: "وَتَقُومُ مِنْهُ أَذْرُعٌ وَتُنَجِّسُ الْمَقْدِسَ الْحَصِينَ، وَتَنْزِعُ [تزيل] الْمُحْرَقَةَ الدَّائِمَةَ، وَتَجْعَلُ الرِّجْسَ الْمُخَرِّبَ [وَيقيم رجاسة الخراب] " (دانيال ١١:٣١).

وقد أشار السيد المسيح لذلك: "مَتَى نَظَرْتُمْ رِجْسَةَ الْخَرَابِ، الَّتِي قَالَ عَنْهَا دَانِيآلُ النَّبِيُّ قَائِمَةً فِي الْمَكَانِ الْمُقَدَّسِ - لِيَفْهَمِ الْقَارِئُ" (متى ٢٤ : ١٥)، "مَتَى نَظَرْتُمْ رِجْسَةَ الْخَرَابِ، الَّتِي قَالَ عَنْهَا دَانِيآلُ النَّبِيُّ قَائِمَةً حَيْثُ لاَ يَنْبَغِي - لِيَفْهَمِ الْقَارِئُ - فَحِينَئِذٍ لِيَهْرُبِ الَّذِينَ فِي الْيَهُودِيَّةِ إِلَى الْجِبَالِ" (مرقس ١٣ : ١).

الأصحاح العاشر

الرجل اللابس الكتان

هذه الرؤيا عن تدبيرالله لشعب إسرائيل في نهاية الأيام، فهي مرتبطة ارتباطا وثيقا بمستقبل شعب الله، بحسب قول الملاك: "وَجِئْتُ لأُفْهِمَكَ مَا يُصِيبُ شَعْبَكَ فِي الأَيَّامِ الأَخِيرَةِ، لأَنَّ الرُّؤْيَا إِلَى أَيَّامٍ بَعْدُ" (دانيال ١٠ : ١٤)، كما أخبر الملاك دانيال أن معني الرؤيا سيظل غير مفهوما حتي وقت النهاية: " أَمَّا أَنْتَ يَا دَانِيالُ فَأَخْفِ الْكَلاَمَ وَاخْتِمِ السِّفْرَ إِلَى وَقْتِ النِّهَايَةِ، كَثِيرُونَ يَتَصَفَّحُونَهُ وَالْمَعْرِفَةُ تَزْدَادُ" (دانيال ١٢ : ٩).

زمان ومكان الرؤيا

دانيال ١٠:١-٤

١ فِي السَّنَةِ الثَّالِثَةِ لِكُورَشَ مَلِكِ فَارِسَ كُشِفَ أَمْرٌ [דָּבָר dabaar] لِدَانِيآلَ الَّذِي سُمِّيَ بِاسْمِ بَلْطَشَاصَّرَ. وَالأَمْرُ حَقٌّ [مؤكد] وَالْجِهَادُ [حرب צָבָא *tsaabaa*] عَظِيمٌ [طويل גָּדוֹל gadool] [أي أن: الأمر مؤكد وحرب طويلة]، وَفَهِمَ الأَمْرَ وَلَهُ مَعْرِفَةُ [وعرف] الرُّؤْيَا.

١٠:١ رأي دانيال هذه الرؤيا في السنة الثالثة لكورش ملك فارس (دانيال ١٠:١)، أي أن دانيال رأي هذه الرؤيا بعد سنتين من الرؤيا السابقة. وموضوع الرؤيا هو "كشف أمر" لدانيال، والكلمة العبرية المترجمة "أمر" هي [דָּבָר dabaar] التي تعني خطة أو تدبير، وترجمت إلي [λόγος Logos] في الترجمة السبعينية، فموضوع الرؤيا هو كشف خطة الله لشعبه في نهاية الأيام، وهي تتضمن حرب طويلة مؤكدة الحدوث، "الأَمْرُ حَقٌّ [مؤكد] وَالْجِهَادُ [حرب צָבָא tsaabaa] عَظِيمٌ [طويل גָּדוֹל gadool] (دانيال ١:١)، وقد فهم دانيال الأمر، وعرف معني الرؤيا: "وَفَهِمَ الأَمْرَ وَلَهُ مَعْرِفَةُ [وعرف] الرُّؤْيَا" (دانيال ١:١).

٢ فِي تِلْكَ الأَيَّامِ أَنَا دَانِيآلَ كُنْتُ نَائِحاً ثَلاَثَةَ أَسَابِيعِ أَيَّامٍ ٣ لَمْ آكُلْ طَعَاماً شَهِيّاً وَلَمْ يَدْخُلْ فِي فَمِي لَحْمٌ وَلاَ خَمْرٌ وَلَمْ أَدَّهِنْ حَتَّى تَمَّتْ ثَلاَثَةُ أَسَابِيعِ أَيَّامٍ. ٤ وَفِي

الْيَوْمِ الرَّابعِ وَالْعِشْرِينَ مِنَ الشَّهْرِ الأَوَّلِ إِذْ كُنْتُ عَلَى جَانِبِ النَّهْرِ الْعَظِيمِ (هُوَ دِجْلَةُ) [حداقل חִדָּקֶל Chidaaakel].

٢:١٠ ليس معلوما السبب في نوح دانيال هذه المرة، ولكن غالبا كان بسبب خطايا شعبه، وربما بسبب العدد القليل الذي ذهب مع زربابل إلي أورشليم، وبسبب الصعوبات الكثيرة التي واجهها العائدون من السبي إلى أورشليم. ولم يعد دانيال النبي من السبي مع العائدين إلى أورشليم ربما لكبر سنه، أو لتدبير إلهي غير معلن.

ولئلا يختلط الأمر مع القاريء مع أسابيع السنين السابق ذكرها في الأصحاح السابق، قال دانيال أن الثلاثة أسابيع هنا هي "ثَلاَثَةَ أَسَابِيعِ أَيَّامٍ" (دانيال ١٠:٢).

٣:١٠ رأي دانيال هذه الرؤيا "فِي الْيَوْمِ الرَّابعِ وَالْعِشْرِينَ مِنَ الشَّهْرِ الأَوَّلِ" (دانيال ١٠:٣)، وهو شهر نيسان الذي يقع عيد الفصح في اليوم الرابع عشر منه، ويليه أسبوع الفطير، أي أنه رأي الرؤيا بعد أيام الفصح والفطير التي كان فيها قلبه وفكره مشغولين بخلاص الله وعمله العظيم مع شعبه.

رأي دانيال هذه الرؤيا "عَلَى جَانِبِ النَّهْرِ الْعَظِيمِ (هُوَ دِجْلَةُ)" (دانيال ١٠:٤). ونهر دجلة هو النهر الثالث الخارج من الجنة عدن (تكوين ٢: ١٠-١٤).

مظهر الرجل اللابس الكتان

دانيال ١٠:٥-٦

٥ رَفَعْتُ وَنَظَرْتُ فَإِذَا برَجُلٍ [رجل واحد אִישׁ־אֶחָד eush echaad] لاَبسٍ كَتَّاناً، وَحَقَوَاهُ مُتَنَطِّقَانِ بِذَهَبِ أُوفَازَ، ٦ وَجِسْمُهُ كَالزَّبَرْجَدِ، وَوَجْهُهُ كَمَنْظَرِ الْبَرْقِ، وَعَيْنَاهُ كَمِصْبَاحَيْ نَارٍ، وَذِرَاعَاهُ وَرِجْلاَهُ كَعَيْنِ النُّحَاسِ الْمَصْقُولِ، وَصَوْتُ كَلاَمِهِ كَصَوْتِ جُمْهُورٍ.

٥:١٠ كان دانيال واقفا علي شاطئ النهر، رفع دانيال نظره ورأي رجلا لابسا كتانا (دانيال ١٠:٥)، وتعبير "رَفَعْتُ وَنَظَرْتُ " يعني أن الرجل الذي رآه كان عاليا عنه، أي في الهواء فوقه وفوق النهر.

يري كثير من المفسرين أن "الرجل اللابس الكتان" هو ملاك مرسل ليقدم رسالة لدانيال، والبعض قال أنه جبرائيل الملاك الذي ظهر له سابقا (دانيال ٨:١٦، ٩:٢١)، ولكن لم يذكر السفر أن دانيال ارتعد حينما رأى جبرائيل سابقا، مثلما خاف وارتعد هذه المرة (دانيال ١٠:٥-٩)، كما أن هذا التفسير يفتقد إلي الرسالة الحية القوية التي تتضمنها الرؤيا كما سيأتي شرحه.

بروح النبوة، رأي دانيال السيد المسيح في مجده علي جبل التجلي، حينما تغيرت هيئة السيد المسيح أمام تلاميذه، و"أَضَاءَ وَجْهُهُ كَالشَّمْسِ وَصَارَتْ ثِيَابُهُ بَيْضَاءَ كَالنُّورِ" (متى ١٧ : ٢)، قبل حدوث ذلك بزمن طويل. وظهر الرب يسوع لدانيال في ملابس رئيس الكهنة حسب وصف سفر اللاويين (لاويين ٨:٧-٩)، فهو رئيس الكهنة الأعظم، الذي يقف أمام الآب السماوي، إذ هو حي كل حين ليشفع فينا (عبرانيين ٧: ٢٥).

كان بصحبة الرجل اللابس الكتان "اثْنَيْنِ آخَرَيْنِ قَدْ وَقَفَا وَاحِدٌ مِنْ هُنَا عَلَى شَاطِئِ النَّهْرِ وَآخَرُ مِنْ هُنَاكَ عَلَى شَاطِئِ النَّهْرِ" (دانيال ١٢ : ٥)، وهذا بخلاف الملاك الذي أرسله الرب ليشرح لدانيال الرؤيا ويفهمه ما سيحدث في نهاية الأيام، وقد لمسه وأقامه (دانيال ١٠:١٠-١٤)، وحدث مثل ذلك أثناء تجلي السيد المسيح، "وَإِذَا رَجُلاَنِ يَتَكَلَّمَانِ مَعَهُ [مع السيد المسيح] وَهُمَا مُوسَى وَإِيلِيَّا اَللَّذَانِ ظَهَرَا بِمَجْدٍ، وَتَكَلَّمَا عَنْ خُرُوجِهِ الَّذِي كَانَ عَتِيداً أَنْ يُكَمِّلَهُ فِي أُورُشَلِيمَ" (لوقا ٩ : ٣٠-٣١)، وكان موضوع حديثهما مع السيد المسيح الأمور التي كان مزمعا حدوثها في أورشليم، وهي آلام السيد المسيح وموته وقيامته.

وعلي مثال دانيال رأي الكثير من أنبياء العهد القديم – بروح النبوة – تحقيق مواعيد الخلاص قبل زمن حدوثها. "فِي الإِيمَانِ مَاتَ هؤُلاَءِ أَجْمَعُونَ، وَهُمْ لَمْ يَنَالُوا الْمَوَاعِيدَ، بَلْ مِنْ بَعِيدٍ نَظَرُوهَا [نظروها قبل زمن حدوثها] وَصَدَّقُوهَا وَحَيُّوهَا" (عبرانيين ١١: ١٣)، فقد سبق "رُوحُ الْمَسِيحِ الَّذِي فِيهِمْ... فَشَهِدَ بِالآلاَمِ الَّتِي لِلْمَسِيحِ وَالأَمْجَادِ الَّتِي بَعْدَهَا" (١بطرس ١: ١٠-١١).

فقد رأي وشهد داود النبي – بالروح القدس– لآلام السيد المسيح علي الصليب كما في قوله: "لأَنَّهُ قَدْ أَحَاطَتْ بِي كِلاَبٌ. جَمَاعَةٌ مِنَ الأَشْرَارِ اكْتَنَفَتْنِي. ثَقَبُوا يَدَيَّ وَرِجْلَيَّ"

(مزامير ٢٢ : ١٦)، كما رأي مجد المسيح بعد ذلك في جلوسه عن يمين الآب: " قَالَ الرَّبُّ لِرَبِّي: اجْلِسْ عَنْ يَمِينِي حَتَّى أَضَعَ أَعْدَاءَكَ مَوْطِئاً لِقَدَمَيْكَ" (مزامير ١١٠: ١).

ورأي أشعياء النبي وشهد لإرسالية الآب للسيد المسيح ليكون خلاصا لكل الأمم: قَلِيلٌ أَنْ تَكُونَ لِي عَبْداً لإِقَامَةِ أَسْبَاطِ يَعْقُوبَ وَرَدِّ مَحْفُوظِي إِسْرَائِيلَ. فَقَدْ جَعَلْتُكَ نُوراً لِلأُمَمِ لِتَكُونَ خَلاَصِي إِلَى أَقْصَى الأَرْضِ" (أشعياء ٤٩ : ٦)، كما رأي وشهد لآلام وموت المسيح، كما قال: "ظُلِمَ أَمَّا هُوَ فَتَذَلَّلَ وَلَمْ يَفْتَحْ فَاهُ كَشَاةٍ تُسَاقُ إِلَى الذَّبْحِ وَكَنَعْجَةٍ صَامِتَةٍ أَمَامَ جَازِّيهَا فَلَمْ يَفْتَحْ فَاهُ. مِنَ الضُّغْطَةِ وَمِنَ الدَّيْنُونَةِ أُخِذَ. وَفِي جِيلِهِ مَنْ كَانَ يَظُنُّ أَنَّهُ قُطِعَ مِنْ أَرْضِ الأَحْيَاءِ أَنَّهُ ضُرِبَ مِنْ أَجْلِ ذَنْبِ شَعْبِي؟" (أشعياء ٥٣ : ٧-٨)، "وَهُوَ مَجْرُوحٌ لأَجْلِ مَعَاصِينَا مَسْحُوقٌ لأَجْلِ آثَامِنَا. تَأْدِيبُ سَلاَمِنَا عَلَيْهِ وَبِحُبُرِهِ شُفِينَا" (أشعياء ٥٣ : ٥).

وعلي هذا النحو رأي دانيال السيد المسيح ولكن "من بعيد" من حيث الزمن، وقيل له أن "الْكَلِمَاتِ مَخْفِيَّةٌ وَمَخْتُومَةٌ إِلَى وَقْتِ النِّهَايَةِ [أي ستتحقق في نهاية الأيام]" (دانيال ١٢ : ٩،١٣).

مظهر الرجل اللابس الكتان الذي رآه دانيال يشابه تماما مظهر السيد المسيح في مجده كما رآه القديس يوحنا في سفر الرؤيا (رؤيا ١: ١٣-١٦).

١- لباسه كتان

الكتان نوع من القماش المصنوع من نبات البوص flex or hemp plant، وكان لباس الملوك والملكات والأمراء والأغنياء، فقد قيل عن الرجل الغني أنه "كَانَ يَلْبَسُ الأُرْجُوانَ وَالْبَزَّ [الكتان]" (لوقا ١٦ : ١٩). كان الذين يخدمون في الهيكل يرتدون لباسا من الكتان، فقد كانت ملابس وعمامة الكهنة من الكتان (خروج ٢٨ : ٣٨-٤٢)، كما كان "اللاَّوِيُّونَ الْمُغَنُّونَ أَجْمَعُونَ... لاَبِسِينَ كَتَّاناً بِالصُّنُوجِ" (٢ أخبار ٥ : ١٢)، و"كَانَ صَمُوئِيلُ يَخْدِمُ أَمَامَ الرَّبِّ، وَهُوَ صَبِيٌّ مُتَمَنْطِقٌ بِأَفُودٍ مِنْ كَتَّانٍ" (١ صموئيل ٢ : ١٨). وقيل عن الأجناد السمائية أنهم "لاَبِسِينَ بَزّاً [كتانا] أَبْيَضَ وَنَقِيّاً" (رؤيا ١٩ : ١٤)، و"السَّبْعَةُ الْمَلاَئِكَةُ... مُتَسَرْبِلُونَ بِكَتَّانٍ نَقِيٍّ وَبَهِيٍّ، وَمُتَمَنْطِقُونَ عِنْدَ صُدُورِهِمْ بِمَنَاطِقَ مِنْ ذَهَبٍ" (رؤيا ١٥: ٦).

رؤية السيد المسيح لابسا كتانا تشير إلي ملوكيته وكهنوته، فهو ملك أسرائيل إلي الأبد (لوقا ١:٣٣)، وهو رئيس الكهنة علي رتبة ملكيصادق (عبرانيين ٥:٦، ١٠، ٦:٢٠، ٧:١١، ١٧:٢١).

اللون الأبيض الذي لقماش الكتان يرمز للنقاوة، كقول الرب: "إِنْ كَانَتْ خَطَايَاكُمْ كَالْقِرْمِزِ تَبْيَضُّ كَالثَّلْجِ" (أشعياء ١ : ١٨) ، "كَثِيرُونَ يَتَطَهَّرُونَ وَيُبَيَّضُونَ" (دانيال ١٢ : ١٠)، ولأجل نقاوة القديسين في السماء قيل عنهم أنهم يرتدون ثيابا بيضاء في السماء، "مَنْ يَغْلِبُ فَذَلِكَ سَيَلْبَسُ ثِيَاباً بيضاً" (رؤيا ٣: ٥)، "فَأُعْطُوا كُلُّ وَاحِدٍ ثِيَاباً بِيضاً" (رؤيا ٦: ١١)، "بَعْدَ هَذَا نَظَرْتُ وَإِذَا جَمْعٌ كَثِيرٌ ... مُتَسَرْبِلِينَ بِثِيَابٍ بِيضٍ" (رؤيا ٧ : ٩)، "وَأُعْطِيَتْ أَنْ تَلْبَسَ بَزّاً [كتانا أبيضا] نَقِيّاً بَهِيّاً، لأَنَّ الْبَزَّ [كتانا أبيضا] هُوَ تَبَرُّرَاتُ الْقِدِّيسِين [أعمال القديسين البارة]" (رؤيا ١٩ : ٨).

اللون الأبيض في ملابس السيد المسيح يعبر عن نقاوته، فهو "لَمْ يَفْعَلْ خَطِيَّةً، وَلاَ وُجِدَ فِي فَمِهِ مَكْرٌ" (١بطرس ٢: ٢٢)، وهو "قُدُّوسٌ بِلاَ شَرٍّ وَلاَ دَنَسٍ، قَدِ انْفَصَلَ عَنِ الْخُطَاةِ وَصَارَ أَعْلَى مِنَ السَّمَاوَاتِ" (عبرانيين ٧: ٢٦).

٢- متمنطقا بالذهب

الذهب هو أكثر المعادن ذكرا في الكتاب المقدس، وقد ورد ذكره في أكثر من ٥٠٠ موضع، ويدخل الذهب في صنع الكثير من الأشياء مثل ثياب الكاهن (خروج ٢٨:٥)، التيجان (مزمور ٢١:٣)، السلاسل (تك ٤١:٤٢)، القضبان (نش ٥:١٤)، العملة (١ أخبار ٢١:٢٥، أع ٣:٦)، الهيكل (١ملوك ٦:٢٠، ١٠:٢، ١٠).

في الشرق الأدنى القديم، كانت المنطقة المطعمة بالذهب علامة للملوك والأمراء. فقد قيل في سفر المكابيين: "لما سمع الإسكندر الملك بما جري زاد يوناثان تكريما، وأرسل إليه عروة من ذهب تعطي لأنسباء الملوك فقط" (١ مكابيين ١٠:٨٨-١١)، "وأرسل له الملك آنية من الذهب لمائدته، وسمح له أن يشرب فيها، وأن يلبس الأرجوان بعروة من الذهب" (١مكابيين ١١:٥٨).

رأي دانيال الرجل اللابس الكتان متمنطقا بالذهب (دانيال ١٠:٥). المنطقة ترمز أيضا إلي استعداد الرب يسوع للخدمة، وذلك حسب قوله: "أَنَّ ابْنَ الإِنْسَانِ لَمْ يَأْتِ لِيُخْدَمَ بَلْ

لِيَخْدِمَ وَلِيَبْذِلَ نَفْسَهُ فِدْيَةً عَنْ كَثِيرِينَ" (متى ٢٠ : ٢٨)، كما جاء في إنجيل القديس يوحنا: "يَسُوعُ وَهُوَ عَالِمٌ أَنَّ الآبَ قَدْ دَفَعَ كُلَّ شَيْءٍ إِلَى يَدَيْهِ، وَأَنَّهُ مِنْ عِنْدِ اللَّهِ خَرَجَ وَإِلَى اللَّهِ يَمْضِي، قَامَ عَنِ الْعَشَاءِ، وَخَلَعَ ثِيَابَهُ، وَأَخَذَ مِنْشَفَةً وَاتَّزَرَ بِهَا" (يوحنا ١٣ : ٣-٤)، كما ترمز المنطقة الذهبية إلي سلطان السيد المسيح، فقد قال "دُفِعَ إِلَيَّ كُلُّ سُلْطَانٍ فِي السَّمَاءِ وَعَلَى الأَرْضِ" (متى ٢٨: ١٨).

٣- جسمه كالزبرجد

٦:١٠ كان جسم الرجل اللابس الكتان كالزبرجد (دانيال ٦:١٠). والزبرجد نوع نادر من الحجارة الكريمة ويتعدد لونه بين الأزرق والأخضر والأصفر والوردي، وكان الزبرجد هو أول الحجارة في الصف الرابع في صدرة هارون (خروج ٢٠:٢٨، ١٣:٣٩)، الذي يشير إلي سبط زبولون (تكوين ٤٩).

الزبرجد يشير الي أرض زبولون التي سكن فيها السيد المسيح علي الأرض أثناء خدمته العلنية. فقد "تَرَكَ النَّاصِرَةَ وَأَتَى فَسَكَنَ فِي كَفْرِنَاحُومَ الَّتِي عِنْدَ الْبَحْرِ فِي تُخُومِ زَبُولُونَ وَنَفْتَالِيمَ" (متى ٤ : ١٣)، وصار نورا لأرض زبولون كما قال القديس متي: "أَرْضُ زَبُولُونَ وَأَرْضُ نَفْتَالِيمَ طَرِيقُ الْبَحْرِ عَبْرُ الأُرْدُنِّ جَلِيلُ الأُمَمِ- الشَّعْبُ الْجَالِسُ فِي ظُلْمَةٍ أَبْصَرَ نُوراً عَظِيماً وَالْجَالِسُونَ فِي كُورَةِ الْمَوْتِ وَظِلاَلِهِ أَشْرَقَ عَلَيْهِمْ نُورٌ" (متى ٤ : ١٥-١٦).

علاوة علي ذلك كان منظر البكرات التي رآها حزقيال كمنظر الزبرجد (حزقيال ١ : ١٦، ٩:١٠)، كما أن أساسات المدينة المقدسة مزينة بالحجارة الكريمة وثامن حجر هو الزبرجد (رؤيا ٢٠:٢١). وجسم الانسان اللابس الكتان من الذبرجد يشير إلي طبيعة السيد المسيح السماوية، فهو "السماوي" (١ كورنثوس ١٥ : ٤٨).

٤- وجهه كالبرق

رأي دانيال وجه الرجل اللابس الكتان كالبرق (دانيال ٦:١٠)، كما رأي حزقيال أيضا المخلوقات الحية السماوية "رَاكِضَةٌ وَرَاجِعَةٌ كَمَنْظَرِ الْبَرْقِ" (حزقيال ١ : ١٤). علي جبل التجلي تغيرت هيئة الرب يسوع أمام التلاميذ، وَأَضَاءَ وَجْهُهُ كَالشَّمْسِ، وَصَارَتْ ثِيَابُهُ

بَيْضَاءَ كَالنُّورِ" (متى ١٧ : ٢، لوقا ٩:٢٩)، وعلي هذا المثال، رأى القديس يوحنا وجه السيد المسيح " كالشمس وهى تضيء في قوتها" (رؤ١:١٦).

هذا النور العجيب يعبر عن طبيعة السيد المسيح، فهو "شمس البر" (ملا٤:٢)، وهو "نور العالم" (يوحنا ٩: ٥)، وهو "بهاء مجد الله" (عب١:٣). لقد أنار السيد المسيح الكنيسة بنور مجد الله الأبدي، ولهذا يخاطب أشعياء النبى الكنيسة قائلا:"قُومِي اسْتَنِيرِي لأَنَّهُ قَدْ جَاءَ نُورُكِ وَمَجْدُ الرَّبِّ أَشْرَقَ عَلَيْكِ، لأَنَّهُ هَا هِيَ الظُّلْمَةُ تُغَطِّي الأَرْضَ وَالظَّلاَمُ الدَّامِسُ الأُمَمَ. أَمَّا عَلَيْكِ فَيُشْرِقُ الرَّبُّ وَمَجْدُهُ عَلَيْكِ يُرَى. فَتَسِيرُ الأُمَمُ فِي نُورِكِ وَالْمُلُوكُ فِي ضِيَاءِ إِشْرَاقِكِ" (أشعياء ٦٠ : ١-٣).

٥- عيناه كلهيب نار

رأي دانيال عينا الرجل اللابس كتانا كلهيب نار (دانيال ١٠:٦)، وبالمثل رأي القديس يوحنا عينا السيد المسيح "كلهيب نار" (رؤ١:١٤). والعينان الناريتان هما العينان اللتان لهما الاستنارة الإلهية لتكشفان أعمال البشر، ولذلك يقول الرب يسوع لملاك كنيسة ثياتيرا قائلا له: "اكْتُبْ إِلَى مَلاَكِ الْكَنِيسَةِ الَّتِي فِي ثِيَاتِيرَا: هَذَا يَقُولُهُ ابْنُ اللهِ، الَّذِي لَهُ عَيْنَانِ كَلَهِيبِ نَارٍ، وَرِجْلاَهُ مِثْلُ النُّحَاسِ النَّقِيِّ. أَنَا عَارِفٌ أَعْمَالَكَ وَمَحَبَّتَكَ وَخِدْمَتَكَ وَإِيمَانَكَ وَصَبْرَكَ، وَأَنَّ أَعْمَالَكَ الأَخِيرَةَ أَكْثَرُ مِنَ الأُولَى" (رؤيا ٢ : ١٨-١٩)، "فَسَتَعْرِفُ جَمِيعُ الْكَنَائِسِ أَنِّي أَنَا هُوَ الْفَاحِصُ الْكُلَى وَالْقُلُوبَ، وَسَأُعْطِي كُلَّ وَاحِدٍ مِنْكُمْ بِحَسَبِ أَعْمَالِهِ" (رؤيا ٢ : ٢٣).

٦- زراعاه ورجلاه كالنحاس

رأي دانيال ذراعا الرجل اللابس الكتان، ورجلاه من النحاس (دانيال ١٠:٦)، وعلي مثال رؤيا دانيال رأي القديس يوحنا أرجل السيد المسيح وهي "شِبْهُ النُّحَاسِ النَّقِيِّ، كَأَنَّهُمَا مَحْمِيَّتَانِ فِي أَتُونٍ" (رؤيا ١: ١٥)، كما رأي "مَلاَكاً... قَوِيّاً نَازِلاً مِنَ السَّمَاءِ... رِجْلاَهُ كَعَمُودَيْ نَارٍ" (رؤيا ١٠: ١).

كان النحاس أحد المواد الأساسية في بناء ومحتويات خيمة الاجتماع. فقد كانت قواعد أعمدة خيمة الاجتماع من نحاس (خروج ٢٧:١٠)، كما كانت "جَمِيعُ اوَانِي الْمَسْكَنِ فِي كُلِّ خِدْمَتِهِ وَجَمِيعُ اوْتَادِهِ وَجَمِيعُ اوْتَادِ الدَّارِ مِنْ نُحَاسٍ" (خروج ٢٧:١٩). وكان مذبح المحرقة

مصنوعا من خشب السنط ومغشي بالنحاس (خروج ٢:٢)، كما أن شباكه وعصيه من نحاس، وكان موضوعا في مدخل خيمة الاجتماع (خروج ٣:٢٧) وعليه تقدم ذبائح المحرقة والتقدمات ككفارة عن الخطية، قبل التقرب إلي الله.

وعلي مثال النحاس في خيمة الاجتماع، هكذا صار السيد المسيح الأساس وحجر الزاوية في علاقتنا مع الآب السماوي وبناء هيكلنا الروحي، كما قال القديس بولس الرسول: "مَبْنِيِّينَ عَلَى أَسَاسِ الرُّسُلِ وَالأَنْبِيَاءِ، وَيَسُوعُ الْمَسِيحُ نَفْسُهُ حَجَرُ الزَّاوِيَةِ، (افسس ٢ : ٢٠)، فهو "يَسُوعُ الْمَسِيحُ الَّذِي بِهِ جَمِيعُ الأَشْيَاءِ وَنَحْنُ بِهِ" (١ كورنثوس ٨ : ٦)، و"الَّذِي بِهِ لَنَا جَرَاءَةٌ وَقُدُومٌ بِإِيمَانِهِ عَنْ ثِقَةٍ" (افسس ٣ : ١٢).

رجلا السيد المسيح اللذان كالنحاس هما علامة علي قدرته في الحرب ضد الأعداء، وعليه ينطبق قول السيد الرب في سفر ميخا: "قُومِي وَدُوسِي يَا بِنْتَ صِهْيَوْنَ لأَنِّي أَجْعَلُ قَرْنَكِ حَدِيداً وَأَظْلاَفَكِ أَجْعَلُهَا نُحَاساً فَتَسْحَقِينَ شُعُوباً كَثِيرِينَ وَأُحَرِّمُ غَنِيمَتَهُمْ لِلرَّبِّ وَثَرْوَتَهُمْ لِسَيِّدِ كُلِّ الأَرْضِ" (ميخا ٤ : ١٣).

وذراعاه النحاس هما علامة علي قدرته في معونة وخدمة أولاده، عبر معصرة غضب الله العظيمة (رؤ ١٤:١٩)، وداس المعصرة وحده (اشعياء ٦٣ : ٣)، و"لأَنَّهُ فِي مَا هُوَ قَدْ تَأَلَّمَ مُجَرَّباً يَقْدِرُ أَنْ يُعِينَ الْمُجَرَّبِينَ" (عبرانيين ٢ : ١٨).

٧- صوته كصوت جمهور

سمع دانيال صوت الرجل اللابس الكتان كصوت جمهور (دانيال ٦:١٠)، كما سمع القديس يوحنا صوت الرب يسوع "كصوت مياه كثيرة" (رؤ١:١٥)، وقد سمع حزقيال النبي صوت المخلوقات الحية الأربعة "كَخَرِيرِ مِيَاهٍ كَثِيرَةٍ، كَصَوْتِ الْقَدِيرِ، صَوْتَ ضَجَّةٍ كَصَوْتِ جَيْشٍ" (حزقيال ١ : ٢٤). وكلام السيد المسيح كصوت جمهور لأنه ممسوح بقوة الروح القدس، فهو "روح وحياة" (يوحنا ٦:٦٣)، وكان يعلم كمن له سلطان (متى ٧ : ٢٩، مرقس ١ : ٢٢)، ومن يؤمن به ويقبل كلامه "تَجْرِي مِنْ بَطْنِهِ أَنْهَارُ مَاءٍ حَيٍّ" (يوحنا ٧: ٣٨).

تأثير الرؤيا علي دانيال

دانيال ١٠:٧-٩

٧ فَرَأَيْتُ أَنَا دَانِيآلُ الرُّؤْيَا وَحْدِي، وَالرِّجَالُ الَّذِينَ كَانُوا مَعِي لَمْ يَرُوا الرُّؤْيَا، لَكِنْ وَقَعَ عَلَيْهِمِ ارْتِعَادٌ عَظِيمٌ فَهَرَبُوا لِيَخْتَبِئُوا. ٨ فَبَقِيتُ أَنَا وَحْدِي وَرَأَيْتُ هَذِهِ الرُّؤْيَا الْعَظِيمَةَ. وَلَمْ تَبْقَ فِيَّ قُوَّةٌ وَنَضَارَتِي تَحَوَّلَتْ فِيَّ إِلَى فَسَادٍ وَلَمْ أَضْبطْ قُوَّةً. ٩ وَسَمِعْتُ صَوْتَ كَلاَمِهِ، وَلَمَّا سَمِعْتُ صَوْتَ كَلاَمِهِ كُنْتُ مُسَبَّخاً عَلَى وَجْهِي وَوَجْهِي إِلَى الأَرْضِ. (دانيال ١٠:٥-٩).

١٠:٧-٩ رأي دانيال الرؤيا وحده، أما من معه لم يروا الرؤيا، ولكنهم أدركوا أنهم بصدد إعلان إلهي وارتعبوا. هرب الرجال الذين كانوا مع دانيال واختبئوا من هول الرؤيا، وبقي دانيال وحده.

رؤية المناظر الإلهية تستلزم نعمة خاصة. وقد لمسنا ذلك في قصة إليشع وخادمه وجيش أرام، فقد رأي إليشع ما لم يراه خادمه في نفس الوقت والمكان، فقد "بَكَّرَ خَادِمُ رَجُلِ اللَّهِ وَقَامَ وَخَرَجَ وَإِذَا جَيْشٌ مُحِيطٌ بِالْمَدِينَةِ وَخَيْلٌ وَمَرْكَبَاتٌ. فَقَالَ غُلاَمُهُ لَهُ: آهِ يَا سَيِّدِي! كَيْفَ نَعْمَلُ؟ فَقَالَ: لاَ تَخَفْ، لأَنَّ الَّذِينَ مَعَنَا أَكْثَرُ مِنَ الَّذِينَ مَعَهُمْ. وَصَلَّى إِلِيشَعُ وَقَالَ: يَا رَبُّ، افْتَحْ عَيْنَيْهِ فَيُبْصِرَ. فَفَتَحَ الرَّبُّ عَيْنَيِ الْغُلاَمِ فَأَبْصَرَ، وَإِذَا الْجَبَلُ مَمْلُوءٌ خَيْلاً وَمَرْكَبَاتِ نَارٍ حَوْلَ إِلِيشَعَ" (٢ ملوك ٦ : ١٥-١٧).

وقد حدث مثل ذلك في ذهاب شاول إلي دمشق إذ "أَبْرَقَ حَوْلَهُ نُورٌ مِنَ السَّمَاءِ، فَسَقَطَ عَلَى الأَرْضِ، وَسَمِعَ صَوْتاً [صوت الرب يسوع] قَائِلاً لَهُ: شَاوُلُ شَاوُلُ لِمَاذَا تَضْطَهِدُنِي؟... وَأَمَّا الرِّجَالُ الْمُسَافِرُونَ مَعَهُ فَوَقَفُوا صَامِتِينَ، يَسْمَعُونَ الصَّوْتَ ، وَلاَ يَنْظُرُونَ أَحَداً" (أعمال ٩: ٣-٧)، وقال القديس بولس: "الَّذِينَ كَانُوا مَعِي نَظَرُوا النُّورَ وَارْتَعَبُوا، وَلَكِنَّهُمْ لَمْ يَسْمَعُوا [لم يعرفوا معني الصوت] صَوْتَ الَّذِي كَلَّمَنِي" (أعمال ٢٢: ٩).

إنحلت قوي دانيال بسبب الخوف، ونام نوما عميقا، وقال: "لَمْ تَبْقَ فِيَّ قُوَّةٌ، وَنَضَارَتِي تَحَوَّلَتْ فِيَّ إِلَى فَسَادٍ، وَلَمْ أَضْبِطْ قُوَّةً، وَسَمِعْتُ صَوْتَ كَلاَمِهِ، وَلَمَّا سَمِعْتُ صَوْتَ كَلاَمِهِ كُنْتُ مُسَبَّخاً عَلَى وَجْهِي، وَوَجْهِي إِلَى الأَرْضِ." (دانيال ١٠:٨-٩). وعلي هذا النحو

إرتعد موسي علي الجبل حينما حل عليه مجد الرب، "وَكَانَ الْمَنْظَرُ هَكَذَا مُخِيفاً حَتَّى قَالَ مُوسَى: أَنَا مُرْتَعِبٌ وَمُرْتَعِدٌ!" (عبرانيين ١٢: ٢١).

وبالمثل لما رأي التلاميذ مجد الرب علي جبل التجلي والسحابة تظللهم وسمعوا صوت الآب السماوي، "سَقَطُوا عَلَى وُجُوهِهِمْ وَخَافُوا جِدّاً، فَجَاءَ يَسُوعُ وَلَمَسَهُمْ وَقَالَ: قُومُوا وَلاَ تَخَافُوا" (متى ١٧: ٥-٧)، وحدث نفس الأمر مع يوحنا فقال: " لَمَّا رَأَيْتُهُ سَقَطْتُ عِنْدَ رِجْلَيْهِ كَمَيِّتٍ، فَوَضَعَ يَدَهُ الْيُمْنَى عَلَيَّ قَائِلاً لِي: لاَ تَخَفْ، أَنَا هُوَ الأَوَّلُ وَالآخِرُ" (رؤيا ١: ١٧).

بينما كان الرجل اللابس الكتان يتكلم مع رجلين آخرين كانا معه، وقع دانيال في نوم عميق، وذلك بسبب المفاجأة والخوف، وهول ما سمعه: "وَسَمِعْتُ صَوْتَ كَلاَمِهِ، وَلَمَّا سَمِعْتُ صَوْتَ كَلاَمِهِ كُنْتُ مُسَبَّخاً عَلَى وَجْهِي وَوَجْهِي إِلَى الأَرْضِ" (دانيال ١٠:٩).

حوار مع الملاك المفسر للرؤيا

دانيال ١٠:١٠-٢١

١٠ وَإِذَا بِيَدٍ لَمَسَتْنِي وَأَقَامَتْنِي مُرْتَجِفاً عَلَى رُكْبَتَيَّ وَعَلَى كَفَّيْ يَدَيَّ. ١١ وَقَالَ لِي: يَا دَانِيآلُ أَيُّهَا الرَّجُلُ الْمَحْبُوبُ افْهَمِ الْكَلاَمَ الَّذِي أُكَلِّمُكَ بِهِ، وَقُمْ عَلَى مَقَامِكَ لأَنِّي الآنَ أُرْسِلْتُ إِلَيْكَ. وَلَمَّا تَكَلَّمَ مَعِي بِهَذَا الْكَلاَمِ قُمْتُ مُرْتَعِداً. ١٢ فَقَالَ لِي: لاَ تَخَفْ يَا دَانِيآلُ لأَنَّهُ مِنَ الْيَوْمِ الأَوَّلِ الَّذِي فِيهِ جَعَلْتَ قَلْبَكَ لِلْفَهْمِ، وَلإِذْلاَلِ نَفْسِكَ قُدَّامَ إِلَهِكَ، سُمِعَ كَلاَمُكَ، وَأَنَا أَتَيْتُ لأَجْلِ كَلاَمِكَ.

١٠:١٠ جاء دور الملاك المفسر ليشرح لدانيال الرؤيا، وشعر دانيال بيده تلمسه وتقيمه علي ركبتيه وكفي يديه (دانيال ١٠:١٠).

ربما كان جبرائيل هو الملاك المفسر للرؤيا، فقد سبق أن أمره الرب: "يَا جِبْرَائِيلُ فَهِّمْ هَذَا الرَّجُلَ الرُّؤْيَا" (دانيال ٨ : ١٦)، وقال عنه دانيال: "وَأَنَا مُتَكَلِّمٌ بَعْدُ بِالصَّلاَةِ إِذَا بِالرَّجُلِ جِبْرَائِيلَ الَّذِي رَأَيْتُهُ فِي الرُّؤْيَا فِي الاِبْتِدَاءِ مُطَاراً وَاغِفاً، لَمَسَنِي عِنْدَ وَقْتِ تَقْدِمَةِ الْمَسَاءِ" (دانيال ٩ : ٢١)، وجبرائيل هو الملاك الذي أرسله الرب ليبلغ رسالة البشارة بميلاد يوحنا المعمدان والرب يسوع (لوقا ١:١٩، ٢٦-٢٧).

وربما كان ملاكا آخر وهو "ملاك الوحي"، الذي كان علي مثال الملاك المفسر للقديس يوحنا في سفر الرؤيا، فقد "بيَّنَهُ مُرْسِلاً بِيَدِ مَلاَكِهِ لِعَبْدِهِ يُوحَنَّا" (رؤيا ١:١)، وهكذا ورد في سفر الرؤيا: "ثُمَّ جَاءَ وَاحِدٌ مِنَ السَّبْعَةِ الْمَلاَئِكَةِ الَّذِينَ مَعَهُمُ السَّبْعَةُ الْجَامَاتُ، وَتَكَلَّمَ مَعِي قَائِلاً لِي: هَلُمَّ فَأُرِيكَ دَيْنُونَةَ الزَّانِيَةِ الْعَظِيمَةِ الْجَالِسَةِ عَلَى الْمِيَاهِ الْكَثِيرَةِ" (رؤيا ١:١٧)، "ثُمَّ قَالَ لِي الْمَلاَكُ: لِمَاذَا تَعَجَّبْتَ؟ أَنَا أَقُولُ لَكَ سِرَّ الْمَرْأَةِ وَالْوَحْشِ الْحَامِلِ لَهَا..." (رؤيا ١٧: ٧)، "وَأَنَا يُوحَنَّا الَّذِي كَانَ يَنْظُرُ وَيَسْمَعُ هذَا. وَحِينَ سَمِعْتُ وَنَظَرْتُ، خَرَرْتُ لأَسْجُدَ أَمَامَ رِجْلَيِ الْمَلاَكِ الَّذِي كَانَ يُرِينِي هذَا" (رؤيا ٢٢ : ٨).

١١:١٠ دعا الملاك دانيال "الرجل المحبوب"، وطلب منه الوقوف، لكي يصغي جيدا للرسالة التي أرسلها له الرب (دانيال ١١:١٠)، واستطاع دانيال أن يستعيد قوته، ويقف مرتعدا في حضرة الملاك.

١٢:١٠ واصل الملاك تشجيعه لدانيال بأن قال له "لا تخف"، وأعلمه أن الرب قد سمع صلاته منذ أن جعل قلبه للصلاة وإذلال ذاته: "فَقَالَ لِي: لاَ تَخَفْ يَا دَانِيآلُ لأَنَّهُ مِنَ الْيَوْمِ الأَوَّلِ الَّذِي فِيهِ جَعَلْتَ قَلْبَكَ لِلْفَهْمِ وَلإِذْلاَلِ نَفْسِكَ قُدَّامَ إِلهِكَ سُمِعَ كَلاَمُكَ وَأَنَا أَتَيْتُ لأَجْلِ كَلاَمِكَ." (دانيال ١٢:١٠). وتعبير "إذلال الذات" أمام الله جاء في الكتاب المقدس في عديد من المرات بمعني "الصوم" كما هو وارد في: (لاويين ٢٩:١٦، ٣١، ٢٧:٢٣، ٣٢، مزمور ١٣:٣٥). وهكذا نلمس تأثير كلمات دانيال في قلب الآب السماوي، حتي جعلته يرسل ملاك الوحي إليه.

١٣ وَرَئِيسُ مَمْلَكَةِ فَارِسَ وَقَفَ مُقَابِلِي وَاحِداً وَعِشْرِينَ يَوْماً، وَهُوَذَا مِيخَائِيلُ – وَاحِدٌ مِنَ الرُّؤَسَاءِ الأَوَّلِينَ – جَاءَ لإِعَانَتِي، وَأَنَا أُبْقِيتُ هُنَاكَ عِنْدَ مُلُوكِ فَارِسَ. ١٤ وَجِئْتُ لأُفْهِمَكَ مَا يُصِيبُ شَعْبَكَ فِي الأَيَّامِ الأَخِيرَةِ، لأَنَّ الرُّؤْيَا إِلَى أَيَّامٍ بَعْدُ.

١٣:١٠ ورد ذكر اسم الملاك ميخائيل في أكثر من موضع في سفر دانيال، فقد قيل عنه أنه "مِيخَائِيلُ رَئِيسُكُمْ [رئيس الشعب اليهودي]" (دانيال ١٠ : ٢١)، وهو "مِيخَائِيلُ الرَّئِيسُ الْعَظِيمُ الْقَائِمُ لِبَنِي شَعْبِكَ" (دانيال ١٢ : ١)، ويبدو أن ميخائيل يقوم كملاك حارس لشعب إسرائيل. وقد ورد ذكره أيضا في سفر يهوذا أنه: "مِيخَائِيلُ رَئِيسُ الْمَلاَئِكَةِ" (يهوذا ٩:١).

قصة مواجهة الملاك مع رئيس مملكة فارس، ومساعدة الملاك ميخائيل له، واحدة من قصص الحروب الروحية العجيبة المذكورة في الكتاب المقدس. كان الملاك في طريقه من السماء إلي دانيال، وقابله رئيس مملكة فارس، أي الشيطان المسيطر علي فارس، وأعاقه "رَئِيسُ مَمْلَكَةِ فَارِسَ وَقَفَ مُقَابِلِي وَاحِداً وَعِشْرِينَ يَوْماً" (دانيال ١٠:١٣)، فتعطل الملاك – الذي أرسله الرب ليبلغ دانيال معني الرؤيا – ٢١ يوما، ولكن أخيرا جاء الملاك ميخائيل لمساعدة الملاك، واستطاع الانتصار علي عدوه، واستكمل الملاك مسيرته إلي أن وصل إلي دانيال.

الحرب بين الملاك ميخائيل ورئيس مملكة فارس تشير إلي الحرب الروحية المذكورة في سفر الرؤيا: "وَحَدَثَتْ حَرْبٌ فِي السَّمَاءِ: مِيخَائِيلُ وَمَلاَئِكَتُهُ حَارَبُوا التِّنِّينَ. وَحَارَبَ التِّنِّينُ وَمَلاَئِكَتُهُ" (رؤيا ١٢: ٧)، ويشير ذلك إلي الحرب الروحية مع أجناد الشر بصفة عامة، "فَإِنَّ مُصَارَعَتَنَا لَيْسَتْ مَعَ دَمٍ وَلَحْمٍ، بَلْ مَعَ الرُّؤَسَاءِ، مَعَ السَّلاَطِينِ، مَعَ وُلاَةِ الْعَالَمِ، عَلَى ظُلْمَةِ هَذَا الدَّهْرِ، مَعَ أَجْنَادِ الشَّرِّ الرُّوحِيَّةِ فِي السَّمَاوِيَّاتِ." (أفسس ٦ :١٢).

مدة الواحد والعشرين يوما هي نفس مدة الصلاة والصوم لدانيال، "فِي تِلْكَ الأَيَّامِ أَنَا دَانِيآلَ كُنْتُ نَائِحاً ثَلاَثَةَ أَسَابِيعِ أَيَّامٍ لَمْ آكُلْ طَعَاماً شَهِيّاً وَلَمْ يَدْخُلْ فِي فَمِي لَحْمٌ وَلاَ خَمْرٌ وَلَمْ أَدَّهِنْ حَتَّى تَمَّتْ ثَلاَثَةُ أَسَابِيعِ أَيَّامٍ" (دانيال ١٠ : ٢-٣). كان دانيال يصلي ويتذلل أمام الله، ولم يكن يعلم شيئا عن الملاك ولا عن قصته مع رئيس مملكة فارس، ولكن الله كان يدبر كل شيء، وأرسل ميخائيل لمساعدة الملاك ليستطيع الوصول بالرسالة لدانيال، "وَكَذَلِكَ الرُّوحُ أَيْضاً يُعِينُ ضَعَفَاتِنَا لأَنَّنَا لَسْنَا نَعْلَمُ مَا نُصَلِّي لأَجْلِهِ كَمَا يَنْبَغِي. وَلَكِنَّ الرُّوحَ نَفْسَهُ يَشْفَعُ فِينَا بِأَنَّاتٍ لاَ يُنْطَقُ بِهَا" (رومية ٨: ٢٦).

١٤:١٠ يكشف الملاك عن سبب مجيئه لدانيال، فيقول له: "وَجِئْتُ لأُفْهِمَكَ مَا يُصِيبُ شَعْبَكَ فِي الأَيَّامِ الأَخِيرَةِ لأَنَّ الرُّؤْيَا إِلَى أَيَّامٍ بَعْدُ" (دانيال ١٠:١٤). رؤيا الرجل اللابس الكتان، وشرح ملاك الوحي، كانت أمورا تخص الأيام الأخيرة. وذلك علي نحو ما قاله دانيال لنبوخذنصر: "لَكِنْ يُوجَدُ إِلَهٌ فِي السَّمَاوَاتِ كَاشِفُ الأَسْرَارِ وَقَدْ عَرَّفَ الْمَلِكَ نَبُوخَذْنَصَّرَ مَا يَكُونُ فِي الأَيَّامِ الأَخِيرَةِ. حُلْمُكَ وَرُؤْيَا رَأْسِكَ عَلَى فِرَاشِكَ هُوَ هَذَا" (دانيال ٢ : ٢٨).

الأيام الأخيرة في لغة الكتاب المقدس هي زمن مجيء المسيا بالجسد، كما هو وارد في أكثر من موضع بالكتاب المقدس: "لَمَّا جَاءَ مِلْءُ الزَّمَانِ، أَرْسَلَ اللهُ ابْنَهُ مَوْلُوداً مِنِ امْرَأَةٍ" (غلاطية ٤ : ٤)، "اَللهُ، بَعْدَ مَا كَلَّمَ الآبَاءَ بِالأَنْبِيَاءِ قَدِيماً، بِأَنْوَاعٍ وَطُرُقٍ كَثِيرَةٍ، كَلَّمَنَا فِي هَذِهِ الأَيَّامِ الأَخِيرَةِ فِي ابْنِهِ" (عبرانيين ١ : ١-٢)، " الحمل الذي بلا عيب مَعْرُوفاً سَابِقاً قَبْلَ تَأْسِيسِ الْعَالَمِ، وَلَكِنْ قَدْ أُظْهِرَ فِي الأَزْمِنَةِ الأَخِيرَةِ مِنْ أَجْلِكُمْ" (١بطرس ١ : ٢٠) و"هَذَا مَا قِيلَ بِيُوئِيلَ النَّبِيِّ. يَقُولُ اللهُ: وَيَكُونُ فِي الأَيَّامِ الأَخِيرَةِ أَنِّي أَسْكُبُ مِنْ رُوحِي عَلَى كُلِّ بَشَرٍ فَيَتَنَبَّأُ بَنُوكُمْ وَبَنَاتُكُمْ وَيَرَى شَبَابُكُمْ رُؤىً وَيَحْلُمُ شُيُوخُكُمْ أَحْلاَماً." (أعمال ٢: ١٦-١٧).

تقوية دانيال (دانيال ١٠:١٥-١٩)

١٥ فَلَمَّا تَكَلَّمَ مَعِي بِمِثْلِ هَذَا الْكَلاَمِ جَعَلْتُ وَجْهِي إِلَى الأَرْضِ وَصَمَتُّ. ١٦ وَهُوَذَا كَشِبْهِ بَنِي آدَمَ لَمَسَ شَفَتَيَّ فَفَتَحْتُ فَمِي وَتَكَلَّمْتُ وَقُلْتُ لِلْوَاقِفِ أَمَامِي: يَا سَيِّدِي بِالرُّؤْيَا انْقَلَبَتْ عَلَيَّ أَوْجَاعِي فَمَا ضَبَطْتُ قُوَّةً. ١٧ فَكَيْفَ يَسْتَطِيعُ عَبْدُ سَيِّدِي هَذَا أَنْ يَتَكَلَّمَ مَعَ سَيِّدِي هَذَا وَأَنَا فَحَالاً لَمْ تَثْبُتْ فِيَّ قُوَّةٌ وَلَمْ تَبْقَ فِيَّ نَسَمَةٌ. ١٨ فَعَادَ وَلَمَسَنِي كَمَنْظَرِ إِنْسَانٍ وَقَوَّانِي. ١٩ وَقَالَ: لاَ تَخَفْ أَيُّهَا الرَّجُلُ الْمَحْبُوبُ. سَلاَمٌ لَكَ. تَشَدَّدْ. تَقَوَّ. وَلَمَّا كَلَّمَنِي تَقَوَّيْتُ وَقُلْتُ: لِيَتَكَلَّمْ سَيِّدِي لأَنَّكَ قَوَّيْتَنِي. (دانيال ١٠:١٥-١٩).

١٠:١٥-١٧ كان دانيال لا يزال خائفا، فبينما كان الملاك يتكلم كان هو ينظر إلي أسفل، صامتا: "لَمَّا تَكَلَّمَ مَعِي بِمِثْلِ هَذَا الْكَلاَمِ جَعَلْتُ وَجْهِي إِلَى الأَرْضِ وَصَمَتُّ" (دانيال ١٠:١٥)، ولمس ملاك الوحي شفتيه فتكلم دانيال وعبر عن ضعفه وقلة حيلته: "هُوَذَا كَشِبْهِ بَنِي آدَمَ لَمَسَ شَفَتَيَّ فَفَتَحْتُ فَمِي وَتَكَلَّمْتُ وَقُلْتُ لِلْوَاقِفِ أَمَامِي: يَا سَيِّدِي بِالرُّؤْيَا انْقَلَبَتْ عَلَيَّ أَوْجَاعِي فَمَا ضَبَطْتُ قُوَّةً. فَكَيْفَ يَسْتَطِيعُ عَبْدُ سَيِّدِي هَذَا أَنْ يَتَكَلَّمَ مَعَ سَيِّدِي هَذَا وَأَنَا فَحَالاً لَمْ تَثْبُتْ فِيَّ قُوَّةٌ وَلَمْ تَبْقَ فِيَّ نَسَمَةٌ" (دانيال ١٠:١٦-١٧).

١٠:١٨-١٩ عاد ملاك الوحي ولمس دانيال مرة ثانية، وشجعه، وتكلم دانيال وأعلن عن استعداده لسماع كلام الملاك: "فَعَادَ وَلَمَسَنِي كَمَنْظَرِ إِنْسَانٍ وَقَوَّانِي. وَقَالَ: لاَ تَخَفْ أَيُّهَا الرَّجُلُ الْمَحْبُوبُ. سَلاَمٌ لَكَ. تَشَدَّدْ. تَقَوَّ. وَلَمَّا كَلَّمَنِي تَقَوَّيْتُ وَقُلْتُ: لِيَتَكَلَّمْ سَيِّدِي

لأَنَّكَ قَوَّيْتَنِي" (دانيال ١٠:١٨-١٩). دعا الملاك دانيال بلقب "الرجل المحبوب" (دانيال ١٠:١٩)، كما سبق أن دعاه في (دانيال ٩:٢٣، ١٠:١١).

حرب الملاك مع رئيسي فارس واليونان

٢٠ فَقَالَ: هَلْ عَرَفْتَ لِمَاذَا جِئْتُ إِلَيْكَ؟ فَالآنَ أَرْجِعُ وَأُحَارِبُ رَئِيسَ فَارِسَ. فَإِذَا خَرَجْتُ هُوَذَا رَئِيسُ الْيُونَانِ يَأْتِي. ٢١ وَلَكِنِّي أُخْبِرُكَ بِالْمَرْسُومِ فِي كِتَابِ الْحَقِّ. وَلاَ أَحَدٌ يَتَمَسَّكُ مَعِي عَلَى هَؤُلاَءِ إِلاَّ مِيخَائِيلُ رَئِيسُكُمْ. (دانيال ١٠:٢٠-٢١).

١٠:٢٠ يسأل ملاك الوحي دانيال: "هَلْ عَرَفْتَ لِمَاذَا جِئْتُ إِلَيْكَ؟"، وهو سؤال للتأكيد ولينتبه دانيال إلي ما قاله سابقا، وليس للإجابة، لأن الملاك أجاب السؤال في (دانيال ١٠:١٢-١٤)، ثم أعلن الملاك عن عزمه للرجوع ومحاربة ملكي فارس واليونان: "فَالآنَ أَرْجِعُ وَأُحَارِبُ رَئِيسَ فَارِسَ. فَإِذَا خَرَجْتُ هُوَذَا رَئِيسُ الْيُونَانِ يَأْتِي" (دانيال ١٠:٢٠).

١٠:٢١ مرة ثانية، وعلي نظام الأدب العبري يكرر ملاك الوحي الحديث عن الهدف من مجيئه، والحرب التي تنتظره: "وَلَكِنِّي أُخْبِرُكَ بِالْمَرْسُومِ فِي كِتَابِ الْحَقِّ. وَلاَ أَحَدٌ يَتَمَسَّكُ مَعِي عَلَى هَؤُلاَءِ إِلاَّ مِيخَائِيلُ رَئِيسُكُمْ" (دانيال ١٠:٢٠-٢١).

الأصحاح الحادي عشر

صراع الممالك

رأينا في الأصحاح العاشر بداية الرؤيا الرابعة لدانيال، وهي الرؤيا الخاصة بشعب الله وقد دعيت "رؤيا الأيام الأخيرة" (دانيال ١٠:١٤، ١٢:٩). ولمحنا جانبا من الحرب غير المنظورة مع قوات الظلمة (دانيال ١٠:١٣، ٢١، ١١:١)، وأيضا العمل المشترك بين القوات الملائكية لبعضها (١٠:١٤). وفي هذا الأصحاح يستمر الملاك في إعلانه لدانيال عما يحدث لشعب الله في نهاية الأيام (دانيال ١٠:١٤) الخاصة بظهور ربنا يسوع المسيح.

الأصحاح الحادي عشر هو أطول الأصحاحات في سفر دانيال، ومن أصعبها في التفسير. وهو يتضمن الحديث عن ملوك، وبالأخص ملكا الجنوب والشمال المجاوران لأرض شعب الله. وفيه يظهر شعب الله في أورشليم باعتباره محور وهدف الصراع بين ملك مصر في الجنوب، وملك سوريا في الشمال. في الفترة التي بين العهد القديم والعهد الجديد صارت أورشليم تحت حكم البطالسة المصريين Egyptian Ptolemaic (٣٠١ ق.م-١٩٨ ق.م)، ثم تحت حكم السلوقيين السوريين Syrian Seleucid (١٩٨ ق.م- ٦٣ ق.م).

وبينما كان الصراع قائما بين ملكي الشمال والجنوب، كانت عينا الرب مفتوحتين علي شعبه، فالله يهتم اهتماما خاصا بشعبه، فهم موضوع حبه ورعايته ، فهؤلاء هم الصغار المؤمنين باسمه، "وَمَنْ أَعْثَرَ أَحَدَ هؤُلاَءِ الصِّغَارِ الْمُؤْمِنِينَ بِي فَخَيْرٌ لَهُ أَنْ يُعَلَّقَ فِي عُنُقِهِ حَجَرُ الرَّحَى وَيُغْرَقَ فِي لُجَّةِ الْبَحْرِ" (متى ١٨: ٦).

وقد جاء ذكر ممالك الفرس واليونان ومصر وسوريا بالاسم في دانيال ١١، وكانت هذه الممالك حضارات قوية، ولكنها لم تقدم شيئا لسلام البشرية بل الحروب وسفك الدماء. هذ الممالك والحضارات عبرت عن الخليقة كلها الخاضعة لعبودية الفساد، في انتظار العتق من عبودية الفساد إلي حرية مجد أولاد الله، "لأَنَّ انْتِظَارَ الْخَلِيقَةِ يَتَوَقَّعُ إِسْتِعْلاَنَ أَبْنَاءِ اللهِ. إِذْ أُخْضِعَتِ الْخَلِيقَةُ لِلْبُطْلِ - لَيْسَ طَوْعاً بَلْ مِنْ أَجْلِ الَّذِي أَخْضَعَهَا - عَلَى الرَّجَاءِ. لأَنَّ الْخَلِيقَةَ نَفْسَهَا أَيْضاً سَتُعْتَقُ مِنْ عُبُودِيَّةِ الْفَسَادِ إِلَى حُرِّيَّةِ مَجْدِ أَوْلاَدِ اللهِ. فَإِنَّنَا نَعْلَمُ أَنَّ

كُلَّ الْخَلِيقَةِ تَئِنُّ وَتَتَمَخَّضُ مَعاً إِلَى الآنَ. وَلَيْسَ هَكَذَا فَقَطْ بَلْ نَحْنُ الَّذِينَ لَنَا بَاكُورَةُ الرُّوحِ نَحْنُ أَنْفُسُنَا أَيْضاً نَئِنُّ فِي أَنْفُسِنَا مُتَوَقِّعِينَ التَّبَنِّيَ فِدَاءَ أَجْسَادِنَا" (رومية ٨ : ١٩-٢٣).

أولا: الصراع بين الفرس واليونان

قيام أربعة ملوك فارس (دانيال ١١:١-٢)

١ وَأَنَا فِي السَّنَةِ الأُولَى لِدَارِيُوسَ الْمَادِيِّ وَقَفْتُ لأُشَدِّدَهُ وَأُقَوِّيَهُ. ٢ وَالآنَ أُخْبِرُكَ بِالْحَقِّ [بما هو حق]. هُوَذَا ثَلاَثَةُ مُلُوكٍ أَيْضاً يَقُومُونَ فِي فَارِسَ وَالرَّابِعُ يَسْتَغْنِي بِغِنًى أَوْفَرَ مِنْ جَمِيعِهِمْ [الرابع يكون أوفر غني منهم جميعا]، وَحَسَبَ قُوَّتِهِ بِغِنَاهُ [وعندما يتقوي بغناه] يُهَيِّجُ الْجَمِيعَ [يثير جميع الناس] عَلَى مَمْلَكَةِ الْيُونَانِ.

١:١٠ كشف ملاك الوحي لدانيال عما فعله في أيام داريوس الملك: "وَأَنَا فِي السَّنَةِ الأُولَى لِدَارِيُوسَ الْمَادِيِّ وَقَفْتُ لأُشَدِّدَهُ وَأُقَوِّيَهُ" (دانيال ١١:١). وليس معلوما من هو الذي شدده وقواه الملاك، ولكن البعض فسر هذا علي أن الملاك شدد داريوس في حربه ضد مملكة بابل الأمر الذي أدي إلي سقوطها وإطلاق اليهود المسبيين. ولكن قد يكون الذي شدده الملاك في أيام داريوس هو الملاك ميخائيل، وذلك تعبيرا عن العمل المشترك مع الملاك ميخائيل، واستكمالا لقوله: "وَرَئِيسُ مَمْلَكَةِ فَارِسَ وَقَفَ مُقَابِلِي وَاحِداً وَعِشْرِينَ يَوْماً، وَهُوَذَا مِيخَائِيلُ وَاحِدٌ مِنَ الرُّؤَسَاءِ الأَوَّلِينَ جَاءَ لإِعَانَتِي، وَأَنَا أُبْقِيتُ هُنَاكَ عِنْدَ مُلُوكِ فَارِسَ" (دانيال ١٠ : ١٣).

٢:١١ كشف ملاك الوحي عن قيام ثلاثة ملوك في فارس، وقيام رابع أكثرهم غني (دانيال ١١:٢). هؤلاء الملوك الثلاثة قاموا بعد كورش (دانيال ١٠:١أ)، وهم كمبيسيس Cambyses، وإسميرديس Smerdis، وداريوس هيستاسبيس Darius Hystaspis، وقد ملك هؤلاء الملوك في الفترة من ٥٢٩ إلي ٤٨٥ ق.م.

أما الملك الرابع فهو أحشويرش Xerxes المذكور في سفر أستير ١:١، الذي ملك في الفترة من ٤٨٥-٤٦٤ ق.م. وفي أيام هذا الملك، كادت أن تحدث مذبحة كبري لليهود

بتدبير هامان، لولا تدخل الله من خلال مردخاي وأستير الملكة. وقد حاول أحشويرش سنينا طويلة إخضاع اليونان له ولكنه لم ينجح، مما أثار غضب اليونان عليه.

قيام ملك يوناني قوي وانكساره (دانيال ١١:٣-٤)

٣ وَيَقُومُ مَلِكٌ جَبَّارٌ وَيَتَسَلَّطُ، تَسَلُّطاً عَظِيماً [ويكون سلطانا عظيما]، وَيَفْعَلُ حَسَبَ إِرَادَتِهِ [يفعل كما يشاء]. ٤ وَكَقِيَامِهِ تَنْكَسِرُ مَمْلَكَتُهُ [ومتى قام تنكسر مملكته] وَتَنْقَسِمُ إِلَى رِيَاحِ السَّمَاءِ الأَرْبَعِ [وتنقسم إلي أربع جهات السماء]، وَلاَ لِعَقِبِهِ [ولا تكن المملكة لنسله]، وَلاَ حَسَبَ سُلْطَانِهِ الَّذِي تَسَلَّطَ بِهِ [ولا تكون المملكة في مثل سلطانه] لأَنَّ مَمْلَكَتَهُ تَنْقَرِضُ [تتمزق] وَتَكُونُ لآخَرِينَ غَيْرِ أُولَئِكَ.

٣:١١ رأي دانيال هذه الرؤيا في "السَّنَةِ الثَّالِثَةِ لِكُورَشَ مَلِكِ فَارِسَ" (دانيال ١٠:١)، وقد سبق أن أشار الملاك عن قيام ملك اليونان "الآنَ أَرْجِعُ وَأُحَارِبُ رَئِيسَ فَارِسَ. فَإِذَا خَرَجْتُ هُوَذَا رَئِيسُ الْيُونَانِ يَأْتِي" (دانيال ١٠:٢٠). وهنا يعود الملاك ليشير إلي قيام ملك اليونان القوي وصاحب السلطان العظيم: "وَيَقُومُ مَلِكٌ جَبَّارٌ وَيَتَسَلَّطُ، تَسَلُّطاً عَظِيماً [ويكون سلطانا عظيما]، وَيَفْعَلُ حَسَبَ إِرَادَتِهِ [يفعل كما يشاء]" (دانيال ١١:٣)، وهذا الملك هو الإسكندر الأكبر (٣٥٦-٣٢٣ ق.م).

كان تيس المعز الذي رآه دانيال في الإصحاح الثامن نبوة عن هذا الملك : "بَيْنَمَا كُنْتُ مُتَأَمِّلاً إِذَا بِتَيْسٍ مِنَ الْمَعْزِ جَاءَ مِنَ الْمَغْرِبِ عَلَى وَجْهِ كُلِّ الأَرْضِ وَلَمْ يَمَسَّ الأَرْضَ وَلِلتَّيْسِ قَرْنٌ مُعْتَبَرٌ بَيْنَ عَيْنَيْهِ" (دانيال ٨ : ٥)، "وَالتَّيْسُ الْعَافِي مَلِكُ الْيُونَانِ وَالْقَرْنُ الْعَظِيمُ الَّذِي بَيْنَ عَيْنَيْهِ هُوَ الْمَلِكُ الأَوَّلُ" (دانيال ٨ : ٢١).

والصفات التي ذكرها الملاك عن هذا الملك - في القوة والسلطان - مشابهة لما ذكره دانيال عن نبوخذنصر، لكنه تعظم وانحطت مملكته: "وَلِلْعَظَمَةِ الَّتِي أَعْطَاهُ إِيَّاهَا كَانَتْ تَرْتَعِدُ وَتَفْزَعُ قُدَّامَهُ جَمِيعُ الشُّعُوبِ وَالأُمَمِ وَالأَلْسِنَةِ. فَأَيّاً شَاءَ قَتَلَ وَأَيّاً شَاءَ اسْتَحْيَا وَأَيّاً شَاءَ رَفَعَ وَأَيّاً شَاءَ وَضَعَ. فَلَمَّا ارْتَفَعَ قَلْبُهُ وَقَسَتْ رُوحُهُ تَجَبُّراً انْحَطَّ عَنْ كُرْسِيِّ مُلْكِهِ وَنَزَعُوا عَنْهُ جَلاَلَهُ" (دانيال ٥ : ١٩-٢٠)، وكانت هذه نهاية الإسكندر الأكبر، وكل من يرفع قلبه في تعظمه.

٤:١١ تنقسم مملكة الإسكندر الأكبر بعد موته إلي أربعة أقسام: "وَكَقِيَامِهِ تَنْكَسِرُ مَمْلَكَتُهُ، وَتَنْقَسِمُ إِلَى رِيَاحِ السَّمَاءِ الأَرْبَعِ، وَلاَ لِعَقِبِهِ وَلاَ حَسَبَ سُلْطَانِهِ الَّذِي تَسَلَّطَ بِهِ، لأَنَّ مَمْلَكَتَهُ تَنْقَرِضُ وَتَكُونُ لآخَرِينَ غَيْرِ أُولَئِكَ" (دانيال ١١:٤). وهذه الأقسام الأربعة هي: سيلوقيوس الأول Seleucus I الذي بدأ إمبرطورية السلوقيين من تركيا للهند، كاسسندر Cassander الذي حل محل اليونان، ليسماخوس Lysimachus الذي أخذ من اليونان إلي تركيا، بطليموس الأول Ptolemy I الذي حكم مصر.

وقد سبق الإشارة إلي هذا الأمر في دانيال ٨: "التَّيْسُ الْعَافِي مَلِكُ الْيُونَانِ وَالْقَرْنُ الْعَظِيمُ الَّذِي بَيْنَ عَيْنَيْهِ هُوَ الْمَلِكُ الأَوَّلُ. وَإِذِ انْكَسَرَ وَقَامَ أَرْبَعَةٌ عِوَضاً عَنْهُ، فَسَتَقُومُ أَرْبَعُ مَمَالِكَ مِنَ الأُمَّةِ، وَلَكِنْ لَيْسَ فِي قُوَّتِهِ" (دانيال ٨ : ٢١-٢٢).

الصراع بين الفرس واليونان رمز للصراع بين السيد المسيح وإبليس الذي بلغ قمته يوم الصليب، "إِذْ جَرَّدَ الرِّيَاسَاتِ وَالسَّلاَطِينَ [إبليس وقواته] أَشْهَرَهُمْ جِهَاراً، ظَافِراً بِهِمْ فِيهِ [في المسيح]" (كولوسي ٢ : ١٥)، كما سبق أن شرحنا في الأصحاح الثامن. ولكن إبليس - بعد انكساره علي الصليب - مازال يعمل الآن في أبناء المعصية في كل العالم، فهو الرُّوحِ الَّذِي يَعْمَلُ الآنَ فِي أَبْنَاءِ الْمَعْصِيَةِ" (أفسس ٢ : ٢)، ويعمي أذهان غير المؤمنين "لِئَلاَّ تُضِيءَ لَهُمْ إِنَارَةُ إِنْجِيلِ مَجْدِ الْمَسِيحِ، الَّذِي هُوَ صُورَةُ اللهِ" (٢كورنثوس ٤:٣-٤).

ثانيا: الصراع بين الشمال والجنوب

قيام ملك الجنوب كقوة (دانيال ١١:٥)

٥ وَيَتَقَوَّى مَلِكُ الْجَنُوبِ، وَمِنْ رُؤَسَائِهِ مَنْ يَقْوَى عَلَيْهِ [لكن أحد قواده يقوى عليه] وَيَتَسَلَّطُ. تَسَلُّطٌ عَظِيمٌ تَسَلُّطُهُ [ويكون سلطانه عظيما].

٥:١١ يتحدث الملاك عن صراعات ومعاهدات وحروب بين السلالتين الرئيسيتين اللتين ورثتا مملكة الإسكندر الأكبر وهما البطالسة في مصر، والسلوقيين في أنطاكية [سوريا] من سنة ٣٢٣ ق.م إلي سنة ١٧٥ ق.م، وذلك في (دانيال ١١:٥-٢٠).

هذه الحروب الواردة في الأصحاح ١١ تمثل "الحرب الطويلة" التي أشار إليها الملاك في (دانيال ١:١٠)، ولكن الرب يشجع شعبه: "سوف تسمعون بحروب وأخبار حروب،

أنظروا لا ترتاعوا، لأنه لا بد أن تكون هذه كلها. ولكن ليس المنتهى بعد وَلَكِنَّ هَذِهِ كُلَّهَا مُبْتَدَأُ الأَوْجَاعِ، حِينَئِذٍ يُسَلِّمُونَكُمْ إِلَى ضِيقٍ وَيَقْتُلُونَكُمْ، وَتَكُونُونَ مُبْغَضِينَ مِنْ جَمِيعِ الأُمَمِ لأَجْلِ اسْمِي" (متى ٢٤: ٦-٨).

ملك بطليموس الأول Ptolemy I علي مملكة الجنوب من إسرائيل وهي مصر (٣٢٣-٢٨٥ ق.م)، وقد استولي علي أورشليم في سنة ٣٢١ ق.م، ولكنه فقد السيطرة عليها سنة ٣١٢ ق.م لغريمه أنطيوخس Antiochus ملك الشمال، وجاء بعده أحد قواده وهو بطليموس الثاني فيلادلفيوس Ptolemy II Philadelphus (٢٨٥-٣٠٦ ق.م)، وقد صار أقوي منه. أسس بطليموس الثاني مكتبة الإسكندرية، وقام بالاهتمام بعمل الترجمة السبعينية للأسفار العبرية إلي اللغة اليونانية.

الصلح بين ملوك الشمال والجنوب (دانيال ١١:٦)

٦ وَبَعْدَ سِنِينَ يَتَعَاهَدَانِ ، وَبِنْتُ مَلِكِ الْجَنُوبِ تَأْتِي إِلَى مَلِكِ الشِّمَالِ لإِجْرَاءِ الاتِّفَاقِ، وَلَكِنْ لاَ تَضْبطُ الذِّرَاعُ قُوَّةً، وَلاَ يَقُومُ هُوَ وَلاَ ذِرَاعُهُ. وَتُسَلَّمُ هِيَ وَالَّذِينَ أَتُوا بِهَا، وَالَّذِي وَلَدَهَا وَمَنْ قَوَّاهَا، في تلك الأوقات.

١١:٦ تمت معاهدة بين ملكي مصر وسوريا عام ٢٥٠ ق.م.، وبناء علي هذه المعاهدة، أتت بنت ملك الجنوب إلي ملك الشمال للمصالحة معه (دانيال ١١:٦). وقد حدث هذا في أيام ملك الجنوب [مصر] بطليموس الثاني فيلادلفيوس Ptolemy II Philadelphus (٢٨٤-٢٤٦ ق.م) وملك الشمال [سوريا] أنطيوخس ثيئوس Antiochus (٢٦١-٢٤٦ ق.م.)، وأعطي بطليموس الثاني ملك مصر إبنته بيرنيسه Berenice لتكون زوجة لأنطيوخس الثاني ملك أنطاكية، بشرط تطليقه لزوجته لؤدايسيا Laodiceia، وحدث هذا علي أمل صنع سلام بين الشمال والجنوب.

فشلت خطة إبنة ملكة الجنوب، واستبعدها أنطيوخس، واستعاد زوجته الأولي [لؤدايسيا Laodiceia]. قامت لؤدايسيا بقتل أنطيوخس، وهربت بيرنيسه، ولكن تم قتلها فيما بعد مع كل أتباعها: "وَلَكِنْ لاَ تَضْبِطُ الذِّرَاعُ قُوَّةً، وَلاَ يَقُومُ هُوَ وَلاَ ذِرَاعُهُ [ولكنها لا تملك قوة الذراع، ولا يدوم نسلها]. وَتُسَلَّمُ هِيَ وَالَّذِينَ أَتُوا بِهَا وَالَّذِي وَلَدَهَا وَمَنْ قَوَّاهَا [وتسلم هي للهلاك، هي والذين جاءوا بها، ووالداها ومن عضدها] " (دانيال ١١:٦).

أعطي ملك الجنوب إبنته لتكون زوجة لملك الشمال للاتفاق بينهما، وكان هذا نوعا من الزواج السياسي، وليس مبنيا علي المحبة الحقيقية، ولهذا فشل في صنع السلام بين المملكتين، لأنه "إِنْ أَعْطَى الإِنْسَانُ كُلَّ ثَرْوَةِ بَيْتِهِ بَدَلَ الْمَحَبَّةِ تُحْتَقَرُ احْتِقَاراً" (نشيد الأناشيد ٨ : ٧).

قيام الجنوب بالغضب علي الشمال (دانيال ١١:٧-٨)

٧ يَقُومُ مِنْ فَرْعِ أُصُولِهَا قَائِمٌ مَكَانَهُ وَيَأْتِي إِلَى الْجَيْشِ ، وَيَدْخُلُ حِصْنَ مَلِكِ الشِّمَالِ، وَيَعْمَلُ بِهِمْ وَيَقْوَى. ٨ وَيَسْبِي إِلَى مِصْرَ آلِهَتَهُمْ أَيْضاً مَعَ مَسْبُوكَاتِهِمْ وَآنِيَتِهِمِ الثَّمِينَةِ مِنْ فِضَّةٍ وَذَهَبٍ، وَيَقْتَصِرُ سِنِينَ عَنْ مَلِكِ الشِّمَالِ.

١١:٧ بعد موت ملك الجنوب، قام إبنه بطليموس إوريجيتوس Ptolemy Euregetes (٢٤٦-٢٢١) أخو بيرنيسه Berenice وهاجم الشمال انتقاما لأخته (دانيال ١١:٧).

١١:٨ نجح بطليموس إوريجيتوس Ptolemy Euregetes في سبي آلهة الشمال ومسبوكاتهم، وتوقف بطليموس عن مهاجمة ملك الشمال [سلوقي كالينكوس Seleucid Callinicus] عدة سنوات (دانيال ١١:٨)، وقد قيل أنه حمل معه إلي مصر ٤٠٠ وزنة talents من الذهب، ٤٠٠٠٠ وزنة talents من الفضة، ٢٥٠٠ وثنا idols لآلهتهم.

سبي الآلهة دليل أنها ليست آلهة حقيقية، ولهذا قال السيد الرب في أشعياء النبي: "قَدْ جَثَا [ركع] بِيلُ [الإله بال] انْحَنَى نَبُو [الإله نبو]، صَارَتْ تَمَاثِيلُهُمَا عَلَى الْحَيَوَانَاتِ وَالْبَهَائِمِ. مَحْمُولاَتُكُمْ مُحَمَّلَةٌ حِمْلاً لِلْمُعْيِي [صارت أحمالا ثقيلة علي الحيوانات والبهائم]. قَدِ انْحَنَتْ. جَثَتْ مَعاً. لَمْ تَقْدِرْ أَنْ تُنَجِّيَ الْحِمْلَ [لم تقدر أن تحمي نفسها من الحمل علي الحيوانات والبهائم]، وَهِيَ نَفْسُهَا قَدْ مَضَتْ فِي السَّبْيِ" (أشعياء ٤٦ : ١-٢).

زيادة الصراع بين ملوك الشمال والجنوب (دانيال ١١:٩-١٤)

"٩ فَيَدْخُلُ مَلِكُ الْجَنُوبِ إِلَى مَمْلَكَتِهِ ، وَيَرْجِعُ إِلَى أَرْضِهِ. ١٠ وَبَنُوهُ يَتَهَيَّجُونَ فَيَجْمَعُونَ جُمْهُورَ جُيُوشٍ عَظِيمَةٍ، وَيَأْتِي آتٍ وَيَغْمُرُ وَيَطْمُو، وَيَرْجِعُ وَيُحَارِبُ حَتَّى إِلَى حِصْنِهِ "

٩:١١ حاول ملك الشمال [سلوقي كالينكوس Seleucid Callinicus] غزو مملكة الجنوب، ولم ينجح: "فَيَدْخُلُ مَلِكُ الْجَنُوبِ إِلَى مَمْلَكَتِهِ ["ويدخل مملكة الجنوب" أي "يدخل ملك الشمال مملكة الجنوب"]، وَيَرْجِعُ إِلَى أَرْضِهِ [ولكنه يرجع خائبا إلي أرضه] " (دانيال ٩:١١).

١٠:١١ هجم ابنا ملك الشمال علي ملك الجنوب: "وَبَنُوهُ [ابنا ملك الشمال] يَتَهَيَّجُونَ [يثورون] فَيَجْمَعُونَ جُمْهُورَ جُيُوشٍ عَظِيمَةٍ، وَيَأْتِي آتٍ وَيَغْمُرُ وَيَطْمُو [ويزحف أحدهم كالسيل ويعبر البحر]، وَيَرْجِعُ وَيُحَارِبُ حَتَّى إِلَى حِصْنِهِ [ويهجم مسرعا علي حصن ملك الجنوب]." (دانيال١١:١٠).

قام أولاده [سلوقي الثالث Seleucid Ceraunus أنطيوخس الكبير Antiochus the Great] بثورة، ونجح واحد من أولاد ملك الشمال [أنطيوخس الكبير Antiochus the Great] (٢٢٥-١٨٧ ق.م.) في غزوه لمصر واستعادة أراضي الشمال [سوريا] التي كان احتلها ملك الجنوب، والحصن الذي سقط هو غزة التي سقطت سنة ٢٠١ ق.م.

١١ وَيَغْتَاظُ مَلِكُ الْجَنُوبِ، وَيَخْرُجُ وَيُحَارِبُ مَلِكَ الشِّمَالِ، وَيُقِيمُ جُمْهُوراًعَظِيماً فَيُسَلَّمُ الْجُمْهُورُ فِي يَدِهِ. ١٢ فَإِذَا رُفِعَ الْجُمْهُورُ يَرْتَفِعُ قَلْبُهُ [ملك الجنوب] وَيَطْرَحُ رِبْوَاتٍ ، وَلاَ يَعْتَزُّ. ١٣ فَيَرْجِعُ مَلِكُ الشِّمَالِ وَيُقِيمُ جُمْهُوراً أَكْثَرَ مِنَ الأَوَّلِ، وَيَأْتِي بَعْدَ حِينٍ، بَعْدَ سِنِينَ بِجَيْشٍ عَظِيمٍ وَثَرْوَةٍ جَزِيلَةٍ.

١١:١١-١٣ اغتاظ ملك الجنوب [بطليموس فيلوباتير Ptolemy Philopator ٢٢١-٢٠٤ ق.م.] وقام بالرد علي ملك الشمال، وانتصر عليه لمدي قصير إذ عاد أنطيوخس Antiochus بعتاد أكثر في ٢٠٣ ق.م: "وَيَغْتَاظُ [يغضب] مَلِكُ الْجَنُوبِ، وَيَخْرُجُ وَيُحَارِبُ مَلِكَ الشِّمَالِ، وَيُقِيمُ جُمْهُوراً [جيشا] عَظِيماً فَيُسَلَّمُ الْجُمْهُورُ فِي يَدِهِ [ينهزم جيش ملك الشمال]. فَإِذَا رُفِعَ الْجُمْهُورُ [إنهزم جيش ملك الشمال] يَرْتَفِعُ قَلْبُهُ [ملك الجنوب] وَيَطْرَحُ رِبْوَاتٍ [يصرع عشرات الألوف]، وَلاَ يَعْتَزُّ [ولكن لا تدوم نصرة ملك الجنوب]. فَيَرْجِعُ مَلِكُ الشِّمَالِ وَيُقِيمُ جُمْهُوراً [جيشا] أَكْثَرَ مِنَ الأَوَّلِ [الجيش الأول]، وَيَأْتِي بَعْدَ حِينٍ، بَعْدَ سِنِينَ [ويأتي بعد عدة سنين] بِجَيْشٍ عَظِيمٍ وَثَرْوَةٍ جَزِيلَةٍ [وعتاد كثير] " (دانيال ١١:١١-١٣).

١٤ وَفِي تِلْكَ الأَوْقَاتِ يَقُومُ كَثِيرُونَ [يتمرد كثير من الناس] عَلَى مَلِكِ الْجَنُوبِ، وَبَنُو الْعُتَاةِ مِنْ شَعْبِكَ يَقُومُونَ، لإِثْبَاتِ الرُّؤْيَا [لتحقيق الرؤيا]، وَيَعْثُرُونَ [يخفقون].

١١: ١٤ تمرد كثيرون في الحرب ضد ملك الجنوب منهم فيليب Philip ملك ماكدون Macedon الذي تحالف مع أنطيوخس Antiochus، كما شارك بعض اليهود هذا التمرد ضد ملك اليهود، وكان في اعتقادهم أن هذا تحقيق للنبوات، ولكنهم فشلوا (دانيال ١١: ١٤).

يقول القديس جيروم أنه أثناء الحرب بين أنطيوخس الكبير Antiochus the Great، وقواد بطليموس Ptolemy انقسمت اليهودية إلي مجموعات متعارضة، البعض منهم تحالف مع أنطيوخس والبعض تحالف مع بطليموس. وفي النهاية هرب رئيس الكهنة أونياس Onias الذي له اسم أبيه الكاهن العظيم أونياس Onias إلي مصر، ومعه عدد كبير من اليهود، وأعطاه الملك منطقة تدعي هليوبوليس Heliopolis، وأقام فيها هيكلا مماثلا لهيكل اليهود، وذلك بمنحة من الملك، وظل هذا الهيكل باقيا لمدة ٢٥٠ سنة حتي حكم فيسباسيان Vespasian. وقد وردت هذه القصة مع رسالة أونياس إلي بطليموس فيلوباتير ضمن كتابات يوسيفوس المؤرخ اليهودي.

وهكذا هرب الكثيرون من اليهودية إلي مصر في أيام حبرية أونياس Onias، وقد أشار سفر دانيال لذلك: "بَنُو الْعُتَاةِ [أبناء التعدي] مِنْ شَعْبِكَ يَقُومُونَ، لإِثْبَاتِ الرُّؤْيَا، وَيَعْثُرُونَ" (دانيال ١١: ١٤). هؤلاء الذين تركوا شريعة الله، وأرادوا أن يقدموا الذبائح الدموية لله في مكان آخر غير الذي حدده الرب. وقد تكبروا واعتقدوا أنهم بهذا يحققون ما جاء برؤيا أشعياء النبي بأنه "فِي ذَلِكَ الْيَوْمِ يَكُونُ مَذْبَحٌ لِلرَّبِّ فِي وَسَطِ أَرْضِ مِصْرَ" (أشعياء ١٩ : ١٩)، واعتقدوا أنهم قد حققوا مسرة الله بذلك، ولكن فشل كل هذا إذ تحطمت المدينة والهيكل بعد ذلك.

كان لأونياس غيرة لبناء هيكل لله في مصر، ولكنها لم تكن حسب المعرفة الإلهية، وذلك حسب تعبير بولس الرسول: لأَنِّي أَشْهَدُ لَهُمْ أَنَّ لَهُمْ غَيْرَةً لِلَّهِ وَلَكِنْ لَيْسَ حَسَبَ الْمَعْرِفَةِ، لأَنَّهُمْ إِذْ كَانُوا يَجْهَلُونَ بِرَّ اللهِ وَيَطْلُبُونَ أَنْ يُثْبِتُوا بِرَّ أَنْفُسِهِمْ لَمْ يُخْضَعُوا لِبِرِّ اللهِ"

(رومية ١٠: ٢-٣). الله "يُرِيدُ أَنَّ جَمِيعَ النَّاسِ يَخْلُصُونَ وَإِلَى مَعْرِفَةِ الْحَقِّ يُقْبِلُونَ" (١ تيموثاوس ٢ : ٤)،

الحق الذي ينبغي أن نقبل إليه هو الحق الإلهي، ولهذا يريدنا الله أن نعرفه ونتقدس في كلامه وشريعته، "قَدِّسْهُمْ فِي حَقِّكَ، كلاَمُكَ هُوَ حَقٌّ" (يوحنا ١٧: ١٧)، "كُلُّ الْكِتَابِ هُوَ مُوحىً بِهِ مِنَ اللهِ، وَنَافِعٌ لِلتَّعْلِيمِ وَالتَّوْبِيخِ، لِلتَّقْوِيمِ وَالتَّأْدِيبِ الَّذِي فِي الْبِرِّ" (٢ تيموثاوس ٣ : ١٦)، ولهذا فإذا أردنا أن نرضي الله بالحقيقة، فلنعبده حسب طرقه وليس حسب فكرنا أو برنا الشخصي.

هزيمة ملك الجنوب (دانيال ١١:١٥-١٦)

"١٥ فَيَأْتِي مَلِكُ الشِّمَالِ وَيُقِيمُ مِتْرَسَةً [ويقيم متاريس الحصار] ، وَيَأْخُذُ الْمَدِينَةَ الْحَصِينَةَ، فَلاَ تَقُومُ أَمَامَهُ ذِرَاعَا الْجَنُوبِ، وَلاَ قَوْمُهُ الْمُنْتَخَبُ [ولا حتى خيرة أبطاله]، وَلاَ تَكُونُ لَهُ قُوَّةٌ لِلْمُقَاوَمَةِ [لأن لا قوة لهم للمقاومة]. ١٦ وَالآتِي عَلَيْهِ [الملك الغازي أي ملك الشمال] يَفْعَلُ كَإِرَادَتِهِ [ويفعل ملك الشمال بشعب الجنوب كما يشاء]، وَلَيْسَ مَنْ يَقِفُ أَمَامَهُ ، وَيَقُومُ فِي الأَرْضِ الْبَهِيَّةِ [المجيدة]، وَهِيَ بِالتَّمَامِ بِيَدِهِ [وتصير كلها تحت يده]".

١١:١٥ انتصر ملك الشمال أنطيوخس الكبير Antiochus the Great علي بطليموس ملك الجنوب Ptolemy، وأخذ ملك الشمال مدينة صيدون الحصينة، التي سبق أن احتلها أنطيوخس الثالث عام ١٩٨ ق.م ، ولم تقوي جيوش الجنوب علي مقاومته (دانيال ١١:١٥).

١١:١٦ لم يأت ملك الشمال أنطيوخس الكبير Antiochus the Great ضد المصريين فقط، بل أيضا ضد اليهود (دانيال ١١:١٥-١٦). و"الأرض البهية" هي أرض اليهودية وبالأخص أورشليم، وقد صارت كلها في يد ملك الشمال.

كانت أورشليم هدفا لكثير من الملوك للاستيلاء عليها واستعبادها، ولكنها كانت للمسيح هدفا للموت عنها وفدائها، و"حِينَ تَمَّتِ الأَيَّامُ لارْتِفَاعِهِ ثَبَّتَ وَجْهَهُ لِيَنْطَلِقَ إِلَى أُورُشَلِيمَ" (لوقا ٩ : ٥١). "وَفِيمَا هُوَ يَقْتَرِبُ نَظَرَ إِلَى الْمَدِينَةِ وَبَكَى عَلَيْهَا قَائِلاً: إِنَّكِ لَوْ عَلِمْتِ أَنْتِ

أَيْضاً حَتَّى فِي يَوْمِكِ هَذَا مَا هُوَ لِسَلاَمِكِ. وَلَكِنِ الآنَ قَدْ أُخْفِيَ عَنْ عَيْنَيْكِ. فَإِنَّهُ سَتَأْتِي أَيَّامٌ وَيُحِيطُ بِكِ أَعْدَاؤُكِ بِمِتْرَسَةٍ، وَيُحْدِقُونَ بِكِ، وَيُحَاصِرُونَكِ مِنْ كُلِّ جِهَةٍ، وَيَهْدِمُونَكِ وَبَنِيكِ فِيكِ، وَلاَ يَتْرُكُونَ فِيكِ حَجَراً عَلَى حَجَرٍ، لأَنَّكِ لَمْ تَعْرِفِي زَمَانَ افْتِقَادِكِ" (لوقا ١٩ : ٤١-٤٤).

المصالحة الفاشلة بين ملكي الشمال والجنوب (دانيال ١١:١٧)

١٧ وَيَجْعَلُ وَجْهَهُ لِيَدْخُلَ بِسُلْطَانِ كُلِّ مَمْلَكَتِهِ، وَيَجْعَلُ [ملك الشمال] مَعَهُ صُلْحاً [يأتي بشروط للمصالحة]، وَيُعْطِيهِ بِنْتَ النِّسَاءِ [أي أن ملك الجنوب يعطي إبنته لتكون زوجة لملك الشمال]، لِيُفْسِدَهَا [وفي نيته ليفسد مملكة الشمال]، فَلاَ تَثْبُتَ وَلاَ تَكُونَ لَهُ [فلا تثبت خطته، ولا يكون له ما أراد].

١١:١٧ حاول ملك الجنوب تقوية مملكته بتزويجه ابنته كليوباترا Cleopatra لملك الشمال، وتفشل خطة ملك الجنوب إذ تقوم كليوباترا بمراعاة مصالح زوجها (١مكابيين ١٠:٥١-٥٨).

فشل ملك الجنوب في تنفيذ خطته بتزويج ابنته لملك الشمال، وعلى هذا النحو تفشل خطط الإنسان ما لم تكن حسب مشيئة الله، لأن "فِي قَلْبِ الإِنْسَانِ أَفْكَارٌ كَثِيرَةٌ، لَكِنْ مَشُورَةُ الرَّبِّ هِيَ تَثْبُتُ" (أمثال ١٩ : ٢١).

تحول ملك الشمال إلى مناطق الساحل وهزيمته (دانيال ١١:١٨)

١٨ وَيُحَوِّلُ وَجْهَهُ إِلَى الْجَزَائِرِ [ويصرف وجهه إلى مناطق الساحل]، وَيَأْخُذُ كَثِيراً مِنْهَا، وَيُزِيلُ رَئِيسٌ تَعْيِيرَهُ، فَضْلاً عَنْ رَدِّ تَعْيِيرِهِ عَلَيْهِ [ولكن أحد القادة يقهره ويضع حدا لتكبره].

١١:١٨ حول أنطيوخس الكبير Antiochus the Great نظره إلى سواحل البحر المتوسط، فدخل في حروب مع الرومان، وقام قائد روماني هو إسكوباس Scopas في حرب معه، وهزم أنطيوخس: "وَيُحَوِّلُ وَجْهَهُ إِلَى الْجَزَائِرِ [ويصرف وجهه إلى مناطق الساحل]، وَيَأْخُذُ كَثِيراً مِنْهَا، وَيُزِيلُ رَئِيسٌ تَعْيِيرَهُ فَضْلاً عَنْ رَدِّ تَعْيِيرِهِ عَلَيْهِ [ولكن أحد القادة يقهره ويضع حدا لتكبره] " (دانيال ١١:١٨).

قام أسكوباس برد تعبيرات أنطيوخس الكبير Antiochus the Great عليه، فتحقق في أنطيوخس قول السيد المسيح: لأَنَّكُمْ بِالدَّيْنُونَةِ الَّتِي بِهَا تَدِينُونَ تُدَانُونَ وَبِالْكَيْلِ الَّذِي بِهِ تَكِيلُونَ يُكَالُ لَكُمْ" (متى ٧ : ٢). وعلي هذا المثال، قال أدوني بازق: "سَبْعُونَ مَلِكاً مَقْطُوعَةٌ أَبَاهِمُ أَيْدِيهِمْ وَأَرْجُلِهِمْ كَانُوا يَلْتَقِطُونَ تَحْتَ مَائِدَتِي. كَمَا فَعَلْتُ كَذَلِكَ جَازَانِيَ اللَّهُ" (قضاة ١: ٦-٧).

نهاية ملك الشمال (دانيال ١١:١٩)

١٩ وَيُحَوِّلُ [ويصرف] وَجْهَهُ إِلَى حُصُونِ أَرْضِهِ، وَيَعْثُرُ وَيَسْقُطُ وَلاَ يُوجَدُ[ولكنه يعثر ويسقط ولا يبقى له أثر].

١١:١٩ رجع أنطيوخس الكبير Antiochus the Great لبلاده ومات سريعا (دانيال ١١:١٩). وهذه هي نهاية الشرير كقول المزمور: "قَدْ رَأَيْتُ الشِّرِّيرَ عَاتِياً وَارِفاً مِثْلَ شَجَرَةٍ شَارِقَةٍ نَاضِرَةٍ. عَبَرَ فَإِذَا هُوَ لَيْسَ بِمَوْجُودٍ وَالْتَمَسْتُهُ فَلَمْ يُوجَدْ" (مزامير ٣٧: ٣٥-٣٦).

الملك جابي الضرائب (دانيال ١١:٢٠)

٢٠ فَيَقُومُ مَكَانَهُ [ويعتلي العرش] مَنْ يُعَبِّرُ [يرسل] جَابِيَ الْجِزْيَةِ فِي فَخْرِ الْمَمْلَكَةِ [هيكل أورشليم] وَفِي أَيَّامٍ قَلِيلَةٍ يَنْكَسِرُ لاَ بِغَضَبٍ وَلاَ بِحَرْبٍ.

١١:٢٠ اعتلي العرش الملك سلوقي فيلوباتير Seleucus Philopator (١٨٧ - ١٦٤ ق.م.)، وهو أكبر أولاد أنطيوخس الكبير Antiochus the Great . وأرسل جباة الضرائب إلي أورشليم (دانيال ١١:٢٠). وفي أيام حكم السلوقيين [ملوك سوريا] كانت الضرائب علي اليهودي عبارة عن ثلث محصول الحبوب، ونصف ثمار الفواكه، وجزء من العشور المقدمة للهيكل. وكانت أيام الملك سلوقي فيلوباتير Seleucus Philopator قليلة، إذ مات مسموما بلا معركة: "وَفِي أَيَّامٍ قَلِيلَةٍ يَنْكَسِرُ لاَ بِغَضَبٍ وَلاَ بِحَرْبٍ" (دانيال ١١:٢٠).

ثالثاً: الملك المضل

دانيال ١١: ٢١-٣٩

قيام الملك المضل (دانيال ١١: ٢١-٢٤)

٢١ فَيَقُومُ مَكَانَهُ مُحْتَقَرٌ [حقير] لَمْ يَجْعَلُوا عَلَيْهِ فَخْرَ الْمَمْلَكَةِ [لم ينعم عليه بجلال الملك]، وَيَأْتِي بَغْتَةً [يحرز العرش فجأة]، وَيُمْسِكُ الْمَمْلَكَةَ بِالتَّمَلُّقَاتِ [ويتولي زمام المملكة بالمداهنة].

١١: ٢١ قام ملك اسمه أنطيوخس أبيفانيوس Antiochus Epiphanes، ومن سوء ما فعله باليهود أسموه "أبيمانيس" "Epimanes" أي المجنون: "فَيَقُومُ مَكَانَهُ مُحْتَقَرٌ [حقير].. " (دانيال ١١: ٢١). وقد استمر حكم أنطيوخس أبيفانيوس الملك في الفترة ١٧٥ ق.م -١٦٤ ق.م، وسفك دماء كثيرين واضطهد الشعب اليهودي، كما هو وارد في (دانيال ١١: ٢١-٤٥). وكان قيام أنطيوخس أبيفانيوس تحقيقا لنبوة دانيال السابقة: "كُنْتُ مُتَأَمِّلاً بِالْقُرُونِ، وَإِذَا بِقَرْنٍ آخَرَ صَغِيرٍ طَلَعَ بَيْنَهَا" (دانيال ٧: ٨).

كان أنطيوخس أبيفانيوس واحدا من أشرس ضد مسحاء الرب في أواخر العهد القديم. وربما يكون الأمر غريبا علي البعض تعبير "ضد المسيح" في العهد القديم، ولكن قيل عن الأنبياء أنهم من ضمن مسحاء الرب: "لاَ تَمَسُّوا مُسَحَائِي، وَلاَ تُسِيئُوا إِلَى أَنْبِيَائِي" (مزامير ١٠٥ : ١٥، ١ أخبار ١٦ : ٢٢).

وقد تضمنت طقوس تكليف شخص لمهمة خاصة في العهد القديم المسح بالزيت، وكانت عبارة "ممسوح anointed" تطلق على هذا الشخص في هذه الحالات، وقد أطلق لقب "ممسوح أو مسيح" أكثر من ٣٠ مرة في العهد القديم ليصف الملوك (٢صم ١: ١٤-١٦)، والكهنة (لا ٤: ٣، ٥، ١٦)، ورؤساء الآباء (١٠٥: ١٥)، وحتى كورش ملك فارس قيل عنه أنه "مسيح" الرب في (أش ٤٥: ١). وقد استخدم اللقب أيضا للإشارة إلى داود الملك الذي صار مثالا للملك المسيا الذي كان سيأتي في نهاية الأيام (٢صم ٢٢: ٥١، مز ٢: ٢).

وفى سفر دانيال النبي، جاء لقب "المسيح [المسيا أو الممسوح משיח]" مشيرا إلى شخص الرب يسوع المسيا الحقيقي الذي كان سيأتي في نهاية الأيام (دانيال ٩:٢٥-٢٦): "فَاعْلَمْ وَافْهَمْ أَنَّهُ مِنْ خُرُوجِ الأَمْرِ لِتَجْدِيدِ أُورُشَلِيمَ وَبَنَائِهَا إِلَى الْمَسِيحِ [المسيا أو الممسوح משיח] الرَّئِيسِ سَبْعَةُ أَسَابِيعَ وَاثْنَانِ وَسِتُّونَ أُسْبُوعاً يَعُودُ وَيُبْنَى سُوقٌ وَخَلِيجٌ فِي ضِيقِ الأَزْمِنَةِ. وَبَعْدَ اثْنَيْنِ وَسِتِّينَ أُسْبُوعاً يُقْطَعُ الْمَسِيحُ وَلَيْسَ لَهُ" (دانيال ٩:٢٥).

أنطيوخس أبيفانيوس باعتباره واحدا من "ضد مسحاء" الرب في العهد القديم، كما سبق أن ذكرنا، هو أيضا رمز "إنسان الخطية، أبن الهلاك" بتعبير القديس بولس الرسول (٢ تسالونيكي ٢ : ٣)، "الَّذِي مَجِيئُهُ بِعَمَلِ الشَّيْطَانِ، بِكُلِّ قُوَّةٍ، وَبِآيَاتٍ وَعَجَائِبَ كَاذِبَةٍ" (٢ تسالونيكي ٢ : ٩).

وهو رمز لكل المسحاء الكذبة وأضداد المسيح، "لأَنَّهُ سَيَقُومُ مُسَحَاءُ كَذَبَةٌ وَأَنْبِيَاءُ كَذَبَةٌ، وَيُعْطُونَ آيَاتٍ عَظِيمَةً وَعَجَائِبَ، حَتَّى يُضِلُّوا لَوْ أَمْكَنَ الْمُخْتَارِينَ أَيْضاً" (متى ٢٤ : ٢٤، مرقس ١٣ : ٢٢). وبحسب ما جاء في رسالة القديس يوحنا الرسول " قَدْ دَخَلَ إِلَى الْعَالَمِ مُضِلُّونَ كَثِيرُونَ، لاَ يَعْتَرِفُونَ بِيَسُوعَ الْمَسِيحِ آتِياً فِي الْجَسَدِ، هَذَا هُوَ الْمُضِلُّ، وَالضِّدُّ لِلْمَسِيحِ" (٢ يوحنا ١: ٧)، " أَيُّهَا الأَوْلاَدُ هِيَ السَّاعَةُ الأَخِيرَةُ. وَكَمَا سَمِعْتُمْ أَنَّ ضِدَّ الْمَسِيحِ يَأْتِي، قَدْ صَارَ الآنَ أَضْدَادٌ لِلْمَسِيحِ كَثِيرُونَ. مِنْ هُنَا نَعْلَمُ أَنَّهَا السَّاعَةُ الأَخِيرَةُ" (١ يوحنا ٢: ١٨). وقد تحدثنا عن هذا الأمر بالتفصيل في شرحنا للإصحاح الثامن سفر دانيال.

لم تكن المملكة من حق أنطيوخس أبيفانيوس، ولكنه استولي عليها بعد موت أخيه سيليوقس Seleucus بالمكر والخداع مستغلا صغر سن أبن أخيه، ودون اختيار الشعب له ليكون ملكا: "لَمْ يَجْعَلُوا عَلَيْهِ فَخْرَ الْمَمْلَكَةِ [لم ينعم عليه بجلال الملك]، وَيَأْتِي بَغْتَةً [يحرز العرش فجأة]، وَيُمْسِكُ الْمَمْلَكَةَ بِالتَّمَلُّقَاتِ [ويتولي زمام المملكة بالمداهنة]" (دانيال ٢١:١١). وبهذا فرض أنطيوخس أبيفانيوس نفسه في موقع الملك بسبب الظروف المحيطة، مع أنه لم يكن المفروض أن يكون هو الملك.

ملك أنطيوخس أبيفانيوس Antiochus Epiphanes علي زمام المملكة بالتملقات: "وَيُمْسِكُ الْمَمْلَكَةَ بِالتَّمَلُّقَاتِ [ويتولي زمام الملكة بالمداهنة]" (دانيال ٢١:١١)، ولسبب سوء أعمال أنطيوخس أبيفانيوس ومكره دعاه الوحي الإلهي "محتقر" أي "حقير"، لأنه "لاَ يُدْعَى اللَّئِيمُ بَعْدُ كَرِيماً وَلاَ الْمَاكِرُ يُقَالُ لَهُ نَبِيلٌ" (أشعياء ٣٢ : ٥).

فعل أبشالوم نفس الأمر حينما حاول أن يغتصب الملك لنفسه من أبيه داود، "وَكَانَ أَبْشَالُومُ يَفْعَلُ مِثْلَ هَذَا الأَمْرِ لِجَمِيعِ إِسْرَائِيلَ الَّذِينَ كَانُوا يَأْتُونَ لأَجْلِ الْحُكْمِ إِلَى الْمَلِكِ، فَاسْتَرَقَ أَبْشَالُومُ قُلُوبَ رِجَالِ إِسْرَائِيلَ" (٢صموئيل ١٥ : ٦)، وعلي مثاله صار يهوذا الأسخريوطي الذي قيل عنه في المزمور: "أَنْعَمُ مِنَ الزُّبْدَةِ فَمُهُ وَقَلْبُهُ قِتَالٌ. أَلْيَنُ مِنَ الزَّيْتِ كَلِمَاتُهُ وَهِيَ سُيُوفٌ مَسْلُولَةٌ" (مزامير ٥٥: ٢١).

علي هذا المثال يكون قيام "مملكة ضد المسيح" بطريقة مختلفة عن الممالك الأخرى، ولذلك رأي دانيال الحيوان الرابع الذي يشير لمملكة ضد المسيح "مُخَالِفاً لِكُلِّ الْحَيَوَانَاتِ الَّذِينَ قَبْلَهُ" (دانيال ٧:٧). فهي ليست مجرد مملكة سياسية وليدة تعاقب ملوك، بل لها الطابع الديني التي يحكم حياة البشر الشخصية وعقيدتهم وسلوكياتهم بطريقة منحرفة، كما فعل أنطيوخس أبيفانيوس.

٢٢ وَأَذْرُعُ الْجَارِفِ تُجْرَفُ مِنْ قُدَّامِهِ وَتَنْكَسِرُ [وَيسحق جُيُوشاً بِأَسْرِهَا فَتَنْدَحِرُ أَمَامَهُ]، وَكَذَلِكَ رَئِيسُ الْعَهْدِ [رَئِيسُ الْكَهَنَةِ].

٢٢:١١ سحق أنطيوخس أبيفانيوس Antiochus Epiphanes جيوش ابن أخيه التي وقفت أمامه: "وَأَذْرُعُ الْجَارِفِ تُجْرَفُ مِنْ قُدَّامِهِ وَتَنْكَسِرُ [وَيسحق جُيُوشاً بِأَسْرِهَا فَتَنْدَحِرُ أَمَامَهُ] " (دانيال ١١:٢٢)، وقد خلع رئيس الكهنة أونياس Onias الثالث وأقام بدلا عنه ياسون Jason أخوه : "وَكَذَلِكَ رَئِيسُ الْعَهْدِ [رَئِيسُ الْكَهَنَةِ] " (دانيال ١١:٢٢).

وقف أنطيوخس أبيفانيوس ضد القديسين وحاربهم، فقد كان أونياس رئيس الكهنة تقيا، حتي شهد عنه سفر المكابيين أن في أيامه " كانت المدينة المقدسة عامرة أمنة، والشرائع محفوظة غاية الحفظ، لما كان عليه أونيا الكاهن الأعظم من الورع والبغض للشر، كان الملوك أنفسهم يعظمون المقدس [الهيكل]، ويكرمون الهيكل بأفخر التقادم [التقدمات] " (٢مكابيين ٣:١-٢).

تحققت نبوة دانيال عن القرن الصغير بما فعله أنطيوخس مع القديسين: "وَكُنْتُ أَنْظُرُ وَإِذَا هَذَا الْقَرْنُ يُحَارِبُ الْقِدِّيسِينَ فَغَلَبَهُمْ" (دانيال ٧ : ٢١)، "وَتَعْظُمُ قُوَّتُهُ وَلَكِنْ لَيْسَ بِقُوَّتِهِ. يُهْلِكُ عَجَباً وَيَنْجَحُ وَيَفْعَلُ وَيُبِيدُ الْعُظَمَاءَ وَشَعْبَ الْقِدِّيسِينَ" (دانيال ٨ : ٢٤).

وحرب أنطيوخس أبيفانيوس مع القديسين رمز لحرب "مملكة ضد المسيح" مع القديسين "الَّذِينَ يَحْفَظُونَ وَصَايَا اللهِ وَإِيمَانَ يَسُوعَ" (رؤيا ١٤ : ١٢)، فقد "أُعْطِيَ أَنْ يَصْنَعَ حَرْباً مَعَ الْقِدِّيسِينَ وَيَغْلِبَهُمْ، وَأُعْطِيَ سُلْطَاناً عَلَى كُلِّ قَبِيلَةٍ وَلِسَانٍ وَأُمَّةٍ" (رؤيا ١٣ : ٧).

٢٣ وَمِنَ الْمُعَاهَدَةِ مَعَهُ يَعْمَلُ بِالْمَكْرِ [وَمُنْذُ اللَّحْظَةِ الَّتِي يُبْرِمُ فِيهَا عَهْداً يَتَصَرَّفُ بِمَكْرٍ]، وَيَصْعَدُ وَيَعْظُمُ بِقَوْمٍ قَلِيلٍ [وَيُحْرِزُ قُوَّةً وَعَظَمَةً بِنَفَرٍ قَلِيلٍ].

٢٣:١١ دخل الملك في تحالف مع عدد قليل، وعمل بالمكر، وأحرز قوة بالنفر القليل: " وَمِنَ الْمُعَاهَدَةِ مَعَهُ يَعْمَلُ بِالْمَكْرِ [وَمُنْذُ اللَّحْظَةِ الَّتِي يُبْرِمُ فِيهَا عَهْداً يَتَصَرَّفُ بِمَكْرٍ]، وَيَصْعَدُ وَيَعْظُمُ بِقَوْمٍ قَلِيلٍ [وَيُحْرِزُ قُوَّةً وَعَظَمَةً بِنَفَرٍ قَلِيلٍ] " (دانيال ٢٣:١١)، و"بِحَذَاقَتِهِ يَنْجَحُ أَيْضاً الْمَكْرُ فِي يَدِهِ وَيَتَعَظَّمُ بِقَلْبِهِ. وَفِي الاطْمِئْنَانِ يُهْلِكُ كَثِيرِينَ" (دانيال ٨ : ٢٥).

مكر أنطيوخس أبيفانيوس يشير إلي الخطورة في تعاليم "مملكة ضد المسيح" الناطقة بلسان إبليس، لأنها تفسد الأذهان عن "الْبَسَاطَةِ الَّتِي فِي الْمَسِيحِ" (٢ كورنثوس ١١ : ٣). وهؤلاء "مَمْلُوئِينَ مِنْ كُلِّ إِثْمٍ وَزِناً وَشَرٍّ وَطَمَعٍ وَخُبْثٍ مَشْحُونِينَ حَسَداً وَقَتْلاً وَخِصَاماً وَمَكْراً وَسُوءاً" (رومية ١ : ٢٩)، ولسانهم "يَخْتَرِعُ مَفَاسِدَ. كَمُوسَى مَسْنُونَةٍ يَعْمَلُ بِالْغِشِّ" (مزامير ٥٢ : ٢).

الغزو الأول للملك المضل علي مملكة الجنوب (دانيال ٢٤:١١)

٢٤ يَدْخُلُ بَغْتَةً عَلَى أَسْمَنِ الْبِلاَدِ [يَقْتَحِمُ فَجْأَةً أغني الْبِلاَدِ]، وَيَفْعَلُ مَا لَمْ يَفْعَلْهُ آبَاؤُهُ وَلاَ آبَاءُ آبَائِهِ [وَيَرْتَكِبُ مِنَ الشرور مَا لَمْ يَرْتَكِبْهُ آبَاؤُهُ وَلاَ أَسْلاَفُهُ]. يَبْذُرُ بَيْنَهُمْ نَهْباً وَغَنِيمَةً وَغِنًى [وَيُغْدِقُ الثَّرَاءَ عَلَى أَعْوَانِهِ مِمَّا نَهَبَهُ وَغَنِمَهُ]، وَيُفَكِّرُ أَفْكَارَهُ عَلَى الْحُصُونِ [وَيَرْسِمُ خُطَطاً لِلاسْتِيلاَءِ عَلَى الْحُصُونِ]، وَذَلِكَ إِلَى حِينٍ [إِلَى أَمَدٍ وَجِيزٍ].

٢٤:١١ يقتحم الملك أخصب الأراضي: "يَدْخُلُ بَغْتَةً عَلَى أَسْمَنِ الْبِلاَدِ [يَقْتَحِمُ فَجْأَةً أَخْصَبَ الْبِلاَدِ] "، ويرتكب شرورا كثيرة: " وَيَفْعَلُ مَا لَمْ يَفْعَلْهُ آبَاؤُهُ وَلاَ آبَاءُ آبَائِهِ [وَيَرْتَكِبُ مِنَ الشرور مَا لَمْ يَرْتَكِبْهُ آبَاؤُهُ وَلاَ أَسْلاَفُهُ]" ، ويبذر ما نهبه علي أعوانه: "يَبْذُرُ بَيْنَهُمْ نَهْباً وَغَنِيمَةً وَغِنًى [وَيُغْدِقُ الثَّرَاءَ عَلَى أَعْوَانِهِ مِمَّا نَهَبَهُ وَغَنِمَهُ]"، ويرسم الملك خططا

للاستيلاء علي الحصون: "وَيُفَكِّرُ أَفْكَارَهُ عَلَى الْحُصُونِ [وَيَرْسِمُ خُطَطاً لِلاسْتِيلاَءِ عَلَى الْحُصُونِ]"، ولا تستمر نهاية الملك كثيرا: "وَذَلِكَ إِلَى حِينٍ [إِلَى أَمَدٍ وَجِيزٍ] " (دانيال ١١:٢٤).

كانت أفكار الملك شريرة. وهكذا كان الكتبة وغيرهم يفكرون "بِالشَّرِّ فِي قُلُوبِكُمْ" نحو السيد المسيح (متى ٩: ٤). ولكن أفكار الله نحو شعبه "أَفْكَارَ سَلاَمٍ، لاَ شَرٍّ، لأُعْطِيَكُمْ آخِرَةً وَرَجَاءً" (أرميا ٢٩ : ١١)، وبينما يفكر الملك في الاستيلاء علي الحصون كان "الرَّبُّ عِزٌّ لَهُمْ ،وَحِصْنُ خَلاَصِ مَسِيحِهِ هُوَ" (مزامير ٢٨ : ٨).

الغزو الثاني للملك المضل علي مملكة الجنوب (دانيال ١١:٢٥-٢٨)

٢٥ وَيُنْهِضُ قُوَّتَهُ وَقَلْبَهُ عَلَى مَلِكِ الْجَنُوبِ بِجَيْشٍ عَظِيمٍ [وَيَسْتَثِيرُ هِمَّتَهُ وَيُجَنِّدُ قُوَّاتِهِ لِمُحَارَبَةِ مَلِكِ الْجَنُوبِ بِجَيْشٍ عَظِيمٍ]، وَمَلِكُ الْجَنُوبِ يَتَهَيَّجُ إِلَى الْحَرْبِ بِجَيْشٍ عَظِيمٍ وَقَوِيٍّ جِدّاً، وَلَكِنَّهُ لاَ يَثْبُتُ لأَنَّهُمْ يُدَبِّرُونَ عَلَيْهِ تَدَابِيرَ [وَلَكِنَّهُ لاَ يَصْمُدُ، لأَنَّ أَعْدَاءَهُ يَتَآمَرُونَ عَلَيْهِ]. ٢٦ وَالآكِلُونَ أَطَايِبَهُ يَكْسِرُونَهُ [وَيَخُونُهُ الآكِلُونَ مِنْ طَعَامِهِ الشَّهِيِّ]، وَجَيْشُهُ يَطْمُو [ينكسر]، وَيَسْقُطُ كَثِيرُونَ قَتْلَى.

١١:٢٥ قام أنطيوخس أبيفانيوس بإثارة ملك مصر، وهجم عليه: "وَيُنْهِضُ قُوَّتَهُ وَقَلْبَهُ عَلَى مَلِكِ الْجَنُوبِ بِجَيْشٍ عَظِيمٍ [وَيَسْتَثِيرُ هِمَّتَهُ وَيُجَنِّدُ قُوَّاتِهِ لِمُحَارَبَةِ مَلِكِ الْجَنُوبِ بِجَيْشٍ عَظِيمٍ] " (دانيال ١١:٢٥)، وهكذا أثبت أنطيوخس أبيفانيوس أن قلبه مملوء بالشر، لأن "قَلْبُ الصِّدِّيقِ يَتَفَكَّرُ بِالْجَوَابِ وَفَمُ الأَشْرَارِ يُنْبِعُ شُرُوراً" (أمثال ١٥ : ٢٨)، و"الرَّجُلُ الْغَضُوبُ يُهَيِّجُ الْخُصُومَةَ وَبَطِيءُ الْغَضَبِ يُسَكِّنُ الْخِصَامَ" (أمثال ١٥ : ١٨).

حاول ملك الجنوب بطليموس فيسكون Ptolemy Physcon مقاومة أنطيوخس أبيفانيوس، لكن أعداءه تآمروا عليه، وخانه شعبه: "وَمَلِكُ الْجَنُوبِ يَتَهَيَّجُ إِلَى الْحَرْبِ بِجَيْشٍ عَظِيمٍ وَقَوِيٍّ جِدّاً، وَلَكِنَّهُ لاَ يَثْبُتُ لأَنَّهُمْ يُدَبِّرُونَ عَلَيْهِ تَدَابِيرَ [وَلَكِنَّهُ لاَ يَصْمُدُ، لأَنَّ أَعْدَاءَهُ يَتَآمَرُونَ عَلَيْهِ]. وَالآكِلُونَ أَطَايِبَهُ يَكْسِرُونَهُ [وَيَخُونُهُ الآكِلُونَ مِنْ طَعَامِهِ الشَّهِيِّ]، وَجَيْشُهُ يَطْمُو [ينكسر]، وَيَسْقُطُ كَثِيرُونَ قَتْلَى" (دانيال ١١:٢٥-٢٦).

الذين خانوا وتآمروا علي ملك الجنوب كانوا من الآكلين معه الخبز، كما فعل يهوذا الأسخريوطي مع سيده، وقال عنه السيد المسيح: "الَّذِي يَغْمِسُ يَدَهُ مَعِي فِي الصَّحْفَةِ هُوَ يُسَلِّمُنِي... فَسَأَلَ يَهُوذَا مُسَلِّمُهُ: هَلْ أَنَا هُوَ يَا سَيِّدِي؟ قَالَ [يسوع] لَهُ: أَنْتَ قُلْتَ" (متى ٢٦ : ٢٣-٢٥)، وتم في يهوذا قول المزمور: " رَجُلُ سَلاَمَتِي [صديقي]، الَّذِي وَثِقْتُ بِهِ، آكِلُ خُبْزِي [الذي كان يأكل علي مائدتي] رَفَعَ عَلَيَّ عَقِبَهُ [انقلب عَلَيَّ]!" (مزامير ٤١: ٩).

في ساعة سلطان الظلمة "لاَ تَأْتَمِنُوا صَاحِباً. لاَ تَثِقُوا بِصَدِيقٍ. أحفظ أَبْوَابَ فَمِكَ عَنِ الْمُضْطَجِعَةِ فِي حِضْنِكَ، لأَنَّ الابْنَ مُسْتَهِينٌ بِالأَبِ، وَالْبِنْتَ قَائِمَةٌ عَلَى أُمِّهَا، وَالْكَنَّةَ عَلَى حَمَاتِهَا، وَأَعْدَاءُ الإِنْسَانِ أَهْلُ بَيْتِهِ" (ميخا ٧ : ٥-٦).

٢٧ هَذَانِ الْمَلِكَانِ قَلْبُهُمَا لِفِعْلِ الشَّرِّ [وَيُضْمِرُ هَذَانِ الْمَلِكَانِ ارْتِكَابَ الشر]، وَيَتَكَلَّمَانِ بِالْكَذِبِ عَلَى مَائِدَةٍ وَاحِدَةٍ [وَيَنْطِقَانِ بِالْكَذِبِ وَهُمَا يَجْلِسَانِ عَلَى مَائِدَةٍ وَاحِدَةٍ]، وَلاَ يَنْجَحُ لأَنَّ الانْتِهَاءَ بَعْدُ إِلَى مِيعَادٍ [وَلاَ يُفْلِحَانِ لأَنَّ مَوْعِدَ حُلُولِ قَضَاءِ اللهِ بَاتَ وَشِيكاً].

١١:٢٧ يجلس ملكي الشمال والجنوب معا علي مائدة واحدة لمحاولة الصلح بينهما، ولكنهما كانا يتكلمان بالكذب كل واحد علي الآخر، وكان قلبهما مملوءا شرا (دانيال ١١:٢٧).

وهذه طبيعة الأشرار أنهم "يَتَكَلَّمُونَ بِالْكَذِبِ كُلٌّ وَاحِدٍ مَعَ صَاحِبِهِ، بِشِفَاهٍ مَلِقَةٍ، بِقَلْبٍ فَقَلْبٍ يَتَكَلَّمُونَ" (مزامير ١٢ : ٢)، و"يَمُدُّونَ [يلوون] أَلْسِنَتَهُمْ كَقِسِيِّهِمْ لِلْكَذِبِ. لاَ لِلْحَقِّ قَوُوا فِي الأَرْضِ. لأَنَّهُمْ خَرَجُوا مِنْ شَرٍّ إِلَى شَرٍّ وَإِيَّايَ لَمْ يَعْرِفُوا، يَقُولُ الرَّبُّ" (ارميا ٩: ٣).

وقد حدد الله موعدا لدينونة الأشرار،"لأَنَّ الانْتِهَاءَ بَعْدُ إِلَى مِيعَادٍ [لأَنَّ مَوْعِدَ حُلُولِ قَضَاءِ اللهِ بَاتَ وَشِيكاً]" (دانيال ١١:٢٧)، "لأَنَّهُ أَقَامَ يَوْماً هُوَ فِيهِ مُزْمِعٌ أَنْ يَدِينَ الْمَسْكُونَةَ بِالْعَدْلِ بِرَجُلٍ قَدْ عَيَّنَهُ مُقَدِّماً لِلْجَمِيعِ إِيمَاناً إِذْ أَقَامَهُ مِنَ الأَمْوَاتِ" (أعمال ١٧ : ٣١)، ولكن "لَيْسَ لَكُمْ أَنْ تَعْرِفُوا الأَزْمِنَةَ وَالأَوْقَاتَ الَّتِي جَعَلَهَا الآبُ فِي سُلْطَانِهِ" (أعمال ١ : ٧).

هجوم الملك المضل علي اليهودية (دانيال ١١ ٢٨)

٢٨ فَيَرْجِعُ إِلَى أَرْضِهِ بِغِنًى جَزِيلٍ [وَيَرْجِعُ مَلِكُ الشِّمَالِ إِلَى بِلاَدِهِ بِغِنًى جَزِيلٍ]، وَقَلْبُهُ عَلَى الْعَهْدِ الْمُقَدَّسِ، فَيَعْمَلُ وَيَرْجِعُ إِلَى أَرْضِهِ [فَيَفْعَلُ ذَلِكَ ثُمَّ يَعُودُ إِلَى أَرْضِهِ].

٢٨:١١ في طريق عودته إلي بلاده يقوم ملك الشمال بتخريب إسرائيل: "فَيَرْجِعُ إِلَى أَرْضِهِ بِغِنًى جَزِيلٍ [وَيَرْجِعُ مَلِكُ الشِّمَالِ إِلَى بِلاَدِهِ بِغِنًى جَزِيلٍ]، وَقَلْبُهُ عَلَى الْعَهْدِ الْمُقَدَّسِ [وَفِي قَلْبِهِ أَنْ يُدَمِّرَ أَرْضَ إِسْرَائِيلَ]، فَيَعْمَلُ وَيَرْجِعُ إِلَى أَرْضِهِ [فَيَفْعَلُ ذَلِكَ ثُمَّ يَعُودُ إِلَى أَرْضِهِ] " (دانيال ١١:٢٨). أبناء "الْعَهْدِ الْمُقَدَّسِ" – في العهد القديم – هم شعب إسرائيل، لأنهم "أَبْنَاءُ الأَنْبِيَاءِ وَالْعَهْدِ الَّذِي عَاهَدَ بِهِ اللهُ آبَاءَنَا قَائِلاً لإِبْرَاهِيمَ: وَبِنَسْلِكَ تَتَبَارَكُ جَمِيعُ قَبَائِلِ الأَرْضِ" (أعمال ٣: ٢٥)، وقد دخل كل المؤمنين بالله في المسيح يسوع ضمن رعوية شعب الله.

الغزو الثالث للملك المضل علي مملكة الجنوب (دانيال ١١:٢٩-٣٩)

٢٩ وَفِي الْمِيعَادِ يَعُودُ وَيَدْخُلُ الْجَنُوبَ [وَفِي الْمَوْعِدِ الْمُقَرَّرِ يَعُودُ ملك الشمال وَيَقْتَحِمُ أَرْضَ الْجَنُوبِ]، وَلَكِنْ لاَ يَكُونُ الآخِرُ كَالأَوَّلِ [وَلَكِنَّ حَمْلَتَهُ فِي هَذِهِ الْمَرَّةِ لاَ تَكُونُ مُمَاثِلَةً لِلْحَمْلَتَيْنِ السَّابِقَتَيْنِ]. ٣٠أ فَتَأْتِي عَلَيْهِ سُفُنٌ مِنْ كِتِّيمَ [إِذْ تَنْقَضُّ عَلَيْهِ سُفُنٌ حَرْبِيَّةٌ مِنْ قُبْرُصَ]، فَيَيْئَسُ وَيَرْجِعُ...

٢٩:١١-٣٠ يقوم أنطيوخس أبيفانيوس Antiochus Epiphanes بالهجوم علي مصر: "وَفِي الْمِيعَادِ يَعُودُ وَيَدْخُلُ الْجَنُوبَ [وَفِي الْمَوْعِدِ الْمُقَرَّرِ يَعُودُ ملك الشمال وَيَقْتَحِمُ أَرْضَ الْجَنُوبِ]، وَلَكِنْ لاَ يَكُونُ الآخِرُ كَالأَوَّلِ [وَلَكِنَّ حَمْلَتَهُ فِي هَذِهِ الْمَرَّةِ لاَ تَكُونُ مُمَاثِلَةً لِلْحَمْلَتَيْنِ السَّابِقَتَيْنِ] " (دانيال ١١:٢٩)، إذ هاجمته سفن الرومان من قبرص، فقد جاء بوبيليوس Popilius علي رأس أسطول روماني سنة ١٦٨ ق.م. وجعله ييأس ويرجع إلي بلاده: "فَتَأْتِي عَلَيْهِ سُفُنٌ مِنْ كِتِّيمَ Chittim [إِذْ تَنْقَضُّ عَلَيْهِ سُفُنٌ حَرْبِيَّةٌ مِنْ قُبْرُصَ]، فَيَيْئَسُ وَيَرْجِعُ..." (دانيال ١١:٣٠).

إقامة رجسة الخراب (دانيال ١١: ٣٠-٣١)

٣٠ ... وَيَغْتَاظُ عَلَى الْعَهْدِ الْمُقَدَّسِ [ويمتلىء غَيْظاً عَلَى شعب العهد المقدس]، وَيَعْمَلُ وَيَرْجِعُ وَيَصْغَى إِلَى الَّذِينَ تَرَكُوا الْعَهْدَ الْمُقَدَّسَ [وَيَصْغَى إِلَى مَشُورَةِ رَافِضِي الْعَهْدِ الْمُقَدَّسِ]. ٣١ وَتَقُومُ مِنْهُ أَذْرُعٌ وَتُنَجِّسُ الْمَقْدِسَ الْحَصِينَ [فَتُهَاجِمُ بَعْضُ قُوَّاتِهِ حِصْنَ الْهَيْكَلِ وَتُنَجِّسُهُ]، وَتَنْزِعُ [تزيل] الْمُحْرَقَةَ الدَّائِمَةَ، وَتَجْعَلُ الرِّجْسَ الْمُخَرِّبَ [وَيقيم رجاسة الخراب].

١١: ٣٠ أعتري الملك أنطيوخس أبيفانيوس حالة من اليأس والغضب، وقام بالهجوم علي شعب الله، وأصغي لمشورة رافضي العهد المقدس: "وَيَغْتَاظُ عَلَى الْعَهْدِ الْمُقَدَّسِ ، وَيَعْمَلُ وَيَرْجِعُ وَيَصْغَى إِلَى الَّذِينَ تَرَكُوا الْعَهْدَ الْمُقَدَّسَ [وَيَصْغَى إِلَى مَشُورَةِ رَافِضِي الْعَهْدِ الْمُقَدَّسِ] " (دانيال ١١: ٣٠ب). هؤلاء الخائنون للعهد المقدس كانوا ياسون Jason ومينيليوس Menelaus وأتباعهما، وقد خانوا أخوتهم اليهود، وكان ياسون ومينيليوس يسعيان لمنصب الكاهن الأعظم (٢مكابيين ٤: ٧-٢٩).

١١: ٣١ قام الخونة من اليهود مع أنطيوخس أبيفانيوس Antiochus Epiphanes بالهجوم علي الهيكل وتنجيسه، وأزالوا المحرقة الدائمة، وأقاموا رجاسة الخراب، وذلك في سنة ١٦٩-١٦٧ ق.م: "وَتَقُومُ مِنْهُ أَذْرُعٌ وَتُنَجِّسُ الْمَقْدِسَ الْحَصِينَ، وَتَنْزِعُ [تزيل] الْمُحْرَقَةَ الدَّائِمَةَ، وَتَجْعَلُ الرِّجْسَ الْمُخَرِّبَ [وَيقيم رجاسة الخراب] " (دانيال ١١: ٣١).

وقد أشار الرب يسوع لرجسة الخراب في حديثه مع تلاميذه عن خراب أورشليم، وقال لهم: فَمَتَى نَظَرْتُمْ «رِجْسَةَ الْخَرَابِ» الَّتِي قَالَ عَنْهَا دانيال النَّبِيُّ قَائِمَةً حَيْثُ لاَ يَنْبَغِي - لِيَفْهَمِ الْقَارِئُ - فَحِينَئِذٍ لِيَهْرُبِ الَّذِينَ فِي الْيَهُودِيَّةِ إِلَى الْجِبَالِ" (مرقس ١٣ : ١٤).

تجديف وغش الملك المضل (دانيال ١١: ٣٢-٣٩)

٣٢ وَالْمُتَعَدُّونَ عَلَى الْعَهْدِ يُغْوِيهِمْ بِالتَّمَلُّقَاتِ [وَيُغْوِي بِالْمُدَاهَنَةِ الْمُتَعَدِّينَ عَلَى عَهْدِ الرَّبِّ]. أَمَّا الشَّعْبُ الَّذِينَ يَعْرِفُونَ إِلهَهُمْ فَيَقْوُونَ وَيَعْمَلُونَ [أَمَّا الشَّعْبُ الَّذِينَ يَعْرِفُونَ إِلهَهُمْ فَإِنَّهُمْ يَصْمُدُونَ وَيُقَاوِمُونَ].

٣٢:١١ يقوم الملك بإغواء المرتدين عن عهد الرب بالكلمات الناعمة، أما المتمسكون بتعاليم إلههم يصمدون ويقاومون: "وَالْمُتَعَدُّونَ عَلَى الْعَهْدِ يُغْوِيهِمْ بِالتَّمَلُّقَاتِ [وَيُغْوِي بِالْمُدَاهَنَةِ الْمُتَعَدِّينَ عَلَى عَهْدِ الرَّبِّ]. أَمَّا الشَّعْبُ الَّذِينَ يَعْرِفُونَ إِلَهَهُمْ فَيَقْوُونَ وَيَعْمَلُونَ [أَمَّا الشَّعْبُ الَّذِينَ يَعْرِفُونَ إِلَهَهُمْ فَإِنَّهُمْ يَصْمُدُونَ وَيُقَاوِمُونَ]" (دانيال ١١:٣٢).

الخداع والضلال الذي قام به أنطيوخس أبيفانيوس رمز لخداع وضلال "مملكة ضد المسيح"، "لأَنَّهُ سَيَكُونُ وَقْتٌ لاَ يَحْتَمِلُونَ فِيهِ التَّعْلِيمَ الصَّحِيحَ، بَلْ حَسَبَ شَهَوَاتِهِمُ الْخَاصَّةِ يَجْمَعُونَ لَهُمْ مُعَلِّمِينَ مُسْتَحِكَّةً مَسَامِعُهُمْ، فَيَصْرِفُونَ مَسَامِعَهُمْ عَنِ الْحَقِّ، وَيَنْحَرِفُونَ إِلَى الْخُرَافَاتِ" (٢ تيموثاوس ٤ : ٣-٤)، و"بِكُلِّ خَدِيعَةِ الإِثْمِ، فِي الْهَالِكِينَ، لأَنَّهُمْ لَمْ يَقْبَلُوا مَحَبَّةَ الْحَقِّ حَتَّى يَخْلُصُوا. وَلأَجْلِ هَذَا سَيُرْسِلُ إِلَيْهِمُ اللهُ عَمَلَ الضَّلاَلِ، حَتَّى يُصَدِّقُوا الْكَذِبَ، لِكَيْ يُدَانَ جَمِيعُ الَّذِينَ لَمْ يُصَدِّقُوا الْحَقَّ، بَلْ سُرُّوا بِالإِثْمِ" (٢ تسالونيكي ٢ : ١٠-١٢).

٣٣ وَالْفَاهِمُونَ مِنَ الشَّعْبِ يُعَلِّمُونَ كَثِيرِينَ [وَالْعَارِفُونَ مِنْهُمْ يُعَلِّمُونَ كَثِيرِينَ]، وَيَعْثُرُونَ بِالسَّيْفِ وَبِاللَّهِيبِ وَبِالسَّبْيِ وَبِالنَّهْبِ أَيَّاماً [مَعَ أَنَّهُمْ يُقْتَلُونَ بِالسَّيْفِ وَالنَّارِ وَيَتَعَرَّضُونَ لِلأَسْرِ وَالنَّهْبِ أَيَّاماً]. ٣٤ فَإِذَا عَثَرُوا يُعَانُونَ عَوْناً قَلِيلاً [وَلاَ يَلْقَوْنَ عِنْدَ سُقُوطِهِمْ إِلاَّ عَوْناً قَلِيلاً]، وَيَتَّصِلُ بِهِمْ كَثِيرُونَ بِالتَّمَلُّقَاتِ [وَيَنْضَمُّ إِلَيْهِمْ كَثِيرُونَ نِفَاقاً].

٣٣:١١-٣٤ يقوم الفاهمون من الشعب بتعليم أخوتهم، ولكنهم يلاقون اضطهادا دون معين لهم: "الْفَاهِمُونَ مِنَ الشَّعْبِ يُعَلِّمُونَ كَثِيرِينَ [وَالْعَارِفُونَ مِنْهُمْ يُعَلِّمُونَ كَثِيرِينَ]، وَيَعْثُرُونَ بِالسَّيْفِ وَبِاللَّهِيبِ وَبِالسَّبْيِ وَبِالنَّهْبِ أَيَّاماً [مَعَ أَنَّهُمْ يُقْتَلُونَ بِالسَّيْفِ وَالنَّارِ وَيَتَعَرَّضُونَ لِلأَسْرِ وَالنَّهْبِ أَيَّاماً]. فَإِذَا عَثَرُوا يُعَانُونَ عَوْناً قَلِيلاً [وَلاَ يَلْقَوْنَ عِنْدَ سُقُوطِهِمْ إِلاَّ عَوْناً قَلِيلاً]"، وينضم إلي الفاهمين بعض المتملقين: "وَيَتَّصِلُ بِهِمْ كَثِيرُونَ بِالتَّمَلُّقَاتِ [وَيَنْضَمُّ إِلَيْهِمْ كَثِيرُونَ نِفَاقاً]" (دانيال ١١:٣٤).

المقصود بالفاهمين هم الحكماء العارفين الشريعة، وبالأخص الكهنة المتمسكون بشريعة الرب، لأَنَّ شَفَتَيِ الْكَاهِنِ تَحْفَظَانِ مَعْرِفَةً وَمِنْ فَمِهِ يَطْلُبُونَ الشَّرِيعَةَ لأَنَّهُ رَسُولُ رَبِّ الْجُنُودِ" (ملاخي ٢ : ٧)، "وَالْفَاهِمُونَ يَضِيئُونَ كَضِيَاءِ الْجَلَدِ وَالَّذِينَ رَدُّوا كَثِيرِينَ إِلَى

الْبِرِّ كَالْكَوَاكِبِ إِلَى أَبَدِ الدُّهُورِ" (دانيال ١٢ : ٣)، "مِنْ أَجْلِ ذَلِكَ كُلُّ كَاتِبٍ مُتَعَلِّمٍ فِي مَلَكُوتِ السَّمَاوَاتِ يُشْبِهُ رَجُلاً رَبَّ بَيْتٍ يُخْرِجُ مِنْ كَنْزِهِ جُدُداً وَعُتَقَاءَ" (متى ١٣ : ٥٢). "وَعَبْدُ الرَّبِّ لاَ يَجِبُ أَنْ يُخَاصِمَ، بَلْ يَكُونُ مُتَرَفِّقاً بِالْجَمِيعِ، صَالِحاً لِلتَّعْلِيمِ، صَبُوراً عَلَى الْمَشَقَّاتِ، مُؤَدِّباً بِالْوَدَاعَةِ الْمُقَاوِمِينَ، عَسَى أَنْ يُعْطِيَهُمُ اللهُ تَوْبَةً لِمَعْرِفَةِ الْحَقِّ" (٢ تيموثاؤس ٢ : ٢٤-٢٥).

هؤلاء الذين يعلنون كلمة الحق باستقامة يقعون تحت الاضطهاد، وذلك حسب قول الرب: "حِينَئِذٍ يُسَلِّمُونَكُمْ إِلَى ضِيقٍ وَيَقْتُلُونَكُمْ وَتَكُونُونَ مُبْغَضِينَ مِنْ جَمِيعِ الأُمَمِ لأَجْلِ اسْمِي" (متي ٢٤:٨)، "سَيُخْرِجُونَكُمْ مِنَ الْمَجَامِعِ بَلْ تَأْتِي سَاعَةٌ فِيهَا يَظُنُّ كُلُّ مَنْ يَقْتُلُكُمْ أَنَّهُ يُقَدِّمُ خِدْمَةً لِلَّهِ" (يوحنا ١٦ : ٢)، وَآخَرُونَ تَجَرَّبُوا فِي هُزُءٍ وَجَلْدٍ، ثُمَّ فِي قُيُودٍ أَيْضاً وَحَبْسٍ" (عبرانيين ١١ : ٣٦). "لِهَذَا السَّبَبِ أَحْتَمِلُ هَذِهِ الأُمُورَ أَيْضاً. لَكِنَّنِي لَسْتُ أَخْجَلُ، لأَنَّنِي عَالِمٌ بِمَنْ آمَنْتُ، وَمُوقِنٌ أَنَّهُ قَادِرٌ أَنْ يَحْفَظَ وَدِيعَتِي إِلَى ذَلِكَ الْيَوْمِ" (٢ تيموثاؤس ١ : ١٢).

٣٥ وَبَعْضُ الْفَاهِمِينَ يَعْثُرُونَ امْتِحَاناً لَهُمْ لِلتَّطْهِيرِ وَلِلتَّبْيِيضِ إِلَى وَقْتِ النِّهَايَةِ [وَيَعْثُرُ بَعْضُ الْحُكَمَاءِ تَمْحِيصاً لَلشعب وَتَنْقِيَةً]، لأَنَّهُ بَعْدُ إِلَى الْمِيعَادِ [إلي أن يحين الوقت الذي حدده الله].

٣٥:١١ يعثر بعض الفاهمين، وتكون عثرتهم لتطهيرهم: "وَبَعْضُ الْفَاهِمِينَ يَعْثُرُونَ امْتِحَاناً لَهُمْ لِلتَّطْهِيرِ وَلِلتَّبْيِيضِ إِلَى وَقْتِ النِّهَايَةِ [وَيَعْثُرُ بَعْضُ الْحُكَمَاءِ تَمْحِيصاً لَلشعب وَتَنْقِيَةً]، لأَنَّهُ بَعْدُ إِلَى الْمِيعَادِ [إلي أن يحين الوقت الذي حدده الله] " (دانيال ٣٤:١١)، "كَثِيرُونَ يَتَطَهَّرُونَ وَيُبَيَّضُونَ وَيُمَحَّصُونَ أَمَّا الأَشْرَارُ فَيَفْعَلُونَ شَرّاً. وَلاَ يَفْهَمُ أَحَدُ الأَشْرَارِ لَكِنِ الْفَاهِمُونَ يَفْهَمُونَ" (دانيال ١٢ : ١٠).

الله يمتحن القلوب لتنقيتها، "الْبُوطَةُ لِلْفِضَّةِ [البوتقة تمتحن الفضة] ، وَالْكُورُ لِلذَّهَبِ [الكور يمتحن الذهب]، وَمُمْتَحِنُ الْقُلُوبِ الرَّبُّ [الرب يمتحن القلوب]" (أمثال ١٧ : ٣)، "اِحْسِبُوهُ كُلَّ فَرَحٍ يَا إِخْوَتِي حِينَمَا تَقَعُونَ فِي تَجَارِبَ مُتَنَوِّعَةٍ" (يعقوب ١ : ٢)،

٣٦ وَيَفْعَلُ الْمَلِكُ كَإِرَادَتِهِ [وَيَصْنَعُ الْمَلِكُ مَا يَطِيبُ لَهُ]، وَيَرْتَفِعُ وَيَتَعَظَّمُ عَلَى كُلِّ إِلَهٍ [وَيَتَعَظَّمُ عَلَى كُلِّ إِلَهٍ]، وَيَتَكَلَّمُ بِأُمُورٍ عَجِيبَةٍ عَلَى إِلَهِ الآلِهَةِ [وَيُجَدِّفُ

بِالْعَظَائِمِ عَلَى إِلَهِ الآلِهَةِ]، وَيَنْجَحُ إِلَى إِتْمَامِ الْغَضَبِ، لأَنَّ الْمَقْضِيَّ بِهِ يُجْرَى [وَيُفْلِحُ، إِلَى أَنْ يَحِينَ اكْتِمَالُ الْغَضَبِ إِذْ لاَبُدَّ أَنْ يَتِمَّ مَا قَضَى اللهُ بِهِ].

٣٦:١١ يصنع الملك ما يريده، ويتعاظم علي إله الآلهة، وينجح في افترائه إلي أن يكمل الزمن المقضي به من الله: "وَيَفْعَلُ الْمَلِكُ كَإِرَادَتِهِ [وَيَصْنَعُ الْمَلِكُ مَا يَطِيبُ لَهُ]، وَيَرْتَفِعُ وَيَتَعَظَّمُ عَلَى كُلِّ إِلَهٍ ، وَيَتَكَلَّمُ بِأُمُورٍ عَجِيبَةٍ [يجدف] عَلَى إِلَهِ الآلِهَةِ [وَيُجَدِّفُ بِالْعَظَائِمِ عَلَى إِلَهِ الآلِهَةِ]، وَيَنْجَحُ إِلَى إِتْمَامِ الْغَضَبِ، لأَنَّ الْمَقْضِيَّ بِهِ يُجْرَى [وَيُفْلِحُ، إِلَى أَنْ يَحِينَ اكْتِمَالُ الْغَضَبِ إِذْ لاَبُدَّ أَنْ يَتِمَّ مَا قَضَى اللهُ بِهِ]" (دانيال ٣٤:١١)، وقد تحققت هذه الأحداث عام ١٦٨ ق.م. في فترة المكابيين وثورة ماتتياس وأخوته الخمسة.

تعظم أنطيوخس علي كل الآلهة إذ اعتبر نفسه أنه ظهور الله علي الأرض، وهذا ما تعنيه كلمة أبيفانيوس. وكبرياء أنطيوخس أبيفانيوس، رمز لكبرياء "مملكة ضد المسيح" بحسب روح إبليس الذي قال في قلبه: "أَصْعَدُ إِلَى السَّمَاوَاتِ. أَرْفَعُ كُرْسِيِّي فَوْقَ كَوَاكِبِ اللَّهِ، وَأَجْلِسُ عَلَى جَبَلِ الاجْتِمَاعِ فِي أَقَاصِي الشِّمَالِ" (أشعياء ١٤ : ١٣)، فَفَتَحَ فَمَهُ بِالتَّجْدِيفِ عَلَى اللهِ، لِيُجَدِّفَ عَلَى اسْمِهِ وَعَلَى مَسْكَنِهِ وَعَلَى السَّاكِنِينَ فِي السَّمَاءِ" (رؤيا ١٣ : ٦).

٣٧ وَلاَ يُبَالِي بِآلِهَةِ آبَائِهِ، وَلاَ بِشَهْوَةِ النِّسَاءِ [وَلاَ بمحبة النِّسَاءِ]، وَبِكُلِّ إِلَهٍ لاَ يُبَالِي لأَنَّهُ يَتَعَظَّمُ عَلَى الْكُلِّ.

٣٧:١١ لا يتبع الرومان نظاما محددا في العبادة مثل الأمم الأخرى، بل يغيرون آلهتهم حسب رغبتهم، بل أنهم يرفعون أنفسهم أعلي من الآلهة، ويعتبرون أنفسهم آلهة، لذلك قيل عن أنطيوخس أبيفانيوس: "لاَ يُبَالِي بِآلِهَةِ آبَائِهِ... وَبِكُلِّ إِلَهٍ لاَ يُبَالِي لأَنَّهُ يَتَعَظَّمُ عَلَى الْكُلِّ" (دانيال ٣٦:١١-٣٧).

يفسر البعض عبارة "لاَ يُبَالِي... بِشَهْوَةِ النِّسَاءِ" أنه "لا يبالي بالآلهة التي تعبدها النساء". فقد قام أنطيوخس أبيفانيوس بالهجوم علي هيكل الإلهة نناية Goddess Nanaea في سوريا، وذلك بحجة الزواج من الإلهة، ولكنه كان يريد نهب أموال المعبد (١مكابيين ١:٦، ٢ مكابيين ١٣:١)، والإلهة نناية Nanaea كانت إلهة النساء.

ولكن عبارة "لاَ يُبَالِي... بِشَهْوَةِ النِّسَاءِ" قد تحمل معاني أخري أكثر من ذلك. فهي تحمل معني التجرد الكامل من الإنسانية، لأن محبة النساء ألطف أنواع المحبة في الطبيعة البشرية، فقد قال داود في رثائه يوناثان عند موته: "قَدْ تَضَايَقْتُ عَلَيْكَ يَا أَخِي يُونَاثَانُ. كُنْتَ حُلْواً لِي جِدّاً. مَحَبَّتُكَ لِي أَعْجَبُ مِنْ مَحَبَّةِ النِّسَاءِ" (٢ صموئيل ١ : ٢٦). كما قد تكون إشارة إلي سلوك الملك أنطيوخس أبيفانيوس الجنسي غير الطبيعي، وذلك علي نحو ما قاله بولس الرسول: "وَكَذَلِكَ الذُّكُورُ أَيْضاً تَارِكِينَ اسْتِعْمَالَ الأُنْثَى الطَّبِيعِيَّ اشْتَعَلُوا بِشَهْوَتِهِمْ بَعْضِهِمْ لِبَعْضٍ فَاعِلِينَ الْفَحْشَاءَ ذُكُوراً بِذُكُورٍ وَنَائِلِينَ فِي أَنْفُسِهِمْ جَزَاءَ ضَلاَلِهِمِ الْمُحِقَّ" (رومية ١: ٢٧).

والمعني الأكثر عمقا لعبارة "لاَ يُبَالِي... بِشَهْوَةِ النِّسَاءِ"، أنه لم يفهم معني مجيء المسيا، الأمر الذي كان شهوه لكل امرأة يهودية أن يأتي المسيح من نسلها. وكانت المرأة العاقر في العهد القديم تشعر بالعار، فحينما أنجبت راحيل قالت: "قَدْ نَزَعَ اللهُ عَارِي" (تكوين ٣٠ : ٢٣)، وقالت أليصابات زوجة زكريا الكاهن نفس الشيء (لوقا ١:٢٥، ٢٨).

٣٨ وَيُكْرِمُ إِلَهَ الْحُصُونِ فِي مَكَانِهِ، وَإِلَهاً لَمْ تَعْرِفْهُ آبَاؤُهُ يُكْرِمُهُ بِالذَّهَبِ وَالْفِضَّةِ وَبِالْحِجَارَةِ الْكَرِيمَةِ وَالنَّفَائِسِ.

٣٨:١١ يكرم الملك المضل إله الحصون بدلا من الله القدير: "يَكْرِمُ إِلَهَ الْحُصُونِ فِي مَكَانِهِ". و"إِلَهَ الْحُصُونِ"، هو إله القوة والغني، فكان الرومان يمجدون قوتهم وغناهم فوق أي شيء آخر، وتحت غطاء عبادة الآلهة كان الرومان يزينون مدنهم "بِالذَّهَبِ وَالْفِضَّةِ وَبِالْحِجَارَةِ الْكَرِيمَةِ وَالنَّفَائِسِ"، ليظهروا غناهم، فيمجدهم الناس، وينسون عبادة أي إله آخر. وربما يكون "إِلَهَ الْحُصُونِ" هو الإله جوبتر أوليمبيوس Jupiter Olympius إله القوة، الذي لم تعرفه سوريا حتي أدخل أنطيوخس عبادته. في "الأَزْمِنَةِ الأَخِيرَةِ يَرْتَدُّ قَوْمٌ عَنِ الإِيمَانِ، تَابِعِينَ أَرْوَاحاً مُضِلَّةً وَتَعَالِيمَ شَيَاطِينَ" (١ تيموثاوس ٤ : ١).

٣٩ وَيَفْعَلُ فِي الْحُصُونِ الْحَصِينَةِ بِإِلَهٍ غَرِيبٍ [وَيَقْتَحِمُ الْقِلاَعَ الْمُحَصَّنَةَ بِاسْمِ إِلَهٍ غَرِيبٍ]. مَنْ يَعْرِفُهُ يَزِيدُهُ مَجْداً [وَكُلُّ مَنْ يَعْتَرِفُ بِهِ يُغْدِقُ عَلَيْهِ الإِكْرَامَ]، وَيُسَلِّطُهُمْ عَلَى كَثِيرِينَ وَيَقْسِمُ الأَرْضَ أُجْرَةً [وَيَقْسِمُ الأَرْضَ مكافأة لَهُمْ].

٣٩:١١ يقوم الملك المضل ضد الحصون بقوة إله غريب، ويكرم كل من يعترف به ويمجده، ويقسم الأرض مكافأة لهم: "وَيَفْعَلُ فِي الْحُصُونِ الْحَصِينَةِ بِإِلَهٍ غَرِيبٍ [وَيَقْتَحِمُ الْقِلاَعَ الْمُحَصَّنَةَ بِاسْمِ إِلَهٍ غريبٍ]. مَنْ يَعْرِفُهُ يَزِيدُهُ مَجْداً [وَكُلُّ مَنْ يَعْتَرِفُ بِهِ يُغْدِقُ عَلَيْهِ الإِكْرَامَ]، وَيُسَلِّطُهُمْ عَلَى كَثِيرِينَ وَيَقْسِمُ الأَرْضَ أُجْرَةً [وَيَقْسِمُ الأَرْضَ مكافأة لَهُمْ] " (دانيال ٣٩:١١).

ولم يكن أنطيوخس أبيفانيوس وحده في حربه ضد شعب الرب، ولكنه كان يفعل ذلك كله بقوة "إله غريب"، وهو إبليس، وقد "أَعْطَاهُ التِّنِّينُ قُدْرَتَهُ وَعَرْشَهُ وَسُلْطَاناً عَظِيماً" (رؤيا ١٣ : ٢). وعبارة "إِلَهٍ غَرِيبٍ" في (دانيال ٣٩:١١) مع عبارة "فِي وَقْتِ النِّهَايَةِ" في (دانيال ٤٠:١١) تشد انتباهنا إلي أحداث الأيام الأخيرة التي أدت إلي هزيمة الشيطان في مواجهته مع الرب يسوع.

رابعا: في وقت النهاية (دانيال ١١:٤٠-٤٥)

هناك صعوبة في فهم دانيال ١١ بدءا من عدد ٤٠، وذلك لأن التاريخ لا يؤيد حدوث غزوات جديدة لأنطيوخس أبيفانيوس في نهاية حياته. وقد يكون دانيال ١١:٤٠-٤٥ ملخصا لتاريخ أنطيوخس أبيفانيوس، وفي ضوء ذلك يكون: عدد ٤٠ إشارة إلي الهجوم الأول للجنوب (١٧١-١٧٠ ق.م) المذكور في (دانيال ٢٢:١١، ٢٥)، عدد ٤١ إشارة إلي الهجوم السابق علي اليهودية المذكور في (دانيال ٢٨:١١)، والعددان ٤٢،٤٣ إشارة إلي الهجوم الثاني والثالث علي الجنوب (١٦٩-١٦٨ ق.م) المذكورين في (دانيال ٢٤:١١، ٢٩، ٣٠)، وعدد ٤٤ يتضمن الأخبار المزعجة التي أدت إلي نهاية أنطيوخس أبيفانيوس.

الأمر لا يقتصر علي تاريخ أنطيوخس بل يمتد إلي نهاية إبليس الذي كان وراءه. ففي الكتاب المقدس، يوجد كثير من الإشارات تجعلنا نعتقد أن ملك الشمال يرمز لإبليس، وملك الجنوب يرمز للرب يسوع في كثير من الجوانب.

من هذه الإشارات القوية مواضع نزول وارتحال بنو إسرائيل شمال وجنوب خيمة الاجتماع، فقد حدد السيد الرب موقع سبط رأوبين من ناحية اليمين [الجنوب]، بينما موقع سبط دان من ناحية الشمال: "يَنْزِلُ بَنُو إِسْرَائِيلَ كُلٌّ عِنْدَ رَايَتِهِ بِأَعْلاَمٍ لِبُيُوتِ آبَائِهِمْ. قُبَالَةَ خَيْمَةِ الاجْتِمَاعِ حَوْلَهَا يَنْزِلُونَ... رَايَةُ مَحَلَّةِ رَأُوبَيْنَ إِلى التَّيْمَنِ [الجنوب] حَسَبَ أَجْنَادِهِمْ...

"رَايَةُ مَحلَةِ دَانَ إلى الشِّمَالِ حَسَبَ أَجْنَادِهِمْ... فَفَعَل بَنُو إِسْرَائِيل حَسَبَ كُلِّ مَا أَمَرَ بِهِ الرَّبُّ مُوسَى. هَكَذَا نَزَلُوا بِرَايَاتِهِمْ وَهَكَذَا ارْتَحَلُوا. كُلٌّ حَسَبَ عَشَائِرِهِ مَعَ بَيْتِ آبَائِهِ" (عدد ٢ : ٢، ١٠، ٢٥، ٣٤).

كان رأوبين الذي موضعه يمين [جنوب] خيمة الاجتماع رمزا للسيد المسيح من جهة كونه "بِكْرُ كُلِّ خَلِيقَةٍ" (كولوسي ١ : ١٥): "رَأوبَيْنُ أنتَ بِكْرِي قُوَّتِي وَأوَّلُ قُدْرَتِي فَضْلُ الرِّفْعَةِ وَفَضْلُ الْعِزِّ" (تكوين ٤٩ : ٣)، بينما كان دان الذي موضعه شمال خيمة الاجتماع رمزا لإبليس من جهة كونه "الْحَيَّةُ الْقَدِيمَةُ" (رؤيا ١٢ : ٩، رؤيا ٢٠ : ٢): "يَكُونُ دَانُ حَيَّةً عَلَى الطَّرِيقِ أفْعُوانا عَلَى السَّبِيلِ..." (تكوين ٤٩ : ١٧).

وموضع اليسار في يوم الدينونة لأتباع إبليس، بينما موضع اليمين لأولاد الله المخلصين. "مَتَى جَاءَ ابْنُ الإنْسَانِ فِي مَجْدِهِ وَجَمِيعُ الْمَلاَئِكَةِ الْقِدِّيسِينَ مَعَهُ فَحِينَئِذٍ، يَجْلِسُ عَلَى كُرْسِيِّ مَجْدِهِ. وَيَجْتَمِعُ أَمَامَهُ جَمِيعُ الشُّعُوبِ فَيُمَيِّزُ بَعْضَهُمْ مِنْ بَعْضٍ كَمَا يُمَيِّزُ الرَّاعِي الْخِرَافَ مِنَ الْجِدَاءِ فَيُقِيمُ الْخِرَافَ عَنْ يَمِينِهِ وَالْجِدَاءَ عَنِ الْيَسَارِ. ثُمَّ يَقُولُ الْمَلِكُ لِلَّذِينَ عَنْ يَمِينِهِ: تَعَالَوْا يَا مُبَارَكِي أَبِي رِثُوا الْمَلَكُوتَ الْمُعَدَّ لَكُمْ مُنْذُ تَأْسِيسِ الْعَالَمِ" (متى ٢٥: ٣١-٣٤)، "ثُمَّ يَقُولُ أَيْضاً لِلَّذِينَ عَنِ الْيَسَارِ: اذْهَبُوا عَنِّي يَا مَلاَعِينُ إِلَى النَّارِ الأَبَدِيَّةِ الْمُعَدَّةِ لإِبْلِيسَ وَمَلاَئِكَتِهِ" (متى ٢٥: ٤١).

كل هذه الإشارات عن الشمال والجنوب [اليمين]، تجعلنا نفهم لماذا يرمز ملك الشمال لإبليس، ويرمز ملك الجنوب للرب يسوع، والمواجهة بين ملكي الشمال والجنوب ترمز للمواجهة بين إبليس والرب يسوع التي انتهت بهزيمة إبليس.

ففي الأيام الأخيرة، "لَمَّا جَاءَ مِلْءُ الزَّمَانِ، أَرْسَلَ اللهُ ابْنَهُ مَوْلُوداً مِنِ امْرَأَةٍ" (غلاطية ٤ : ٤)، و"اَللهُ... كَلَّمَنَا فِي هَذِهِ الأَيَّامِ الأَخِيرَةِ فِي ابنه" (عبرانيين ١ : ١-٢)، ولكن إبليس استعد للحرب مع الرب يسوع منذ اللحظة الأولي لميلاده، "وَالتِّنِّينُ [إبليس] وَقَفَ أَمَامَ الْمَرْأَةِ الْعَتِيدَةِ أَنْ تَلِدَ حَتَّى يَبْتَلِعَ وَلَدَهَا مَتَى وَلَدَتْ، فَوَلَدَتِ ابْناً ذَكَراً عَتِيداً أَنْ يَرْعَى جَمِيعَ الأُمَمِ بِعَصاً مِنْ حَدِيدٍ" (رؤيا ١٢ : ٤).

٤٠ فِي وَقْتِ النِّهَايَةِ يُحَارِبُهُ مَلِكُ الْجَنُوبِ [وَعِنْدَمَا تَأْزِفُ النِّهَايَةُ يُحَارِبُهُ مَلِكُ الْجَنُوبِ]، فَيَثُورُ عَلَيْهِ مَلِكُ الشِّمَالِ بِمَرْكَبَاتٍ وَفُرْسَانٍ وَسُفُنٍ كَثِيرَةٍ، وَيَدْخُلُ الأَرَاضِيَ وَيَجْرُفُ وَيَطْمُو [وَيَقْتَحِمُ دِيَارَهُ كَالطُّوفَانِ الْجَارِفِ].

يقوم ملك الجنوب بمحاربة أنطيوخس أبيفانيوس، فيثور عليه أنطيوخس أبيفانيوس ويغزو الجنوب:"فِي وَقْتِ النِّهَايَةِ يُحَارِبُهُ مَلِكُ الْجَنُوبِ [وَعِنْدَمَا تَأْزِفُ النِّهَايَةُ يُحَارِبُهُ مَلِكُ الْجَنُوبِ]، فَيَثُورُ عَلَيْهِ مَلِكُ الشِّمَالِ بِمَرْكَبَاتٍ وَفُرْسَانٍ وَسُفُنٍ كَثِيرَةٍ، وَيَدْخُلُ الأَرَاضِيَ وَيَجْرُفُ وَيَطْمُو [وَيَقْتَحِمُ دِيَارَهُ كَالطُّوفَانِ الْجَارِفِ]" (دانيال ١١:٤٠). وهذا الأمر يشير لهجوم أنطيوخس أبيفانيوس ضد مملكة الجنوب للمرة الأولي: "وَيُنْهِضُ قُوَّتَهُ وَقَلْبَهُ عَلَى مَلِكِ الْجَنُوبِ بِجَيْشٍ عَظِيمٍ [وَيَسْتَثِيرُ هِمَّتَهُ وَيُجَنِّدُ قُوَّاتِهِ لِمُحَارَبَةِ مَلِكِ الْجَنُوبِ بِجَيْشٍ عَظِيمٍ]، وَمَلِكُ الْجَنُوبِ يَتَهَيَّجُ إِلَى الْحَرْبِ بِجَيْشٍ عَظِيمٍ وَقَوِيٍّ جِدّاً، وَلَكِنَّهُ لاَ يَثْبُتُ لأَنَّهُمْ يُدَبِّرُونَ عَلَيْهِ تَدَابِيرَ [وَلَكِنَّهُ لاَ يَصْمُدُ، لأَنَّ أَعْدَاءَهُ يَتَآمَرُونَ عَلَيْهِ]" (دانيال ١١:٢٥).

ويشير هذا التاريخ بطريقة رمزية لمواجهة الرب يسوع مع إبليس، علي جبل التجربة، فقد "أُصْعِدَ يَسُوعُ إِلَى الْبَرِّيَّةِ مِنَ الرُّوحِ [قاده الروح القدس] لِيُجَرَّبَ مِنْ إِبْلِيسَ" (متي ٤:١)، وفي هذه المواجهة انتصر الرب يسوع وقال لإبليس: "اذْهَبْ يَا شَيْطَانُ! إِنَّهُ مَكْتُوبٌ: لِلرَّبِّ إِلَهِكَ تَسْجُدُ وَإِيَّاهُ وَحْدَهُ تَعْبُدُ" (لوقا ٤ : ٨).

غضب إبليس علي الرب يسوع، وجند كل قوته لإذلال خاصته ، وتندهش للعدد الضخم الذين تسلط عليهم إبليس في ذلك الوقت، والذين قاموا ضد الرب، ولكن الرب يسوع "جَالَ يَصْنَعُ خَيْراً وَيَشْفِي جَمِيعَ الْمُتَسَلِّطِ عَلَيْهِمْ إِبْلِيسُ لأَنَّ اللهَ كَانَ مَعَهُ" (أعمال ١٠: ٣٨). وتآمر أعداء المسيح ضده، و"دَخَلَ الشَّيْطَانُ فِي يَهُوذَا الَّذِي يُدْعَى الإِسْخَرْيُوطِيَّ وَهُوَ مِنْ جُمْلَةِ الاثْنَيْ عَشَرَ، فَمَضَى وَتَكَلَّمَ مَعَ رُؤَسَاءِ الْكَهَنَةِ وَقُوَّادِ الْجُنْدِ كَيْفَ يُسَلِّمُهُ إِلَيْهِمْ" (لوقا ٢٢ : ٣،٤).

٤١ وَيَدْخُلُ إِلَى الأَرْضِ الْبَهِيَّةِ [وَيَغْزُو أَرْضَ إِسْرَائِيلَ]، فَيُعْثَرُ كَثِيرُونَ [فَيَسْقُطُ كثيرون صَرْعَى]، وَهَؤُلاَءِ يُفْلِتُونَ مِنْ يَدِهِ [وَيَنْجُو مِنْ يَدِهِ]: أَدُومُ وَمُوآبُ وَرُؤَسَاءُ بَنِي عَمُّونَ.

٤١:١١ يثور أنطيوخس أبيفانيوس، ويغزو اليهودية والشرق، ولا يفلت من يده سوي أدوم وموأب، ورؤساء بني عمون (دانيال ١١:٤١). وهذا الأمر يشير إلي غزو اليهودية المذكور سابقا: " فَيَرْجِعُ إِلَى أَرْضِهِ بِغِنًى جَزِيلٍ [وَيَرْجِعُ مَلِكُ الشِّمَالِ إِلَى بِلاَدِهِ بِغِنًى جَزِيلٍ]، وَقَلْبُهُ عَلَى الْعَهْدِ الْمُقَدَّسِ، فَيَعْمَلُ وَيَرْجِعُ إِلَى أَرْضِهِ [فَيَفْعَلُ ذَلِكَ ثُمَّ يَعُودُ إِلَى أَرْضِهِ]" (دانيال ١١:٢٨).

علي نحو غزو أنطيوخس لليهودية والشرق غزا إبليس كل أرض شعب الله، وأراضي الأمم، فالجميع صاروا صرعي تحت عبودية الخطية، "لأَنَّنَا قَدْ شَكَوْنَا أَنَّ الْيَهُودَ وَالْيُونَانِيِّينَ أَجْمَعِينَ تَحْتَ الْخَطِيَّةِ كَمَا هُوَ مَكْتُوبٌ: «أَنَّهُ لَيْسَ بَارٌّ وَلاَ وَاحِدٌ. لَيْسَ مَنْ يَفْهَمُ. لَيْسَ مَنْ يَطْلُبُ اللهَ. الْجَمِيعُ زَاغُوا وَفَسَدُوا مَعاً. لَيْسَ مَنْ يَعْمَلُ صَلاَحاً لَيْسَ وَلاَ وَاحِدٌ" (رومية ٣: ٩-١٢). وبينما فلت " أَدُومُ وَمُوآبُ وَرُؤَسَاءُ بَنِي عَمُّونَ" من يد أنطيوخس، لم يفلتوا من سلطان إبليس وبالتالي من شرب كأس سخط الله (أرميا ٢١:٢٥).

٤٢ وَيَمُدُّ يَدَهُ عَلَى الأَرَاضِي وَأَرْضُ مِصْرَ لاَ تَنْجُو [يَبْسُطُ يَدَهُ عَلَى الأَرَاضِي فَلاَ تُفْلِتُ مِنْهُ حَتَّى أَرْضُ مِصْرَ]، ٤٣ وَيَتَسَلَّطُ [وَيَسْتَوْلِي] عَلَى كُنُوزِ الذَّهَبِ وَالْفِضَّةِ وَعَلَى كُلِّ نَفَائِسِ مِصْرَ. وَاللُّوبِيُّونَ وَالْكُوشِيُّونَ عِنْدَ خَطَوَاتِهِ [وَيَسِيرُ اللِّيبِيُّونَ وَالإِثْيُوبِيُّونَ فِي رِكَابِهِ].

٤٢:١١-٤٣ يقوم أنطيوخس أبيفانيوس بغزو الجنوب للمرتين الثانية والثالثة: " وَيَمُدُّ يَدَهُ عَلَى الأَرَاضِي وَأَرْضُ مِصْرَ لاَ تَنْجُو [يَبْسُطُ يَدَهُ عَلَى الأَرَاضِي فَلاَ تُفْلِتُ مِنْهُ حَتَّى أَرْضُ مِصْرَ]. وَيَتَسَلَّطُ [وَيَسْتَوْلِي] عَلَى كُنُوزِ الذَّهَبِ وَالْفِضَّةِ وَعَلَى كُلِّ نَفَائِسِ مِصْرَ" (دانيال ١١:٤٠-٤٣).

وقد سبق الإشارة إلي الغزو الثاني بقوله: "يَدْخُلُ بَغْتَةً عَلَى أَسْمَنِ الْبِلاَدِ [يَقْتَحِمُ فَجْأَةً أغني الْبِلاَدِ]، وَيَفْعَلُ مَا لَمْ يَفْعَلْهُ آبَاؤُهُ وَلاَ آبَاءُ آبَائِهِ [وَيَرْتَكِبُ مِنَ الشرور مَا لَمْ يَرْتَكِبْهُ آبَاؤُهُ وَلاَ أَسْلاَفُهُ]. يَبْذُرُ بَيْنَهُمْ نَهْباً وَغَنِيمَةً وَغِنًى [وَيُغْدِقُ الثَّرَاءَ عَلَى أَعْوَانِهِ مِمَّا نَهَبَهُ وَغَنِمَهُ]، وَيُفَكِّرُ أَفْكَارَهُ عَلَى الْحُصُونِ [وَيَرْسِمُ خُطَطاً لِلاسْتِيلاَءِ عَلَى الْحُصُونِ]، وَذَلِكَ إِلَى حِينٍ [إِلَى أَمَدٍ وَجِيزٍ]" (دانيال ١١:٢٤).

كما سبق الإشارة إلي الغزو الثالث بقوله: " وَفِي الْمِيعَادِ يَعُودُ وَيَدْخُلُ الْجَنُوبَ [وَفِي الْمَوْعِدِ الْمُقَرَّرِ يَعُودُ ملك الشمال وَيَقْتَحِمُ أَرْضَ الْجَنُوبِ]، وَلَكِنْ لاَ يَكُونُ الآخِرُ كَالأَوَّلِ [وَلَكِنَّ حَمْلَتَهُ فِي هَذِهِ الْمَرَّةِ لاَ تَكُونُ مُمَاثِلَةً لِلْحَمْلَتَيْنِ السَّابِقَتَيْنِ]. فَتَأْتِي عَلَيْهِ سُفُنٌ مِنْ كِتِّيمَ [إِذْ تَنْقَضُّ عَلَيْهِ سُفُنٌ حَرْبِيَّةٌ مِنْ قُبْرُصَ]، فَيَيْئَسُ وَيَرْجِعُ..." (دانيال ١١:٢٩-٣٠).

صارت مصر كلها تحت قبضة إبليس، كما قال الرب في أشعياء: "وَأُغْلِقُ عَلَى الْمِصْرِيِّينَ فِي يَدِ مَوْلىً قَاسٍ فَيَتَسَلَّطُ عَلَيْهِمْ مَلِكٌ عَزِيزٌ يَقُولُ السَّيِّدُ رَبُّ الْجُنُودِ" (أشعياء ١٩ : ٤)، و" مَزَجَ الرَّبُّ فِي وَسَطِهَا رُوحَ غَيٍّ، فَأَضَلُّوا مِصْرَ فِي كُلِّ عَمَلِهَا، كَتَرَنُّحِ السَّكْرَانِ فِي قَيْئِهِ" (أشعياء ١٩ : ١٤). ونهب إبليس ثروة مصر، "فَيَأْخُذُ ثَرْوَتَهَا وَيَغْنَمُ غَنِيمَتَهَا" (حزقيال ٢٩ : ١٩).

يسير الليبيون والكوشيون في ركاب ملك الشمال: "وَاللُّوبِيُّونَ وَالْكُوشِيُّونَ عِنْدَ خَطَوَاتِهِ [وَيَسِيرُ اللِّيبِيُّونَ وَالإِثْيُوبِيُّونَ فِي رِكَابِهِ]." (دانيال ١١:٤٣). فيتحالف الليبيون والكوشيون ضد شعب الله، وهكذا حشد إبليس أتباعه وقواته للدخول في المعركة الفاصلة ضد الله في شخص السيد المسيح.

٤٤ وَتُفْزِعُهُ أَخْبَارٌ مِنَ الشَّرْقِ وَمِنَ الشِّمَالِ، فَيَخْرُجُ بِغَضَبٍ عَظِيمٍ لِيُخْرِبَ وَلِيُحَرِّمَ كَثِيرِينَ [فَيَرْجِعُ بِغَضَبٍ شَدِيدٍ لِيُدَمِّرَ وَيَقْضِيَ عَلَى كَثِيرِينَ].

١١:٤٤ تأتي أخبار مفزعة لملك الشمال فيزداد في التدمير: "وَتُفْزِعُهُ أَخْبَارٌ مِنَ الشَّرْقِ وَمِنَ الشِّمَالِ، فَيَخْرُجُ بِغَضَبٍ عَظِيمٍ لِيُخْرِبَ وَلِيُحَرِّمَ كَثِيرِينَ [فَيَرْجِعُ بِغَضَبٍ شَدِيدٍ لِيُدَمِّرَ وَيَقْضِيَ عَلَى كَثِيرِينَ]." (دانيال ١١:٤٤).

ما أكثر الأخبار المزعجة التي سمعها إبليس من الشرق والشمال عن شخص السيد المسيح، فقد سمع المجوس من الشرق عندما جاءوا قائلين: "أَيْنَ هُوَ الْمَوْلُودُ مَلِكُ الْيَهُودِ؟ فَإِنَّنَا رَأَيْنَا نَجْمَهُ فِي الْمَشْرِقِ وَأَتَيْنَا لِنَسْجُدَ لَهُ" (متى ٢ : ٢).

في وقت تعميد السيد المسيح بواسطة يوحنا المعمدان في نهر الأردن، "نَزَلَ عَلَيْهِ الرُّوحُ الْقُدُسُ بِهَيْئَةٍ جِسْمِيَّةٍ مِثْلِ حَمَامَةٍ. وَكَانَ صَوْتٌ مِنَ السَّمَاءِ قَائِلاً: "أَنْتَ ابْنِي الْحَبِيبُ بِكَ سُرِرْتُ!" (لوقا ٣ : ٢٢)، وشهد له القديس يوحنا المعمدان: "إِنِّي قَدْ رَأَيْتُ الرُّوحَ نَازِلاً مِثْلَ حَمَامَةٍ مِنَ السَّمَاءِ فَاسْتَقَرَّ عَلَيْهِ" (يوحنا ١ : ٣٢).

من الشمال كان اعتراف بطرس الرسول أن يسوع هو "الْمَسِيحُ ابْنُ اللَّهِ الْحَيِّ" أمرا مزعجا لإبليس. "لَمَّا جَاءَ يَسُوعُ إِلَى نَوَاحِي قَيْصَرِيَّةِ فِيلُبُّسَ سَأَلَ تَلاَمِيذَهُ: مَنْ يَقُولُ النَّاسُ إِنِّي أَنَا ابْنُ الإِنْسَانِ؟ فَقَالُوا: قَوْمٌ يُوحَنَّا الْمَعْمَدَانُ وَآخَرُونَ إِيلِيَّا وَآخَرُونَ أرْمِيَا أَوْ وَاحِدٌ مِنَ الأَنْبِيَاءِ. قَالَ لَهُمْ: وَأَنْتُمْ مَنْ تَقُولُونَ أنِّي أَنَا؟ فَأَجَابَ سِمْعَانُ بُطْرُسُ: أَنْتَ هُوَ الْمَسِيحُ ابْنُ اللَّهِ الْحَيِّ. فَقَالَ لَهُ يَسُوعُ: طُوبَى لَكَ يَا سِمْعَانُ بْنَ يُونَا إِنَّ لَحْماً وَدَماً لَمْ يُعْلِنْ لَكَ، لَكِنَّ أَبِي الَّذِي فِي السَّمَاوَاتِ" (متى ١٦ : ١٣-١٧).

٤٥ وَيَنْصُبُ فُسْطَاطَهُ بَيْنَ الْبُحُورِ وَجَبَلِ بَهَاءِ الْقُدْسِ [وَيَنْصُبُ خَيْمَتَهُ الْمَلَكِيَّةَ بَيْنَ الْبَحْرِ وَأُورُشَلِيمَ]، وَيَبْلُغُ نِهَايَتَهُ وَلاَ مُعِينَ لَهُ [وَيَبْلُغُ نِهَايَةَ مَصِيرِهِ وَلَيْسَ لَهُ مِنْ نَصِيرٍ].

٤٥:١١ ينصب الملك خيمته الملكية بين البحر وأورشليم: "وَيَنْصُبُ فُسْطَاطَهُ بَيْنَ الْبُحُورِ وَجَبَلِ بَهَاءِ الْقُدْسِ [وَيَنْصُبُ خَيْمَتَهُ الْمَلَكِيَّةَ بَيْنَ الْبَحْرِ وَأُورُشَلِيمَ]" (دانيال ٤٥:١١). يبلغ أنطيوخس أبيفانيوس نهايته بلا معين: " وَيَبْلُغُ نِهَايَتَهُ وَلاَ مُعِينَ لَهُ [وَيَبْلُغُ نِهَايَةَ مَصِيرِهِ وَلَيْسَ لَهُ مِنْ نَصِيرٍ]." (دانيال ٤٥:١١).

ظل إبليس في خططه لمحاربة الرب يسوع، إلي أن نصب له أبشع جلسة قضاء في دار الولاية في أورشليم الواقعة بين البحر الميت والبحر الأبيض المتوسط، ونصب له خشبة الصليب علي جبل الجلجثة [جبل القداسة]، وهناك "وَاحِداً مِنَ الْعَسْكَرِ طَعَنَ جَنْبَهُ بِحَرْبَةٍ وَلِلْوَقْتِ خَرَجَ دَمٌ وَمَاءٌ" (يوحنا ١٩ : ٣٤)، وتمت نبوة زكريا: "وَيَكُونُ فِي ذَلِكَ الْيَوْمِ أَنَّ مِيَاهاً حَيَّةً تَخْرُجُ مِنْ أُورُشَلِيمَ نِصْفُهَا إِلَى الْبَحْرِ الشَّرْقِيِّ وَنِصْفُهَا إِلَى الْبَحْرِ الْغَرْبِيِّ" (زكريا ١٤ : ٨). وكان ذلك بداية النهاية لإبليس وقواته: "وَيَبْلُغُ نِهَايَتَهُ وَلاَ مُعِينَ لَهُ [وَيَبْلُغُ نِهَايَةَ مَصِيرِهِ، وَلَيْسَ لَهُ مِنْ نَصِيرٍ]".

الأصحاح الثاني عشر

نهاية الأيام

١ وَفِي ذَلِكَ الْوَقْتِ يَقُومُ مِيخَائِيلُ

الرَّئِيسُ الْعَظِيمُ الْقَائِمُ لِبَنِي شَعْبِكَ [حَارِسُ شَعْبِكَ]

وَيَكُونُ زَمَانُ ضِيقٍ،

لَمْ يَكُنْ مُنْذُ كَانَتْ أُمَّةٌ

إِلَى ذَلِكَ الْوَقْتِ.

وَفِي ذَلِكَ الْوَقْتِ يُنَجَّى شَعْبُكَ

كُلُّ مَنْ يُوجَدُ مَكْتُوباً فِي السِّفْرِ [غَيْرَ أَنَّ كُلَّ مَنْ كَانَ اسْمُهُ مُدَوَّناً فِي الْكِتَابِ مِنْ شَعْبِكَ يَنْجُو فِي ذَلِكَ الزَّمَانِ].

١:١٢ يستكمل ملاك الوحي كلامه مع دانيال عن أحداث "الأيام الأخيرة"، ويشير إلي حرب غير منظورة تحدث "وَفِي ذَلِكَ الْوَقْتِ": "وَفِي ذَلِكَ الْوَقْتِ يَقُومُ [ينهض للحرب] مِيخَائِيلُ الرَّئِيسُ الْعَظِيمُ الْقَائِمُ لِبَنِي شَعْبِكَ [حَارِسُ شَعْبِكَ]" (دانيال ١٢:١)، ويشير هذا إلي الحرب الروحية غير المنظورة التي تمت يوم الصليب وانتهت بهزيمة الشيطان، وقد تكلم الرب يسوع عن هذا اليوم بقوله: "رَأَيْتُ الشَّيْطَانَ سَاقِطاً مِثْلَ الْبَرْقِ مِنَ السَّمَاءِ" (لوقا ١٠ : ١٨).

أشار سفر الرؤيا هذه الحرب: "وَحَدَثَتْ حَرْبٌ فِي السَّمَاءِ: مِيخَائِيلُ وَمَلاَئِكَتُهُ حَارَبُوا التِّنِّينَ [إبليس]. وَحَارَبَ التِّنِّينُ وَمَلاَئِكَتُهُ وَلَمْ يَقْوُوا، فَلَمْ يُوجَدْ مَكَانُهُمْ بَعْدَ ذَلِكَ فِي السَّمَاءِ. فَطُرِحَ التِّنِّينُ الْعَظِيمُ، الْحَيَّةُ الْقَدِيمَةُ الْمَدْعُوُّ إِبْلِيسَ وَالشَّيْطَانَ، الَّذِي يُضِلُّ الْعَالَمَ كُلَّهُ – طُرِحَ إِلَى الأَرْضِ، وَطُرِحَتْ مَعَهُ مَلاَئِكَتُهُ. وَسَمِعْتُ صَوْتاً عَظِيماً قَائِلاً فِي السَّمَاءِ: الآنَ صَارَ خَلاَصُ إِلَهِنَا وَقُدْرَتُهُ وَمُلْكُهُ وَسُلْطَانُ مَسِيحِهِ، لأَنَّهُ قَدْ طُرِحَ الْمُشْتَكِي عَلَى إِخْوَتِنَا الَّذِي كَانَ يَشْتَكِي عَلَيْهِمْ أَمَامَ إِلَهِنَا نَهَاراً وَلَيْلاً" (رؤيا ١٢ : ٧-١٠)،

وفي ذلك اليوم طرح إبليس في الهاوية: وَرَأَيْتُ مَلاَكاً نَازِلاً مِنَ السَّمَاءِ مَعَهُ مِفْتَاحُ الْهَاوِيَةِ، وَسِلْسِلَةٌ عَظِيمَةٌ عَلَى يَدِهِ. فَقَبَضَ عَلَى التِّنِّينِ، الْحَيَّةِ الْقَدِيمَةِ، الَّذِي هُوَ إِبْلِيسُ وَالشَّيْطَانُ، وَقَيَّدَهُ أَلْفَ سَنَةٍ، وَطَرَحَهُ فِي الْهَاوِيَةِ وَأَغْلَقَ عَلَيْهِ، وَخَتَمَ عَلَيْهِ لِكَيْ لاَ يُضِلَّ الأُمَمَ فِي مَا بَعْدُ حَتَّى تَتِمَّ الأَلْفُ السَّنَةِ. وَبَعْدَ ذَلِكَ لاَ بُدَّ أَنْ يُحَلَّ زَمَاناً يَسِيراً" (رؤيا ٢٠: ١-٣).

هذا اليوم هو زمن ضيق لا مثيل له علي مملكة إبليس: "وَيَكُونُ زَمَانُ ضِيقٍ، لَمْ يَكُنْ مُنْذُ كَانَتْ أُمَّةٌ إِلَى ذَلِكَ الْوَقْتِ" (دانيال ١٢:١ب)، فقد كان يوم الصليب ببشاعته لإبليس مشابها ليوم الدينونة العامة، ولكنه كان يوم دينونة لإبليس ومملكته، وذلك حسب قول السيد المسيح: "اَلآنَ دَيْنُونَةُ هَذَا الْعَالَمِ. اَلآنَ يُطْرَحُ رَئِيسُ هَذَا الْعَالَمِ خَارِجاً" (يوحنا ١٢: ٣١). في ذلك اليوم انهزم إبليس وخربت مملكته، فهذا اليوم "يَأْتِي كَخَرَابٍ مِنَ الْقَادِرِ عَلَى كُلِّ شَيْءٍ" (يوئيل ١ : ١٥)، "إِذْ جَرَّدَ الرِّيَاسَاتِ وَالسَّلاَطِينَ أَشْهَرَهُمْ جِهَاراً، ظَافِراً بِهِمْ فِيهِ" (كولوسي ٢:١٥)، وتم وعد السيد الرب: "اضَعُ عَدَاوَةً بَيْنَكِ وَبَيْنَ الْمَرْاةِ وَبَيْنَ نَسْلِكِ وَنَسْلِهَا. هُوَ يَسْحَقُ رَاسَكِ وَانْتِ تَسْحَقِينَ عَقِبَهُ" (تكوين ٣ : ١٥).

صار يوم الصليب يوم خلاص ونجاة الكثيرين المكتوبين في سفر الحياة: ""وَفِي ذَلِكَ الْوَقْتِ يُنَجَّى شَعْبُكَ كُلُّ مَنْ يُوجَدُ مَكْتُوباً فِي السِّفْرِ [كُلُّ مَنْ كَانَ اسْمُهُ مُدَوَّناً فِي الْكِتَابِ مِنْ شَعْبِكَ يَنْجُو فِي ذَلِكَ الزَّمَانِ]" (دانيال ١٢:١ج). استرد الرب في هذا اليوم كل النفوس الماسورة في قبضة إبليس: "هَلْ تُسْلَبُ مِنَ الْجَبَّارِ غَنِيمَةٌ، وَهَلْ يُفْلِتُ سَبْيُ الْمَنْصُورِ؟ فَإِنَّهُ هَكَذَا قَالَ الرَّبُّ: حَتَّى سَبْيُ الْجَبَّارِ يُسْلَبُ وَغَنِيمَةُ الْعَاتِي تُفْلِتُ. وَأَنَا أُخَاصِمُ مُخَاصِمَكِ وَأُخَلِّصُ أَوْلاَدَكِ" (أشعياء ٤٩ : ٢٤-٢٥)، لِذَلِكَ يَقُولُ: "إِذْ صَعِدَ إِلَى الْعَلاَءِ سَبَى سَبْياً وَأَعْطَى النَّاسَ عَطَايَا" (أفسس ٤ : ٨).

القيامة الأولي والثانية

دانيال ١٢:٢

٢ وَكَثِيرُونَ مِنَ الرَّاقِدِينَ فِي تُرَابِ الأَرْضِ يَسْتَيْقِظُونَ،

هَؤُلاَءِ إِلَى الْحَيَاةِ الأَبَدِيَّةِ

وَهَؤُلاَءِ إِلَى الْعَارِ لِلازْدِرَاءِ الأَبَدِيِّ.

٢:١٢ يفسر البعض دانيال ٢:١٢ باعتباره كلام عن القيامة العامة، ولكنه يتحدث عن قيامة خاصة لكثيرين فيقول: "كَثِيرُونَ مِنَ الرَّاقِدِينَ"، ولا يقول: "كل الراقدين"، ولكن في القيامة العامة سيقوم كل الراقدين كما هو أمر معروف.

في الوقت الذي أسلم الرب يسوع الروح علي الصليب، "الأَرْضُ تَزَلْزَلَتْ، وَالصُّخُورُ تَشَقَّقَتْ، وَالْقُبُورُ تَفَتَّحَتْ، وَقَامَ كَثِيرٌ مِنْ أَجْسَادِ الْقِدِّيسِينَ الرَّاقِدِينَ، وَخَرَجُوا مِنَ الْقُبُورِ بَعْدَ قِيَامَتِهِ، وَدَخَلُوا الْمَدِينَةَ الْمُقَدَّسَةَ، وَظَهَرُوا لِكَثِيرِينَ" (متى ٢٧: ٥١-٥٣)، وكانت

هذه القيامة بمثابة قيامة خاصة للبعض تسبق القيامة العامة، وذلك علي مثال الذين أقامهم السيد المسيح أثناء خدمته العلنية علي الأرض مثل إبن يايرس (لوقا ٨:٥٤-٥٥)، وابن أرملة نايين (لوقا ٧:١٥)، ولعازر (يوحنا ١١:٤٣-٤٤). ولكن "تَأْتِي سَاعَةٌ فِيهَا يَسْمَعُ جَمِيعُ الَّذِينَ فِي الْقُبُورِ صَوْتَهُ فَيَخْرُجُ الَّذِينَ فَعَلُوا الصَّالِحَاتِ إِلَى قِيَامَةِ الْحَيَاةِ وَالَّذِينَ عَمِلُوا السَّيِّئَاتِ إِلَى قِيَامَةِ الدَّيْنُونَةِ" (يوحنا ٥ : ٢٨-٢٩). هذه القيامة الخاصة كانت رمزا للقيامة الاولي الروحية التي ننالها باتحادنا مع شخص السيد المسيح، فقد "أَقَامَنَا [الآب السماوي] مَعَهُ [مع ابنه يسوع المسيح]، وَأَجْلَسَنَا مَعَهُ فِي السَّمَاوِيَّاتِ فِي الْمَسِيحِ يَسُوعَ" (أفسس ٢ : ٦).

القديسون الذين صار لهم نصيب في القيامة الأولي بموت الرب يسوع سيكون مصيرهم الحياة الأبدية بعد القيامة العامة، أما الأشرار فمصيرهم العار الأبدي: "وَكَثِيرُونَ مِنَ الرَّاقِدِينَ فِي تُرَابِ الأَرْضِ يَسْتَيْقِظُونَ، هَؤُلاَءِ إِلَى الْحَيَاةِ الأَبَدِيَّةِ وَهَؤُلاَءِ إِلَى الْعَارِ لِلازْدِرَاءِ الأَبَدِيِّ" (دانيال ٢:١٢). يقول القديس يوحنا: "رَأَيْتُ عُرُوشاً فَجَلَسُوا عَلَيْهَا، وَأُعْطُوا حُكْماً. وَرَأَيْتُ نُفُوسَ الَّذِينَ قُتِلُوا مِنْ أَجْلِ شَهَادَةِ يَسُوعَ وَمِنْ أَجْلِ كَلِمَةِ اللهِ. وَالَّذِينَ لَمْ يَسْجُدُوا لِلْوَحْشِ وَلاَ لِصُورَتِهِ، وَلَمْ يَقْبَلُوا السِّمَةَ عَلَى جِبَاهِهِمْ وَعَلَى أَيْدِيهِمْ، فَعَاشُوا وَمَلَكُوا مَعَ الْمَسِيحِ أَلْفَ سَنَةٍ. وَأَمَّا بَقِيَّةُ الأَمْوَاتِ فَلَمْ تَعِشْ حَتَّى تَتِمَّ الأَلْفُ السَّنَةِ. هَذِهِ هِيَ الْقِيَامَةُ الأُولَى. مُبَارَكٌ وَمُقَدَّسٌ مَنْ لَهُ نَصِيبٌ فِي الْقِيَامَةِ الأُولَى. هَؤُلاَءِ لَيْسَ لِلْمَوْتِ الثَّانِي سُلْطَانٌ عَلَيْهِمْ، بَلْ سَيَكُونُونَ كَهَنَةً لِلَّهِ وَالْمَسِيحِ، وَسَيَمْلِكُونَ مَعَهُ أَلْفَ سَنَةٍ" (رؤيا ٢٠: ٤-٦).

٣ وَالْفَاهِمُونَ يَضِيئُونَ

كَضِيَاءِ الْجَلَدِ،

وَالَّذِينَ رَدُّوا كَثِيرِينَ إِلَى الْبِرِّ

كَالْكَوَاكِبِ إِلَى أَبَدِ الدُّهُورِ.

٣:١٢ الذين صار لهم نصيب في القيامة الأولي هم الذين حفظوا وصايا الرب وشرائعه، وردوا الكثيرين إلي البر: "وَالْفَاهِمُونَ يَضِيئُونَ كَضِيَاءِ الْجَلَدِ، وَالَّذِينَ رَدُّوا كَثِيرِينَ إِلَى الْبِرِّ كَالْكَوَاكِبِ إِلَى أَبَدِ الدُّهُورِ" (دانيال ٣:١٢)، حِينَئِذٍ يُضِيءُ الأَبْرَارُ كَالشَّمْسِ فِي مَلَكُوتِ أَبِيهِمْ" (متى ١٣ : ٤٣).

رأي القديس يوحنا منظر هؤلاء الأبرار وكتب عنه في سفر الرؤيا: "بَعْدَ هَذَا نَظَرْتُ وَإِذَا جَمْعٌ كَثِيرٌ لَمْ يَسْتَطِعْ أَحَدٌ أَنْ يَعُدَّهُ، مِنْ كُلِّ الأُمَمِ وَالْقَبَائِلِ وَالشُّعُوبِ وَالأَلْسِنَةِ، وَاقِفُونَ أَمَامَ الْعَرْشِ وَأَمَامَ الْحَمَلِ، مُتَسَرْبِلِينَ بِثِيَابٍ بِيضٍ وَفِي أَيْدِيهِمْ سَعَفُ النَّخْلِ" (رؤيا ٧: ٩)، "وَسَأَلَنِي وَاحِدٌ مِنَ الشُّيُوخِ: هَؤُلاَءِ الْمُتَسَرْبِلُونَ بِالثِّيَابِ الْبِيضِ، مَنْ هُمْ وَمِنْ أَيْنَ أَتُوا؟، فَقُلْتُ لَهُ: يَا سَيِّدُ أَنْتَ تَعْلَمُ. فَقَالَ لِي: هَؤُلاَءِ هُمُ الَّذِينَ أَتُوا مِنَ الضِّيقَةِ الْعَظِيمَةِ، وَقَدْ غَسَّلُوا ثِيَابَهُمْ وَبَيَّضُوهَا فِي دَمِ الْحَمَلِ" (رؤيا ٧: ١٣-١٤).

٤ أَمَّا أَنْتَ يَا دَانِيآلُ فَأَخْفِ الْكَلاَمَ، وَاخْتِمِ السِّفْرَ إِلَى وَقْتِ النِّهَايَةِ. كَثِيرُونَ يَتَصَفَّحُونَهُ وَالْمَعْرِفَةُ تَزْدَادُ.

٤:١٢ طلب ملاك الوحي من دانيال أن يختم علي السفر: "أَمَّا أَنْتَ يَا دَانِيآلُ فَأَخْفِ الْكَلاَمَ، وَاخْتِمِ السِّفْرَ إِلَى وَقْتِ النِّهَايَةِ. كَثِيرُونَ يَتَصَفَّحُونَهُ وَالْمَعْرِفَةُ تَزْدَادُ" (دانيال ٤:١٢)، وقد يكون معني أن ينتهي من الكتابة عن هذه الرؤيا ويصدق عليها ويحفظها مثلما فعل سابقا لأنها كانت ستتحقق بعد أيام كثيرة: "فَرُؤْيَا الْمَسَاءِ وَالصَّبَاحِ الَّتِي قِيلَتْ هِيَ حَقٌّ. أَمَّا أَنْتَ فَاكْتُمِ الرُّؤْيَا لأَنَّهَا إِلَى أَيَّامٍ كَثِيرَةٍ" (دانيال ٨ : ٢٦).

أما في سفر الرؤيا فقد طلب الملاك من يوحنا: "لاَ تَخْتِمْ عَلَى أَقْوَالِ نُبُوَّةِ هَذَا الْكِتَابِ، لأَنَّ الْوَقْتَ قَرِيبٌ" (رؤيا ٢٢: ١٠)، وحينئذ كَثِيرُونَ يَتَصَفَّحُونَ السفر وَالْمَعْرِفَةُ تَزْدَادُ (دانيال ٤:١٢).

خاتمة الرؤيا

دانيال ١٢: ٥-١٣

٥ فَنَظَرْتُ أَنَا دَانِيآلَ وَإِذَا بِاثْنَيْنِ آخَرَيْنِ قَدْ وَقفَا وَاحِدٌ مِنْ هُنَا عَلَى شَاطِئِ النَّهْرِ وَآخَرُ مِنْ هُنَاكَ عَلَى شَاطِئِ النَّهْرِ.

١٢: ٥ كان بصحبة الرجل اللابس الكتان "اثْنَيْنِ آخَرَيْنِ قَدْ وَقَفَا وَاحِدٌ مِنْ هُنَا عَلَى شَاطِئِ النَّهْرِ وَآخَرُ مِنْ هُنَاكَ عَلَى شَاطِئِ النَّهْرِ" (دانيال ١٢ : ٥)، وهذا بخلاف الملاك الذي أرسله الرب ليشرح لدانيال الرؤيا ويفهمه ما سيحدث في نهاية الأيام، وقد لمسه وأقامه (دانيال ١٠:١٠-١٤).

رؤية الرجل اللابس الكتان عاليا، ومعه اثنين علي شاطئي النهر يشابه ما حدث أثناء تجلي السيد المسيح، "وَإِذَا رَجُلاَنِ يَتَكَلَّمَانِ مَعَهُ [مع السيد المسيح] وَهُمَا مُوسَى وَإِيلِيَّا اَللَّذَانِ ظَهَرَا بِمَجْدٍ، وَتَكَلَّمَا عَنْ خُرُوجِهِ الَّذِي كَانَ عَتِيداً أَنْ يُكَمِّلَهُ فِي أُورُشَلِيمَ" (لوقا ٩ : ٣٠-٣١)، وكان موضوع حديثهما مع السيد المسيح الأمور التي كان مزمعا حدوثها في أورشليم، وهي آلام السيد المسيح وموته وقيامته.

٦ وَقَالَ لِلرَّجُلِ اللاَّبِسِ الْكَتَّانِ الَّذِي مِنْ فَوْقِ مِيَاهِ النَّهْرِ: إِلَى مَتَى انْتِهَاءُ الْعَجَائِبِ [مَتَى يَنْقَضِي زَمَنُ هَذِهِ الأَحْدَاثِ الْعَجِيبَةِ]؟ ٧ فَسَمِعْتُ الرَّجُلَ اللاَّبِسَ الْكَتَّانِ الَّذِي مِنْ فَوْقِ مِيَاهِ النَّهْرِ إِذْ رَفَعَ يُمْنَاهُ وَيُسْرَاهُ نَحْوَ السَّمَاوَاتِ وَحَلَفَ بِالْحَيِّ إِلَى الأَبَدِ: إِنَّهُ إِلَى زَمَانٍ وَزَمَانَيْنِ وَنِصْفٍ. فَإِذَا تَمَّ تَفْرِيقُ أَيْدِي الشَّعْبِ الْمُقَدَّسِ تَتِمُّ كُلُّ هَذِهِ.

١٢: ٦-٧ ظهر الرجل اللابس الكتان - الذي رآه دانيال - وله معرفة أعظم من الشخصين الآخرين الذين ظهرا معه في الرؤيا: "وَقَالَ [احد الشخصين] لِلرَّجُلِ اللاَّبِسِ الْكَتَّانِ الَّذِي مِنْ فَوْقِ مِيَاهِ النَّهْرِ: إِلَى مَتَى انْتِهَاءُ الْعَجَائِبِ؟ فَسَمِعْتُ الرَّجُلَ اللاَّبِسَ الْكَتَّانِ الَّذِي مِنْ فَوْقِ مِيَاهِ النَّهْرِ إِذْ رَفَعَ يُمْنَاهُ وَيُسْرَاهُ نَحْوَ السَّمَاوَاتِ، وَحَلَفَ بِالْحَيِّ إِلَى الأَبَدِ: إِنَّهُ إِلَى زَمَانٍ وَزَمَانَيْنِ وَنِصْفٍ. فَإِذَا تَمَّ تَفْرِيقُ أَيْدِي الشَّعْبِ الْمُقَدَّسِ تَتِمُّ كُلُّ هَذِهِ" (دانيال ١٢ : ٥-٧).

الإشارة إلي موت المسيح وقيامته واضحة جدا هنا، ففي الرؤيا يتكلم الرجل اللابس الكتان وهو علي المياه، أي أن يشير إلي ان بدء العدد لزمن تحقيق الرؤيا هو يوم معمودية الرب يسوع وبدء خدمته العلنية، وستكمل هذه العجائب " إِلَى زَمَانٍ وَزَمَانَيْنِ وَنِصْفٍ"، أي بعد ثلاثة سنوات ونصف، وهو الوقت الذي صلب فيه الرب يسوع.

وقد ذكر الكتاب المقدس فترة الثلاثة سنين ونصف أو ألف ومائتين وستون يوما في أكثر من موضع كما في (دانيال ٧ : ٢٥، رؤيا ١١ : ٢-٣، رؤيا ١٢ : ٦، رؤيا ١٢ : ١٣-١٤).

"تَفْرِيقُ أَيْدِي الشَّعْبِ الْمُقَدَّسِ" إشارة واضحة لما حدث للتلاميذ وقت آلام السيد المسيح، فقد قال لهم: "كُلُّكُمْ تَشُكُّونَ فِيَّ فِي هَذِهِ اللَّيْلَةِ لأَنَّهُ مَكْتُوبٌ: أَنِّي أَضْرِبُ الرَّاعِيَ فَتَتَبَدَّدُ خِرَافُ الرَّعِيَّةِ" (متى ٢٦ : ٣١)، "هُوَذَا تَأْتِي سَاعَةٌ وَقَدْ أَتَتِ الآنَ تَتَفَرَّقُونَ فِيهَا كُلُّ وَاحِدٍ إِلَى خَاصَّتِهِ وَتَتْرُكُونَنِي وَحْدِي. وَأَنَا لَسْتُ وَحْدِي لأَنَّ الآبَ مَعِي. قَدْ كَلَّمْتُكُمْ بِهَذَا لِيَكُونَ لَكُمْ فِيَّ سَلاَمٌ. فِي الْعَالَمِ سَيَكُونُ لَكُمْ ضِيقٌ وَلَكِنْ ثِقُوا: أَنَا قَدْ غَلَبْتُ الْعَالَمَ" (يوحنا ١٦: ٣٢-٣٣).

٨ وَأَنَا سَمِعْتُ وَمَا فَهِمْتُ. فَقُلْتُ: [يَا سَيِّدِي مَا هِيَ آخِرُ هَذِهِ؟] ٩ فَقَالَ: [اذْهَبْ يَا دَانِيآلُ لأَنَّ الْكَلِمَاتِ مَخْفِيَّةٌ وَمَخْتُومَةٌ إِلَى وَقْتِ النِّهَايَةِ. ١٠ كَثِيرُونَ يَتَطَهَّرُونَ وَيُبَيَّضُونَ وَيُمَحَّصُونَ، أَمَّا الأَشْرَارُ فَيَفْعَلُونَ شَرّاً. وَلاَ يَفْهَمُ أَحَدُ الأَشْرَارِ لَكِنِ الْفَاهِمُونَ يَفْهَمُونَ.

١٢:٨-٩ لم يفهم دانيال ما سمعه من الملاك، فسأل ملاك الوحي: "يَا سَيِّدِي مَا هِيَ آخِرُ هَذِهِ؟" (دانيال ١٢:٨)، فأجابه الملاك أن هذه الأمور سينكشف معناها في نهاية الأيام: "اذْهَبْ يَا دَانِيآلُ لأَنَّ الْكَلِمَاتِ مَخْفِيَّةٌ وَمَخْتُومَةٌ إِلَى وَقْتِ النِّهَايَةِ" (دانيال ١٢:٩)، فقد كانت الرؤيا نبوة عن النعمة التي صارت لنا بموت وقيامة الرب يسوع المسيح.

١٢:١٠ موت السيد المسيح وقيامته سبب لتطهير ونقاوة الكثيرين: "كَثِيرُونَ يَتَطَهَّرُونَ وَيُبَيَّضُونَ وَيُمَحَّصُونَ "، لأن الآب السماوي سكب روحه القدوس علي شعبه لأجل ابنه يسوع المسيح، حسب تعبير بولس الرسول: "اغْتَسَلْتُمْ بَلْ تَقَدَّسْتُمْ بَلْ تَبَرَّرْتُمْ بِاسْمِ الرَّبِّ

يَسُوعَ وَبِرُوحِ إِلهِنَا" (١ كورنثوس ٦ : ١١)، فقد "بَذَلَ [السيد المسيح] نَفْسَهُ لأَجْلِنَا، لِكَيْ يَفْدِيَنَا مِنْ كُلِّ إِثْمٍ، وَيُطَهِّرَ لِنَفْسِهِ شَعْباً خَاصّاً غَيُوراً فِي أَعْمَالٍ حَسَنَةٍ" (تيطس ٢ : ١٤).

كما أن موت السيد المسيح وقيامته لدينونة الكثيرين: "أَمَّا الأَشْرَارُ فَيَفْعَلُونَ شَرّاً"، لأن "مَنْ خَالَفَ نَامُوسَ مُوسَى فَعَلَى شَاهِدَيْنِ أَوْ ثَلاَثَةِ شُهُودٍ يَمُوتُ بِدُونِ رَأْفَةٍ. فَكَمْ عِقَاباً أَشَرَّ تَظُنُّونَ أَنَّهُ يُحْسَبُ مُسْتَحِقّاً مَنْ دَاسَ ابْنَ اللهِ، وَحَسِبَ دَمَ الْعَهْدِ الَّذِي قُدِّسَ بِهِ دَنِساً، وَازْدَرَى بِرُوحِ النِّعْمَةِ؟" (عبرانيين ١٠: ٢٨-٢٩).

١٠:١٢ بينما لا يفهم الأشرار شيئا، يعطي الله روح الفهم والإعلان لأولاده ليعرفوا ما جاء بالرؤيا: وَلاَ يَفْهَمُ أَحَدُ الأَشْرَارِ لَكِنِ الْفَاهِمُونَ يَفْهَمُونَ" (دانيال ١٢:١٠ب)، "فَإِنَّ كَلِمَةَ الصَّلِيبِ عِنْدَ الْهَالِكِينَ جَهَالَةٌ وَأَمَّا عِنْدَنَا نَحْنُ الْمُخَلَّصِينَ فَهِيَ قُوَّةُ اللهِ" (١ كورنثوس ١ : ١٨).

لأجل هذا كان القديس بولس الرسول يصلي لأجل أهل أفسس، وكتب إليهم قائلا: "بِسَبَبِ هَذَا أَحْنِي رُكْبَتَيَّ لَدَى أَبِي رَبِّنَا يَسُوعَ الْمَسِيحِ، الَّذِي مِنْهُ تُسَمَّى كُلُّ عَشِيرَةٍ فِي السَّمَاوَاتِ وَعَلَى الأَرْضِ. لِكَيْ يُعْطِيَكُمْ بِحَسَبِ غِنَى مَجْدِهِ أَنْ تَتَأَيَّدُوا بِالْقُوَّةِ بِرُوحِهِ فِي الإِنْسَانِ الْبَاطِنِ، لِيَحِلَّ الْمَسِيحُ بِالإِيمَانِ فِي قُلُوبِكُمْ، وَأَنْتُمْ مُتَأَصِّلُونَ وَمُتَأَسِّسُونَ فِي الْمَحَبَّةِ، حَتَّى تَسْتَطِيعُوا أَنْ تُدْرِكُوا مَعَ جَمِيعِ الْقِدِّيسِينَ مَا هُوَ الْعَرْضُ وَالطُّولُ وَالْعُمْقُ وَالْعُلْوُ، وَتَعْرِفُوا مَحَبَّةَ الْمَسِيحِ الْفَائِقَةَ الْمَعْرِفَةِ، لِكَيْ تَمْتَلِئُوا إِلَى كُلِّ مِلْءِ اللهِ" (أفسس ٣ : ١٤-٢٠).

١١ وَمِنْ وَقْتِ إِزَالَةِ الْمُحْرَقَةِ الدَّائِمَةِ وَإِقَامَةِ رِجْسِ الْمُخَرَّبِ أَلْفٌ وَمِئَتَانِ وَتِسْعُونَ يَوْماً. ١٢ طُوبَى لِمَنْ يَنْتَظِرُ وَيَبْلُغُ إِلَى الأَلْفِ وَالثَّلاَثِ مِئَةٍ وَالْخَمْسَةِ وَالثَّلاَثِينَ يَوْماً.

١١:١٢ أشار ملاك الوحي لدانيال عن تطهير هيكل الرب في أورشليم بعد أن نجسه أنطيوخس أبيفانيوس وأقام فيه رجسة الخراب: "وَمِنْ وَقْتِ إِزَالَةِ الْمُحْرَقَةِ الدَّائِمَةِ وَإِقَامَةِ رِجْسِ الْمُخَرَّبِ أَلْفٌ وَمِئَتَانِ وَتِسْعُونَ يَوْماً" (دانيال ١٢:١١)، فقد نجس أنطيوخس أبيفانيوس الهيكل في شهر أيار ١٤٥ ق.م، وطهره يهوذا المكابي (١مكابيين ١٠:١-٨) في شهر شباط ١٤٨ ق.م وهي فترة ١٢٩٠ يوم.

دخول يهوذا المكابي لهيكل الله علي الأرض الذي هو "شِبْهَ السَّمَاوِيَّاتِ وَظِلَّهَا" (عبرانيين ٨ : ٥)، يرمز إلي دخول السيد المسيح إلي السماء، "لأَنَّ الْمَسِيحَ لَمْ يَدْخُلْ إِلَى أَقْدَاسٍ مَصْنُوعَةٍ بِيَدٍ أَشْبَاهِ الْحَقِيقِيَّةِ، بَلْ إِلَى السَّمَاءِ عَيْنِهَا، لِيَظْهَرَ الآنَ أَمَامَ وَجْهِ اللهِ لأَجْلِنَا" (عبرانيين ٩:٢٤).

يرمز تطهير هيكل الرب في أورشليم لتطهير أجسادنا التي هي هياكل للرب بدم يسوع. وذلك علي مثال ما صنعه موسي: "لأَنَّ مُوسَى... أَخَذَ دَمَ الْعُجُولِ وَالتُّيُوسِ، مَعَ مَاءٍ وَصُوفاً قِرْمِزِيّاً وَزُوفَا، وَرَشَّ الْكِتَابَ نَفْسَهُ [كتاب الشريعة نفسه] وَجَمِيعَ الشَّعْبِ، قَائِلاً: هَذَا هُوَ دَمُ الْعَهْدِ الَّذِي أَوْصَاكُمُ اللهُ بِهِ. وَالْمَسْكَنَ أَيْضاً [وكذلك رش الخيمة]، وَجَمِيعَ آنِيَةِ الْخِدْمَةِ [أدوات العبادة] رَشَّهَا كَذَلِكَ بِالدَّمِ... فَكَانَ يَلْزَمُ أَنَّ أَمْثِلَةَ الأَشْيَاءِ الَّتِي فِي السَّمَاوَاتِ تُطَهَّرُ بِهَذِهِ [إذا كان مثال الأمور السمائية يلزمه التطهير بالدم]، وَأَمَّا السَّمَاوِيَّاتُ عَيْنُهَا فَبِذَبَائِحَ أَفْضَلَ مِنْ هَذِهِ [فالأمور السمائية يلزمها تطهير بذبائح أفضل] " (عبرانيين ٩ : ١٩-٢٣)، و"قَدْ أُظْهِرَ [السيد المسيح] مَرَّةً عِنْدَ انْقِضَاءِ الدُّهُورِ لِيُبْطِلَ الْخَطِيَّةَ بِذَبِيحَةِ نَفْسِهِ" (عبرانيين ٩:٢٦).

١٢:١٢ كشف ملاك الوحي لدانيال عن فترة انتظار ينال بعده المنتظرين الحياة الطوباوية: "طُوبَى لِمَنْ يَنْتَظِرُ وَيَبْلُغُ إِلَى الأَلْفِ وَالثَّلاَثِ مِئَةٍ وَالْخَمْسَةِ وَالثَّلاَثِينَ يَوْماً. انتظر التلاميذ في أورشليم، بعد دخول السيد المسيح للسماء عينها، وذلك حتي نالوا عطية الروح القدس حسب وعد السيد المسيح: "هَا أَنَا أُرْسِلُ إِلَيْكُمْ مَوْعِدَ أَبِي. فَأَقِيمُوا فِي مَدِينَةِ أُورُشَلِيمَ إِلَى أَنْ تُلْبَسُوا قُوَّةً مِنَ الأَعَالِي" (لوقا ٢٤ : ٤٩)، "وَفِيمَا هُوَ [السيد المسيح] مُجْتَمِعٌ مَعَهُمْ [مع تلاميذه] أَوْصَاهُمْ أَنْ لاَ يَبْرَحُوا مِنْ أُورُشَلِيمَ بَلْ يَنْتَظِرُوا مَوْعِدَ الآبِ الَّذِي سَمِعْتُمُوهُ مِنِّي" (أعمال ١ : ٤).

وقياسا علي الفترة التي لزمت لتطهير الهيكل الأرضي وهي ١٢٩٠ يوما، صارت فترة حلول الروح القدس لتطهير هياكل الله الحية ١٣٣٥ يوما، وذلك بحلول الروح القدس في يوم الخمسين، "لَمَّا حَضَرَ يَوْمُ الْخَمْسِينَ كَانَ الْجَمِيعُ مَعاً بِنَفْسٍ وَاحِدَةٍ وَصَارَ بَغْتَةً مِنَ السَّمَاءِ صَوْتٌ كَمَا مِنْ هُبُوبِ رِيحٍ عَاصِفَةٍ وَمَلأَ كُلَّ الْبَيْتِ حَيْثُ كَانُوا جَالِسِينَ وَظَهَرَتْ لَهُمْ أَلْسِنَةٌ مُنْقَسِمَةٌ كَأَنَّهَا مِنْ نَارٍ وَاسْتَقَرَّتْ عَلَى كُلِّ وَاحِدٍ مِنْهُمْ. وَامْتَلأَ الْجَمِيعُ مِنَ الرُّوحِ الْقُدُسِ وَابْتَدَأُوا يَتَكَلَّمُونَ بِأَلْسِنَةٍ أُخْرَى كَمَا أَعْطَاهُمُ الرُّوحُ أَنْ يَنْطِقُوا" (أعمال ٢:١-٤). وتمت

نبوة حزقيال النبي: "وَأَرُشُّ عَلَيْكُمْ مَاءً طَاهِراً فَتُطَهَّرُونَ. مِنْ كُلِّ نَجَاسَتِكُمْ وَمِنْ كُلِّ أَصْنَامِكُمْ أُطَهِّرُكُمْ. وَأُعْطِيكُمْ قَلْباً جَدِيداً, وَأَجْعَلُ رُوحاً جَدِيدَةً فِي دَاخِلِكُمْ، وَأَنْزِعُ قَلْبَ الْحَجَرِ مِنْ لَحْمِكُمْ وَأُعْطِيكُمْ قَلْبَ لَحْمٍ. وَأَجْعَلُ رُوحِي فِي دَاخِلِكُمْ، وَأَجْعَلُكُمْ تَسْلُكُونَ فِي فَرَائِضِي وَتَحْفَظُونَ أَحْكَامِي وَتَعْمَلُونَ بِهَا" (حزقيال ٣٦ : ٢٥-٢٧).

١٣ أَمَّا أَنْتَ فَاذْهَبْ إِلَى النِّهَايَةِ فَتَسْتَرِيحَ،

وَتَقُومَ لِقُرْعَتِكَ فِي نِهَايَةِ الأَيَّامِ.

١٣:١٢ أخبر ملاك الوحي دانيال بأنه سينتقل من هذا العالم، ويقوم ثانية في نهاية الأيام: "أَمَّا أَنْتَ فَاذْهَبْ إِلَى النِّهَايَةِ فَتَسْتَرِيحَ، وَتَقُومَ لِقُرْعَتِكَ فِي نِهَايَةِ الأَيَّامِ" (دانيال ١٣:١٢)، وفي هذا أشارة لقيامة دانيال في القيامة العامة، لأن "كُلَّ وَاحِدٍ فِي رُتْبَتِهِ. الْمَسِيحُ بَاكُورَةٌ ثُمَّ الَّذِينَ لِلْمَسِيحِ فِي مَجِيئِهِ" (١ كورنثوس ١٥ : ٢٣)، وربما كان دانيال أحد هؤلاء القديسين الذين قاموا وقت موت السيد المسيح (متى ٢٧: ٥١-٥٣).

الأصحاح الثالث عشر – يوناني

سوسنة العفيفة

وصل إلينا النص اليوناني لسفر دانيال في شكلين يختلفان بعض الاختلاف: السبعينية وترجمة ثيودوسيون. أما النص فيتضمن ثلاثة فصول لا نجدها في العبرية ولا في الآرامية. يشمل الفصل الأول نصين ليتورجيين وهما: صلاة عزريا، وتسبحة الثلاثة فتية، وقد أوردناهما ضمن الأصحاح الثالث من سفر دانيال. أما الفصلان الآخران فهما قصة سوسنة العفيفة [الأصحاح الثالث عشر]، وبال والتنين [الأصحاح الرابع عشر]. المكان الصحيح لقصة سوسنة هو بداية الأصحاح الأول في سفر دانيال قبل قصة: "دانيال والفتية وأطايب الملك".

تقرأ قصة سوسنة في الكنيسة القبطية الأرثوذكسية في ليلة سبت الفرح، وهي الليلة اللاحقة ليوم الجمعة العظيمة، والسابقة لليلة عيد القيامة المجيد. هذه القصة ترمز بقوة لآلام الرب يسوع، وقيامته حيا من الأموات، فقد تم الحكم علي سوسنة بالموت ظلما، ولكنها عادت حية من طريق الموت. إنها إحدى قصص خلاص الله لأولاده.

جمال سوسنة (دانيال ١٣:١-١٤)

١ وكان في بابل رجل اسمه يواقيم Joakim، ٢ وكان متزوجا امرأة اسمها
سوسنة ابنة حلقيا Chelcias، وكانت جميلة جدا، وتعيش في مخافة
الرب ، ٣ وكان أبواها بارين، فربيا ابنتهما بحسب شريعة موسى، ٤ وكان
يواقيم غنيا جدا، وكانت له حديقة ملاصقة لداره، وكان اليهود يرجعون إليه
لأنه كان أوجههم جميعا. ٥ وأقيم في تلك السنة شيخان من الشعب للقضاء،
وهما من الذين قال الرب فيهم: جاء الشر من بابل، من شيوخ وقضاة يحسبون
مدبري الشعب. ٦ وكانا يترددان إلى دار يواقيم، ويأتيهما كل ذي دعوى.

١٣:١-٦ كان والدي سوسنة "بارين، فربيا ابنتهما بحسب شريعة موسى" (دانيال ٣:١٣)، وكان يواقيم زوجها وجيها، وكانت سوسنة "تعيش في مخافة الرب" (دانيال

٢:١٣)، ولكن في نفس الوقت كان الشيخان أشرار، و"هما من الذين قال الرب فيهم: جاء الشر من بابل" (دانيال ١٣:٥)، و"مِنَ الشِّمَالِ يَنْفَتِحُ الشَّرُّ عَلَى كُلِّ سُكَّانِ الأَرْضِ" (أرميا ١ : ١٤). وهكذا اختلط الأبرار مع الأشرار، في بيت يواقيم ولكن إلي حين.

بيت يواقيم صورة مصغرة لحياة الأبرار مع الأشرار في هذا العالم، إلي حين يفرز الأبرار عن الأشرار في وقت الدينونة، كما ورد في مثل الحنطة والزوان (متى ١٣ : ٢٤-٣٠، متى ١٣: ٣٦-٤٣).

كان هؤلاء الشيوخ يقولون شيئا ويفعلون شيئا آخر، مع كونهم محسوبين مدبرو الشعب، حسب شريعة الله. لمثل هؤلاء يقول القديس بولس الرسول: "أَنْتَ إِذاً الَّذِي تُعَلِّمُ غَيْرَكَ، أَلَسْتَ تُعَلِّمُ نَفْسَكَ؟ الَّذِي تَكْرِزُ أَنْ لاَ يُسْرَقَ أَتَسْرِقُ؟ الَّذِي تَقُولُ أَنْ لاَ يُزْنَى أَتَزْنِي؟ الَّذِي تَسْتَكْرِهُ الأَوْثَانَ أَتَسْرِقُ الْهَيَاكِلَ؟ الَّذِي تَفْتَخِرُ بِالنَّامُوسِ أَبِتَعَدِّي النَّامُوسِ تُهِينُ اللهَ؟ لأَنَّ اسْمَ اللهِ يُجَدَّفُ عَلَيْهِ بِسَبَبِكُمْ بَيْنَ الأُمَمِ، كَمَا هُوَ مَكْتُوبٌ" (رومية ٢: ١٧-٢٤).

هناك يوم لدينونة رؤساء شعب الله الذين لم يسلكوا حسب الحق، مثلما كانت نهاية هذين الشيخين. "اَلرَّبُّ يَدْخُلُ فِي الْمُحَاكَمَةِ مَعَ شُيُوخِ شَعْبِهِ وَرُؤَسَائِهِمْ: "وَأَنْتُمْ قَدْ أَكَلْتُمُ الْكَرْمَ [نهبتم الكروم]. سَلْبُ الْبَائِسِ [سلبتم المساكين] فِي بُيُوتِكُمْ. مَا لَكُمْ تَسْحَقُونَ شَعْبِي وَتَطْحَنُونَ وُجُوهَ الْبَائِسِينَ؟ يَقُولُ السَّيِّدُ رَبُّ الْجُنُودِ" (أشعياء ٣ : ١٤-١٥).

٧ وكانت سوسنة تدخل عند الظهر، وتتمشي في الحديقة، بعد أن ينصرف الشعب ٨ فكان الشيخان يريانها كل يوم تتمشى، فاشتعلت فيهما الشهوة تجاهها، ٩ و اسلما عقولهما إلى الفساد، وصرفا أعينهما عن السماء، لئلا ينظرا، و يتذكرا أحكام الله العادلة. ١٠ وشغف كلاهما بها، ولم يكاشف احدهما الأخر بهواه ١١ لأنهما خجلا من كشف هواهما، ورغبتهما في مضاجعتها.١٢ و كانا كل يوم يترقبانها باجتهاد لكي ينظرانها.

١٣:٧-١١ لم يأت في ذهن الشيوخ أن الرب يري حتي فكر القلب، قال الرب لحزقيال النبي: "أَرَأَيْتَ يَا ابْنَ آدَمَ مَا تَفْعَلُهُ شُيُوخُ بَيْتِ إِسْرَائِيلَ فِي الظَّلاَمِ، كُلُّ وَاحِدٍ فِي مَخَادِعِ تَصَاوِيرِهِ؟ لأَنَّهُمْ يَقُولُونَ: الرَّبُّ لاَ يَرَانَا! الرَّبُّ قَدْ تَرَكَ الأَرْضَ!" (حزقيال ٨ : ١٢).

"وَرَأَى الرَّبُّ أَنَّ شَرَّ الإِنْسَانِ قَدْ كَثُرَ فِي الأَرْضِ، وَانَّ كُلَّ تَصَوُّرِ أَفْكَارِ قَلْبِهِ إِنَّمَا هُوَ شِرِّيرٌ كُلَّ يَوْمٍ" (تكوين ٦: ٥).

وبدأ الشيخان رحلتهما إلي الموت بتبني فكر الخطية في قلبيهما، لأن "كُلَّ وَاحِدٍ يُجَرَّبُ إِذَا انْجَذَبَ وَانْخَدَعَ مِنْ شَهْوَتِهِ. ثُمَّ الشَّهْوَةُ إِذَا حَبِلَتْ تَلِدُ خَطِيَّةً، وَالْخَطِيَّةُ إِذَا كَمُلَتْ تُنْتِجُ مَوْتاً" (يعقوب ١ : ١٤–١٥).

١٣ وذات يوم قال أحدهما للأخر: "لننصرف إلى بيوتنا، إنها ساعة الغذاء." فخرجا وافترقا. ١٤ ثم عادا ورجعا إلى نفس الموضع، فسأل أحدهما الأخر عن سبب رجوعه، فاعترفا بهواهما، واتفقا معا على وقت يمكنهما فيه أن يجتمعا معها علي خلوة.

١٣:١٣–١٤ كانت سوسنة في طريقها، ولكن الأشرار وضعوا لها فخا في الطريق، كقول المزمور: "فِي الطَّرِيقِ الَّتِي أَسْلُكُ أَخْفُوا لِي فَخّاً" (مزامير ١٤٢ : ٣)، "أَخْفَى لِي الْمُسْتَكْبِرُونَ فَخّاً وَحِبَالاً. مَدُّوا شَبَكَةً بِجَانِبِ الطَّرِيقِ. وَضَعُوا لِي أَشْرَاكاً" (مزامير ١٤٠: ٥).

محاولة إغراء سوسنة (دانيال ١٣:١٥–٢٧)

١٥ وكانا ينتظران اليوم المناسب، وفي أحد الأيام، جاءت كما اعتادت أن تفعل أمس وما قبل، ومعها جاريتان فقط، وأرادت أن تغتسل في الحديقة، لأنه كان حر. ١٦ و لم يكن أحد هناك إلا الشيخان، اللذان كانا مختبئين يترقبانها. ١٧ فقالت للجاريتين: "ائتياني بزيت وعطور، وأغلقا باب الحديقة لأني أريد أن أغتسل." ١٨ ففعلت الجاريتان كما أمرتهما: أغلقتا أبواب الحديقة، وخرجتا من الباب السري، لتأتيا بما طلبته سوسنة، ولم تريا الشيخان، لأنهما كانا مختبئين هناك.

١٩ فلما خرجت الجاريتان، نهض الشيخان من مخبئهما وهجما علي سوسنة وقالا: ٢٠ "أبواب الحديقة مغلقة، ولا يرانا احد، ونحن واقعان في حبك،

فوافقينا وكوني معنا كما نريد. ٢١ و إلا فنشهد عليك انك صرفت الجاريتين لتنفردي بشاب كان معك. ٢٢ فتنهدت سوسنة وقالت: "لقد ضاق بي الأمر من كل جهة، فاني إن فعلت هذا فهو موت لي، وان لم افعل فلا أنجو من أيديكما، ٢٣ و لكن خير لي أن لا أفعل، ثم أقع في أيديكما، من أن اخطأ أمام الرب." ٢٤ و صرخت سوسنة بصوت عظيم، فصرخ الشيخان عليها يتهمانها. ٢٥ وأسرع احدهما وفتح باب الحديقة.

٢٦ فلما سمع أهل البيت الصراخ في الحديقة، وثبوا إليها من الباب السري، ليروا ما حدث لها. ٢٧ و لما تكلم الشيخان، خجل العبيد جدا، لأنه لم يقل قط مثل هذا القول على سوسنة.

١٣: ١٥-٢٦ في الوقت الذي وضع فيه الأشرار الفخ لسوسنة، تمسكت بوصايا الرب. "الأَشْرَارُ وَضَعُوا لِي فَخّاً، أَمَّا وَصَايَاكَ فَلَمْ أَضِلَّ عَنْهَا" (مزامير ١١٩: ١١٠).

هدد الشيخان سوسنة بتلفيق التهمة لها، فتنال حكم الموت بحسب الشريعة أنه "إِذَا وُجِدَ رَجُلٌ مُضْطَجِعاً مَعَ امْرَأَةٍ زَوْجَةِ بَعْلٍ يُقْتَلُ الاِثْنَانِ: الرَّجُلُ المُضْطَجِعُ مَعَ المَرْأَةِ وَالمَرْأَةُ. فَتَنْزِعُ الشَّرَّ مِنْ إِسْرَائِيل" (تثنية ٢٢: ٢٢)، "وَاذَا زَنَى رَجُلٌ مَعَ امْرَاةٍ فَاذَا زَنَى مَعَ امْرَاةِ قَرِيبِهِ فَانَّهُ يُقْتَلُ الزَّانِي وَالزَّانِيَةُ" (لاويين ٢٠ : ١٠). "فَوُجِدَتِ الْوَصِيَّةُ الَّتِي لِلْحَيَاةِ هِيَ نَفْسُهَا لِي لِلْمَوْتِ" (رومية ٧ : ١٠)، بل واستخدمها الأشرار لموت الأبرياء أيضا، وهكذا ظهرت "الْخَطِيَّةُ خَاطِئَةً جِدّاً بِالْوَصِيَّةِ" (رومية ٧ : ١٣).

فضلت سوسنة الموت الجسدي وهي بريئة. فالخطية بالنسبة لها تؤدي إلي موت أبشع "لأَنَّ أُجْرَةَ الْخَطِيَّةِ هِيَ مَوْتٌ" (رومية ٦: ٢٣). وصارت قصة سوسنة مثالا رائعا للذين تجرأوا ورفضوا الخطية، وقاوموها حتي الموت. هكذا رفض يوسف الخطية دون خوف من امرأة فوطيفار: "فَأَبَى وَقَالَ لامْرَاةِ سَيِّدِهِ... كَيْفَ اصْنَعُ هَذَا الشَّرَّ الْعَظِيمَ وَأُخْطِئُ إِلَى اللهِ؟ (تكوين ٣٩ : ٨-٩)، وهكذا رفض الثلاثة فتية السجود للتمثال دون خوف من نيران نبوخذنصر: " فَأَجَابَ شَدْرَخُ وَمِيشَخُ وَعَبْدَنَغُو: يَا نَبُوخَذْنَصَّرُ... هُوَذَا يُوجَدُ إِلَهُنَا الَّذِي نَعْبُدُهُ يَسْتَطِيعُ أَنْ يُنَجِّيَنَا مِنْ أَتُونِ النَّارِ الْمُتَّقِدَةِ، وَأَنْ يُنْقِذَنَا مِنْ يَدِكَ أَيُّهَا الْمَلِكُ. وَإِلاَّ فَلْيَكُنْ

مَعْلُوماً لَكَ أَيُّهَا الْمَلِكُ أَنَّنَا لاَ نَعْبُدُ آلِهَتَكَ، وَلاَ نَسْجُدُ لِتِمْثَالِ الذَّهَبِ الَّذِي نَصَبْتَهُ" (دانيال ٣ : ١٦-١٨)، وغيرهم. العالم في حاجة لشهود من هذا النوع علي مدي الأجيال.

اتهام سوسنة والحكم عليها (دانيال ١٣:٢٨-٤١)

٢٨ و في اليوم التالي، لما اجتمع الشعب في بيت رجلها يواقيم، جاء الشيخان وهما يضمران الشر على سوسنة ليهلكانها. ٢٩ وقالا أمام الشعب: "أرسلوا إلى سوسنة بنت حلقيا، التي هي امرأة يواقيم"، فأرسلوا. ٣٠ فاتت هي ووالداها وبنوها وجميع أقاربها.٣١ و كانت سوسنة حسنة الهيئة وجميلة المنظر. ٣٢ فأمر هذان الفاجران أن يكشف وجهها، لأنه كان مغطي، ليشبعا من جمالها. ٣٣وكان أهلها وجميع الذين يعرفونها يبكون.

٣٤ فقام الشيخان في وسط الشعب، ووضعا أيديهما على رأسها ليشكونها. ٣٥ فرفعت نظرها إلى السماء وهي باكية، لانها كانت متكلة على الرب بكل قلبها. ٣٦ فقال الشيخان: " كنا نتمشى في الحديقة وحدنا، فإذا بهذه قد دخلت، ومعها جاريتان، وأغلقت أبواب الحديقة، ثم صرفت الجاريتين. ٣٧ فجاءها شاب كان مختبئا، واضطجعا معا. ٣٨ و كنا نحن في زاوية من الحديقة، فلما رأينا الشر أسرعنا إليهما، ورأيناهما متعانقين. ٣٩ فحاولنا أن نمسك الشاب، لكننا لم نستطع، لأنه كان أقوي منا، ففتح الأبواب وفر. ٤٠ وأما هذه فقبضنا عليها، وسألناها عن الشاب، فأبت أن تخبرنا، هذا ما نشهد به." ٤١ فصدقتهما الجماعة، لأنهما شيخان وقضاة الشعب، وحكموا علي سوسنة بالموت.

١٣:٢٨-٤١ أضاف الشيخان لشر قلبهما شرا آخرا وهو الشهادة بالزور. وقد تعدوا بذلك الشريعة التي تقول: "لا تَشْهَدْ عَلَى قَرِيبِكَ شَهَادَةَ زُورٍ" (خروج ٢٠: ١٦، تثنية ٥: ٢٠). "وَلاَ يُفَكِّرَنَّ أَحَدٌ فِي السُّوءِ عَلَى قَرِيبِهِ فِي قُلُوبِكُمْ. وَلاَ تُحِبُّوا يَمِينَ الزُّورِ. لأَنَّ هذِهِ جَمِيعَهَا أَكْرَهُهَا يَقُولُ الرَّبُّ" (زكريا ٨ : ١٧).

ما فعله الشيخين مع سوسنة يدل علي فقدانهما لمحبة القريب. "لأَنَّ: لاَ تَزْنِ لاَ تَقْتُلْ لاَ تَسْرِقْ لاَ تَشْهَدْ بِالزُّورِ لاَ تَشْتَهِ، وَإِنْ كَانَتْ وَصِيَّةً أُخْرَى هِيَ مَجْمُوعَةٌ فِي هَذِهِ الْكَلِمَةِ: أَنْ تُحِبَّ قَرِيبَكَ كَنَفْسِكَ" (رومية ١٣: ٩).

محاكمة سوسنة رمز لمحاكمة السيد المسيح، فكما قام شهود الزور ضد سوسنة، هكذا "كَانَ رُؤَسَاءُ الْكَهَنَةِ وَالشُّيُوخُ وَالْمَجْمَعُ كُلُّهُ يَطْلُبُونَ شَهَادَةَ زُورٍ عَلَى يَسُوعَ لِكَيْ يَقْتُلُوهُ فَلَمْ يَجِدُوا. وَمَعَ أَنَّهُ جَاءَ شُهُودُ زُورٍ كَثِيرُونَ لَمْ يَجِدُوا. وَلَكِنْ أَخِيراً تَقَدَّمَ شَاهِدَا زُورٍ وَقَالاَ: هَذَا قَالَ إِنِّي أَقْدِرُ أَنْ أَنْقُضَ هَيْكَلَ اللَّهِ وَفِي ثَلاَثَةِ أَيَّامٍ أَبْنِيهِ" (متى ٢٦: ٥٩-٦١). وكما حكموا عل سوسنة بالموت وهي بريئة، حكموا علي الرب يسوع أيضا، و"مَعْ أَنَّهُمْ لَمْ يَجِدُوا عِلَّةً وَاحِدَةً لِلْمَوْتِ طَلَبُوا مِنْ بِيلاَطُسَ أَنْ يُقْتَلَ" (أعمال ١٣: ٢٨). ومنظر سوسنة البريئة وهم يسوقونها للموت مثال لمنظر السيد المسيح وهم يسوقونه إلي الصليب، فقد "ظُلِمَ أَمَّا هُوَ فَتَذَلَّلَ، وَلَمْ يَفْتَحْ فَاهُ، كَشَاةٍ تُسَاقُ إِلَى الذَّبْحِ، وَكَنَعْجَةٍ صَامِتَةٍ أَمَامَ جَازِّيهَا فَلَمْ يَفْتَحْ فَاهُ" (اشعياء ٥٣ : ٧).

ياإلهي... "جَمِيعُ عِظَامِي تَقُولُ: يَا رَبُّ مَنْ مِثْلُكَ الْمُنْقِذُ الْمِسْكِينَ مِمَّنْ هُوَ أَقْوَى مِنْهُ، وَالْفَقِيرَ وَالْبَائِسَ مِنْ سَالِبِهِ؟. شُهُودُ زُورٍ يَقُومُونَ، وَعَمَّا لَمْ أَعْلَمْ يَسْأَلُونَنِي" (مزمور ٣٥: ١٠-١١).

خلاص سوسنة (دانيال ١٣: ٤٢-٦٣)

٤٢ فصرخت سوسنة بصوت عظيم وقالت: "أيها الإله الأزلي، أنت تري الخفايا، وتعرف كل شيء قبل أن يكون، ٤٣ انك تعرف أن هذين القاضيين شهدا علي بالزور، وها أنا أموت بريئة، لأني لم أصنع شيئا مما افتريا علي."

١٣: ٤٢-٤٣ لم تفقد سوسنة رؤيتها الواضحة لإلهها، وهي علي مقربة من الموت. فقد علمت يقينا أن السيد الرب يري الخفايا، "وَلَيْسَتْ خَلِيقَةٌ غَيْرَ ظَاهِرَةٍ قُدَّامَهُ، بَلْ كُلُّ شَيْءٍ عُرْيَانٌ وَمَكْشُوفٌ لِعَيْنَيْ ذَلِكَ الَّذِي مَعَهُ أَمْرُنَا" (عبرانيين ٤: ١٣).

٤٤ فسمع الرب لصلاتها، ٤٥ و حين كانت تساق إلى الموت، نبه الله روحا مقدسا في شاب حدث اسمه دانيال، ٤٦ فصرخ بصوت عظيم: "أنا بريء من دم هذه المرأة".

١٣: ٤٤-٤٥ لم تجد سوسنة من من يبررها أمام عائلتها ومعارفها – مع أنها كانت بريئة – ويدافع عنها ويخلصها من الموت، سوي الله الذي أرسل لها دانيال، "لأَنَّهُ لاَ يُنْسَى الْمِسْكِينُ إِلَى الأَبَدِ. رَجَاءُ الْبَائِسِينَ لاَ يَخِيبُ إِلَى الدَّهْرِ" (مزامير ٩: ١٨)، "لأَنَّهُ لَمْ يَحْتَقِرْ، وَلَمْ يَرْذُلْ مَسْكَنَةَ الْمِسْكِينِ، وَلَمْ يَحْجِبْ وَجْهَهُ عَنْهُ بَلْ عِنْدَ صُرَاخِهِ إِلَيْهِ اسْتَمَعَ" (مزامير ٢٢ : ٢٤)، وهو "الْمُقِيمِ الْمِسْكِينَ مِنَ التُّرَابِ، الرَّافِعِ الْبَائِسَ مِنَ الْمَزْبَلَةِ" (مزامير ١١٣ : ٧).

كانت استجابة الرب قوية في اللحظة الفاصلة بين الحياة والموت: "حين كانت تساق إلى الموت" (دانيال ١٣:٤٥). وهي اللحظة التي فقد فيها الجميع الأمل في خلاص سوسنة من الموت كانت هي نفس اللحظة التي وضعت فيها سوسنة رجائها في الله الذي يقيم من الأموات. في أحد الأيام، صارت السفينة التي بها التلاميذ" فِي وَسَطِ الْبَحْرِ مُعَذَّبَةً مِنَ الأَمْوَاجِ. لأَنَّ الرِّيحَ كَانَتْ مُضَادَّةً. وَفِي الْهَزِيعِ الرَّابِعِ مِنَ اللَّيْلِ مَضَى إِلَيْهِمْ يَسُوعُ مَاشِياً عَلَى الْبَحْرِ. فَلَمَّا أَبْصَرَهُ التَّلاَمِيذُ مَاشِياً عَلَى الْبَحْرِ اضْطَرَبُوا قَائِلِينَ:إِنَّهُ خَيَالٌ. وَمِنَ الْخَوْفِ صَرَخُوا! فَلِلْوَقْتِ قَالَ لَهُمْ يَسُوعُ: تَشَجَّعُوا! أَنَا هُوَ. لاَ تَخَافُوا" (متى ١٤: ٢٤-٢٧).

فقد يتثقل أولاد الله فوق طاقتهم حتي يكون حكم الموت في أنفسهم، ولكن الله يتدخل ولو في الهزيع الرابع، وذلك علي مثال بولس الرسول في قوله: "فَإِنَّنَا لاَ نُرِيدُ أَنْ تَجْهَلُوا أَيُّهَا الإِخْوَةُ مِنْ جِهَةِ ضِيقَتِنَا الَّتِي أَصَابَتْنَا فِي أَسِيَّا، أَنَّنَا تَثَقَّلْنَا جِدّاً فَوْقَ الطَّاقَةِ، حَتَّى أَيِسْنَا مِنَ الْحَيَاةِ أَيْضاً. لَكِنْ كَانَ لَنَا فِي أَنْفُسِنَا حُكْمُ الْمَوْتِ، لِكَيْ لاَ نَكُونَ مُتَّكِلِينَ عَلَى أَنْفُسِنَا بَلْ عَلَى اللهِ الَّذِي يُقِيمُ الأَمْوَاتَ" (٢ كورنثوس ١ : ٨-٩).

استجاب الرب لصلاة سوسنة، ووفي الرب وعده: "ادْعُنِي فِي يَوْمِ الضِّيقِ أُنْقِذْكَ فَتُمَجِّدَنِي" (مزامير ٥٠ : ١٥)، وتم فيها قول المزمور: "هَذَا الْمِسْكِينُ صَرَخَ وَالرَّبُّ اسْتَمَعَهُ، وَمِنْ كُلِّ ضِيقَاتِهِ خَلَّصَهُ" (مزامير ٣٤ : ٦)، والسيد المسيح في جسده "قَدَّمَ بِصُرَاخٍ شَدِيدٍ وَدُمُوعٍ طِلْبَاتٍ وَتَضَرُّعَاتٍ لِلْقَادِرِ أَنْ يُخَلِّصَهُ مِنَ الْمَوْتِ، وَسُمِعَ لَهُ مِنْ أَجْلِ تَقْوَاهُ" (عبرانيين ٥: ٧).

"نبه الله روحا مقدسا في شاب حدث اسمه دانيال" (دانيال ١٣:٤٥)، وذلك ليطلق سوسنة حرة من قبضة الموت، وهكذا "نَبَّهَ الرَّبُّ رُوحَ كُورَشَ مَلِكِ فَارِسَ" ليطلق المسبيين من عبودية بابل (٢ أخبار ٣٦ : ٢٢)، "وَنَبَّهَ الرَّبُّ رُوحَ زَرُبَّابِلَ بْنِ شَأَلْتِيئِيلَ وَالِي يَهُوذَا وَرُوحَ يَهُوشَعَ بْنِ يَهُوصَادَاقَ الْكَاهِنِ الْعَظِيمِ وَرُوحَ كُلِّ بَقِيَّةِ الشَّعْبِ. فَجَاءُوا وَعَمِلُوا الشُّغْلَ فِي بَيْتِ رَبِّ الْجُنُودِ إِلَهِهِمْ" (حجى ١: ١٤). وهكذا قال الرب يسوع عن نفسه: "رُوحُ الرَّبِّ عَلَيَّ لأَنَّهُ مَسَحَنِي لأُبَشِّرَ الْمَسَاكِينَ أَرْسَلَنِي لأَشْفِيَ الْمُنْكَسِرِي الْقُلُوبِ لأُنَادِيَ لِلْمَأْسُورِينَ بِالإِطْلاَقِ وَلِلْعُمْيِ بِالْبَصَرِ وَأُرْسِلَ الْمُنْسَحِقِينَ فِي الْحُرِّيَّةِ" (لوقا ٤ : ١٨)، وهو يقرأ من (أشعياء ٦١ : ١).

غالبا لم يكن دانيال حاضرا المحاكمة، ولكن قاده روح الله للقائهم، وهم يسوقون سوسنة لطريق الموت، ولكن وجد السيد الرب في دانيال الأمين صغير السن إناءا مختارا لعمل روحه القدوس فيه، "لأن الشيخوخة المكرمة ليست هي القديمة الأيام، ولا هي تقدر بعدد السنين، ولكن شيب الإنسان هو الفطنة، وسن الشيخوخة هي الحياة المنزهة عن العيب" (حكمة ٤:٨-٩). ومثل دانيال قال داود النبي: "أَكْثَرَ مِنَ الشُّيُوخِ فَطِنْتُ لأَنِّي حَفِظْتُ وَصَايَاكَ" (مزامير ١١٩ : ١٠٠).

٤٧ فالتفت إليه الشعب كله وقالوا: "ما معني الكلام الذي قلته". ٤٨ فوقف دانيال في وسطهم وقال: "أهكذا انتم أغبياء يا بني إسرائيل، حتى تحكموا على بنت إسرائيل، دون أن تفحصوا وتتحققوا الأمر؟ ٤٩ عودوا إلى موضع القضاء، فان هذين شهدا عليها بالزور." ٥٠ فأسرع الشعب كله ورجع إلي حيث تعقد المحكمة. فقال الشيخان لدانيال: "هلم اجلس بيننا، واكشف لنا، فقد أعطاك الله حكمة الشيوخ." ٥١ فقال دانيال للشعب: "فرقوهما بعضهما عن بعض، فاحكم فيهما." ٥٢ فلما فرقا الواحد عن الآخر، دعا احدهما وقال له: "يا أيها العتيق الأيام الشريرة، لقد انكشفت خطاياك التي ارتكبت من قبل، ٥٣ بقضائك أقضية ظلم، وحكمك على الأبرياء، وإطلاقك للمجرمين، وقد قال الله البريء والزكي لا تقتلهما. ٥٤ فالآن إن كنت قد رايتها، فقل تحت أي شجرة رايتهما معا؟"، فقال: "تحت البطمة mastick tree". ٥٥ فقال

دانيال: "لقد كذبت، فسقط كذبك على رأسك، فالله أمر ملاكه أن يشقك شطرين."

٥٦ فأبعد دانيال الشيخ الأول، وأمر بإحضار الآخر، فقال له: "يا نسل كنعان لا يهوذا، قد فتنك الجمال، واسلم الهوى قلبك إلى الفساد، ٥٧ هكذا كنتما تصنعان مع بنات إسرائيل، وكن يخفن منكما فيجاريانكما، أما هذه المرأة بنت يهوذا فلم تحتمل فجوركما، ٥٨ فالآن قل لي تحت أية شجرة رأيتهما يتداعبان؟"، فقال: "تحت السنديانة holm tree." ٥٩ فقال له دانيال: "وأنت أيضا كذبت، فسقط كذبك على رأسك، فملاك الله واقف وبيده سيف ليقطعك شطرين، وهكذا يهلككما. ٦٠ فصرخ الجمع كله بصوت عظيم، وباركوا الله مخلص الذين يرجونه.

١٣: ٤٧-٦٠ بحكمة عالية كشف دانيال عن كذب الشيخين ليخلص سوسنة البريئة. فقد ملأ روح الله دانيال بالحكمة والفهم. واشتهر دانيال بحكمته وفهمه طوال حياته، فقد كان فيه "نَيِّرَةً وَفِطْنَةً وَحِكْمَةً فَاضِلَةً" (دانيال ٥ : ١٤)، الأمر الذي جعل نبوخذنصر الملك يسجد له ويقول: "حَقّاً إِنَّ إِلَهَكُمْ إِلَهُ الآلِهَةِ وَرَبُّ الْمُلُوكِ وَكَاشِفُ الأَسْرَارِ" (دانيال ٢:٤٧).

٦١ و قاموا على الشيخين، بعد أن اثبت دانيال من كلام فمهما أنهما شهدا بالزور، وصنعوا بهما، كما نويا أن يصنعا بالقريب، ٦٢ عملا بما في شريعة موسى. فقتلوهما، وخلص الدم الزكي في ذلك اليوم.

١٣: ٦١-٦٢ نال الشيخان جزاء شهادتهما بالزور، حسب الشريعة التي تقضي أنه "إِذَا قَامَ شَاهِدُ زُورٍ عَلى إِنْسَانٍ لِيَشْهَدَ عَليْهِ بِزَيْغٍ يَقِفُ الرَّجُلانِ اللذَانِ بَيْنَهُمَا الخُصُومَةُ أَمَامَ الرَّبِّ أَمَامَ الكَهَنَةِ وَالقُضَاةِ الذِينَ يَكُونُونَ فِي تِلكَ الأَيَّامِ. فَإِنْ فَحَصَ القُضَاةُ جَيِّداً وَإِذَا الشَّاهِدُ شَاهِدٌ كَاذِبٌ. قَدْ شَهِدَ بِالكَذِبِ عَلى أَخِيهِ فَافْعَلُوا بِهِ كَمَا نَوَى أَنْ يَفْعَل بِأَخِيهِ. فَتَنْزِعُونَ الشَّرَّ مِنْ وَسَطِكُمْ" (تثنية ١٩: ١٦-١٩). "ابْتَعِدْ عَنْ كَلاَمِ الْكَذِبِ وَلاَ تَقْتُلِ الْبَرِيءَ وَالْبَارَّ، لأَنِّي لاَ أُبَرِّرُ الْمُذْنِبَ" (خروج ٢٣ : ٧).

٦٣ فسبح حلقيا وامرأته لأجل ابنتهما، مع يواقيم رجلها وكل أقربائها، لأنه لم يوجد فيها شيء قبيح. ٦٤ وعظم دانيال عند الشعب من ذلك اليوم فما بعد.

٦٣:١٣ سبح الجميع الله من أجل خلاصه لسوسنة التي اتكلت عليه، لأنه "صَالِحٌ هُوَ الرَّبُّ. حِصْنٌ فِي يَوْمِ الضَّيقِ، وَهُوَ يَعْرِفُ الْمُتَوَكِّلِينَ عَلَيْهِ" (ناحوم ١ : ٧)، و"اَلْمُتَوَكِّلُونَ عَلَى الرَّبِّ مِثْلُ جَبَلِ صِهْيَوْنَ الَّذِي لاَ يَتَزَعْزَعُ بَلْ يَسْكُنُ إِلَى الدَّهْرِ" (مزامير ١٢٥ : ١).

٦٤:١٣ مجد الله دانيال في أعين شعبه، وصار دانيال بذلك مثلا للسيد المسيح الذي قيل فيه: هُوَذَا عَبْدِي الَّذِي أَعْضُدُهُ مُخْتَارِي الَّذِي سُرَّتْ بِهِ نَفْسِي. وَضَعْتُ رُوحِي عَلَيْهِ فَيُخْرِجُ الْحَقَّ لِلأُمَمِ" (أشعياء ٤٢ : ١)، "إِلَى الأَمَانِ يُخْرِجُ الْحَقَّ" (أشعياء ٤٢ : ٣).

الأصحاح الرابع عشر - يوناني
بال والتنين

دانيال وبال (دانيال ١٤: ١-٢٢)

١ انضم الملك اسطواج Astyages إلى أبائه، وأخذ كورش الفارسي Cyrus of Persia ملكه. ٢ وعاش دانيال برفقة للملك، الذي أكرمه فوق جميع أصدقائه. ٣ وكان لأهل بابل صنم اسمه بال Bel، وكانوا ينفقون له كل يوم اثني عشر إردبا من الدقيق الناعم، وأربعين شاة وستة أمتار من الخمر. ٤ و كان الملك يعبد بالا، وينطلق كل يوم فيسجد له، أما دانيال فكان يسجد لإلهه وحده. فسأل الملك دانيال: "لماذا لا تسجد لبال؟" ٥ فقال: "لأني لا أعبد أصناما صنعة الأيدي، بل الإله الحي خالق السماوات والأرض، الذي له السلطان على كل ذي جسد." ٦ فقال له الملك: أتحسب أن بالا ليس إلها حيا، ألا ترى كم يأكل ويشرب كل يوم؟" ٧ فضحك دانيال وقال: "لا تضل أيها الملك، فهذا صنم من الطين المطلي بالنحاس، وهو لم يأكل قط، ولم يشرب".

١٤: ١-٢ تمت أحداث هذه القصة في السنة الأولي لملك كورش، حيث يقول سفر دانيال: وَكَانَ دَانِيآلُ إِلَى السَّنَةِ الأُولَى لِكُورَشَ الْمَلِكِ" (دانيال ١ : ٢١)، وقد اعتلي عرش فارس سنة ٥٥٨ ق.م، واستولي علي مملكة مادي سنة ٥٥٠ ق.م.

وقد جاءت هذه القصة في الترجمة السبعينية تحت عنوان: "من نبوة حبقوق ابن يشوع، الذي من سبط لاوي"، وذلك أشارة لما ورد في (دانيال ١٤: ٣٣). كما جاء في الترجمة السبعينية: "كان هناك رجل كاهن يدعي دانيال بن عبال Daniel Son of Abal، صديق لملك بابل"

١٤: ٣-٧ ورد ذكر الإله "بال" في الكتاب المقدس باسماء أخري، فقد دعي " نَبُو" كما جاء في سفر أشعياء: "قَدْ جَثَا بِيلُ انْحَنَى نَبُو. صَارَتْ تَمَاثِيلُهُمَا عَلَى الْحَيَوَانَاتِ وَالْبَهَائِمِ" (أشعياء ٤٦ : ١)، كما دعي "مَرُودَخُ" في سفر أرميا: "أَخْبِرُوا فِي الشُّعُوبِ وَأَسْمِعُوا

وَارْفَعُوا رَايَةً. أَسْمِعُوا لاَ تُخْفُوا. قُولُوا: أُخِذَتْ بَابِلُ. خَزِيَ بِيلُ. انْسَحَقَ مَرُودَخُ. خَزِيَتْ أَوْثَانُهَا انْسَحَقَتْ أَصْنَامُهَا" (ارميا ٥٠ : ٢).

رفض دانيال أن يعبد الأصنام صنعة الإنسان: "فقال: لأني لا أعبد أصناما صنعة الأيدي" (دانيال ١٤:٥)، لأن "أَصْنَامُهُمْ فِضَّةٌ وَذَهَبٌ عَمَلُ أَيْدِي النَّاسِ. لَهَا أَفْوَاهٌ وَلاَ تَتَكَلَّمُ. لَهَا أَعْيُنٌ وَلاَ تُبْصِرُ. لَهَا آذَانٌ وَلاَ تَسْمَعُ. لَهَا مَنَاخِرُ وَلاَ تَشُمُّ. لَهَا أَيْدٍ وَلاَ تَلْمِسُ. لَهَا أَرْجُلٌ وَلاَ تَمْشِي وَلاَ تَنْطِقُ بِحَنَاجِرِهَا. مِثْلَهَا يَكُونُ صَانِعُوهَا بَلْ كُلُّ مَنْ يَتَّكِلُ عَلَيْهَا" (مزامير ١١٥: ٤–٨) ، أما الإله الحي، فهو "الصَّانِعِ السَّمَاوَاتِ وَالأَرْضَ الْبَحْرَ وَكُلَّ مَا فِيهَا. الْحَافِظِ الأَمَانَةَ إِلَى الأَبَدِ" (مزامير ١٤٦: ٦).

الحوار بين دانيال والملك يكشف جنون صانعي وعابدي الأصنام، فهم "لاَ يَعْرِفُونَ وَلاَ يَفْهَمُونَ لأَنَّهُ قَدْ طُمِسَتْ عُيُونُهُمْ عَنِ الإِبْصَارِ وَقُلُوبُهُمْ عَنِ التَّعَقُّلِ" (أشعياء ٤٤ : ١٨)، ولهذا يقول سفر الحكمة: "إن جميع أعداء شعبك المتسلطين عليهم هم اجهل الناس، واشقي من نفوس الأطفال، لأنهم حسبوا جميع أصنام الأمم آلهة، تلك التي لا تبصر بعيونها، ولا تنشق الهواء بأنوفها، ولا تسمع بأذانها، ولا تلمس بأصابع أيديها وأرجلها عاجزة عن المشي، لأنها إنما عملها إنسان، والذي أعير روحا صنعها، وليس في طاقة إنسان أن يصنع إلها مثله، وإنما هو فان، فيصنع بيديه الأثيمتين ما لا حياة فيه، فهو أفضل من معبوداته، إذ هو قد كان حيا، وأما هي فلم تكن حية البتة" (حكمة ١٥:٨–١١).

٨ فغضب الملك، ودعا كهنته، وقال لهم: "إن لم تقولوا لي من الذي يأكل ما نقدمه للإله بال، تموتون، ٩ وإن بينتم أن بالا ياكل هذه التقدمات يموت دانيال، لأنه جدف على بال." فقال دانيال للملك: "ليكن لي كما قلت." ١٠ وكان كهنة بال سبعين كاهنا ما خلا النساء والأولاد، فأتى الملك ودانيال إلى بيت بال.

١٤:٨–١٠ قبل دانيال التحدي لكشف بطلان عبادة "بال"، وعلي هذا النحو فعل إيليا النبي، " فَتَقَدَّمَ إِيلِيَّا إِلَى جَمِيعِ الشَّعْبِ وَقَالَ: "حَتَّى مَتَى تَعْرُجُونَ بَيْنَ الْفِرْقَتَيْنِ؟ إِنْ كَانَ الرَّبُّ هُوَ اللَّهَ فَاتَّبِعُوهُ، وَإِنْ كَانَ الْبَعْلُ فَاتَّبِعُوهُ" (١ ملوك ١٨ : ٢١)، "فَسَقَطَتْ نَارُ الرَّبِّ وَأَكَلَتِ الْمُحْرَقَةَ وَالْحَطَبَ وَالْحِجَارَةَ وَالتُّرَابَ، وَلَحَسَتِ الْمِيَاهَ الَّتِي فِي الْقَنَاةِ. فَلَمَّا رَأَى

جَمِيعُ الشَّعْبِ ذَلِكَ سَقَطُوا عَلَى وُجُوهِهِمْ وَقَالُوا: الرَّبُّ هُوَ اللَّهُ! الرَّبُّ هُوَ اللَّهُ!. فَقَالَ لَهُمْ إِيلِيَّا: أَمْسِكُوا أَنْبِيَاءَ الْبَعْلِ وَلاَ يُفْلِتْ مِنْهُمْ رَجُلٌ. فَأَمْسَكُوهُمْ، فَنَزَلَ بِهِمْ إِيلِيَّا إِلَى نَهْرِ قِيشُونَ وَذَبَحَهُمْ هُنَاكَ" (١ ملوك ١٨ : ٣٨-٤٠).

١١ فقال كهنة بال: "ها نحن ننصرف إلى الخارج، وأنت أيها الملك ضع الأطعمة، وامزج الخمر، وضعها، ثم أغلق الباب سريعا، واختم عليه بخاتمك. ١٢ وفي غد أرجع، فان لم تجد بالا قد أكل الجميع فانا نموت، وإلا فيموت دانيال الذي جدف علينا." ١٣ وكانوا يستخفون بالأمر، لأنهم كانوا قد صنعوا تحت المائدة مدخلا خفيا يدخلون منه كل يوم، ويلتهمون الجميع. ١٤ فلما خرجوا وضع الملك الأطعمة لبال. فأمر دانيال غلمانه، فأتوا برماد، وذروه في الهيكل كله بحضرة الملك وحده، ثم خرجوا وأغلقوا الباب، وختموا عليه بخاتم الملك، وانصرفوا. ١٥ فلما كان الليل دخل الكهنة كعادتهم، هم ونساؤهم وأولادهم، وأكلوا الجميع وشربوا. ١٦ وبكر الملك في الغد، ودانيال معه. ١٧ فقال: "أسالمة الأختام يا دانيال؟"، قال: "سالمة أيها الملك." ١٨ ولما فتحت الأبواب نظر الملك إلى المائدة الفارغة، فهتف بصوت عال: "عظيم أنت يا بال، ولا مكر عندك." ١٩ فضحك دانيال، وامسك الملك لئلا يدخل إلى داخل، وقال: "أنظر البلاط، واعرف ما هذه الآثار" ٢٠ فقال الملك: "إني أرى أثار رجال ونساء وأولاد، وغضب الملك." ٢١ حينئذ قبض على الكهنة ونساءهم وأولادهم، فأروه الأبواب الخفية التي يدخلون منها، ويأكلون ما على المائدة. ٢٢ فذبحهم الملك، واسلم بالا إلى يد دانيال فحطمه، هو وهيكله.

١٤:١١-٢٢ حاول كهنة "بال" خدعة الملك، وصرخ الملك: "عظيم أنت يا بال، ولا مكر عندك" (دانيال ١٤:١٨)"، ولكن الرب كشف أمرهم بروح الحكمة التي أعطاها لدانيال، وعرف الملك بطلان عبادة "بال"، لأنه ليس إله عظيم غير الله وحده كما يقول المزمور: "لأَنَّكَ عَظِيمٌ أَنْتَ وَصَانِعٌ عَجَائِبَ، أَنْتَ اللهُ وَحْدَكَ" (مزامير ٨٦ : ١٠). اليوم الذي فيه ذبح الملك كهنة "بال"، وحطم دانيال الصنم وهدم هيكله، يشير إلي يوم الرب الذي

فيه "يُخْفَضُ تَشَامُخُ الإِنْسَانِ وَتُوضَعُ رِفْعَةُ النَّاسِ وَيَسْمُو الرَّبُّ وَحْدَهُ فِي ذَلِكَ الْيَوْمِ" (أشعياء ٢ : ١٧).

دانيال والتنين (دانيال ١٤:٢٣-٢٧)

٢٣ وكان في بابل تنين عظيم، وكان أهلها يعبدونه. ٢٤ فقال الملك لدانيال: "أتقول عن هذا أيضا انه نحاس؟ ها انه حي يأكل ويشرب، ولا تستطيع أن تقول انه ليس إلها حيا، فاسجد له. ٢٥ فقال دانيال: "إني اسجد للرب الهي، لأنه هو الإله الحي. ٢٦ وأنت أيها الملك دعني، فاقتل التنين بلا سيف ولا عصا." فقال الملك: "قد جعلت لك." ٢٧ فاخذ دانيال زفتا وشحما وشعرا وطبخها معا، وصنع أقراصا، وجعلها في فم التنين، فأكلها التنين فانشق، فقال: "انظروا هذه هي الآلهة التي تعبدونها".

١٤:٢٣-٢٧ كثير من الكتاب اليهود الأوائل قد أشاروا لهذه القصة في تعليقهم عما جاء في سفر أرميا: وَأُعَاقِبُ بِيلَ فِي بَابِلَ وَأُخْرِجُ مِنْ فَمِهِ مَا ابْتَلَعَهُ فَلاَ تَجْرِي إِلَيْهِ الشُّعُوبُ بَعْدُ" (ارميا ٥١ : ٤٤).

الحوار بين الملك ودانيال عن الحياة التي في "بال"، تكشف عن عدم فهم الملك تمييز الفرق بين طبيعة الحياة التي في التنين أو أي نفس حية، وبين الله واهب الحياة. حقا كان التنين حيا، ولكن الله هو الإله الحي، وهو أيضا مانح الحياة لكل التنانين، وكل نفس حية، "فَخَلَقَ اللهُ التَّنَانِينَ الْعِظَامَ، وَكُلَّ نَفْسٍ حَيَّةٍ تَدِبُّ الَّتِي فَاضَتْ بِهَا الْمِيَاهُ كَأَجْنَاسِهَا..." (تكوين ١ : ٢١).

موت التنين أثبت بطلان عبادته، حتي لو كانت فيه مظاهر الحياة سابقا لأنها حياة مؤقتة، وهذا الأمر مع الانسان أيضا لأنه: "تَخْرُجُ رُوحُهُ فَيَعُودُ إِلَى تُرَابِهِ" (مزامير ١٤٦ : ٤).

دانيال في جب الأسود (دانيال ١٤:٢٨-٤٢)

٢٨ فلما سمع بذلك أهل بابل غضبوا جدا، وتآمروا على الملك، قائلين: "إن الملك قد صار يهوديا، فحطم بالا، وقتل التنين وذبح الكهنة". ٢٩ واتوا إلى الملك

وقالوا له: "اسلم إلينا دانيال، وإلا أهلناك أنت وبيتك". ٣٠ فلما رآهم الملك ثائرين عليه، اضطر فاسلم دانيال إليهم، ٣١ فالقوه في جب الأسود، فكان هناك ستة أيام. ٣٢ وكان في الجب سبعة اسود، يلقى لها كل يوم جثتان two human bodies وخروفان، فلم يلق لها حينئذ شيء، لكي تفترس دانيال.

١٤:٢٨–٣٢ توجد قصة مشابهة لهذه القصة وردت في دانيال ٦، وقد كتبنا عنها بإسهاب. ولكن القصة هذه المرة تبرز معني أكثر، ففي الوقت الذي يثبت فيه دانيال بطلان عبادة "التنين"، تخضع الأسود له، بسلطان الله المعطي له. إنه صورة بارعة للإنسان في أصل طبيعته، حسب خطة الله الأولي في خلقة الإنسان: "وَقَالَ اللهُ: نَعْمَلُ الانْسَانَ عَلَى صُورَتِنَا كَشَبَهِنَا فَيَتَسَلَّطُونَ عَلَى سَمَكِ الْبَحْرِ وَعَلَى طَيْرِ السَّمَاءِ وَعَلَى الْبَهَائِمِ وَعَلَى كُلِّ الأَرْضِ وَعَلَى جَمِيعِ الدَّبَّابَاتِ الَّتِي تَدِبُّ عَلَى الأَرْضِ" (تكوين ١ : ٢٦).

المقابلة عجيبة بين الملك مع كهنة بال ودانيال، فبينما كان الملك وكهنة بال عبيدا للتنين، كان دانيال سيدا ليس للتنين فقط بل للأسود أيضا. وهذا هو سلطان أولاد الله: "هَا أَنَا أُعْطِيكُمْ سُلْطَاناً لِتَدُوسُوا الْحَيَّاتِ وَالْعَقَارِبَ وَكُلَّ قُوَّةِ الْعَدُوِّ وَلاَ يَضُرُّكُمْ شَيْءٌ" (لوقا ١٠ : ١٩).

٣٣ وكان هناك نبيا يهوديا اسمه حبقوق Habbakuk، في ارض يهوذا، وكان قد طبخ طبيخا pottage، وثرد خبزا في جفنة، وانطلق إلى الصحراء ليحمله للحصادين. ٣٤ فقال ملاك الرب لحبقوق: "احمل الغداء الذي معك إلى بابل، إلى دانيال الذي في جب الأسود" ٣٥ فقال حبقوق: "أيها السيد اني لم ار بابل قط، ولا اعرف أين الجب." ٣٦ فاخذ ملاك الرب بتاجه، وحمله بشعر رأسه، ووضعه في بابل، عند الجب، باندفاع روحه. ٣٧ فنادي حبقوق قائلا: "يا دانيال يا دانيال، خذ العشاء الذي أرسله لك الله." ٣٨ فقال دانيال: "ياالله لقد ذكرتني، ولم تخذل الذين يحبونك." ٣٩ وقام دانيال وأكل، ورد ملاك الرب حبقوق إلى موضعه في الحال.

١٤: ٣٣-٣٨ لم يهتم الله فقط بسلامة دانيال في جب الأسود، بل اهتم أيضا بطعامه، لأنه مكث بالجب هذه المرة ٦ أيام، وأرسل له طعامه من اليهودية بواسطة حبقوق النبي. "لِذَلِكَ أَقُولُ لَكُمْ: "لاَ تَهْتَمُّوا لِحَيَاتِكُمْ بِمَا تَأْكُلُونَ وَبِمَا تَشْرَبُونَ وَلاَ لأَجْسَادِكُمْ بِمَا تَلْبَسُونَ. أَلَيْسَتِ الْحَيَاةُ أَفْضَلَ مِنَ الطَّعَامِ وَالْجَسَدُ أَفْضَلَ مِنَ اللِّبَاسِ؟ اُنْظُرُوا إِلَى طُيُورِ السَّمَاءِ: إِنَّهَا لاَ تَزْرَعُ وَلاَ تَحْصُدُ وَلاَ تَجْمَعُ إِلَى مَخَازِنَ وَأَبُوكُمُ السَّمَاوِيُّ يَقُوتُهَا. أَلَسْتُمْ أَنْتُمْ بِالْحَرِيِّ أَفْضَلَ مِنْهَا؟ " (متى ٦ : ٢٥-٢٦)، "فَلاَ تَهْتَمُّوا قَائِلِينَ: مَاذَا نَأْكُلُ أَوْ مَاذَا نَشْرَبُ أَوْ مَاذَا نَلْبَسُ؟ فَإِنَّ هَذِهِ كُلَّهَا تَطْلُبُهَا الأُمَمُ. لأَنَّ أَبَاكُمُ السَّمَاوِيَّ يَعْلَمُ أَنَّكُمْ تَحْتَاجُونَ إِلَى هَذِهِ كُلِّهَا" (متى ٦: ٣١-٣٢).

وطريقة نقل النبي حبقوق من اليهودية إلي بابل تشابه ما جاء بسفر حزقيال: "وَمَدَّ شِبْهَ يَدٍ، وَأَخَذَنِي بِنَاصِيَةِ رَأْسِي، وَرَفَعَنِي رُوحٌ بَيْنَ الأَرْضِ وَالسَّمَاءِ، وَأَتَى بِي فِي رُؤَى اللَّهِ إِلَى أُورُشَلِيمَ إِلَى مَدْخَلِ الْبَابِ الدَّاخِلِيِّ الْمُتَّجِهِ نَحْوَ الشِّمَالِ حَيْثُ مَجْلِسُ تِمْثَالِ الْغَيْرَةِ" (حزقيال ٨ : ٣).

٤٠ وفي اليوم السابع، أتى الملك ليبكي على دانيال، فدنى من الجب، ونظر فوجد دانيال جالس. ٤١ فهتف بصوت عال وقال: "عظيم أنت أيها الرب اله دانيال، ولا اله غيرك." ثم أخرجه من جب الأسود. ٤٢ أما الذين سعوا به للهلاك فالقاهم في الجب، فافترسوا من ساعتهم أمامه.

١٤: ٤٠ الملك الذي صرخ سابقا: "عظيم أنت يا بال" (دانيال ١٤: ١٨)، هتف لاحقا: "عظيم أنت أيها الرب اله دانيال، ولا اله غيرك." (دانيال ١٤: ٤١)، وذلك بعد أن خلص دانيال من جب الأسود، وأهلك أعداءه. وقد سبقه داريوس الملك وكتب لكل الشعوب والألسنة: "مِنْ قِبَلِي صَدَرَ أَمْرٌ بِأَنَّهُ فِي كُلِّ سُلْطَانِ مَمْلَكَتِي يَرْتَعِدُونَ وَيَخَافُونَ قُدَّامَ إِلَهِ دَانِيآلَ لأَنَّهُ هُوَ الإِلَهُ الْحَيُّ الْقَيُّومُ إِلَى الأَبَدِ وَمَلَكُوتُهُ لَنْ يَزُولَ وَسُلْطَانُهُ إِلَى الْمُنْتَهَى. هُوَ يُنَجِّي وَيُنْقِذُ وَيَعْمَلُ الآيَاتِ وَالْعَجَائِبَ فِي السَّمَاوَاتِ وَفِي الأَرْضِ. هُوَ الَّذِي نَجَّى دَانِيآلَ مِنْ يَدِ الأُسُودِ" (دانيال ٦ : ٢٦-٢٧)، حقا عظيم أنت أيها الإله الحي، أنت الإله الحقيقي وحدك (مزامير ٨٦ : ١٠).